国家自然科学基金项目（72002031、71790603、71872187）、2021江苏省"双一流"建设补助经费使用计划资助

刘梦宁/著

管理层业绩目标的契约治理效应研究

Research on the Contractual Governance Effects of Executive Performance Targets

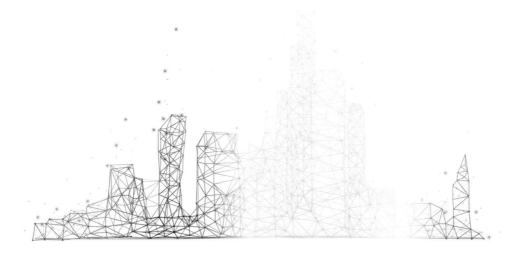

中国财经出版传媒集团
经济科学出版社
Economic Science Press
·北京·

图书在版编目（CIP）数据

管理层业绩目标的契约治理效应研究／刘梦宁著
. －－北京：经济科学出版社，2023. 12
ISBN 978－7－5218－5469－5

Ⅰ. ①管… Ⅱ. ①刘… Ⅲ. ①企业管理－研究 Ⅳ.
①F272

中国国家版本馆 CIP 数据核字（2023）第 252712 号

责任编辑：杜　鹏　郭　威
责任校对：蒋子明
责任印制：邱　天

管理层业绩目标的契约治理效应研究
GUANLICENG YEJI MUBIAO DE QIYUE ZHILI XIAOYING YANJIU
刘梦宁　著

经济科学出版社出版、发行　新华书店经销
社址：北京市海淀区阜成路甲 28 号　邮编：100142
总编部电话：010－88191217　发行部电话：010－88191522
网址：www. esp. com. cn
电子邮箱：esp@ esp. com. cn
天猫网店：经济科学出版社旗舰店
网址：http://jjkxcbs. tmall. com
固安华明印业有限公司印装
710×1000　16 开　18. 5 印张　310000 字
2023 年 12 月第 1 版　2023 年 12 月第 1 次印刷
ISBN 978－7－5218－5469－5　定价：128. 00 元

序　言

　　业绩目标设定一直是激励契约设计领域的关键科学问题，也是近年来公司治理实践中经常遇到的重要话题。当前我国正处于重要战略机遇期，企业提质增效压力日益增大，经营业绩目标能够起到引领作用，组织和协调企业的多项决策，更好地激发企业自我加压的内生动力。在公司治理体系中，管理层业绩目标既是预算执行体系的最高引领，同时也是绩效评价的基础，其重要性与日俱增。管理层业绩目标是会计信息系统的关键信息，属于绩效评价体系中关键的、综合化的、显性的一项契约设计，关于这项契约设计是否有助于缓解代理问题至今没有定论。

　　2007 年以来，证监会鼓励上市公司披露年度经营目标，越来越多的上市公司开始在年报管理层讨论与分析（MD&A）部分发布定量的管理层经营业绩目标，为我们对其进行大样本研究提供了良好的契机。理论上，管理层业绩目标既是内部董事会和经理层对于剩余价值分享机制签订契约的博弈结果，同时也可能包含外部资本市场对历史业绩目标完成情况进行评价之后向董事会内部激励考评系统施压的结果。如果业绩目标可以发挥实质性的作用，那么至少提供给经理人两方面的隐藏动机：契约激励与市场激励。只有看清经理人的动机之后再研究其行为后果，业绩目标契约治理的有效性问题才可能迎刃而解。据此，本书首先研究公司内部的业绩目标考核是否被董事会刚性地执行；其次考察外部资本市场是否关注并评价业绩目标完成情况，外部公司治理是否会强化董事会内部的激励考评机制。在证实经理人隐藏动机的基础上，继续研究业绩目标完成是否内生于经理人的干预行为。

本书以 2004～2016 年①A 股上市公司为样本，通过查阅年报手工整理披露于"管理层讨论与分析"或者"董事会年度报告"部分的管理层经营业绩目标数据，构建管理层业绩目标数据库，探究管理层业绩目标考核对经理人行为的影响机制，以此验证这项显性的契约安排是否有助于缓解代理问题。本书具体涵盖了以下三部分的实证研究：第一，从董事会内部的激励考评机制探究管理层业绩目标所发挥的激励约束功能，从治理层面分别在高管的激励约束功能与运营管理中目标动态调整的决策两个方面探讨管理层业绩目标的契约考核作用；第二，考察外部资本市场对业绩目标完成的相应评价，分别从分析师与机构投资者的相应评价探究外部治理是否强化了董事会目标激励考评机制；第三，业绩目标完成情况与经理人干预行为，分别从断点效应、业绩操纵行为以及研发投入强度进行检验，通过对经理人机会主义行为的检验，考察业绩目标契约治理的有效性。主要研究结论如下。

（1）管理层业绩目标完成情况会显著影响董事会对公司治理层面与运营管理层面的决策。其具体表现在：第一，业绩目标完成情况良好的公司，其高管被换掉的可能性显著更小。业绩目标是否完成的定性区别对首席执行官（CEO）变更概率的影响更大，而业绩目标完成的定量程度对董事长变更概率的影响更大。总体而言，结果表明业绩目标考核具有任免功能，支持了契约中目标设定的约束效应。第二，业绩目标完成情况与高管货币薪酬水平以及薪酬增长率均显著正相关，表明包含业绩目标的非线性契约具有激励效应。第三，当期业绩目标完成情况会影响下一期业绩目标动态

---

① 本书样本期间选取 2004～2016 年基于以下考虑：第一，从制度背景来看，2004～2016 年，中国国有企业目标责任考核制度（以下简称考核制度）没有发生重要的变化。但 2016 年和 2017 年前后，国有企业目标责任考核制度经历了一些重要变化，例如，开始施行分类考核；对考核目标值进行分档分类设置等；考核内容更加多元化。并且在 2016 年前后，国有企业的风险控制和合规管理也成为考核的重要内容之一，与之前相比有了新变化。第二，与同主题国际顶尖文献对接，研究样本保持了一致性。例如，有学者使用的样本期间为 2004～2017 年（Ramji Balakrishnan, Jizhang Huang, 2023）。有学者使用的样本期间为 2006～2016 年（Chunyan Wei, 2021）。两者研究的都是目标设定中的经典问题，且使用了中国上市公司目标设定的场景，本书对于实证场景（包括样本期间）的选取同这些作者保持了一致，也表明该样本区间在实证设计方面是经得起检验的。第三，本书研究了激励契约设计中的经典问题，样本数据充分，对经典问题的检验不囿于是否更新到最新年份的样本。另外，2020～2022 年，由于新冠疫情的影响，经营受到冲击，上市公司经营目标设定与之前年份相比也受到较大影响，因此将样本数据扩展到最新年份是否合适也有待商榷。

调整，证明了经营业绩目标设定中存在棘轮效应及其不对称性。进一步研究表明，不同产权性质对管理层业绩目标的考核效果以及业绩目标动态调整的影响存在差异；董事会与管理层之间的权力博弈特征会影响目标动态调整。上述结果为年报披露的业绩目标的契约考核功能提供了明确的证据，同时也为经理人围绕业绩目标设定及完成采取一定行动提供了来自内部公司治理压力的证据。

（2）外部资本市场会对管理层业绩目标完成进行相应评价。其具体表现在：第一，业绩目标完成程度显著提高了分析师跟踪数量。第二，业绩目标完成程度显著提高了本期及下一期分析师预测的准确性，体现在分析师预测准确度提高、分析师预测乐观偏差降低以及分析师的投资标准化评级分数提高、评级修正分数提高。第三，业绩目标完成程度显著提高了机构投资者的加仓行为，体现在下一期的机构投资者持股比例以及增持概率上升。进一步研究表明，外部公司治理会对董事会的目标考核施加压力，强化其内部目标激励考评机制。该结果为经理人可能围绕业绩目标完成采取一定行动提供了来自外部资本市场压力的证据。

（3）管理层业绩目标完成情况隐藏着经理人的干预行为。其具体表现在：第一，业绩完成情况的密度函数在目标阈值处以及目标右侧一定范围的微利区间并不连续，即业绩目标完成情况存在断点操纵的现象。第二，业绩目标实现程度越大，企业当期进行异常收入确认的程度越大，表现为越倾向于推迟收入确认。第三，业绩目标实现情况与真实销售操纵显著正相关。第四，业绩目标的实现程度越大，企业当期的研发投入强度越低。

进一步研究表明：业绩目标完成具有时间序列上的相关性；微达标与异常收入确认以及真实销售操纵行为显著正相关，在一定程度上表明，全样本中观测到的业绩操纵行为可能是被断点区间内的微达标样本所驱动的；分析师和机构投资者在管理层面临短期绩效考核压力时能够有效发挥监督治理作用，在一定程度上抑制管理层的业绩操纵行为与影响企业长期价值的短视行为；当管理层与董事会在权力博弈中占优时，可以在一定程度上缓解短期目标考核压力引致的负向激励效应；而较高的外部董事比例会强化管理层的短期目标考核压力，反而诱发管理层更多的业绩操纵行为与损害公司长期价值的短视行为。

　　最后，我们利用国资委目标考核政策变更场景进行机制研究，结果表明：第一，政策变更减弱了收入目标完成与高管变更概率之间的负相关关系，经理人短期收入目标考核的压力有所减轻。第二，政策变更不仅降低了由收入目标考核压力所引发的异常"推迟收入确认"的程度，还缓解了收入目标考核压力所引发的销售操纵活动。该结果意味着，当短期业绩目标考核压力减轻之后，经理人特定的业绩操纵活动也会随之缓解，支持了目标契约考核的"压力假说"。

　　研究结果表明，在短期业绩目标考核的压力下，管理层有平滑跨期收益的倾向，而非只追求单期业绩目标的实现。董事会设置经营目标考核的初衷是促使管理层投入更多的努力，以实现股东价值最大化，但这种利用短期目标考核的施压行为很可能矫枉过正，诱发管理层的业绩操纵及短视行为，不惜牺牲公司长期价值来实现其跨任期收益最大化。基于以上发现，我们在业绩目标契约设定、经营目标信息披露与监管、国企目标责任考核制、健全经理人劳动市场等方面提出了政策建议。

　　激励契约设计和目标治理领域的研究始终处于不断发展之中，本书肯定存在诸多不足之处，恳请读者批评指正！

刘梦宁

2023 年 9 月

目录 contents

第1章 引 言

1.1 研究问题的提出

在当前经济发展新常态下，供给侧结构性改革持续推进，企业提质增效压力日益增大，经营业绩目标能够起到引领作用，组织和协调企业的多项决策，更好地激发企业自我加压的内生动力。2017年，党的十九大报告中提出要建立全面规范透明、标准科学、约束有力的预算制度，全面实施绩效管理。2018年，《政府工作报告》中强调要落实和完善创新激励政策，科研项目绩效评价要加快从重过程向重结果转变。可见，顶层设计将预算制度与绩效考核作为现代国家治理体系中的重要部分。在公司治理体系中，管理层业绩目标既是预算执行体系的最高引领，同时也是绩效评价的基础，其重要性与日俱增。

业绩目标考核被引入现代公司制激励契约已有数十年。20世纪70年代，美国股市低迷，股权计划激励效应受限，上市公司开始引入基于业绩目标考核的奖金计划，经理人薪酬显著提升，公司业绩也随之提高。墨菲（Murphy，2001）基于韬睿咨询（Towers Perrin）公司对177家上市公司高管年度奖金计划的调查数据，发现大部分公司都使用经营计划或者业绩目标作为高管的业绩标准和薪酬依据。国外文献表明，每股盈余（EPS）指标在上市公司高管年度奖金契约的业绩目标设定中被广泛使用（Kim and Yang，2012；Huang，Li and Ng，2015；Kim and Shin，2017）。潘飞等（2006，2008）通过收集中国上市公司披露的高管激励契约，发现我国上市公司高管人员的业绩标准主要是董事会制定的预算目标。笔者通过收集整理2007~2016年中国上市公司公开披露的 960 份高级管理人员薪酬考核办法，发现这十年间公司高管的业绩标准绝大多数为董事会审定的年度经营目标，并且其薪酬奖励与年度经营目标的完成率严格挂钩，详见图 1-1。

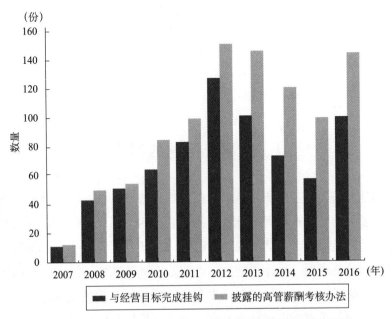

图 1-1 2007~2016 年上市公司公开高管薪酬管理办法统计

　　自 2003 年国务院国有资产监督管理委员会（以下简称国资委）成立以来，国有企业的目标责任制考核被不断强化。由国资委主导实施年度经营业绩考核和任期经营业绩考核，采取由国资委与企业主要负责人签订经营目标责任书的方式进行，且经营业绩总体目标由国资委审核确定。在各级国资委出台的国企负责人经营业绩考核办法中，业绩目标实现程度与国企负责人各项考核紧密关联。国资委依据年度与任期经营业绩目标完成结果对企业高管进行奖惩，将业绩目标完成结果作为企业负责人分配薪酬的主要依据和职务任免的重要依据；尤其是任期经营业绩目标考核结果直接与高管任免挂钩。[1]最新出台的正式考核办法强调，在考核期中，国资委对经营业绩责任书执行情况实施动态监控，对考核目标完成进度不理想的企业提出预警；[2] 同时，

---

① 《中央企业负责人经营业绩考核暂行办法》（2003）第三章第二十六条规定。
② 《中央企业负责人经营业绩考核办法》（2016）第五章第二十八条规定。

连续两年年度经营业绩考核结果为 D 级或任期经营业绩考核结果为 D 级的企业，且无重大客观原因的，对企业负责人予以调整,[①] 在 2012 年考核暂行办法中，只是国资委对相关负责人提出调整建议[②]。无效必问责的考核政策意味着国有企业负责人需要彻底摒弃从前"不求无功但求无过""平稳落地"等心态。可见，国有企业目标考核的刚性程度之高，并且随着时间推移，总体越发趋于严格。同时也表明，高管的短期目标考核压力越发增大。

虽然管理层业绩目标的激励契约安排在实践中方兴未艾，但已有文献研究却聚焦于业绩衡量指标（Holmstrom，1979；Sloan，1993；Ittner et al.，1997）和薪酬业绩敏感性（Jensen and Murphy，2004），而忽视了业绩目标在薪酬契约中的作用（Murphy，2001；Ittner and Larcher，2001），实证研究证据则更加寥寥可数（Kim S. and Shin J. Y.，2017）。管理层业绩目标是会计信息系统的关键信息（Merchant and Van der Stede，2012），其本质是绩效评价的标准，属于绩效评价体系中关键的、综合化的、显性的一项契约设计，用于协调多项决策，并成为制定薪酬契约的基础（Indjejikian et al.，2014）。关于这项具体的契约设计，一个最基本的问题尚未解决，即：管理层业绩目标具有契约有效性吗？

鉴于管理层是理性经济人，在委托代理关系中股东需要和高管达成一份明文规定的将经理人努力与回报之间的关系进行显性化的契约，以此更好地激励与监督管理层（Chrisman et al.，2007）。最优契约理论指出，薪酬激励契约能将管理层的薪酬与公司业绩最大限度相结合，以确保管理层的努力方向与股东价值最大化相一致（Fama and Jensen，1983；Jensen and Murphy，1990）。该理论认为，管理层能够获得的回报与其所投入和付出努力水平的关联程度越高，管理层就具有越强的动机去提高其努力水平，进而激励薪酬契约便越有效。然而，努力水平通常不可直接观测，且监督成本巨大，因此实际经营业绩便成为股东监督管理层努力水平的次优选择（Holmstrom，1982；Watts and Zimmerman，1990）。在实践中，上市公司为不断改善高管激励契约的设计而孜孜以求。激励契约也被视作高质量公司治理的基石（Abernethy，Kuang and Qin，2015），尽管这些契约在提升股东价值方面所能提供激

---

① 《中央企业负责人经营业绩考核办法》（2016）第六章第四十四条规定。
② 《中央企业负责人经营业绩考核暂行办法》（2012）第四章第三十二条规定。

励的充分性饱受质疑（Gerakos, Itterner and Larcker, 2007）。机构投资者以及大股东，例如沃伦巴菲特（Warren Buffett），都主张用具体而明确的业绩目标（specific performance goals）来衡量管理活动。

最优契约理论的主要问题在于，决定高管薪酬合约的董事会也可能存在代理问题，不一定能够设计出最优的业绩目标及激励方案。由于信息不对称，相比于管理层，董事会难以获得充分的企业经营信息，因此，尽管激励契约中设定了目标，表面上经理人也达成了目标，但实际上目标是否合理、完成目标过程中管理层是否有操纵或隐藏行动都难以直接观测，未见得会缓解代理问题。管理层权力理论表明，拥有较大权力的高管会倾向于保持宽松的内部控制，以更轻松地越过控制程序开展盈余管理，从而便于更加轻松地达成业绩目标（戴璐和宋迪，2018；Armstrong et al.，2010）。在这种情况下，薪酬契约中设定具体的业绩目标反而加重了代理问题。于是，在管理层权力彰显之下，围绕业绩目标的操纵行为成为管理层攫取私利的一种手段。施韦策等（Schweitzer et al.，2004）研究表明，当薪酬与目标实现情况挂钩时，更容易诱发管理层的欺骗行为。柯珞克和斯拉姆罗德（Crocker and Slemrod，2007）研究表明，以报告收益为基础的薪酬合同无法激励经理人同时既采取利润最大化的行为又能诚实地报告这些利润。麦琪和洛迪古斯 - 克莱尔（Maggi and Rodríguez - Clare，1995）通过模型研究发现，在委托代理问题中，如果代理人私下已知其边际生产成本，那么昂贵的信息失真将作为一种均衡行为出现。此外，古德曼等（Guttman et al.，2006）发现披露的收益分布中存在一种内生性的扭结和跳跃（kinks and jumps）的均衡。

综上所述，作为绩效评价的标准，业绩目标究竟是提高了激励的敏感性从而促成管理者与股东的利益趋同，还是助长了管理层的短视行为，对于这一问题，暂且没有研究给出答案。换言之，这项显性的契约设计是否有助于缓解代理问题至今没有定论。其中一个很重要的原因是缺乏公开的业绩目标信息。2002 年，证监会在上市公司定期报告中正式引入"管理层讨论与分析"（MD&A）。2005 年，证监会修订了《公开发行证券的公司信息披露内容与格式准则第 2 号——年度报告的内容与格式》，增加和细化了 MD&A 的披露规定，要求体现管理层对公司现状及其发展前景的基础判断。2007 年以来，证监会鼓励上市公司披露年度经营目标，并分别于 2011 年、2012 年、2014 年、2015 年、

2016 年及 2017 年进一步出台《公开发行证券公司信息披露的内容与格式准则第 2 号——年度报告的内容与格式》修订稿，一直保留和强调了关于经营目标的叙述，并使其内容逐渐丰富。由此，越来越多的上市公司开始在年报 MD&A 部分披露定量的管理层经营业绩目标，提高了对其进行大样本研究的可行性。本书中的管理层业绩目标数据来源于上市公司年报中"管理层讨论与分析"或者"董事会年度报告"部分，通过查阅年报手工整理。

基于该大样本研究契机，本书为何着眼于契约治理效应，即重点考察业绩目标考核的经济后果呢？主要有以下几个原因：第一，先定位战略问题，再解决战术问题。"把事情做正确"以"做正确的事"为前提。相比于如何设定目标，先研究当下设定目标之后契约治理的有效性就是在解决一个战略性问题。有效与否是激励契约设计的最基本考量，不经过充分论证就贸然推进其他相关研究，就如同沙中筑塔。第二，扭曲的激励往往比激励不足更可怕。在企业实践中，有效的指标通常难以找到。即便是一个好的指标、好的政策，未必就能得到好的结果。在受限的约束条件下，一个理论上完美的激励函数关系完全可能发生扭曲，与决策者的初衷背道而驰。第三，激励契约中"是否设置目标"问题本身是个有趣且重要的议题，但"是否设置目标"的功能性独立于"考核目标完成"的功能性。若仅仅研究"是否设置目标"，我们无法判断契约考核的治理效果究竟是由"设置"动作带来的，还是由"考核"动作带来的。业绩目标信息的特别之处在于其天然具备业绩承诺的性质，即具有可验证性。作为一项激励契约设计，研究基于目标完成情况的考核后果才可谓回归本源。综上所述，秉承先着力解决主要矛盾的科学态度，研究业绩目标考核经济后果的重要性以及迫切性最为凸显；而在方法论的层面，探索该问题也最具有研究的可操作性，以下将具体展开阐述。

管理层业绩目标本质是绩效评估中引入的一个可以量化的标杆。董事会作为内部委托人，设定显性的、具体的经营目标阈值作为考核经理人业绩水平的标杆，并将其引入激励契约进行内部绩效考评，旨在强化代理人激励契约的有效性，改善公司经营业绩与管理水平。上市公司目标治理流程通常是，董事会负责在上年末或本年初制订出新年度经营计划及经营目标，并由经理人执行该计划以完成年度经营目标，并将经营目标完成情况与经理人的收入相挂钩。无论这种契约形态是隐性还是显性、是具体还是抽象，这仅仅证明是公司章程的一纸规定。一项制度的生命力在于执行，立说立行、严格执行才是探讨契约有效性的前提。经营目标考核制度具备有效性的前提是，目标可以切实发挥相应的考核功能。

对于外部资本市场上的利益相关者，管理层业绩目标完成程度揭示出公司经理人的管理水平，也是董事会递交给外部投资者的一份重要年度答卷的评分。在外部资本市场，尤其重要的金融中介分析师与机构投资者，理论上会对该绩效完成情况作出相应评价，因为这是他们评估公司管理水平的一项重要指标。而外部市场评价将可能进一步促进董事会对内部的公司治理，由此强化业绩目标内部的激励考评机制。

理论上，管理层业绩目标既是内部董事会和经理层对于剩余价值分享机制签订契约的博弈结果；同时也可能包含外部资本市场对历史业绩目标完成情况进行评价之后向董事会内部激励考评系统施压的结果。如果业绩目标可以发挥实质性的考核激励作用，那么至少提供给经理人两方面的隐藏动机（incentives）：契约激励与市场激励。① 只有看清经理人的动机之后再研究其行为后果，业绩目标契约治理的有效性问题才可能迎刃而解。据此，首先，研究公司内部的业绩目标考核是否被董事会刚性地执行；其次，考察外部资本市场是否关注并评价业绩目标完成情况，外部公司治理是否会强化董事会内部的激励考评机制。如果两者的答案是肯定的，那么"业绩目标完成"将改变管理层的收益函数，我们就有充分的理由相信，管理层有动机对"业绩目标完成"的结果实施事先的过程干预。在此基础上，本书研究业绩目标完成是否内生于经理人的干预行为。

1.2　研究思路、 主要内容与研究框架

1.2.1　研究思路

本书主要探究管理层业绩目标考核对经理人行为的影响机制，以此验证

---

① 笔者想提醒的是，书中提到的激励是一个中性概念，正向激励与负向激励并存。因此，契约激励与市场激励也可称为契约考核压力与市场声誉压力，如同一个硬币的两面，而实质硬核不变。

这项显性的契约安排是否有助于缓解代理问题。图 1-2 绘制了研究思路与逻辑框架，以下对全书的逻辑始点以及核心内容的逻辑关系进行简要阐述。

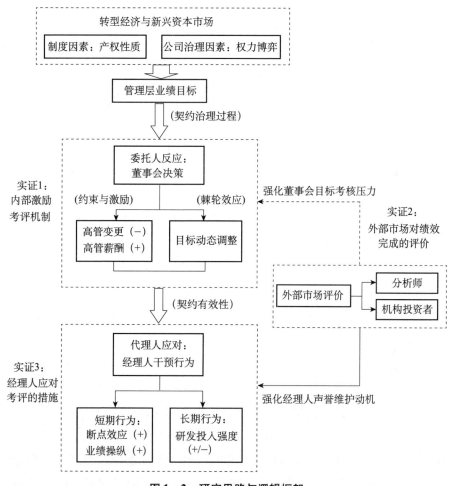

图 1-2　研究思路与逻辑框架

管理层业绩目标的实质是绩效评价的标准，属于绩效评价体系中关键的、综合化的、显性的一项契约安排。一项契约安排的设定过程通常是契约各方凭借自身掌握的私有信息进行博弈与谈判的过程；同时，一个契约的实施过程与结果也被契约各方权力的博弈所塑造和影响。通常而言，业绩目标设定与考核的契约安排属于企业内部管理信息系统，研究者难以直接观测。从 2005 年开始，证监会强制要求上市公司披露新年度的经营目标，越来越多的公司开始在年报中披露定量的管理层经营业绩目标，使得大样本实证研究成为可能。管理层业绩目标提供给我们以往无法直接观测到的、供企业内部报告使用的运营决策与业绩考评信息。对此，一个最直接的问题是：管理层业绩目标的激励考评机制能发挥作用吗？如果答案是肯定的，那么经理人将受到业绩目标考核压力的影响，这种内生的动机势必又会影响经理人的行为产出结果，由此决定目标契约安排的有效性。

综上所述，首先从董事会内部的激励考评机制探究管理层业绩目标所发挥的激励约束功能，其次考察外部资本市场对业绩目标完成的相应评价，探究外部治理是否强化了董事会目标激励考评机制。如此，董事会的决策与外部资本市场的反馈将被纳入经理人的收益函数，即业绩目标契约安排将影响经理人的行为动机，在此基础上，本书继续研究业绩目标完成是否隐藏了经理人的相关干预行为。遵循以上思路，对核心章节的逻辑关系分别进行阐述。

（1）董事会对管理层业绩目标考核的内部激励机制研究。代理理论的发展为检验会计信息系统中的业绩指标、激励和行为等提供了有用的框架，使研究者能够显性考虑利益冲突和激励问题。理论上，董事会设定年度经营业绩目标对管理层进行考核，在公司治理层面上对高管进行任免以及制定薪酬契约；在运营管理层面上用于组织和协调企业的多项决策。这种目标设定及考核过程属于公司内部管理控制系统实践，而年报中"管理层分析与讨论"部分公布的经营业绩目标则提供了一个研究其契约考核执行有效性的契机。一方面，在公司治理的框架下，管理层是代理问题的核心，业绩目标考核旨在实现对经理人的激励约束机制；另一方面，业绩目标作为完整管理控制系统循环的初始端，具有引领作用，企业持续经营意味着每一个经营期初都要设定目标，前期的目标完成情况如何影响之后的目标调整是重要的跨期经营决策。不完全契约理论表明，事后的契约执行会影响事前的契约签订。因此，业绩目标动态设定与调整也会受到对经理人历史目标考核绩效的影响。综上所述，若能证明业绩目标完成会显著影响董事会对公司治理层面与运营管理层面的决策，这就为业绩目标内部激励考评机制的功能性提供了明确的证据，同时也为经理人可能围绕业绩目标完成以及下期目标动态调整采取一定干预行动提供了来自内部治理压力的证据。

（2）外部资本市场对管理层业绩目标完成评价的研究。西方发达国家的经验研究表明，资本市场可以起到优化资源配置的作用，促进企业发展与经济增长；但同时资本市场也可能引起企业的短期业绩压力过高，带来诸如短视或投机行为等负外部性。相比于董事会，外部资本市场通过相对有限的信息渠道与指标来评估公司的经营状况与管理水平。管理层业绩目标完成情况，即管理层对业绩目标执行偏差情况，体现企业的管理水平。如果外部资本市场将其作为甄别企业管理能力的信号，那么势必会对目标完成情况作出相应评价。

典型的参与主体是机构投资者。与散户相比，机构投资者拥有更强的信息搜集与处理能力，当公司管理水平较差时，可能用脚投票，影响股价；更进一步地，还可能采取做空策略，通过发布公司负面消息、持有空仓等方法，打击股票价格；此外，机构投资者也会采取股东积极主义，主动参与公司治理，极端策略下甚至通过在二级市场大量购入公司股票，改变公司上市状态，私有化公众公司。无论机构投资者通过何种途径宣泄不满，都将施加给董事会不同程度的压力，强化董事会的内部激励考评机制；同时，也会对经理人的市场声誉造成影响，甚至强迫管理层更换。而证券分析师，尤其是卖方分析师，因投资者关注企业绩效完成水平，也会评估公司的业绩目标完成情况，据此对投资者提出投资评级的建议等。分析师作为资本市场重要的信息中介之一，在信息的获取以及评估方面更加专业，因此理论上，分析师对管理层业绩目标完成情况的敏感度与解读能力均高于外部市场利益相关者的平均水平。除此之外，作为投资者的代理，分析师在对上市公司进行解读与传递信息的同时，也在外部公司治理中扮演着重要的监督人角色[1]。

一旦资本市场的相关利益主体，例如分析师与机构投资者对公司绩效目标完成情况予以反馈，将给公司带来股价压力或偿债压力，董事会以及管理层将格外加以重视，这些评价会影响董事会的治理及运营决策，动态影响未来业绩目标的契约设定与考核后果，进而间接影响经理人的行为；同时，这些评价也将直接影响经理人的市场声誉。上述路径均会进一步强化董事会内部激励考评机制，这就为经理人可能围绕业绩目标考核采取干预行为提供了

---

[1] 例如，戴克等（Dyck et al.，2010）通过对美国 1996 ~ 2004 年公司欺诈案例进行研究，发现对公司欺诈行为的揭发主要依赖于非传统的公司治理的监督者，如分析师、媒体等，同时发现分析师在揭发 MOTO 等公司的财务舞弊案中发挥了重要作用。

来自外部治理压力的证据。

（3）管理层业绩目标完成与经理人干预行为研究。研究往往会忽视对人的行为动机的探索，而实践中人的行为一贯是特定激励、约束机制下的产物。在前两部分，我们将证明业绩目标对内部公司治理具有契约考核功能，而外部治理会进一步强化董事会内部治理中的业绩目标激励考评机制。上述两部分研究将证明业绩目标考核施加给经理人巨大的短期业绩压力，进而影响其风险与收益函数。由此，我们便揭示出经理人的隐藏动机。由于经营的持续性，以及管理层在信息不对称中占据优势，管理层在每个经营期间都能提前预测到这种结果，会非常理性地作出私人收益最大化决策，进而可能造成目标考核的激励扭曲，如此，契约治理将变得无效。因此，在讨论完业绩目标完成情况会带给经理人隐藏动机的前提下，我们研究其在业绩目标实现过程中是否发生干预行为，这些行为具体表现在哪些方面。

业绩目标的契约安排源于协调代理人与委托人的目标函数，缓解委托代理问题。一方面，清晰的业绩目标对于管理层的行为具有引导、监督、评估和反馈功能，提高其努力程度；另一方面，具体的目标给管理层提供了明确的操控标准，业绩目标与薪酬激励挂钩将可能导致欺诈行为。由于信息不对称，相比于管理层，董事会难以获得充分的企业经营信息，因此，尽管激励契约中设定了目标，表面上经理人也达成了目标，但实际上目标是否合理、完成目标过程中管理层是否有操纵或其他隐藏行动都难以直接观测，未见得会缓解委托代理问题。管理层权力理论表明，拥有较大权力的高管会倾向于保持宽松的内部控制，以更轻松地越过控制程序开展业绩操纵。因此，在管理层权力彰显之下，围绕业绩目标的操纵行为可能成为管理层攫取私利的一种手段。在这种情况下，业绩目标完成情况便成了内生于经理人干预行为所产生的结果。

最直觉的判断是，短期目标压力会诱发经理人操纵业绩等机会主义行为。但实践中，周而复始的短期考核压力是持续的，操纵行为只能带来短暂的收益增长，只有提高生产效率或者研制新产品等才能带来收益的持续增长。管理层为了不在未来每一期付出更多努力，可能被迫寻求更有战略意义的投资项目，改善长期经营，助力职业生涯。此外，管理层还可以重新分配资源，将其努力花在为公司带来更快、更具确定性收益的日常工作上。因此，短期目标压力未必就带来负面的激励效应，还可能是正面的抑或中性的。干预行为也未必是短视的，也可能是长期价值导向的。综上所述，究竟业绩目标完成是否隐藏着管理层的机会主义行为是一个有待实证检验的问题，对该问题的考察将有助于揭开业绩目标契约治理有效性的谜团。

1.2.2　研究的主要内容与框架

本书的结构安排可见图 1 - 3，具体内容依次进行如下阐述。

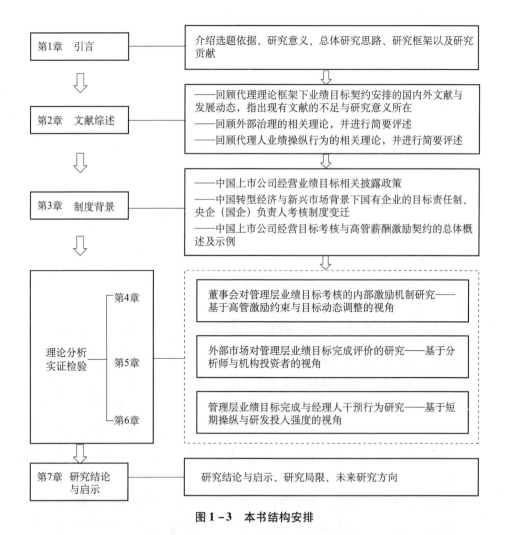

图 1 - 3　本书结构安排

第 1 章为引言。本章主要介绍选题依据、选题意义、总体研究框架以及研究贡献，定位本书的逻辑始点与总体研究思路。

第2章为理论分析与相关文献回顾。本章首先重点回顾了与管理层业绩目标显性契约设定相关的代理理论与激励理论的理论基础，其次回顾了与资本市场上证券分析师、机构投资者等外部公司治理相关的理论，最后对公司业绩操纵行为研究进行了简要综述。在此基础上，梳理了国内外相关文献发展动态，并对现有文献作出简要的研究评述。

第3章为制度背景回顾与分析。首先，本章阐述了与管理层业绩目标披露相关的信息披露制度规则体系，重点梳理了我国上市公司年度报告准则中关于经营目标信息披露的相关规定及规则变迁，由此对经营目标考核的普遍性、收入考核的重要性及考核趋势展开详细的制度背景分析。其次，本章重点介绍了中国转型经济与新兴市场背景下国有企业目标责任制考核的历史沿革，以及央企（国企）负责人考核办法中关于业绩目标设定与考核的制度变迁。最后，本章介绍了我国上市公司经营业绩考核与高管薪酬激励契约的总体概况，并提供了具体实例分析。

第4章研究董事会对管理层业绩目标考核的内部激励机制。具体而言，本章分别从董事会对高管激励约束的治理决策与对业绩目标进行动态调整的运营决策进行讨论。在此基础上，进一步探讨产权性质以及董事会与管理层之间的权力博弈特征如何影响管理层业绩目标的契约考核过程。由此，本章研究为年报披露的业绩目标的契约有效性奠定了基础，为经理人可能围绕业绩目标设定及完成采取一定干预行动提供了来自内部公司治理压力的证据。

第5章研究外部资本市场如何对管理层业绩目标完成情况进行评价。具体而言，考察分析师对管理层业绩目标完成情况的评价，基于分析师跟踪行为与分析师预测行为的变化解读其评价反应；考察机构投资者对管理层业绩目标完成情况的评价，机构投资者的逐利本性让其通常采取用脚投票的策略，因此，本章基于机构投资者持股行为变化来解读其评价。综上研究，揭示出外部资本市场对公司管理水平的关注，并借由其特定的评价对董事会及管理层施加压力，强化其内部激励考评机制。由此，本章研究为经理人可能围绕业绩目标设定及完成采取一定干预行动提供来自外部治理压力的证据。

第6章讨论管理层业绩目标完成情况是否隐藏着经理人的干预行为，以及这些行为具体表现在哪些方面。首先，检验业绩目标实现是否存在断点效应，给出管理层针对业绩目标实施业绩操纵行为的直接证据；其次，从业绩操纵活动（包括激进收入确认与真实销售操纵）与研发投入强度的角度，分别考察管理层受迫于短期目标考核压力而采取的影响公司短期绩效与长期价值的干预行为。在此基础上，进一步探讨了业绩目标完成是否具有时间序列相关性，资本市场监督以及董事会与管理层之间的权力博弈特征如何影响目标完成与经理人干预行为之间的关系。最后，本章还基于国资委考核目标变更的政策情境，采用准自然实验的双差分法对全书进行机制检验，夯实业绩目标考核压力对经理人行为影响机制的研究，进一步证实"动机—行为"的因果效应。

第 7 章介绍了研究结论、政策启示、研究局限以及未来研究方向。本章综合整理全篇主要的研究结论，并据此提出相关政策建议。最后阐述本书研究局限，并提出可供未来进一步研究的方向。

1.3 研究贡献与启示

1.3.1 理论贡献

（1）本书基于最优契约理论、管理层权力理论以及不完全契约理论构建了检验包含业绩目标在内的激励契约有效性的理论框架，丰富了高管业绩评价、显性激励契约设计的研究。具体有三方面：第一，以往研究假设高管薪酬与业绩呈线性关系，或非对称线性关系（方军雄，2009），并且更关注业绩衡量指标（Holmstrom，1979；Sloan，1993）和薪酬业绩敏感性（Jensen and Murphy，1990），忽视了业绩目标在薪酬契约中的作用（Murphy，2001；Ittner and Larcher，2001；陈磊等，2015）。本书凸显了业绩目标在契约安排中的作用，提供了其具备任免功能以及遵循激励相容性原则的大样本实证证据。第二，现有针对业绩评价的研究没有衔接到对高管激励约束的动机与行为后果研究，以至于无法打开"激励薪酬—企业绩效"的黑箱（胡玉明，2013）。围绕业绩目标完成考察了经理人的隐藏动机与行为后果，为揭示"激励契约"如何转化为"企业绩效"内在机理提供了一个有效路径。第三，詹森和墨菲（Jensen and Murphy，2004）提出，激励契约安排既可能是解决代理问题的一种路径，同时也可能是问题本身的一个来源，甚至可成为代理问题的一部分。很少有证据表明激励薪酬契约的有效性（Pfeffer，1998）。业绩目标作为一项重要的显性激励契约设计，对其有效性的研究是破解"激励薪酬契约之谜"（Gerhart and Rynes，2003）的有效途径之一，本书对此做了有益补充，同时也尝试回应了尹德坎等（Indjekian et al.，2014）提出的"事前业绩目标的分布是如何转化为事后实际收益分布形态"的问题。

（2）本书强化了激励契约设计中对成本与收益的权衡考虑。植根于代理理论的显性框架，人们在设计薪酬契约时总是孜孜以求地将货币或股票薪酬与非常明晰的业绩目标相联结（Bettis et al.，2018），努力提升两者之间的敏感性，但是激励与经理人努力之间的契约形态未必是严格增函数。通过断点效应检验证实样本在业绩目标阈值附近出现了系统性变化，表明激励与努力之间的关系出现扭曲（distortions），拓展了现有文献关于契约形态的研究。霍尔姆斯特罗姆和米尔格罗姆（Holmstrom and Milgrom，1987）关于信息条件的理论研究指出，契约中使用某变量可以增加"信息量"，但同时可能增加过多风险。本书则验证了其理论推测，为契约设计"收益—成本"的考量提供了经验证据。

（3）本书补充和完善了业绩目标动态调整中棘轮效应相关领域的研究，包括对棘轮效应不对称性的证明，对棘轮效应及其不对称性影响因素的研究。具体表现在以下几方面：第一，由于缺乏公开的业绩目标信息，以往文献集中于分析性研究，对于企业如何设定与修正业绩目标的实证研究则非常有限（Murphy，2001；Indjejikian et al.，2014b）。这些有限的实证研究数据来自专有的调查问卷，或者是某一家企业旗下的多个部门，或仅适用于非营利性组织、经济衰退期等特定样本。本书利用中国上市公司管理层业绩目标数据开展基于大样本的经验研究，提高了现有结论的普适性。第二，尹德坎、玛提卡和斯库罗泽尔（Indjejikian，Matĕjka and Schloetzer，2014）呼吁学者们考察不同情景下的目标棘轮效应，以增进我们对于企业不同层次业绩目标设定的了解。与西方文献中和奖金契约普遍挂钩的 EPS 目标不同，中国制度背景下上市公司的薪酬契约多采用经营类目标。本书针对年度经营业绩目标进行考察，进一步丰富了不同层次目标设定的相关文献。第三，深化了棘轮效应的研究，不再简单局限于棘轮效应现象本身。首先，区分出棘轮效应本身及其不对称性隐含的行为逻辑；其次，基于信息不对称理论以及中国制度背景特征，检验产权性质、管理层和董事会之间权力博弈对目标棘轮效应及其不对称性的影响，有助于理解棘轮效应产生的深层次原因、表现形式和影响因素，也填补了国内关于业绩目标棘轮效应影响因素研究的空白；最后，对棘轮效应对于公司价值的影响机制做了探索性研究，推动了相关研究领域进一步完善。

（4）本书丰富并拓展了会计信息参与者博弈与信息质量保障机制领域的研究，深化了对管理层进行业绩操纵以及盈余预期管理行为的理解。企业是持续经营的，因而会计信息参与者的博弈也是一个动态的过程。将不完全契约理论"事后目标完成影响事前目标修订"的思想用于实证检验，同时对业绩目标的事前契约设定以及事后契约执行过程进行考察，探究契约各方权力博弈如何影响这个过程，拓展了对动态激励契约领域的研究，也推进了对会计信息系统质量保障机制的研究，提醒人们审慎对待业绩目标完成结果，它可能是经理人隐藏动机之下的产物。此外，与以往文献定义的隐性短期业绩压力不同，本书利用显性的经营目标能够更准确地衡量经理人短期业绩压力，为业绩操纵动机研究提供了进一步的证据。

（5）本书丰富了外部公司治理领域的研究，为在中国这样新兴及转型经济的资本市场上分析师在一定程度上发挥有效的外部监督作用、机构投资者发挥一定的治理与监督作用提供了经验证据，揭示出外部中介机构可以通过强化董事会短期目标考核压力来影响内部公司治理的内在路径。此外，本书也拓展了资本市场上分析师预测的信息来源以及机构投资者投资行为的影响因素的文献研究。

1.3.2　实践意义

（1）科学、准确地评价业绩目标的激励与约束作用，为上市公司制定合理的高管薪酬考核办法提供参考，指导上市公司更恰当地激励管理层、优化内部的资源分配，为投资者创造更多财富。完善国有企业经营目标责任制考核制度，为国企负责人经营业绩考核以及深化薪酬改革方案提供激励契约的设计思路；为政府机构、资本市场上其他的监管方掌握民营企业管理层的绩效考核与激励办法提供改革思路，完善其遴选机制、考核机制与声誉机制，从而更为理性地发挥监管作用，促进业绩评价与激励制度的市场化改革和经理人劳动力市场的进一步发展。

（2）帮助资本市场的利益相关者科学、准确、客观地分析上市公司经营业绩目标完成所隐含的各项契约的"成本—收益"。业绩目标可以发挥会计作为一种信息产品的估值功能与契约订立的作用，业绩目标作为管理会计信息集合的重要元素，在商业社会、资本市场中为投资者决策的基本面分析提供强有力的支撑，为其进一步制定科学、理性的投资决策，提升市场的信息传递效率提供支持，促进证券市场朝着更加理性、繁荣和健康的方向发展。推动监管部门完善相关信息披露的内容体系，不断提高年报信息披露质量、增强投资者保护，对于合理引导机构投资者的投资行为、稳定资本市场有着积极意义。

1.3.3 可能的创新点

（1）本书从年报中挖掘管理层经营业绩目标数据围绕业绩目标完成与动态调整进行实证研究，首次全面且深入地考察内部目标激励考核机制以及外部治理的作用机制。财务报告中管理层分析与讨论中的经营目标反映企业未来战略与经营决策，对投资者更具决策有用性；目标完成则体现企业的管控水平。现有研究不够重视目标信息，对于定量经营业绩目标的实证研究非常有限。本书在数据的创新性、样本的普适性以及研究设计的改进等方面有较大贡献。

（2）本书构建了检验包含业绩目标在内的激励契约有效性理论框架，凸显了业绩目标在契约安排中的作用，证实其具备激励相容性原则，丰富了业绩评价、显性激励契约安排的研究。本书围绕目标完成考察经理人的隐藏动机与行为后果，尝试为"激励契约"转化为"企业绩效"的内在机理提供一个有效路径，同时为激励契约设计"收益—成本"考量补充了新的经验证据。

（3）本书基于经营目标数据对棘轮效应进行大样本实证研究，区分棘轮效应及其不对称性隐含的行为逻辑，展开细致分析，并首次考察产权和管理层权力博弈对棘轮效应及其不对称性的影响。本书在目标棘轮效应研究的普适性、影响因素方面有较大的创新贡献，拓展了国内外该领域的研究。

第2章 文献综述

2.1 业绩目标内部激励机制的相关理论

业绩目标考核是企业管理控制系统实践的关键环节（Indjejikian et al.，2014a），该实践用于组织和协调企业的多项决策，并成为企业进行绩效评价以及制定薪酬契约的基础（Merchant and Van der Stede，2012）。业绩目标的实质是绩效评价的标准，属于绩效评价体系中关键的、综合化的、显性的一项契约安排。业绩目标契约安排的影响因素及其效应错综复杂，对其研究需要综合运用多学科的理论与方法。因此，业绩目标考核一直都是经济学、管理学、社会学以及心理学等多学科的重要研究话题。

2.1.1 业绩目标契约安排的代理理论基础

业绩目标的研究起源于信息经济学理论，其基础理论框架是各种信息（包括会计信息）被显性地放入决策系统中研究，这些具体信息的使用导致企业有能力作出更优的决策，这就是信息的价值（Laffont and Tirole，1993）。随后，代理理论的发展为检验会计信息系统中的业绩指标、激励和行为等提供了有用的框架，使研究者能够显性地考虑利益冲突和激励问题（Lambert，2001）。代理问题从两权分离开始，委托人往往通过约束与激励这两种机制来控制和规范代理人的行为。霍姆斯特姆（Holmstorm，1979）认为，在不同的给定条件下，激励契约的形态不同，则约束条件也不同，再加上管理层的效用函数不同，因此会产生不同的激励效应（Kuhnen and Zwiebel，2008）。于是，在为管理层订立薪酬激励合同时，要综合考虑公司的所有权安排、公司治理水平、宏观环境约束以及不同高管的效用函数，在尽可能满足委托人与代理人的激励相容性原则的基础上，满足特定条件下双方均得以实现收益函数最大化的要求。

在现代资本市场上市公司中，由于管理层的隐藏行动，股东往往只能依赖于其行动的产出，即公司的剩余收益，对高管进行激励。然而在现实中，公司真实的剩余收益难以被股东直接观测，因此无法成为管理层激励薪酬契约的业绩标准（Verrecchia，1986；Dye，1988；Bushman and Indjikian，1993）。由此，在实践中，需要通过一定的计量机制测算出管理层的业绩指标来进行代替和反映（谢德仁，2004）。克里斯曼等（Chrisman et al.，2007）研究表明，根据理性经济人的假设，人们通常会分析决策的成本—收益，只有权衡净收益为正之后才会作出选择。鉴于要激励或约束作为理性经济人的管理层，一份明文规定管理层努力与回报之间的显性化的契约就成为股东的自然选择，以此更好地激励与监督管理层。最优契约理论指出，薪酬激励合同能将管理层的报酬与公司业绩进行最大限度的结合，促使管理层付出高水平的努力，提升股东的价值回报（Fama and Jensen，1983；Jensen and Murphy，1990）。该理论还指出，管理层的报酬与其所付出的努力水平的关联程度越高，那么管理层就具有越强的动机提高其努力水平，进而提高激励薪酬契约的有效性。然而，由于管理层的努力水平通常不可直接观测，并且股东的监督成本巨大，因此公司的经营业绩便成为股东监督管理层努力水平的次优选择（Watts and Zimmerman，1990）。

霍尔特豪森等（Holthausen et al.，1995）通过实证研究发现业绩与高管薪酬呈非线性关系，高管人员奖金的高低取决于业绩是否达到了事先设定的业绩目标，并随目标的完成程度而变化。墨菲（2001）首次提出了包含业绩目标的非线性薪酬契约，概括出一种典型的分段式奖金制度，其模型分析表明纳入业绩目标有助于提高管理层薪酬契约的激励效应。一份典型的非线性薪酬契约包含三个部分：业绩衡量指标（performance measures）、业绩目标（performance target）、薪酬与业绩之间的关系（pay-for-performance sensitivity）。以往研究大量关注了业绩衡量指标（Holmstrom，1979；Sloan，1993；Ittner et al.，1997）和薪酬业绩敏感性（Jensen and Murphy，2004），而忽视了业绩目标在薪酬契约中的作用（Murphy，2001；Ittner and Larcher，2001）。

在实际的薪酬激励契约中，激励（风险）薪酬部分与业绩并非线性相关，只有当业绩达到一个阈值（业绩目标）才会去讨论发放这部分激励薪酬，否则这部分薪酬为零；而在业绩目标之上，管理层可以获得与超出业绩目标部分成比例（或其他函数形态）的奖励薪酬，直到达到奖励薪酬的上限为止。因此，整体而言，管理层薪酬与实际业绩呈现出非线性的特征，而该特征必须引入作为阈值的业绩目标才可以准确刻画，换言之，业绩目标决定了管理层的薪酬激励被约束在特定的空间范围内，因此必然会对管理层代理行为产生特定的或积极或消极的激励效果。

以代理理论为根基，对于企业设定的管理层业绩目标是否具有积极的激励效果，在现有文献中，存在两个基本的理论流派：一个是最优契约理论（Jensen and Meckling，1976；Murphy，1999；Core et al.，2003）；另一个是管理层权力理论（Yermack，1997；Bertrand and Mullainathan，2001）。

最优契约理论的出发点是，由管理层的监督者——内部委托人董事会，代表股东（投资者）的利益，设计符合股东价值最大化的合理的薪酬激励合约，从而缓解股东和代理人之间的代理问题（Edmans et al.，2009；Abernethy et al.，2015）。墨菲（2000）认为充分的、合适的目标水平能够反映充分的、合适的努力水平之下的期望绩效产出。相对于实际业绩的绝对值，在契约中使用实际业绩与业绩目标的差异来评价管理者，能够提高业绩衡量标准的可控性，从而更准确地衡量高管的努力程度，降低其承担的风险（Indjejikian and Nanda，2002）。博弈论中分离均衡理论表明，在恰当的约束激励条件下，不同类型的管理层会发送不同的信号，以便修正委托人的信念，并识别出管理层的类型。例如，能力高/低的管理者对于业绩目标难/易的反应不同，加入了业绩目标承诺的契约能够保证高能力的管理者在期末获取信息租金，而低能力的管理者则获取很少甚至无法获取信息租金（Indjejikian et al.，2014a）。此时，加入业绩目标的完全承诺契约实现了分离均衡，支持了最优契约理论的有效性。

最优契约理论的主要问题在于，决定高管薪酬合约的董事会也可能存在代理问题，不一定能够设计出最优的业绩目标及激励方案。例如，管理层的任职本身就是董事会的提名决策，与董事会有着千丝万缕的利益联系。另外，由于信息不对称，相比于管理层，董事会难以获得充分的企业经营状况信息。

因此，最优契约理论并不能完全解释激励契约中关于目标的具体安排。考虑到上述因素，管理者权力理论强调，作为内部委托人的董事与投资者之间也存在相应的代理问题，董事会无法完全掌控企业薪酬契约的订立安排（胡玉明，2013）。因此，当强有力的管理者能够影响到自己的激励契约决策时，激励契约就不再是股东和管理者之间代理问题的有效解决方式（Garvey and Milbourn，2006；Morse et al.，2011；Van Essen et al.，2015）。此时，激励契约中设定的业绩目标就不一定能提高代理人采取有利行动的敏感性，反而可能增加业绩指标的噪声，甚至带来负向的激励效应。

不完全契约理论给出了负向激励效应的一种可能的解释。业绩目标设定属于事前行为，而契约订立之前的决策信息更多掌握在管理层的手中，事前标准的制定可能引发管理层和董事会之间的动态博弈，这本身就是一个讨价还价的过程。一方面，在信息不对称的情况下，业绩目标设定的激励契约设置就可能出现道德风险或隐藏行动问题，增加了管理层事前机会主义行为；另一方面，不完全契约理论，又称 GHM 模型（Grossman and Hart，1986；Hart and Moore，1990、2008），表明契约的事后执行会影响事前的签约，刚性的契约条款会强化代理人的事前投机行为，如果管理层（尤其是经理人）权力足够大，有能力进行权力寻租，由此造成事前缔约损失。尤其是在外部不确定性存在的条件下，代理人事前机会主义行为——尽可能设置更低的业绩目标或标准——出现的概率增大（Fehr，2009；刘浩等，2015）。例如摩尔斯等（Morse et al.，2011）研究发现，当公众对首席执行官（CEO）高薪表现愤怒时，权力较大的 CEO 会通过装点门面的方式回应公众压力，如推出业绩目标较容易实现的股权激励合约等，以确保个人财富不会受到负面影响。可见，激励契约中业绩目标的合理设定是激励效果的关键决定因素。

在业绩目标设定之后，激励契约中的业绩目标还可能导致管理者产生针对目标阈值的特定盈余管理行为（Cheng and Warfield，2005；Bergstresser and Philippon，2006），这种盈余管理行为呈现出一种非常特别的分布，研究中多称其为断点效应（discontinuity），而研究发现这种实际业绩分布呈现出的断点之处恰好是业绩目标的阈值（Bennett et al.，2017），反映出管理层对实际业绩的操纵行为。管理层权力理论认为，拥有较大权力的高管会倾向于保持宽松的内部控制，以更轻松地越过控制程序开展盈余管理，从而便于更加轻松地达成业绩目标（戴璐和宋迪，2018；Armstrong et al.，2010）。

现实中，委托代理模型是多期的，意味着业绩目标的设定与修正是一种动态的跨期行为。如前所述，管理层与董事会对于业绩目标的决策行为也是一个动态博弈的过程。如果董事会基于历史业绩设定业绩目标会导致棘轮效应。实践中，基于预算或者历史业绩设置业绩目标的实践在管理层年度绩效奖金契约中非常普遍（Murphy，2001；Leone and Rock，2002）。此时可能产生一个问题，即代理人当期越努力，目标完成度越高，下期业绩目标设定的标准可能就越高，即业绩目标随着预算完成度呈上升的趋势（Weitzman，1980）。棘轮效应会增加实际绩效与目标期望水平的相对差距，同时，棘轮效应也会诱发代理问题，例如，基于长期业绩合同收益最大化，代理人在原本可以超过业绩目标的情况下，倾向于降低努力程度使得刚好达到预算目标，避免董事会在未来制定更高的目标。管理层权力会加重这一代理问题，因为有权力的管理层既有能力越过董事会的监督，减少自身的努力；也几乎不存在因业绩不达标而被解雇的后顾之忧。

所以，管理层激励契约（包含业绩目标的契约设计在内）在管理层权力彰显之下，成为其自利的一种手段（Abernethy et al.，2015；Tian，2004），未必是解决代理问题的工具，反而还成为代理问题本身。这引出激励问题在文献中的一个争议：公司激励薪酬的合约既可能是代理问题的一种解决路径，同时也可能成为代理问题本身（Jensen and Murphy，2004）。而业绩目标作为激励薪酬契约设计的重要组成部分，可以成为破解"激励薪酬契约之谜"（Gerhart and Rynes，2003）的一条有效途径。因此，研究企业如何对业绩目标进行设定与修正（target setting and revision）具有非常重大的意义（Kim S. and Shin J. Y.，2017）。作为企业管理控制和激励系统中一个关键构成要素（Merchant and Van der Stede，2007），业绩目标设定通过动态地影响管理层的行为激励来提升公司价值（Indjejikian and Nanda，2002）。

2.1.2　业绩目标契约安排的其他相关理论

管理学、心理学和社会学的相关理论分析也支持业绩目标设定的契约有效性。期望理论分析认为最优契约理论是有效的，其理论基础是管理层对业绩目标实现程度及相应收益的期望水平会直接引导其努力方向和努力水平 (Rockness, 1977), 业绩目标实现难易程度是企业业绩最直接的决定因素 (Locke et al., 1988)。一项特定的目标设计的激励作用主要由两个因素决定: 与股东要求的业绩水平相关的各项产出的预期概率和由这些产出导致的管理层的效用水平 (Ronen and Livingstone, 1975)。于是, 在目标订立之后, 能最大限度发挥激励作用的业绩目标必然就会被经理人所选择 (Fatseas and Hirst, 1992; Kren, 1990)。目标设定理论 (goal - setting theory) 认为, 充分的、合适的目标水平能够为组织未来业绩提供一个无偏的最佳估计 (Lukka, 1988; Van der Stede, 2000), 能准确反映组织的绩效潜力 (Hartmann and Maas, 2000), 因此业绩目标越具体, 提供给参与者对预期行动和结果的理解就会越好, 组织中信息不对称性就越低, 也因此能产出更大的激励效应和努力水平 (Locke and Latham, 1990)。权变理论表明环境不确定性会增加业绩目标设定的具体化程度 (Dekker et al., 2012), 一个先验的目标能够为事后的业绩评价提供一个有效标准 (Chenhall, 2003; Govindarajan, 1984)。西蒙斯 (Simons, 1988) 发现实施产品/市场差异化战略的企业, 伴随高度的环境动态性会更加依赖具体化的目标 (所谓"紧"的目标)。

综上所述, 业绩目标相关理论基础可抽象为图 2 - 1 所示简图。

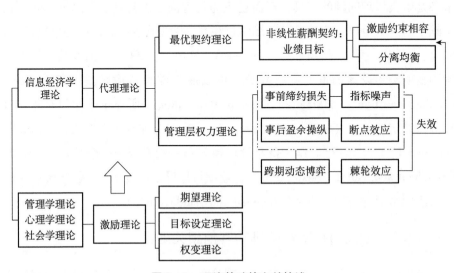

图 2 - 1 理论基础的文献综述

2.1.3　业绩目标契约安排的主题文献梳理

按照研究主题，本章将聚焦于业绩目标设定领域的研究文献归纳为以下三个方面：（1）业绩目标设定的信息源及其影响因素研究；（2）业绩目标设定的契约形态设置研究；（3）业绩目标设定与修正的激励后果研究。以下文献综述从这三方面具体展开。

1. 业绩目标设定的信息源及其影响因素研究

已有大量文献基于管理学、心理学、社会学等领域围绕目标设定过程展开研究，如参与度、管理层及上级监督对业绩目标、宽松目标的产生以及目标可实现水平的影响（Anderson et al.，2010；Bol et al.，2010；Chow et al.，1988、1991；Dunk and Nouri，1998；Hofstede，1967；Locke and Latham，1990；Lukka，1988；Merchant and Manzoni，1989；Shields et al.，2000；Van der Stede，2000；Young，1985），但是目标设定过程的基石——企业选择何种方法决定业绩目标的研究文献却比较缺乏（Bol et al.，2010；Ittner and Larcker，2001），尤其是企业如何依据不同的决策信息源（设定标准）去设定业绩目标（Dekker et al.，2012）。

为了将业绩目标设定在合适的水平，企业一般从三种典型的信息源，包括历史业绩、未来经营计划和标杆信息（past performance，future planning and benchmarking information），来获取决策所需的信息（Milgrom and Roberts，1992；Ittner and Larcker，2001；Otley，2006）。墨菲（2000）指出，如何在这三种信息源之间进行选择实际上是三个内在相互联系的标准的函数解，这三个标准包括成本、准确性和可操控性（cost，accuracy and influenceability）。例如，使用历史业绩（包括上一年业绩、以往年度业绩增长率等）的优势在于其成本非常低（Dekker et al.，2012），当然这里是指狭义的信息获取成本，从广义成本来看，会产生很多消极的行为后果，如"消极比赛"（sandbagging）避免棘轮效应，只追求达到目标，而非超过目标（Anderson et al.，2010；Bouwens and Kroos，2011；Indjejikian and Nanda，2002；Leone and Rock，2000），这些成本会潜在影响准确性和可操控性，进而影响董事会对业绩目标设定的决策。未来经营计划基于商业计划和预算，相比于历史业绩，更具有相关性、预测价值和相对准确性，但其决策过程却会产生大量成本（如市场调研）以及较高的可操控性，下属容易在参与预算的博弈过程中产生预算宽松等问题（Anderson et al.，2010）。标杆信息（或者同行信息）涉及不同组织之间、其和竞争对手之间的业绩与实践的比较（Gibbons and Murphy，1990；Matsumura and Shin，2006；Murphy，2000）。使用标杆信息最重要的优势在于这种相对业绩评价能够过滤掉环境中的共同冲击，即，管理层业绩中"市场组成部分"被剔除，仅仅用业绩中"特质的"组成部分来评估代理人，提高了对管理层努力进行评估的准确性；并且约束了管理层对目标设定过程的干预（Frederickson，1992；Holmstrom，1999；Matsumura and Shin，2006；Murphy，2000），减少了可操控性。但是，标杆信息是最花费成本的信息源，汉森等（Hansen et al.，2003）指出标杆信息的普适性受限的主要原因在于大部分公司很难在事前找到合适的标杆样本。

尽管已有理论文献（Kirby et al.，1991）和实证文献（Leone and Rock，2002）认为历史业绩可以成为目标设定中的最佳信息源选项，但是相当一部分研究文献表明，基于历史业绩的目标设定会引发棘轮效应，导致管理层降低当期的努力水平，以避免未来设置更高的业绩目标（Bouwens and Kroos，2011）。可见，绝对业绩评价在可操控性方面有着明显劣势，容易受到管理层的干预，因此需要引入基于标杆业绩设定目标的相对业绩评价（relative performance evaluation，RPE）加以制衡。德克、格鲁特和斯豪特（Dekker，Groot and Schoute，2012）研究了环境动态性、任务不确定性和激励强度如何通过影响成本、准确性和可操控性这三个标准，进而影响目标设定标准的选择。

现有文献关于业绩目标设定的影响因素有两个维度的讨论。其一，如上所述，研究哪些因素会影响企业对信息源的选择及依赖程度；其二，有哪些因素影响依赖特定信息源产生的目标设定的契约特征，进而影响激励效果。例如，金姆和信（Kim and Shin，2017）研究发现，股权激励对棘轮效应没有影响（即没有减少目标设定对历史业绩的依赖程度），但可以降低棘轮效应的不对称性；而投资机会更多的企业棘轮效应更强，且不对称性更大。

2. 业绩目标的契约形态设置研究

激励契约的有效性直接依赖于业绩目标的契约形态设置（Milgrom and Roberts，1992；Murphy，2001；Anderson et al.，2010）。其中，目标理论认为目标实现的难易程度是公司业绩最直接的影响因素（Locke et al. , 1988），在目标订立之后，能够发挥最大激励作用的业绩目标就会被管理层所选择（Fatseas and Hirst, 1992）。一项既定的业绩目标由目标的具体化程度（specificity）所表征，而其激励效应主要由两个因素决定：与目标实现相关的产出预期概率和相应产出所给予管理层的效用函数水平（Kren, 1990）。前者与目标个数（multi - task target setting）、难度以及相对难度（relative easy or challenging）紧密相关；而后者由与特定薪酬契约结构（如奖金、股权激励、年薪等）挂钩程度（incentive weight）所决定。

有大量实验研究表明，更具挑战性的业绩目标能够激发参与者更多的努力（Locke and Latham, 2002；Webb et al. , 2013），但是实际调研数据却发现企业更偏好在奖金计划中设置容易达到的业绩目标（Merchant, 1989；Merchant and Manzoni, 1989）。对于这个看似矛盾的结果，可能的解释是，企业校正目标不仅需要确保人员的积极性，也要确保其留任（Lazear, 2004；Oyer, 2004），即，在代理模型中求解最大化委托人的期望效用时，既要满足代理人的激励相容约束，也要满足其参与约束。近期也有实证证据表明，当公司更担心保留（retention）问题时，其奖金计划设定的业绩目标更容易实现（Matějka, 2009；Indjejikian et al. , 2014a）。玛提卡和雷（Matějka and Ray, 2017）研究发现，业绩目标难度和相对激励权重在激励契约中可以产生互补或替代关系，两者关系取决于管理层在外部劳动力市场是否有充分的雇佣机会。

3. 业绩目标设定与修正的经济后果研究

最优契约理论认为业绩目标具有信息含量，有利于准确评价管理者能力和努力程度，实现最佳激励效果（Holmtrom, 1979）；组织行为学理论普遍认为目标导向的薪酬契约具有良好的激励效应（Locke and Latham, 2006）。已有分析性文献表明，在管理层激励薪酬契约中设置具体的业绩目标可以有效提高激励与约束机制（Bonner and Sprinkle, 2002；Merchant and Van der Stede, 2007）。相对于业绩的绝对值，使用实际业绩与目标业绩的差异来评价管理层，能够提高业绩标准的可控性，从而更准确地衡量努力程度，降低高管承担的风险（Indjekian and Nanda, 2002）。从强化激励效应的角度来看，墨菲（2001）首次提出包含业绩目标的非线性薪酬契约，分析认为纳入业绩目标有助于提高薪酬契约的激励效应。相对于业绩的绝对值，使用实际业绩与目标业绩的差异来评价管理层，能够提高业绩标准的可控性，从而更准确地衡量努力程度，降低高管承担的风险（Indjekian and Nanda，2002）。陈磊等（2015）实证研究发现高管薪酬与业绩目标完成程度显著正相关，并且非线性薪酬契约与股权激励存在替代关系，对于尚未实施股权激励的公司，目标业绩与薪酬的敏感性更高。从强化约束的角度来看，管理层若无法达成预算目标，将面临失去控制权和奖金，甚至被解雇的威胁（Merchant and Manzoni，1989）。叶建芳等（2014）研究表明，CEO 被更换的概率与预算目标完成程度之间呈显著的负相关关系，并且在国企中预算目标的考核功能更加显著。

棘轮效应是业绩目标设定文献领域最为重要且相对而言最受重视的一个方面。伯利纳（Berliner，1957）最早提出中央计划经济中存在棘轮效应。韦茨曼（Weitzman，1980）将其引入委托代理的理论框架中，用来描述企业设定未来业绩目标的实践，即历史业绩就像锯齿状的齿轮一般，成为下一阶段业绩目标设定的起点，这种目标设定的倾向就是棘轮效应。业绩目标设定对高管激励产生负面影响的主要原因之一在于董事会往往基于棘轮原则制定目标，导致目标易升难降，当业绩目标的完成情况会对高管自身利益产生影响时，高管必然会通过各种手段来达到预算目标，因此诱发其机会主义行为。基于预算或者历史业绩设置业绩目标的实践在管理层年度绩效奖金契约中非常普遍（Murphy，2001；Leone and Rock，2002）。墨菲（2001）发现在使用预算目标的公司中，管理层会通过盈余管理使得业绩刚好达到目标，以获得较为稳定的奖金。鲍恩斯和克洛斯（Bouwens and Kroos，2011）发现在棘轮效应下，管理层会在最后一个季度降低努力程度，以避免下期业绩目标提高。

也有研究表明目标棘轮向上并不必然导致负面的激励效应。契约理论表明，如果契约方承诺不完全基于历史业绩的所有可用信息去设定目标，那么棘轮效应就会得到缓解（Milgrom and Roberts，1992；Laffont and Tirole，1993；Indjejikian and Nanda，1999）。因此，可以设想企业也许会给出一定程度的承诺来避免目标棘轮效应所产生的反向激励后果。尹德坎和南达（Indjejikian and Nanda，2002）认为如果当期业绩不影响未来实现目标的可实现性，则棘轮效应就能提高绩效薪酬的激励效应。莱昂内和洛克（Leone and Rock，

2002）认为如果管理者通过增加永久性盈余（而非暂时性盈余）来实现当期目标，则不会增加下期实现目标的难度。崔等（Choi et al.，2012）发现业绩目标的完成度具有序列相关性，当期完成目标的管理层下期更可能完成目标。尹德坎等（2014a）研究发现公司会根据当期实际业绩对下期业绩目标进行灵活调整，对于业绩好的管理者，降低下期业绩目标的难度，而对于业绩差的管理者，则提高下期目标难度作为惩罚机制。以上实证研究都是基于小样本的调查问卷。金姆和信（2017）研究发现棘轮效应的不对称性与管理层股权激励有长期激励的替代效应。而阿尔塞等（Arce et al.，2017）研究表明，在设定业绩目标时纳入同行历史业绩的信息，可以有效降低棘轮效应带来的反向激励效果。

2.1.4　对现有业绩目标相关研究的简要评述

本章整理出如下业绩目标契约安排研究的文献脉络发展简图，见图 2 - 2。

代理理论认为，要分析激励契约的有效性，必然涉及成本与收益的权衡。由该激励契约带来的收益必须与其造成的误报成本相协调，除非模型中对造成激励契约的问题加以显性考虑，否则就不能作出很好的权衡。业绩目标设定就是一项显性的契约设计。此外，代理理论文献中对于局限于线性契约一直是有争议的，这也是对信息经济学的一个非常显著的哲学意义上的偏离（Lambert，2001）。理论上只考虑显性契约，也更可能是分段的，而非线性的（Murphy，2001）。契约的形态会影响动态的激励问题，尤其可能带来跨期的盈余管理或风险承担问题。

学术界对于业绩目标的激励效应存在较大争议。正面观点认为业绩目标是促进业绩提升的有效激励手段。根据最优契约理论，高管薪酬与公司业绩之间的敏感性越强，就越能缓解代理问题（Jensen and Murphy，1990）。在管理层激励契约中引入业绩目标可以提升薪酬业绩敏感性，强化对高管治理的激励与约束机制，因此可以缓解代理问题。而负面观点认为业绩目标与薪酬挂钩将导致管理层短视和欺诈行为：一方面，基于历史业绩设定目标可能产生棘轮效应，由此诱发管理层的事前机会主义行为，如隐瞒真实业绩或通过盈余管理降低股东对业绩的预期；另一方面，事后管理层为了达到既定业绩目标，也可能进行盈余操纵、虚报业绩等。因此，关于业绩目标设定的契约有效性依然没有得到充分的认知和相对统一的定论。究其原因主要在于文献

起点	霍姆斯特姆（Holmstorm, 1979）提出在不同的给定条件下，不同形式和结构组成的激励契约分别具有不同的约束条件，对具有不同效用函数的经理人会产生不同的激励效果；拉方特和梯罗尔（Laffont and Tirole, 1993）提出信息经济学理论，各种信息（包括会计信息）被显性地放入决策系统中研究；最优契约理论认为，薪酬激励契约能使高管薪酬与企业的业绩最大限度地结合起来，促使高管努力为股东工作（Jensen and Murphy,1990；Fama and Jensen,1983）	霍姆斯特姆（Holmstorm, 1982），沃茨和齐默尔曼（Watts and Zimmerman,1990）认为由于努力水平具有较高的观测难度，因此经营成果成为企业监督高管付出的次优选择。霍尔索森等（Holthausen et al., 1995）实证研究发现业绩与高管薪酬呈非线性关系，高管人员的奖金取决于业绩是否达到了事先设定的业绩目标，并随目标完成程度而变化。业绩目标实现难易程度是企业最直接的决定因素（Locke et al., 1988）
经典问题	墨菲（Murphy, 2001）首次提出了包含业绩目标在内的非线性薪酬契约，概括出一种典型的分段式奖金制度，其模型分析表明纳入业绩目标有助于提高管理层薪酬契约的激励效应。一份典型的非线性薪酬契约包含三个部分：业绩衡量指标（performance measures）、业绩目标（performance target）、薪酬与业绩之间的关系（pay-for-performance sensitivity）。以往研究大量关注了业绩衡量指标（Holmstorm, 1979;Sloan, 1993; Itner et al., 1997）和薪酬业绩敏感性（Jensen and Murphy, 2004），而忽视了业绩目标在薪酬契约中的作用（Murphy, 2001;Ittner and Larcher, 2001）	
自然延伸	尹德坎和南达（Indjejikian and Nanda, 2002）认为相对于实际业绩的绝对值，在契约中使用实际业绩与业绩目标的差异来评价管理者，能提高业绩衡量标准的可控性，从而更准确地衡量高管的努力程度，降低其承担的风险	韦茨曼（Weitzman, 1980）提出目标设定存在棘轮效应。墨菲（Murphy, 2001）、莱昂内和洛克（Leone and Rock, 2002）等研究发现基于预算或者历史业绩设置业绩目标的实践在管理层年度绩效奖金契约中非常普遍

		有大量实验研究表明，更具挑战性的业绩目标能够激发参与者更多的努力（Locke and Latham2002；Webb et al., 2013）

加维和米尔伯恩（Garvey and Milbourn, 2006），摩尔斯等（Morse et al., 2011）以及万·埃森等（Van Essen et al., 2015）研究认为，当强有力的管理者能够影响到自己的激励契约决策时，激励契约就不再是股东和管理者之间代理问题的有效解决方式	不完全契约理论，又称GHM模型（Grossman and Hart, 1986; Hart and Moore, 1990, 2008），表明契约的事后执行会影响事前的签约，刚性的契约条款会强化代理人的事前投机行为，如果管理层权力足够大，有能力进行权力寻租，造成事前缔约损失。代理人事前机会主义行为出现的概率增大（Fehr,2009; 刘浩等，2015）

最新研究	程和沃菲尔德（Cheng and Warfield, 2005），贝格·斯特勒和菲利普（Bergstresser and Philippon, 2006）发现，在业绩目标设定之后，激励契约中的业绩目标还可能导致管理者产生针对目标阈值的特定盈余管理行为。贝奈特等（Bennett et al., 2017）研究发现这种盈余管理行为在目标阈值处存在断点效应	玛提卡等（Matějka et al., 2009），尹德坎等（Indjejikian et al., 2014）发现当公司更担心保留（retention）问题时，设定的业绩目标更容易实现。玛提卡和雷（Matějka and Ray, 2017）研究发现，业绩目标难度和相对激励权重在激励契约中可以产生互补或替代关系		
	金姆和信（Kim and Shin, 2017）研究发现棘轮效应的不对称性与管理层股权激励有长期激励的替代效应。阿尔塞等（Arce et al., 2017）研究表明，在设定业绩目标时纳入同行历史业绩的信息，可有效降低棘轮效应带来的反向激励效果	业绩目标契约设定的有效性	棘轮效应的影响因素	业绩目标设定的决定因素、大样本实证研究……

图 2-2　管理层业绩目标契约安排的文献脉络

研究的割裂，尤其是关于业绩目标设定的讨论，多数局限于目标设定本身，没有与管理层的行为激励联系起来。业绩评价与激励是一个相辅相成的共同载体，没有业绩评价的激励机制将失去最重要的根基，而没有激励，业绩评价就是纸上谈兵，达不到任何激励效果（胡玉明，2013）。在检验业绩目标影响高管行为激励后果的文献中，又将目标设定看成是外生的，没有在目标设定过程会影响管理层激励的均衡中考虑目标如何依赖于历史业绩（Indjejikian et al.，2014b）。

就目标设定本身而言，现有文献对如何综合使用不同的业绩标准进行业绩目标设定和动态调整，包括各个标准的相对使用权重等重要方面还缺乏更深入的讨论；以及董事会是否还会考虑将其他外生的信息源作为标准（如分析师预测）设定管理层业绩目标也是未知领域（Kim and Shin，2017）。鲜少有理论和实证文献去研究管理层激励薪酬契约中业绩目标难度的决定因素（Matějka and Ray，2017）。此外，除了年度奖金契约，还需要探究与其他薪酬结构所挂钩的、公开披露的业绩目标（Kim S. and Shin J. Y.，2017）。

现有文献也没有深入讨论哪些内外部因素会决定/影响业绩目标与管理层行为激励之间的关系。代理理论表明，在不同的情境下，不同薪酬形式的激励契约的约束条件和激励成本均不相同，发挥的作用也不一样（Holmstorm，1979；Kuhnen and Zwiebel，2008）。例如，管理层将盈余做高或做低的决策会依赖于业绩目标的实现情况。这些情境在目前的研究中没有得到充分重视和讨论。

从研究方法来看，尽管业绩目标在激励契约理论和企业管理控制实践中如此重要，但由于缺乏公开可获得的样本数据（Murphy，2001），以往文献集中于分析性研究（Analytical Research），实证研究证据则寥寥可数。这些有限的实证研究数据来自专有的调查问卷（Holthausen，Larcker and Sloan，1995；Indjejikian and Nanda，2002；Indjejikian，Matějka，Merchant and Van der Stede，2014a）或者是某一家企业旗下的多个部门（Leone and Rock，2002；Anderson，Dekker and Sedatole，2010；Bouwens and Kroos，2011；Aranda，Arellano and Davila，2014；Bol and Lill，2015）。此外，目前已知的业绩目标设定与动态调整都是名义上的，还需要更好地刻画真实业绩目标设定的实证模型（Kim S. and Shin J. Y.，2017）。

2.2　外部公司治理的相关理论

由于代理成本的存在，上市公司治理体系需要外部资本市场的监督与约束机制来补充完善（Jensen and Meckling，1976）。外部治理机制是指通过企业外部的法律与金融环境、外部投资者监督、政府部门监管、媒体与公众监督等约束管理层机会主义行为的治理机制。众多研究表明信息中介、金融中介在证券市场发挥着重要作用（Healy and Palepu，2001）。证券分析师作为信息中介最重要的组成之一，已有研究证明出其在促进公司财务会计信息定价功能方面所发挥的作用，另外一些研究则表明误导性的分析师预测将给投资者带来消极影响（魏明海等，2007）。关于机构投资者是否能够发挥公司治理作用，现有文献也没有达成一致的论点。结合本书的主题，本节重点围绕以下三部分文献研究进行阐述：（1）资本市场中证券分析师的公司治理角色研究；（2）资本市场中机构投资者的公司治理角色研究；（3）简要的文献评述。

2.2.1　资本市场中证券分析师的公司治理角色研究

证券分析师作为资本市场信息中介的代表，既能促进市场信息效率的提升，又兼具外部公司治理的功能（Moyer，Chatfield and Sisneros，1989；于忠泊等，2011；He and Tian，2013）。以下简要回顾分析师的信息中介功能，重点阐述关于分析师治理功能的文献研究。

1. 分析师的信息中介功能

分析师是证券市场上搜集和综合信息、给出投资评价的最重要的信息中介。分析师本身既充当信息使用者，同时也兼任信息提供者。他们收集上市公司的信息、解读信息并传递信息给外部投资者，能够有效连接上市公司内外部的沟通渠道，提高资本市场的资源分配效率与效果。

一方面，分析师在资本市场具有非常重要的地位，能够实时加工与分析上市公司的各类信息，因此分析师预测往往比时间序列模型计算的预测结果更加精确（Brown and Rozff，1978；Brown et al.，1987；Givoly，1982）。兰和伦德霍尔姆（Lang and Lundholm，1996）检验了上市公司信息披露政策和分析师行为之间的关系，研究表明公司信息披露越多，被分析师跟踪的人数越多，分析师的预测精度也越高，分析师预测之间的利差越小，修改预测评级的概率越低。其研究进一步指出，信息披露的潜在收益还包括增加外部投资者的关注、减少信息不对称性与估计风险，这些结果能够在理论上降低公司的资本成本。克拉布（Clubb，2006）研究探讨了分析师预测的相关变量与信息披露含量之间的关系，忽略了分析师预测不仅反映企业的信息披露水平，也会受其他因素的制约，如企业财务报告存在的盈余操纵、企业所处行业面临的固有风险。科特等（Cotter et al.，2006）研究表明，在管理层盈利预测披露之后的五天内，将近 2/3 的分析师都会发布修正公告。希利等（Healy et al.，1999）研究表明，分析师预测可以降低公司与投资者之间信息不对称程度，因此将吸引更多的投资者，尤其是机构投资者购买更多的股票。鲍文等（Bowen et al.，2004）检验了分析师跟踪对股票增发抑价的影响，研究表明分析师跟踪能够降低信息不对称性。安瑞姆、欧文斯和罗森鲍姆（Amriam，Owens and Rozenbaum，2016）研究表明分析师盈余预测公告能够显著降低老练投资者与非老练投资者之间的信息不对称性。

另一方面，众多研究表明，受制于各种利益冲突，分析师向外部市场传递的信息存在严重的选择性偏差，倾向于发布乐观的盈余预测与较高的评级，即发布积极的信息而忽视消极的信息（Francis and Philbrick，1993；Easterwood and Nutt，1999；Mola and Guidolin，2009；曹胜和朱红军，2011）。如此，分析师乐观偏差将导致公司的负面消息无法及时传递给投资者，甚至增加股价崩盘的风险。

中国股市建立以来，分析师早已成为中国资本市场重要的参与者与组成部分（许年行等，2012），但这些分析师能否有效发挥信息中介作用，促进证券定价效率的提高和股市的平稳发展，一直充满争议。国内学者对此做了一些研究。例如，朱红军等（2007）认为，分析师通过搜集私有信息能够促进股价的信息含量提高，使得股价同步性下降。岳衡和林小驰（2008）研究表明，分析师预测准确程度比统计模型的计算值显著更高。张宗新和杨万成（2016）研究表明，分析师对于信息的挖掘能力成为影响投资者投资价值的重要机制之一。但许年行等（2012）研究表明，分析师乐观偏差与公司股价崩盘风险之间呈显著正相关关系，并且两者之间的关系在"牛市"中更加显著。总体而言，对于分析师在资本市场中如何发挥信息中介的作用尚未厘清，仍需要更多实证研究进行探索。

2. 分析师的治理功能

除了信息中介的角色外，分析师作为投资者的代表，在对上市公司进行信息搜集和传递的同时，也在公司治理中扮演着重要的外部监督者角色。詹森和麦克林（1976），钟和乔（Chung and Jo，1996）研究均表明分析师跟踪是一种外部治理机制，有利于提高公司信息披露透明度，降低公司内外利益相关者的信息不对称程度，以此约束管理层机会主义行为，最终提高公司价值。默顿（Merton，1987）研究表明公司价值随着外部市场对公司的了解而增加，而分析师参与跟踪、提供盈利预测能够让更多的市场参与者、潜在投资者等更加了解公司。兰和伦德霍尔姆（1996）的研究显示，分析师对信息披露质量较低的公司预测盈余的兴趣较低。公司出于信号揭示的需要也有必要提升内部治理水平与信息披露质量，吸引更多的分析师关注，提升股价。这是一个被动的治理过程。布须曼等（Bushman et al.，2004）从跨国研究的视角进行分析，发现分析师跟踪与各国的信息披露要求以及投资者保护程度呈显著的正相关关系。

此外，分析师还能够发挥主动治理的作用。兰等（Lang et al.，2004）认为，分析师通过收集内外部公司信息，比较专业地评估上市公司在市场上的生存能力与投资空间，对公司管理层的机会主义行为发挥潜在的监督作用。于等（Yu et al.，2008）通过实证研究发现，分析师可以通过增加管理层盈余操纵的机会成本来降低其盈余管理程度、充分发挥分析师作为外部监督者的功能。除此之外，戴克等（Dyck et al.，2010）通过研究上市公司欺诈案例，发现对公司欺诈行为的发现主要依赖于非传统的（投资者、证监会等）公司治理的一些监督者，如媒体、分析师等。这些研究都表明，证券分析师在企业外部治理中起到了十分重要的作用。

李和猷（Li and You，2015）发现分析师跟踪影响公司价值有三种途径：第一，分析师通过外部监督提高公司的基本面；第二，分析师通过减少信息不对称来降低公司资本成本；第三，分析师通过增进外部投资者的价值认知来降低资本成本。伊拉尼和欧施（Irani and Oesch，2016）考察分析师跟踪对高管盈余操纵方式的影响。研究表明，分析师跟踪越多，经理人需要达到分析师盈余预测目标的压力就越大，分析师越倾向于采取真实盈余操纵的方式，并减少应计盈余操纵来提高公司短期绩效。其原因在于，应计盈余操纵更容易被分析师、监管者与投资者发现，而真实盈余操纵的方式更加隐蔽，其诉讼成本更低。上述研究表明，分析师既带给公司价值增值的效应，也有压力效应，而压力效应迫使公司转变盈余管理的方式，但并未抑制其盈余管理活动。

陈、哈福德和林（Chen, Harford and Lin, 2015）检验分析师对公司治理的作用，结果表明分析师跟踪减少后，在分析师监督压力降低的情况下，公司现金持有价值降低，而经理人超额薪酬增加，同时经理人还增加了降低公司价值的并购行为。一系列结果均表明分析师跟踪对公司治理具有促进作用，因为一旦分析师跟踪降低，经理人的机会主义行为将更加严重。进一步地，该研究对影响机制做了解释：分析师可以定期跟踪公司财务报告，在盈余公告等会议上直接向高管提问，从而形成对经理人的直接监督；此外，分析师通过向外部投资者发布盈余预测和投资评级的建议，将各种公开或私有信息传递给投资者，从而对经理人形成间接监督。布兰得利等（Bradley et al., 2017）研究检验了分析师行业经验对公司的监督作用，结果表明，被有行业经验的分析师跟踪的公司，盈余管理的水平更低，CEO 超额薪酬更低，同时CEO 更换概率更高，其业绩敏感性也更高。原因在于，分析师经验有助于更好地理解公司所处行业，进而更专业地分析公司财务信息，评估公司战略以及管理层决策，从而对公司管理层形成有效的监督作用。德里安和凯奇凯斯（Derrien and Kecskes, 2013）研究考察了分析师跟踪减少对公司投融资行为的影响，结果表明，分析师跟踪减少会导致公司的投融资也相应减少，原因在于分析师减少，信息不对称程度加重，进而资本成本随之上升。

关于分析师跟踪对企业创新的影响，研究同样发现分析师跟踪阻碍了企业创新活动，在控制潜在的影响机制后，结果依然显著（He and Tian, 2013）。他们用"压力假说"解释该结论，即投资者往往用分析师盈利预测作为公司的业绩目标，如果经理人的实际业绩达不到预测目标，股价就会下跌，对经理人构成价格下行的压力，经理人受制于股价下行压力，会通过削减创新投入来改善公司的短期业绩表现。

2.2.2　资本市场中机构投资者的公司治理角色研究

近年来，实务界、学术界以及政府部门对机构投资者在公司治理中的作用表现出很大兴趣，尽管学者们已做了一些工作，但现有文献的观点尚未达成一致。

一些研究表明，机构投资者会降低公司的盈余信息质量。研究显示，机构投资者通常更关注短期业绩，机构投资者的频繁交易行为会强化被投资公司的短视行为，难以发挥积极的公司治理作用（Graves and Waddpck，1990）。一些近期研究表明，只存在投资关系的机构投资者才会发挥外部监督作用；而存在业务依赖关系的机构投资者则会对管理层的决策秉持折中或者支持的态度（Almazan et al.，2005；Chen et al.，2007）。已有文献证实机构投资者持股会显著提高上市公司的盈余操纵程度，如果经理人预期业绩会高过目标，那么机构投资者持股越多，公司向下进行盈余管理的程度越大（Graves and Waddock，1990）。戈（Koh，2007）研究表明，机构投资者对公司平滑盈余程度起不到抑制作用，反而还可能与管理层合谋（Sloan，1996）。

另一些研究则发现机构投资者能够发挥积极的监督作用，充分发挥股东积极主义，降低管理层的机会主义行为，提高上市公司的信息披露质量。例如，有研究表明，机构投资者有动机也有能力积极监督并约束公司的机会主义行为，参与公司治理，对盈余管理起到一定的抑制作用（Prowse，1990；Brous and Kini，1994；Shleifer and Vishny，1997）。近期实证研究给出了更细化的证明，区分出长期的机构投资者进行研究，发现公司的盈余质量与长期机构投资者的持股比例显著正相关（Liu and Peng，2006）。

国内的经验研究也支持了机构投资者所发挥的积极的公司治理作用，从信息披露质量的视角进行了有益探索。研究表明，机构投资者持股比例越高，越能有效抑制公司的盈余管理水平（叶建芳等，2009；程书强，2006）。此外，薄仙慧和吴联生（2009）研究发现，国企产权和机构投资者能够有效提升公司治理水平，但随着机构投资者持股比例增大，其在国企中发挥的作用受限，而对非国有企业的盈余管理则起到了显著的抑制作用。

在最新的文献研究中，有学者细致区分机构投资者的类型，并深入研究其对公司治理的作用机制。例如，研究发现，对冲基金的股东积极主义倾向于敦促上市公司进行瘦身、削减效益低下以及边缘性业务、推动公司拆分业务板块以及反对公司进行多样化战略（Brav，Jiang and Kim，2015）。另外，对冲基金的股东积极主义还会促使公司聚焦内部资源在公司竞争的关键领域，从而推动企业创新效率提高（Brav，Jiang and Tian，2018）。

2.2.3　对现有研究的简要评述

从研究内容与机理设计的角度分析：一方面，对于分析师和机构投资者的分类研究尚不够细化，相关实证证据还不充分；另一方面，对于分析师和机构投资者影响公司治理的作用机制研究较少，对于这两个主体各自私有信息的获取与处理、对公司的监督及治理路径的探索，现有研究大多比较粗糙。其中，降低资本成本方面的研究相对成熟，但其他方面的机制尚不清晰，需要寻找更细致的场景继续深入研究两者对公司治理的作用机理。

2.3　代理人业绩操纵行为的相关理论

2.3.1　业绩操纵行为的理论基础

由于信息不对称问题，管理层很可能对外部投资者攫取信息租金。詹森和麦克林（1976）认为管理层作为理性经济人，会将努力花在追求私人收益最大化的活动上，有动机也有能力开展机会主义行为，并且往往以牺牲公司长期价值为代价，导致比较严重的代理问题。根据威廉姆森（Williamson，1985）的定义，机会主义行为是指"不对完整信息进行披露或进行歪曲披露，故意造成信息传递过程的误导、歪曲、掩盖等行为，是一种欺诈性的追求私人收益最大化的行动"。激励不相容通常是机会主义行为的动机，也就是说，股东价值最大化与管理层私人收益最大化不一致，由此导致经理人激励的扭曲。机会主义行为的动机在于，作为理性经济人的管理层在激励不相容的情况下攫取补偿自身的私有收益，而罔顾甚至牺牲股东的价值。由此，这也就成了机会主义行为的一项评判标准。已有研究发现，管理层的机会主义行为通常包括减少努力、超额回报、权力扩张、帝国建造、堑壕防御等（Jensen，1986；Shleifer and Vishny，1986；Lambert，1986；Hart，1983；

Jensen and Murphy，1990；Bebchuk and Fried，2003；Aggarwal and Samwick，2006）。这种委托人和代理人之间的代理问题被称为第一类代理问题。施莱弗和维什尼（Shleifer and Vishny，1997）与拉波塔等（La Porta et al.，1999）提出第二类代理问题，即代理问题发生在大股东和小股东之间。与本书更为密切相关的是第一类代理问题。

业绩操纵是作为代理人的管理层进行机会主义行为最常见的一种表现形式，代理人攫取信息租金来对报告盈余进行操纵，向投资者传递扭曲或虚假的基本面信息，不仅误导了利益相关者的决策，降低了投资效率，而且直接导致资本市场资源配置的浪费。因此，业绩操纵是代理问题中比较严重的一类干预行为，也是会计学界最基础、最重要的问题之一。一直以来，关于业绩操纵的研究长盛不衰。

2.3.2 业绩操纵行为的文献梳理

对业绩操纵的理解可分为两个层次：第一，狭义的理解，通常将业绩操纵（earnings manipulation）视作贬义词，即这是经理人"干坏事"。主要有两种业绩操纵途径：（1）在财务报告中进行业绩操纵，换言之，公然违反相关的会计制度与准则，以及相关的法律法规等规范标准，如对财务报告中列示的数字或者附注等内容进行有意识的修饰、错报或忽略；（2）在真实的经营活动中进行业绩操纵，包括通过人为制造真实但不合理、不公允的经济交易事项来改变利益相关者的投资决策或估值判断，甚至构成欺诈（fraud）。第二，广义的理解，"操纵"一词并不完全准确，基于权责发生制的原则，会计要素确认计量本身就涉及专业判断，这种判断本身就有自由裁量的空间，而管理层在会计准则以及相关法律法规认可的一定范围内，对交易业务处理数据进行专业的判断、合适或不合适的忽略等，使报表数字最终反映的是高管的期望，或者说对报告使用者进行一种盈余的预期管理，这种操纵是合法乃至合理的会计操纵。文献研究中关于盈余管理（earnings management）或盈余平滑（earnings smoothing）主要是在这一层次展开，有些也涉及第一个层次。本书意图研究管理层特定的干预行为，这是一个中性的概念，两个层次都有涉及。会计文献中对于业绩操纵、盈余管理等领域有广泛且深入的研究，本节将重点梳理近期该领域的研究动态，结合本书主题，选取业绩操纵行为的动机、表现形式两方面对其进行简要的文献回顾，最后进行研究评述。

在商业社会运行中，有诸多业绩操纵的激励因素。沃茨和齐默尔曼（Watts and Zimmerman，1986）提出了会计数字的契约观，基于契约观，提出实证会计理论三大假设，包括薪酬契约假设、债务契约假设以及政治成本假设。围绕这三大假设，学术界进行了大量研究（Healy，1985；Jones，1991；Deangelo，1994；Sweeney，1994），研究表明，这三大假设提供了盈余管理最主要的动机，关于这三者有海量文献，近期相关领域研究主题愈发丰富，众多学者辛苦耕耘其中，主要包括以下内容。

在薪酬契约动机方面，近期主要聚焦于股权激励引发的业绩操纵行为。例如在股权激励计划中，管理层倾向于操纵盈余刚好达到行权的业绩目标或根据股价反应刚好超过分析师预测目标（Cheng and Warfield，2005）等。一方面，阿姆斯特朗等（Armstrong et al.，2013）以及科尔内托等（Cornett et al.，2008）研究发现，股权激励计划显著提高了公司应计盈余管理水平；阿姆斯特朗等（2013），郑和法伯（Cheng and Farber，2008），以及埃芬迪等（Efendi et al.，2007）研究表明，股权激励计划显著提高了公司财务报告重述的概率。另一方面，阿姆斯特朗等（2010）与加雅拉曼和米尔伯恩（Jayaraman and Milbourn，2017）研究则表明，股权激励和盈余操纵行为之间不存在显著相关关系或存在显著的负向相关关系。国内研究方面，有研究表明股权分置改革后，如果公司没有股权激励计划，那么高管持股对应计盈余操纵有显著的抑制作用；而对于推行股权激励计划的公司，高管持股与期权对应计盈余操纵没有显著的影响作用（苏冬蔚和林大庞，2010）。还有在股权激励计划公告之前，管理层不会通过应计盈余操纵调低利润；进一步研究发现，在股权激励计划实施之前，高管为了降低考核基期的业绩目标，会进行显著向下的真实活动盈余操纵行为（肖淑芳等，2009，2013）。刘宝华等（2016）研究发现分类转移、应计和真实活动盈余管理这三种方式的优序选择因高管所持有权益类型的不同而存在显著差异，其中，持有处于限制期内的期权与限制性股票的高管最倾向于分类转移，次选应计盈余操纵，最后才选择真实活动盈余操纵；而持有行权期权与非限制性股票的高管倾向于应计盈余操纵，次选分类转移，同样最后选择真实活动盈余操纵。不少公司制定薪酬追回政策，即如果高管薪酬支付基于错报的盈余，那么董事会可行使薪酬追溯权，用来限制股权激励导致的操纵业绩的机会主义行为。有研究表明薪酬追回政策可以显著降低应计盈余操纵程度，但却显著增加了高管的真实活动盈余操纵行为（Cheng et al.，2015）。

在债务契约动机方面，近期学术界关注银行是否以及如何利用公司的会计财务报告来防范风险，即具体研究借款人的财务报告质量在债务契约中的作用（Bharath et al.，2008），包括研究上市公司财务报告重述对企业贷款契约的影响（Graham et al.，2008）。

除了债务契约动机，股权融资动机也会诱发比较严重的盈余操纵行为，例如科恩和查诺文（Cohen and Zarowin，2010）通过研究上市公司再融资的情境，发现再融资动机会诱发企业显著增加应计盈余操纵与真实活动盈余操纵的程度，并且再融资之后业绩显著下滑。进一步研究发现，再融资之后的业绩"变脸"不仅来源于应计操纵造成的盈余反转效应，而且因为真实活动盈余操纵对公司经营状况产生实质性损害。李晓溪等（2015）研究表明公开增发的业绩门槛由考察净利润变为核心盈余组成后，上市公司在其增发之前倾向于用分类转移替代应计盈余操纵。

在政治成本动机方面，近期学者们试图寻找更普遍的外生情境。例如，拉曼纳和罗伊乔杜里（Ramanna and Roychowdhury，2010）利用美国大选的情境检验有劳动力外包行径的公司如何进行向下应计盈余管理，以便保护其支持的政客免受公众指责。柯尼斯伯格和温迪施（Konigsgruber and Windisch，2014）研究表明，上市公司在被欧盟委员会进行一般性竞争调查之后倾向于向下进行应计盈余管理，隐藏垄断利益。国内学者也尝试研究新兴市场中上市公司盈余管理的政治成本动机的影响。例如，叶青等（2012）利用上市公司实际控制人首次登上"胡润百富榜"的场景展开研究，发现公司会通过降低会计报表质量以规避相关成本。

此外，近期文献还关注业绩操纵行为中不同操纵方式的成本。例如，应计盈余操纵会提高违规概率，面临较高的监管处罚成本，随着诉讼成本的提高，管理层更倾向于使用真实活动盈余操纵替代应计盈余操纵（Graham et al.，2005；Cohen et al.，2008；Zang，2012；刘宝华等，2016）。

2.3.3　对现有研究的简要评述

学术界对于业绩操纵的研究已奠定了坚实的理论基础，积累了大量的经验证据。时至今日，该研究领域仍属于热门的讨论话题，原因在于时代在发展、技术飞速变革、制度环境也在时刻变化，经济业务和交易活动时刻呈现出纷繁复杂的面貌，业绩操纵的动机与形态也在悄然演变。在这三大假说之外，是否有更新的理解出现呢？现代社会中，激励的维度是多层次的，且愈发复杂，那么对于经理人动机的探讨是否会有新的理解呢？新的、更复杂的实践活动不断挑战学术界，未来对该领域的研究依然大有可为。此外，尽管我们在业绩操纵、盈余管理等研究领域做得足够丰富，但关于动机的理解和证明依然不够清晰与严谨。大量文献仅仅证明了相关关系，而对于"动机—行为"之间因果关系的论证仍然有待加强。

第 3 章　制度背景

3.1　中国上市公司经营业绩目标的相关披露政策

随着中国证券市场的不断发展，上市公司的经营理念趋于成熟。与此同时，出于更加理性化的投资理念，投资者对于预测性财务信息，包括经营计划、经营目标等信息披露的需求愈发强烈。监管部门对上市公司的信息披露问题极为重视，为了加强投资者保护，促进证券市场的健康有序发展，近年来颁布了一系列政策规范来完善上市公司的信息披露。其中，关于经营业绩目标的披露，经历了从无到有、从粗略到细化的过程，证监会对业绩目标信息披露的范围、内容、时间等都已做了严格而清晰的界定。一方面，经营业绩目标的信息披露可以有效降低外部利益相关者与内部管理层之间的信息不对称，提高公司经营状况的信息透明度，对于投资者及时、充分地获取其决策所需的相关信息大有裨益；另一方面，经营业绩目标信息披露降低了投资者信息搜集与投资估值的成本，企业在年报中披露经营计划及目标的相关信息，有助于传递出积极的信号，进而降低融资成本，提升资本市场的资源配置效率。

本节将从两个方面介绍相关制度背景：（1）重点阐述中国上市公司经营目标的披露政策沿革；（2）概述中国上市公司业绩预告制度变迁，使其作为预测性经营目标信息披露内容的一种补充。

3.1.1　关于中国上市公司经营业绩目标信息披露的规定

目前中国的多项法规政策都涉及对上市公司未来经营年度的业绩目标信

息披露，如《公开发行证券的公司信息披露内容与格式准则第 2 号——年度报告的内容与格式》（以下简称年度报告准则）以及《上市公司信息披露管理办法》《中央企业财务预算管理暂行办法》等。由于本书的研究对象是上市公司年度财务报告中的新年度经营目标信息，因此，我们重点梳理涉及年报中经营目标信息的披露政策，简要介绍其他定期或不定期报告中有关管理层业绩目标的政策规定。

1. 年度报告准则内容与格式的相关规定

1994 年，上市公司年度报告准则发布，之后历经多次修订。在后续的修订中都对"董事会报告"中相关内容进行了或多或少的修订，但是一直保留和强调了关于经营目标的叙述，并使其内容逐渐丰富。虽然年度报告准则还没强制上市公司单独列示经营目标的信息，但是很早就提倡要在"董事会报告"对目标信息进行披露。例如，早在 2001 年证监会发布的年度报告准则（2001 年修订稿）中，第三十八条明确规定，公司董事会应披露新年度的经营计划，包括（但不限于）收入、费用成本计划，及新年度的经营目标，如销售额的提升、市场份额的扩大、成本升降、研发计划等，为达到上述经营目标拟采取的策略和行动。公司可以编制新年度的盈利预测，凡公司在年度报告中披露新年度盈利预测的，该盈利预测必须经过具有从事证券相关业务资格的注册会计师审核并发表意见。所以，要围绕年度报告中的经营业绩目标的内容进行研究，就需要从"董事会报告"中挖掘相关信息。

2002 年，中国证监会在上市公司定期报告中正式引入"管理层讨论与分析"（MD&A）。2005 年，证监会重新对《公开发行证券的公司信息披露内容与格式准则第 2 号——年度报告的内容与格式》进行修订，增加以及细化了 MD&A 的披露规定，要求体现管理层对公司现状及其发展前景的基础判断。2007 年以来，证监会鼓励上市公司披露年度经营目标，并分别于 2011 年、2012 年、2014 年、2015 年、2016 年及 2017 年进一步出台《公开发行证券公司信息披露的内容与格式准则第 2 号——年度报告的内容与格式》修订稿，不断完善对经营目标信息的披露规范。其中，比较关键的一个节点是 2012 年 9 月出台的修订稿。此次修订，证监会对年度报告准则内的"管理层讨论与分析信息披露"要求进一步完善，在原有基础上，首次强调要求语言平实，清晰易懂，力戒空洞和模板化，并要求披露内容应当具有充分的可靠性、相关性和关联性。更为重要的是，修订后的年度报告准则将展望部分的内容进一步细分出公司发展战略、经营目标和可能面临的风险等信息，从而使披露内容更加直观、明确，有利于外部投资者更好地获取信息。本章梳理并总结了证监会历年来对年度报告准则内容与格式中关于经营目标信息披露的相关规定，详见表3-1。

表3-1 中国上市公司年度报告准则中经营目标信息披露的相关规定

年份	文件名称	主要内容
1994	年度报告准则（试行）	董事会报告中提到，公司新年度的业务发展规划包括公司在这一年中生产经营的总目标
1998、1999	年度报告准则（1998年修订稿、1999年修订稿）	在新年度的业务发展计划中提到，年报中不要求公司编制新年度的利润预测，凡公司在年度报告中提供新一年度利润预测的，该利润预测必须经过具有从事证券相关业务资格的注册会计师审核并发表意见
2001	年度报告准则（2001年修订稿）	相比于1999年修改稿，作出较大修改：由不要求预测新年度公司利润改为"公司董事会应披露新年度的经营计划，包括（但不限于）收入、费用成本计划，及新年度的经营目标，如销售额的提升、市场份额的扩大、成本升降、研发计划等，为达到上述经营目标拟采取的策略和行动。公司可以编制新年度的盈利预测，凡公司在年度报告中披露新一年度盈利预测的，该盈利预测必须经过具有从事证券相关业务资格的注册会计师审核并发表意见"
2002、2003	年度报告准则（2002年修订稿、2003年修订稿）	相比于2001年修订稿，作出修改："公司董事会应披露新年度的经营计划"，改为："公司董事会可以披露新年度经营计划。" 原文为：公司董事会报告中可以披露新年度的经营计划，包括（但不限于）收入、费用成本计划，及新年度的经营目标，如销售额的提升、市场份额的扩大、成本升降、研发计划等，为达到上述经营目标拟采取的策略和行动。公司可以编制新年度的盈利预测，凡公司在年度报告中披露新一年度盈利预测的，该盈利预测必须经过具有从事证券相关业务资格的注册会计师审核并发表意见
2004	年度报告准则（2004年修订稿）	公司董事会报告中可以披露新年度的经营计划，包括（但不限于）收入、费用成本计划及新年度的经营目标，如销售额的提升、市场份额的扩大、成本升降、研发计划等，为达到上述经营目标拟采取的策略和行动。公司可以编制新年度的盈利预测，凡公司在年度报告中披露新一年度盈利预测的，该盈利预测必须经过具有证券期货相关业务资格的会计师事务所审核并发表意见

续表

年份	文件名称	主要内容
2005、2007、2011	年度报告准则（2005 年修订稿、2007 年修订稿、2011 年修订稿）	公司应当披露新年度的经营计划，包括（但不限于）收入、费用成本计划，及新年度的经营目标，如销售额的提升、市场份额的扩大、成本升降、研发计划等，为达到上述经营目标拟采取的策略和行动。公司可以编制并披露新年度的盈利预测，该盈利预测必须经过具有证券期货相关业务资格的会计师事务所审核并发表意见
2012、2014	年度报告准则（2012 年修订稿、2014 年修订稿）	公司应当披露新年度的经营计划，包括：收入、费用、成本计划，新年度的经营目标，如销售额的提升、市场份额的扩大、成本变化、研发计划等，以及为达到上述经营目标拟采取的策略和行动
2015、2016、2017	年度报告准则（2015 年修订稿、2016 年修订稿、2017 年修订稿）	公司应当对未来发展进行展望，应当讨论和分析公司未来发展战略、下一年度的经营计划以及公司可能面对的风险，鼓励进行量化分析。公司应当披露下一年度的经营计划，包括（但不限于）收入、费用、成本计划，以及下一年度的经营目标，如销售额的提升、市场份额的扩大、成本下降、研发计划等，为达到上述经营目标拟采取的策略和行动。公司应当同时说明该经营计划并不构成公司对投资者的业绩承诺，提示投资者对此保持足够的风险意识，并且应当理解经营计划与业绩承诺之间的差异

　　从表 3-1 中可以发现，2001 年和 2005 年是上市公司年度报告准则修订的转折点，年度报告内经营目标的相关内容发生重大变化。新修订的年度报告准则的一大"亮点"就是调整了董事会报告中关于经营目标的信息披露要求的叙述。通过比较较近一次修订的年度报告准则，可以发现证监会对经营目标信息的披露要求在 2001 年和 2005 年明显要高于之前的 1999 年和 2004 年，原来在 1999 年和 2004 年年度报告准则中，业绩目标信息是自愿性披露的，而到了 2001 年和 2005 年，该要求已经升级为强制性披露，同时增加了许多原来没有规范的自愿性披露内容。如 2004 年年度报告准则要求自愿披露新年度经营目标的信息，规定"公司董事会报告中可以披露新年度的经营计划，包括（但不限于）收入、费用成本计划，及新年度的经营目标"，而在 2005 年年度报告准则中重新表述规定"公司应当披露新年度的经营计划"，即新年度的经营目标披露变为强制性要求。除年度报告准则外，《上市公司信息披露管理办法》《中央企业财务预算管理暂行办法》《公开发行证券的公司信息披露内容与格式准则第 3 号——半年度报告的内容与格式》等规定也

都明确要求定时及时披露经营目标相关信息。表 3 - 2 列示了几个典型的上市公司在年报 MD&A 部分披露定量年度经营业绩目标的示例。同时，本书研究所使用的样本数据也是在上市公司年报中类似如下描述的文字中手工收集得到的。

表 3 - 2　　　　　　　　　　　定量年度经营业绩目标披露示例

公司（股票代码）	年份	定量年度业绩目标披露信息
陕国投 A（000563）	2008	根据公司总体发展战略，董事会审议确定了新年度经营计划，主营业务收入计划达到 28 700 万元，营业成本控制在 20 200 万元，其中费用控制在 4 900 万元以内
华工科技（000988）	2010	2010 年，董事会下达的经营目标是实现主营业务收入 18 亿元。华工科技将在董事会的正确领导下，振奋精神，团结一心，进一步解放思想，抢抓机遇，加大技术创新力度，加快国际化战略步伐，高效进行募投项目建设，通过创新手段解决对管理层的激励机制问题，进一步提升公司经营质量，继续保持公司经营规模和业绩的快速增长
粤高速 A（000429）	2011	2011 年的总体目标是：完成营业收入 10.36 亿元、营业成本控制在 5.78 亿元以内，确保全面完成公司董事会和省交通集团下达的年度任务目标
陕西煤业（601225）	2014	2013 年，公司围绕全年生产经营目标，通过降本增效、转型升级、结构调整等多项措施，保证全年经营业绩符合预期目标。2014 年，公司董事会将高度关注国家煤炭产业政策，推进产品结构和经营结构调整，推进产品升级和产业升级，加大风险防范和风险管理力度，最大限度地创造经营业绩，保护投资者权益，力争全年实现原煤产量 11 000 万吨，实现销售收入 424.85 亿元
南岭民爆（002096）	2016	根据公司发展战略并结合公司 2015 年度的经营情况，公司制订了 2016 年度经营计划，具体如下：全年计划实现销售收入较上年增长 10% 左右，利润总额较上年下降 50% 左右
中泰化学（002092）	2014	（1）产量目标：生产聚氯乙烯树脂 157 万吨，离子膜烧碱 110.5 万吨，发电量 93.6 亿千万时，电石 132 万吨；（2）财务预算目标营业收入：1 278 771 万元（含税 1 475 799 万元）
江淮汽车（600418）	2017	根据公司 2017 年全面预算编制工作初步结果，公司 2017 年经营目标为：产销汽车 65 万～72 万辆，销售收入 540 亿～600 亿元，上述经营计划为管理层初步目标，最终目标尚需经公司董事会批准

资料来源：笔者根据深交所或上交所披露的相关上市公司年报手工整得到。

　　表 3 - 3 列示了 2004～2016 年，披露定量经营业绩目标的公司数量占 A 股上市公司数量比重的年度分布。由表 3 - 3 可知，近年来，定量披露经营目标的上市公司逐渐增多且达到一个相对稳定的状态，其中定量披露主营业务

收入目标的上市公司占全部 A 股公司的 30% 左右，这是比较普遍的经济现象。定量披露净利润目标的公司近些年大概占 8%，相对较少。需要说明的是，笔者在收集数据时发现，披露的定量经营目标中占据前两位指标的分别是主营业务收入目标与净利润目标，其中，主营业务收入目标披露数量又占据绝对优势。因此，以下描述性统计只列示了这两个指标的结果。此外，在本书的实证研究部分，我们以主营业务收入目标为主要研究样本，在部分稳健性检验中用到净利润目标的样本。

表3-3　　　披露定量经营目标的公司占 A 股上市公司比重的年度分布

年度	全部 A 股（家）	主营业务收入目标（家）	占比（%）	净利润目标（家）	占比（%）
2004	1 324	41	3.10	9	0.68
2005	1 320	42	3.18	7	0.53
2006	1 398	198	14.16	33	2.36
2007	1 504	249	16.56	51	3.39
2008	1 558	548	35.17	81	5.20
2009	1 705	643	37.71	102	5.98
2010	2 055	627	30.51	120	5.84
2011	2 285	667	29.19	130	5.69
2012	2 412	717	29.73	157	6.51
2013	2 457	795	32.36	204	8.30
2014	2 573	862	33.50	244	9.48
2015	2 761	817	29.59	208	7.53
2016	3 043	775	25.47	236	7.76
合计	26 395	6 981	26.45	1 582	5.99

注：剔除了金融行业。

资料来源：笔者通过年报披露数据手工整理得到。

表3-4 列示了披露定量经营目标的公司中国有企业占比的年度分布。平均而言，对于主营业务收入目标的披露，国有企业大概占 60%；对于净利润目标的披露，国有企业大概占 40%。该统计结果在一定程度上表明，相比于民营企业，国有企业受政策管制的影响更大，向来更为重视收益规模；相对而言，民营企业则受市场化导向的影响更大，更重视净利润目标。

表 3 – 4　　　　　　披露定量经营目标的公司中国有企业占比年度分布

年度	主营业务收入目标（家）	国企数量（家）	国企占比（%）	净利润目标（家）	国企数量（家）	国企占比（%）
2004	41	30	73.17	9	5	55.56
2005	42	32	76.19	7	5	71.43
2006	198	146	73.74	33	20	60.61
2007	249	179	71.89	51	30	58.82
2008	548	385	70.26	81	45	55.56
2009	643	431	67.03	102	54	52.94
2010	627	406	64.75	120	56	46.67
2011	667	396	59.37	130	54	41.54
2012	717	403	56.21	157	55	35.03
2013	795	467	58.74	204	85	41.67
2014	862	473	54.87	244	83	34.02
2015	817	460	56.30	208	78	37.50
2016	775	417	53.81	236	80	33.90
合计	6 981	4 225	60.52	1 582	650	41.09

资料来源：笔者通过年报披露数据手工整理得到。

　　表 3 – 5 列示了披露定量经营目标的公司所属的行业分布。可以看到，制造业上市公司大概占据了总披露样本的 60%，其他各行各业也有不同程度的覆盖，同样揭示了定量披露经营目标是比较普遍的经济现象，同时，也表明本书的样本具备一定的普适性，较以往围绕业绩目标的实证研究有很大改进。

表 3 – 5　　　　　　披露定量经营目标的公司所属行业分布

行业分布	主营业务收入目标		净利润目标	
	频数	占比（%）	频数	占比（%）
农、林、牧、渔业	56	0.80	27	1.71
采矿业	264	3.78	34	2.15
制造业	4 290	61.45	1 004	63.46
电力、热力、燃气及水生产和供应业	295	4.23	53	3.35
建筑业	255	3.65	60	3.79
批发和零售业	495	7.09	112	7.08
交通运输、仓储和邮政业	372	5.33	53	3.35
住宿和餐饮业	29	0.42	4	0.25

行业分布	主营业务收入目标		净利润目标	
	频数	占比（%）	频数	占比（%）
信息传输、软件和信息技术服务业	247	3.54	104	6.57
房地产业	317	4.54	50	3.16
租赁和商务服务业	69	0.99	18	1.14
科学研究和技术服务业	29	0.42	7	0.44
水利、环境和公共设施管理业	72	1.03	26	1.64
卫生和社会工作	22	0.31	5	0.32
文化、体育和娱乐业	85	1.22	13	0.82
综合	84	1.20	12	0.76
合计	6 981	100.00	1 582	100.00

资料来源：笔者通过年报披露数据手工整理得到。

2. 其他信息披露管理办法的相关规定

证监会于 2007 年发布的《上市公司信息披露管理办法》中，没有要求专节披露新年度的经营目标，与之对应的是第十七条规定，上市公司预计经营业绩发生亏损或者发生大幅变动的，应当及时进行业绩预告。可见，证监会已经对经营业绩的信息披露有了一定重视。国资委在 2007 年发布的《中央企业财务预算管理暂行办法》中虽然没有直接对经营目标的信息披露作出要求，但是对中央企业的财务预算管理作出了相关要求，而经营目标正是财务预算的一部分。在第一章"总则"第五条明确规定了中央企业应当定时披露年度财务预算信息，"企业应当在规定的时间内按照国家财务会计制度规定和国资委财务监督工作有关要求，以统一的编制口径、报表格式和编报规范，向国资委报送年度财务预算报告"；第三章"财务预算编制"对财务预算的内容和格式作出了要求：第十二条规定，"企业编制财务预算应当坚持以战略规划为导向，正确分析判断市场形势和政策走向，科学预测年度经营目标，合理配置内部资源，实行总量平衡和控制"，第十四条规定，"企业编制财务预算应当以资产、负债、收入、成本、费用、利润、资金为核心指标，合理设计基础指标体系，注重预算指标相互衔接"，第二十二条对企业财务预算编制的基本工作程序作出了详细说明："企业应当建立财务预算编制制度。企业内部计划、生产、市场营销、投资、物资、技术、人力资源、企业管理等职能部门应当配合做好财务预算编制工作。企业财务预算编制应当遵循以下基本工作程序：（一）企业预算委员会及财务预算管理机构应当于每年9月底以前提出下一年度本企业预算总体目标；（二）企业所属各级预算执行单位根据企业预算总体目标，并结合本单位实际，于每年10月底以前上报本单位下一年度预算目标；（三）企业财务预算委员会及财务预算管理机构对各级预算执行单位的预算目标进行审核汇总并提出调整意见，经董事会会议或总经理办公会议审议后下达各级预算执行单位；（四）企业所属各级预算执行单位应当按照下达的财务预算目标，于每年年底以前上报本单位财务预算；（五）企业在对所属各级预算执行单位预算方案审核、调整的基础上，编制企业总体财务预算"；第四章"财务预算报告"更是明确提出了财务预算报表应对经营计划相关信息进行披露，包括企业预算年度内预计实现经营成果及利润分配情况；企业预算年度内为组织经营、投资、筹资活动预计发生的现金流入和流出情况；企业预算年度内预计达到的生产、销售或者营业规模及其带来的各项收入、发生的各项成本和费用。

证监会在2002年发布的《公开发行证券的公司信息披露内容与格式准则第3号——半年度报告的内容与格式》取代了《公开发行证券的公司信息披露内容与格式准则第3号——中期报告的内容与格式（2000年修订稿）》，其中，与经营目标信息披露相关的部分是新准则第五节"管理层讨论与分析（MD&A）"替代了原报告准则汇总"经营情况的回顾与展望"部分，并且，对经营目标信息披露提出了更高要求，"讨论与分析"不能只重复报表数据，还要求管理层对主要财务指标发生重大变化的原因给出具体深入的分析，同时，要求管理层针对下半年的经营目标，包括收入、费用计划等展开阐述。证监会后续修订半年度报告准则时，也对"管理层讨论与分析"不断进行修改，例如指出"管理层讨论与分析"应该着重于已知的、可能导致财务报告难以显示公司未来经营成果与财务状况的重大事项和不确定因素；针对管理层应当介绍的报告期内经营情况的项目和分析公司报告期内经营活动的总体状况的内容进行了更加细化的规定。除以上几项规则之外，《公开发行证券的公司信息披露内容与格式准则第1号——招股说明书（2015年修订)》《首次公开发行股票并上市管理办法》等政策规定都涉及经营目标的相关内容，内容相对较少，此处不再赘述。

3.1.2　中国上市公司业绩预告制度

业绩预告是指上市公司管理层在正式收益报告公布前披露一个收益预测值的行为。由于业绩预告能够为市场提前披露上市公司未来年度的业绩概况，提供投资者、债权人等会计信息使用者进行决策更相关的信息，尤其是预期盈余和经营目标相关的重要信息，因此越来越受到监管机构以及投资者的关注。随着我国上市公司业绩预告政策的不断出台，业绩预告制度中业绩预测及经营目标相关的信息也在不断充实和完善。首先，最初业绩预告制度并没有对考核指标作出明确规定，直到 2001 年沪深交易所将利润总额的变动引入考核指标中，但对于投资者来说，利润总额相比于净利润，缺乏一定的相关性和有用性，他们对净利润更为关注一些，因此，2002 年以后，监管机构逐步采纳净利润作为主要的考核指标，2016 年又将营业收入等指标加入考核指标的行列中，考核指标更加合理和可靠；其次，业绩预告的限定条件越发丰富，由最初 1998 年年度报告中"预计连续 3 年亏损或当年重大亏损的上市公司"，逐步扩展至 2000 年年度报告中"预计年度亏损或连续亏损的上市公司"以及 2001 年"预计年度亏损或业绩大幅变动（本年利润总额与上年相比下降或上升 50% 或以上）的上市公司"，最终发展为 2006 年至今年度报告中"预计公司本报告期或未来报告期（预计时点距报告期末不应超过 12 个月）业绩将出现亏损、实现扭亏为盈或者与上年同期相比业绩出现大幅变动（上升或者下降 50% 以上）的上市公司"，业绩预告的范围在逐步扩大；再次，业绩预告的政策文件的多样化，最开始仅仅需要在年度报告中体现，然后逐步发展到半年度报告以及季度报告，我国监管机构对上市公司业绩预告的次数越来越多、间隔越来越短、要求越来越高；最后，业绩预告的及时性也在逐步增强，业绩预告的时间由年报公布前升级为会计年度结束后一个月内，最终转变为报告期结束前，有从业绩预告逐渐发展至业绩预测的趋势。广义地看，经营业绩目标披露作为业绩预告体系的一部分，在经营年度的期初对年末的业绩做一个规划，对投资者预期具有重要的影响，对于资本市场业绩预告体系的完善具有重大意义。

3.2 中国转型经济与新兴市场背景下的业绩考核与高管薪酬激励、晋升激励契约体系

我国转型经济与新兴市场背景下，上市公司高管的业绩考核与薪酬激励、晋升激励契约体系也在不断完善和健全。相比于民营企业，国有企业有关高管业绩考核与薪酬激励、晋升契约体系的信息披露得更多一些，因此本章主要阐述国企高管业绩考核与薪酬激励、晋升选聘机制的相关制度变迁。

3.2.1 国企高管经营目标责任制的总体概述

1978 年之前，我国处于计划经济时期，企业的生产经营活动完全依照国家行政指令来进行，而国企高管相当于执行国家具体行政指令的行政干部，此时的国企高管薪酬与业绩考核基本上没有相关性，而只与行政级别相关，高管考核激励更注重于政治方面，而无物质与晋升方面激励。

1978～1992 年，我国由计划经济向市场经济转变，国有企业实施放权让利改革和经营承包责任制，该阶段也产生了多种业绩目标考核和薪酬激励的方式，尤其是企业高管薪酬激励方面，也逐步与企业经营业绩考核建立起一定的联系。例如，1986 年 12 月国务院颁布了《关于深化企业改革增强企业活力的若干规定》，在其中强调，"推行多种形式的经营承包责任制，给经营者以充分的经营自主权""实行厂长负责制的企业，要同时实行厂长任期目标责任制，并切实保障经营者的利益。凡全面完成任期内年度责任目标的，经营者的个人收入可以高于职工平均收入的一至三倍。做出突出贡献的，还可以再高一些。完不成年度责任目标的，应扣减厂长的个人收入"；该时期还有一些重要文件也涉及业绩考核指标相关的内容，大多以利润和产值为主，例如，1982 年国家经贸委、国家计委等部门提出的"企业 16 项主要经济效益指标"；1992 年国家计委、国务院生产办和国家统计局提出的 6 项考核工业企业经济效益的指标等。但在高管晋升方面，行政任命与辞退依然占据高管晋升体制中的主导地位，薪酬激励依然处于较次要的地位，总体来说，企业改革已取得较大的进步，处于国企高管薪酬制度的过渡阶段。

1992～2003 年，尤其是随着中共十四届三中全会的召开，中国逐步走进

社会主义市场经济新时期。国企逐步引入股份制试点改革及现代企业制度，并在企业内试行年薪制与股票期权制，大部分高管的薪酬结构由基本薪酬和风险绩效构成，国家也陆续出台相关文件，使得企业自主权和高管薪酬与晋升激励机制进一步得到规范。其间，有关国企高管薪酬激励与晋升机制的文件有：1995 年，劳动部颁布《企业经营者年薪制试行办法》，细化了企业经营者的薪酬组成和范围；劳动和社会保障部在 2000 年 11 月颁布《进一步深化企业内部分配制度改革的指导意见》，更是提倡在具备条件的企业试行董事长、总经理年薪制，鼓励根据业绩考核结果拉开工资收入差距，并提出职工持股的建议。国企考核的关注点也逐步由单纯的产值和速度，转向以投资报酬为核心的企业效益指标上。另外，该阶段国企高管的晋升机制也在由完全行政化任免向业绩考核选拔转换。1993 年是一个里程碑，中共十四届三中全会通过了《中共中央关于建立社会主义市场经济体制的若干问题决定》，正式提出国企实行公司制，逐步建立现代法人治理机制；1999 年出台的《中共中央关于国有企业改革和发展若干重大问题的决定》也首次明确了政府对国企及国企领导人不再确定行政级别。相关的文件还有《国有大中型企业建立现代企业制度和加强管理的基本规范（试行）》和《深化干部人事制度改革纲要》等。

2003 年 3 月国务院国资委成立，负责监督和管理国企，经营目标责任制又重新兴起。年底国务院国资委审议颁布了《中央企业负责人经营业绩考核暂行办法》，各地方国资委也相继颁布了《国有企业负责人经营业绩考核暂行办法》，更加明确了一直以来采用的经营目标责任制考核办法。部分省份还降低了基本薪金，加大了绩效年薪的考核力度。广东省出台的省管企业负责人薪酬改革方案中明确，经营性亏损企业负责人的基本年薪会酌情下调，如果年度综合考评是不胜任，那负责人不得领取绩效年薪及任期激励收入。广东省属某企业负责人介绍："如绩效完成优异，按照方案规定的最上限计算，则总薪酬能与此前基本持平，但如绩效较差或不及格，则总薪酬下降幅度可能达到 50%。"[1]

---

[1]　四省国企老总限薪方案公布　绩效差最高限 50% ［EB/OL］. 新华网，http：//xinhua net. com/politics/2015－08/15/c_128130964_2. htm，2015－08－15.

此外，这些相关规定都明确了国资委将采用经营目标责任制对国企负责人开展绩效考评，年度经营业绩考核和任期经营业绩考核采取由国资委主任或者其授权代表与企业主要负责人签订经营业绩责任书的方式进行，明确建立企业负责人经营业绩同激励约束机制相结合的考核制度，即业绩上、薪酬上，业绩下、薪酬下，并作为职务任免的重要依据。其他有关业绩考核的重要规定有：2004年，国资委颁布《中央企业负责人薪酬管理暂行办法》，提出了央企负责人的绩效奖金与经营目标考核结果相挂钩；2006年，国资委印发《中央企业综合绩效评价实施细则》，明确要求中央企业业绩完成定性评价指标要根据工作需要进一步细化安排，提倡可以量化的就应该采用量化指标来反映经营管理状况。为了更为规范、精准地推动中央企业负责人的经营业绩考核，国资委制定了更为详尽的业绩考核办法，如2010年的《中央企业全员业绩考核情况核查计分办法》、2012年的《关于进一步加强中央企业负责人副职业绩考核工作的指导意见》、2013年的《中央企业负责人经营业绩考核暂行办法》和《国务院办公厅关于深化收入分配制度改革重点工作分工的通知》，尤其是2014年政治局会议正式审议通过《中央管理企业负责人薪酬制度改革方案》，明确用基本年薪、绩效年薪加任期激励收入替代原本的基本年薪。另外，地方政府也在积极推动经营业绩考核相关规定的出台和实施，山东省政府于2007年颁布了《关于加强企业工资宏观调控健全职工工资正常增长机制的意见》和北京于2008年颁布了《北京市国有及国有控股企业负责人经营业绩考核暂行办法》等。本章整理了省级国资委近年来出台的相关政策，列示于表3-6中。

表3-6 各地方国资委颁布的企业负责人经营业绩考核与薪酬制度相关办法

年份	省份	文件
2008	河北	《河北省政府国资委履行出资人职责企业负责人经营业绩考核暂行办法》
	安徽	《安徽省省属企业负责人经营业绩考核暂行办法》
2009	黑龙江	《省国资委出资企业负责人经营业绩考核办法》
2010	北京	《北京市国有及国有控股企业负责人经营业绩考核暂行办法》
	福建	《所出资企业负责人薪酬管理暂行办法》
	广西	《关于调整完善企业负责人年度经营业绩考核有关政策规定的通知》
	吉林	《吉林省国资委出资企业负责人薪酬管理暂行办法》和《吉林省国资委出资企业负责人业绩考核暂行办法》

续表

年份	省份	文件
2011	甘肃	《甘肃省人民政府国有资产监督管理委员会监管企业负责人经营业绩考核办法》
	山东	《省管企业负责人实施经济增加值考核意见》
2012	陕西	《陕西省省属企业负责人经营业绩考核暂行办法》
	新疆	《直接监管企业负责人经营业绩考核暂行办法》
	天津	《天津市市管企业负责人薪酬管理办法》
	山西	《山西省省监管企业领导人员年度（任期）经营业绩考核办法》
	湖北	《省国资委出资企业负责人经营业绩考核办法》
	湖南	《湖南省国资监管企业负责人经营业绩考核办法》
	辽宁	《辽宁省省属企业负责人经营业绩考核暂行办法》
	天津	《市管企业负责人特别奖励试行办法（2012 年修订）》
2013	湖北	《湖北省国资委出资企业负责人薪酬管理办法》
	河南	《河南省省管企业负责人经营业绩考核办法（征求意见稿）》
	新疆	《新疆维吾尔自治区国企负责人经营业绩考核暂行办法》
2014	安徽	《安徽省省属企业负责人经营业绩考核暂行办法》（2013 年修订案）
2015	海南	《海南省省属国有企业负责人经营业绩考核评价实施细则（试行）》
	拉萨	《拉萨市国有企业负责人经营业绩考核办法》
	内蒙古	《自治区直属企业负责人经营业绩考核办法》和《自治区直属企业负责人经营业绩考核实施细则》
2016	黑龙江	《黑龙江省国资委关于〈省国资委出资企业负责人经营业绩考核办法〉的通知》
	青海	《青海省省属出资企业负责人经营业绩考核办法》
	云南	《云南省省属国有企业领导班子和领导人员综合考核评价办法》
2017	广西	《自治区国资委履行出资人职责企业负责人经营业绩考核办法》

　　在高管晋升制度方面，仍缺乏实质性的退出机制，国企内仍以行政性任免机制为主，2003 年的《企业国有资产监督管理暂行条例》与 2008 年的《中华人民共和国企业国有资产法》中均明确规定了国有资产监督管理机构依照有关规定，任免或者建议任免所出资企业的企业负责人，虽然相关部门也尝试过市场化选拔经营管理人才，如 2004 年国资委颁布了《关于加快推进中央企业公开招聘经营管理者和内部竞争上岗工作的通知》，2008 年及 2009年，上海市政府和广州国资委也相继出台取消和废除国企行政级别的文件，

但事实上，大部分国有企业高管仍由各级党组织直接委派，享有行政并与政府部门互通有无。

2018 年 7 月 30 日，《国务院关于推进国有资本投资、运营公司改革试点的实施意见》（以下简称《意见》），首次正式提出对国有资本投资和运营公司的政府采取直接授权的模式，增加国资两层监管体制，第一次明确了国有资本投资、运营公司的定位、运营模式以及职责等。《意见》明确，"按照中国特色现代国有企业制度的要求，国有资本投资、运营公司设立党组织、董事会、经理层"。其中，党组织和董事会、经理层实行"双向进入、交叉任职"。由此，将党委领导置于国有企业公司治理的重要地位，其任免与激励制度较以往有了重大改革。

3.2.2　国企目标责任制考核中业绩目标设定的制度变迁

在经营目标责任制下，一般由上级单位或董事会制定经营目标，再将目标以"业绩合同"或"目标责任书"的形式下达给企业负责人。目标被分解为可衡量的绩效指标，分为年度业绩考核和任期业绩考核，其中，年度业绩考核目标包含净利润和净资产收益率等指标，任期业绩考核包含主营业务收入平均增长率和国有资本保值增长率等指标，并形成承诺，目标完成情况与责任人薪酬挂钩；有的合同还涉及抵押物，如果完不成，则丧失抵押物的所有权；有的合同与责任人任免挂钩。国资委从 2004 年开始对下属央企实行目标管理，通过召开中央企业预算布置会议，与央企签署业绩目标合同，并将目标的完成情况纳入责任人的业绩考核体系中。随后，国资委分别于 2006年、2009 年、2012 年颁布《中央企业负责人经营业绩考核暂行办法》（修订版），2016 年正式颁布《中央企业负责人经营业绩考核办法》。

图 3-1 描绘了国资委对央企负责人考核中目标设定变迁的情况。业绩考核的原则在保持国有资产保值增值和可持续发展的前提下，由资本收益最大化转变为股东价值最大化和企业价值最大化，最终发展成为以增强国有经济活力和放大国有资本功能为导向。

在年度经营业绩目标方面，基本指标从净资产收益率转变为经济增加值，体现了考核指标导向逐步由仅关注企业利润指标发展为价值管理和利润管理一把抓，两手都要硬的变迁。这也符合中央企业的业绩考核发展历程，

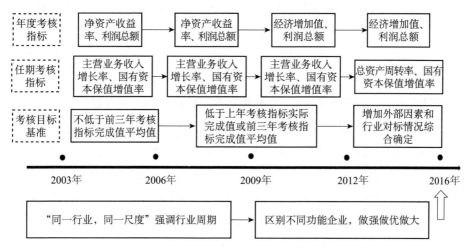

图3-1 国资委对央企负责人考核目标设定的变迁

2003～2009年，央企以利润最大化为主导，而忽略了资本的成本因素和时间价值；2009～2012年，业绩考核由利润主导转向价值管理，并且引入经济增加值来不断完善，按照科学发展观的要求，积极推动企业转型升级，提升企业的核心竞争能力和发展质量，不仅要做大，更要做强做优；2012～2016年，政府逐步由全面监管向资本监管转变，加速市场化的推进过程，更加注重资本的价值形态和配置效率，年度EVA考核指标得到进一步深化，引导国有企业的资本投向更合规、更优化，同时投资效率获得极大提高。

在任期考核目标方面，指标设定原则也从企业的规模做大做强转变为发展质量的做强做优，2003年国资委提出做大做强央企规模，实现国内领先的同时，尽可能多地进军世界名企前列，因此从2003年到2012年，除任期经营业绩考核的基本指标外，重点考核企业任期内三年主营业务的平均增长率，促使央企采用资源重组、兼并整合等方式不断扩大企业规模，截至2023年11月，央企数量由刚成立的196家，减少至97家。① 据最新发布的《财富》世界500强排行榜统计，有48家央企上榜，相当于目前央企总数的一半，占比达到历史最高水平。然而，做大并不等于做强做优，不少上榜央企大而不

---

① 笔者自国资委网站查询得到（http://www.sasac.gov.cn/n2588045/n27271785/n27271792/c14159097/content.html）。

强，效益不佳。随着 2008 年金融危机的影响，国资委为了提升企业效益，做强做优央企，从 2012 年开始将任期考核指标的重点由主营业务平均增长率转为总资产周转率，摒弃之前盲目追求扩张企业规模的政策，转而追求企业经济效益和效率的协同增长。

2016 年，正式出台的《中央企业负责人经营业绩考核办法》（以下简称《考核办法》）更是将考核目标的设定由"一刀切"式的管理向差异化转变，由"同一行业，同一尺度"，转变为"强调行业周期"，最终发展为"区别不同功能企业，做强做优做大"，根据企业功能定位、发展目标和责任使命，兼顾行业特点和企业经营性质，明确不同企业的经济效益和社会效益指标要求，对负责人制定差异化考核标准。对于主业处于关系国家安全、国民经济命脉的重要行业和关键领域，主要承担重大专项任务的商业类企业，以支持企业可持续发展和服务国家战略为导向，在保证合理回报和国有资本保值增值的基础上，加强对服务国家战略、保障国家安全和国民经济运行、发展前瞻性战略性产业以及完成重大专项任务情况的考核，将适度调整经济效益指标和国有资本保值增值率指标考核权重，合理确定经济增加值指标的资本成本率；对公益类企业，以支持企业更好地保障民生、服务社会、提供公共产品和服务为导向，坚持经济效益和社会效益相结合，把社会效益放在首位，重点考核产品服务质量、成本控制、营运效率和保障能力。

最新的《考核办法》还提出，要求国企对考核目标值进行分档分类设置，充分发挥目标的引领作用。经济发展新常态提高了目标管理的难度。"为充分发挥考核目标的引领作用，更好地激发企业自我加压的内生动力，在认真总结以前年度经验做法的基础上，实行年度经济效益指标目标值分档管理。同时，将企业考核目标值先进程度与考核计分、结果评级、工资总额预算紧密衔接，使业绩考核目标与资源配置、企业职工工资紧密挂钩。"通过对目标实行分档管理，"赛跑机制"就会逐渐形成，企业自然会追求"步步高"，达到目标考核的效果。

在经营业绩考核目标值（即业绩目标制定标准）的核定方面也呈现出递进的变化：在"不低于前三年考核指标实际完成值的平均值"的基础上，增加了"上年考核指标实际完成值"，最终完善为"结合外部因素和行业对标情况综合确定"。总体而言，增加了考核目标值的基准值的多样性，同时也增加了考核目标值设定的弹性。

3.2.3　我国国企经营目标考核与高管薪酬激励概况

我国经济体制的改革，在一定程度上推动了企业经营管理者（即高管）的经营业绩考核与薪酬激励制度的建设，催生了多元化的薪酬激励制度，如在职消费和股权激励。在职消费相关的规定有：2004 年中纪委等四部门印发的《国有企业领导人员廉洁从业若干规定（试行）》、2006 年国资委印发的《关于规范中央企业负责人职务消费的指导意见》、2012 年财政部联合审计署与国资委印发的《国有企业负责人职务消费行为监督管理暂行办法》以及 2014 年中共中央政治局审议通过的《关于合理确定并严格规范中央企业负责人履职待遇、业务支出的意见》，都对国企高管职务消费的内容作出了具体的要求，增强了职务消费的透明度。此外，股权激励也是薪酬激励制度中重要的补充和完善，从 1999 年开始，我国在这方面也进行了有益的探索与推进，其中比较重要的文件有 2005 年的《上市公司股权激励管理办法（试行）》、2006 年的《国有控股上市公司（境外）实施股权激励试行办法》和《国有控股上市公司（境内）实施股权激励试行办法》、2008 年的《关于规范国有控股上市公司实施股权激励制度有关问题的通知》、2010 年的《关于在部分中央企业开展分红权激励试点工作的通知》以及 2016 年的《国有科技型企业股权和分红激励暂行办法》与《关于做好中央科技型企业股权和分红激励工作的通知》。

多元化的薪酬激励制度，不仅提高了企业经营者的积极性和企业的短期经营业绩，更有利于企业的长远发展，同时进一步验证了高管业绩考核与薪酬激励的关联性。但是，随着高管薪酬收入的大幅度提升，高管与普通员工的收入差距逐渐拉大，国企高管"天价"年薪等社会不公平问题成为社会各界热议的话题。为了规范国企高管的薪酬管理，使企业内高管与普通员工薪酬差距更为合理化，2009 年，人力资源和社会保障部等六部门联合出台《关于进一步规范中央企业负责人薪酬管理的指导意见》，对央企高管的基本年薪和绩效年薪进行了限制性约束，并将其岗位工资的水平与本企业职工的平均工资水平挂钩，同时，对特别奖励和中长期激励的部分也进行了限制性规定。该阶段的焦点逐渐由薪酬激励转移到薪酬管制上，相关的重要文件还有：

2008年的中纪委《国有企业领导人员违反廉洁自律"七项要求"适用〈中国共产党纪律处分条例〉若干问题的解释》、2008年的保监会《关于保险公司高级管理人员2008年薪酬发放等有关事宜的通知》、2009年的财政部《金融类国有及国有控股企业负责人薪酬管理办法（征求意见稿)》以及人力资源和社会保障部等六部门在2009年共同颁布的《关于进一步规范中央企业负责人薪酬管理的指导意见》。表3-7列举了我国近年来出台的一些重要的高管薪酬规范与管制文件。

表3-7　　　　　　　　　　我国高管薪酬规范与管制文件说明

年份	相关文件	关于业绩考核和高管薪酬激励的内容
1982	《国营工厂厂长工作暂行条例》	实行"厂长负责制"，激励高管
1986	《国务院关于深化企业改革增强企业活力的若干规定》	推行多种形式的经营承包责任制，激励高管
1988	《全民所有制工业企业承包经营责任制暂行条例》	规定承包经营责任制的内容，激励高管
1992	《关于改进完善全民所有制企业经营者收入分配办法的意见》	规范薪酬制度，激励高管
1994	《国有企业厂长（经理）奖惩办法》	考核并激励高管
	《关于加强国有企业经营者工资收入和企业工资总额管理的通知》	规范高管薪酬
	《国有企业经营者年薪制实行办法（试行）》	试行高管年薪制
	《国有资产保值增值考核试行办法》	激励高管
1995	《企业经营者年薪制试行办法》	试行高管年薪制
1997	中纪委第八次全会关于"对国有企业经营者的职务消费提出'三个不得'的要求"	规范高管职务消费
1999	《国有资本金效绩评价规则》	规范企业经营效绩和资本金效绩评价制度
	《国有资本金效绩评价操作细则》	
2000	《进一步深化企业内部分配制度改革的指导意见》	推行高管年薪制，拉开收入差距，提出股份激励
2002	《上市公司治理准则》	高管绩效评价与激励约束机制
2003	《中央企业负责人经营业绩考核暂行办法》（2003）	年度及任期考核
2004	《中央企业负责人薪酬管理暂行办法》	明确高管薪酬中长期激励
	《国有企业领导人员廉洁从业若干规定（试行）》	规范高管职务消费
2005	《上市公司股权激励管理办法（试行）》	健全股权激励与约束机制

续表

年份	相关文件	关于业绩考核和高管薪酬激励的内容
2006	《关于规范中央企业负责人职务消费的指导意见》	规范高管职务消费
	《国有控股上市公司（境内）实施股权激励试行办法》	
	《国有控股上市公司（境外）实施股权激励试行办法》	实施股权激励
	《中央企业综合绩效评价实施细则》	规范绩效评价
	《中央企业全员业绩考核情况核查计分办法》	规范业绩考核
2007	《关于加强企业工资宏观调控健全职工工资正常增长机制的意见》	管制高管薪酬
2008	《北京市国有及国有控股企业负责人经营业绩考核暂行办法》	业绩考核
	《国有企业领导人员违反廉洁自律"七项要求"适用〈中国共产党纪律处分条例〉若干问题的解释》	高管薪酬管制
	《关于保险公司高级管理人员 2008 年薪酬发放等有关事宜的通知》	高管股权激励
	《关于规范国有控股上市公司实施股权激励制度有关问题的通知》	
2009	《金融类国有及国有控股企业负责人薪酬管理办法（征求意见稿）》	高管薪酬管制
	《关于进一步规范中央企业负责人薪酬管理的指导意见》	
2010	《关于在部分中央企业开展分红激励试点工作的通知》	高管薪酬中长期激励
2012	《关于进一步加强中央企业负责人副职业绩考核工作的指导意见》	高管业绩考核
	《国有企业负责人职务消费行为监督管理暂行办法》	规范高管职务消费
2013	《关于深化收入分配制度改革重点工作分工的通知》	薪酬管制
2014	《中央管理企业负责人薪酬制度改革方案》	薪酬管制
	《关于合理确定并严格规范中央企业负责人履职待遇、业务支出的意见》	规范高管职务消费

年份	相关文件	关于业绩考核和高管薪酬激励的内容
2016	《国有科技型企业股权和分红激励暂行办法》	高管薪酬激励
	《中央企业负责人经营业绩考核办法》（2006、2009、2012、2016）	高管薪酬中长期激励
	《关于做好中央科技型企业股权和分红激励工作的通知》	股权激励和分红激励
	《关于完善中央企业功能分类考核的实施方案》	高管薪酬管制
2017	《国务院办公厅关于进一步完善国有企业法人治理结构的指导意见》	高管薪酬管制

3.2.4　中国上市公司经营目标考核与高管薪酬激励概况

区别于西方企业普遍采用股权激励来实现股东与管理者的利益趋同和风险共担，我国企业目前尚未普遍实施股权激励，已实施的股权激励实践也相对不成熟，且股权激励在股市低迷时无法起到良好的激励作用。通过收集2007~2016年A股上市公司公开披露的960份高级管理人员薪酬管理办法，笔者发现国内上市公司绝大多数将高管薪酬与经营目标挂钩，在不同程度上用经营目标责任制来提高企业活力。

例如徐工机械（股票代码：000425）在《徐工集团工程机械股份有限公司高级管理人员薪酬制度（2018年修订）》[①] 中规定：绩效合同一年一定，每年年初，高管需要根据公司的总体经营计划制订各自的工作目标，并签订个人绩效合同。高管人员薪酬制度的制定及修订，由薪酬与考核委员会拟订，报董事会审议通过后提交股东大会批准；薪酬与考核委员会在次年公司年报经审计后，组织对高管人员在绩效合同中的各项指标完成情况进行评估，评分结果形成年薪结算决议，报董事会审批通过后交由总裁执行。特别是：总裁标准年薪依据公司当年度经营情况及利润的综合情况确定年薪区间；总裁与公司整体业绩考核结果挂钩权重为100%。考虑到约束性和激励性相结合的定薪原则，如果年初确定的目标实现，则可以全部发放，如果经营业绩目标没有实现，则按未完成的程度（比例）相应减少绩效薪酬的发放，如果目

---

① 笔者自巨潮资讯网查询得到（https：//static. cninfo. com. cn/finalpage/2018 - 03 - 15/1204477618. PDF）。

标实现超额完成，则奖励会按超出幅度进行发放。此外，企业集团对其下属子分公司的管理也普遍采用经营目标责任制。

　　附录 A 列举了 2007 ~ 2016 年十家典型的中国上市公司高管薪酬管理办法，可看出上市公司高管业绩目标考核与薪酬激励契约的概况。大多数设定经营业绩目标的企业，都将其业绩目标完成与高管薪酬奖励进行不同程度的挂钩。

3.2.5　收入目标考核的重要意义及实践背景[①]

　　一直以来，企业对营业收入目标的考核都很重视。虽然实践中，企业会有众多追逐的目标，然而学术界似乎只重点关注了盈利能力，鲜有文献研究企业追求的另外一个重要目标——规模（Greve，2008；陈仕华等，2015）。撇开规模仅考察盈利指标来评价企业会出现严重偏颇，尤其随着时代发展更是如此。营业收入是全面反映企业规模、成长性、业务能力、市场份额以及战略贯彻的综合指标，更重要的是，相比于净利润反映经营效率，营业收入直接关系到企业生存问题。

　　1. 上市公司对收入目标的考核情况

　　随着第四次工业革命的兴起，以人工智能、机器人技术、量子信息技术等为主的全新技术革命也在影响着经济社会变革，互联网经济逐步替代了传统经济。在传统经济社会中，公司追求规模经济目标，持续做大、做强；而在互联网经济社会，基于用户的多变经济平台变得尤为重要，根据用户流量实现资源变现。尤其是当前人工智能风口刚起，相当一部分互联网相关的公司正处于平台积累、赛道卡位的关键阶段，因此公司管理层为保持企业的竞争力和追求股东利益的最大化，也更为重视对经营目标的考核。由于收入目标直接反映了公司的经营规模和市场份额，是关乎公司生存命运、能否持续经营以及战略方向的重要指标之一；而净利润则是公司经营效率的关键数据之一，因此公司将这两个指标纳入高管薪酬考核制度的主要考核指标。图 3 - 2 为 2007 ~ 2016 年历年与收入目标和利润目标完成挂钩的上市公司高管薪酬考核办法的数量，可明显看出收入目标和利润目标作为高管薪酬考核的主要指标被相当数量的公司所采纳，足以体现出收入目标和利润目标对于公司经营的重要性。

---

　　① 除特别标注外，相关信息均由笔者自相关网站手工整理得到。

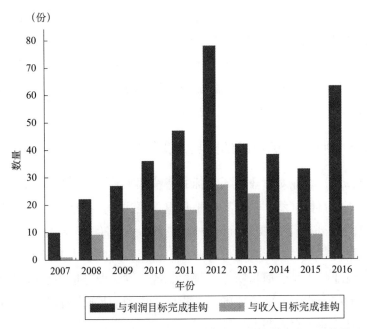

图 3 - 2　2007～2016 年收入目标及利润目标挂钩的上市公司数量

另外，在高管薪酬考核体系中，收入目标与利润目标的权重分布也较为广泛，可见，收入目标与利润目标通常作为考核体系中的最为重要的两个指标综合使用，见图 3 - 3。

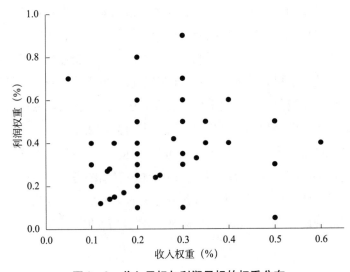

图 3 - 3　收入目标与利润目标的权重分布

2. 资本市场中介机构对收入考核的关注

资本市场方面,如分析师和机构投资者,也对公司经营目标的完成情况,尤其是营业收入及净利润的增长情况,表现出了持续高度的关注。例如,兴业证券汽车行业分析师针对东风汽车的研究报告,关注到了东风汽车轻卡业务营业收入比上年同期减少 26.37%,业绩出现连续亏损,严重吞噬利润的经营状况,提出了罢免相关管理层的呼吁;台海集团曾作出 2015~2017 年三年内实现净利润 13.89 亿元的经营目标承诺,但由于有网络媒体报道,就在台海核电业绩承诺的最后一年,上市公司和台海集团之间一笔 12.56 亿元的关联交易存在诸多疑点,受此消息影响,当日午盘后,台海核电呈现出跳水式坠落,成交量迅速放大,其股价在数分钟内便被砸在跌停板之上;华安证券认为,人工智能风口刚起,公司正处于平台积累、赛道卡位的关键阶段,因此与利润指标相比,市场应该更加关注讯飞的营业收入与毛利的高速增长,看好讯飞在 AI 领域的专注、积累与转化,维持"买入"评级;此外,很多证券公司大多把公司营业目标,尤其是营业收入和净利润两个指标的完成情况,以及盈利预测作为其投资评级的重要参考指标,比如,东兴证券通过预计公司 2018~2020 年的营业收入和净利润,维持了"强烈推荐"的投资评级;天风证券通过分析先导智能在手订单、营业目标完成以及坚实业绩支撑情况,对其进行了盈利预测,并继续维持了买入评级。

3. 监管机构对上市公司收入状况的关注

除上市公司和资本市场外,监管机构也在重视企业持续经营的问题。例如,深交所针对内蒙古天首科技发展股份有限公司 2017 年年报中关于持续经营重大不确定性的问题,提出了质疑,认为根据公司 2017 年度扣除非经常损益后的净利润为 -21 527 840.65 元,表明存在可能导致对天首发展持续经营能力产生重大疑虑的重大不确定性,但公司当期仍以持续经营作为年报的编制基础,因此要求公司对提高上市公司的持续经营能力和未来盈利能力的最新进展予以说明,并对其能够对 2018 年盈利能力产生的影响作出合理预计。可见公司营业目标和收入状况会影响监管机构对其企业持续性经营问题的判断和认可。

又如,深交所关注到新兴铸管股份有限公司 2017 年年报中披露的"报告期实现营业收入 412.66 亿元,同比下降 20.88%"的现象,对比同行业其他上市公司的经营状况，报告期内，钢铁行业普遍回暖，按申银万国行业分类，钢铁行业深沪 A 股共 33 家上市公司，仅两家公司营业收入同比下降，而被关注公司为其中之一，且降幅最大，因此对公司营业收入下降的原因进行了质疑。可见，当某公司的收入情况或者营业目标完成情况与行业大趋势相违背时，也是会引起监管机构的关注，并发出问询函。

4. "体制内"对收入考核的制度变迁

营业收入在企业财务报表指标中占据重要地位，是反映企业经营发展状况的核心指标之一，也是我国划分大中小微企业的重要依据之一，如 2011 年颁布的《国家统计局关于印发统计上大中小微型企业划分办法的通知》中明确规定，在所明确划分为大中小微型企业的 15 类行业中，有 14 个行业采用了营业收入这一指标来作为判断企业规模的标准，其中，农、林、牧、渔业将营业收入作为唯一的判断指标。另外，该文件对营业收入指标的使用条件进行了明确限定，"营业收入，工业、建筑业、限额以上批发和零售业、限额以上住宿和餐饮业以及其他设置主营业务收入指标的行业，采用主营业务收入""农、林、牧、渔业企业采用营业总收入代替；其他未设置主营业务收入的行业，采用营业收入指标"。由此可见，企业的营业收入大小直接决定了企业的规模。

在我国转型经济与新兴市场背景下，政府与市场在资源配置过程中共同发挥作用，一方面，地方政府对辖区内企业的营业收入指标保持持续的关注，并不定期对辖区内企业的营业收入变化情况进行通报，如江苏省经济和信息化委员会与江苏省工商业联合会从 2003 年开始，连续 5 年发布了江苏省营业收入百强民营企业（集团）情况，除省级政府外，地市级政府也会对辖区内企业的营业收入变化情况进行不定期通报，如 2017 年连云港市共接待国内外游客数 3 384 万人次，实现旅游收入 459 亿元①的新闻消息。除江苏省外，其他省份如湖北省和四川省等省份都公布了类似以营业收入为唯一评价指标的排行榜或新闻，政府对营业收入指标的重视程度可见一斑。另一方面，企业的规模对于公司的经营以及招商引资活动具有重要的影响，尤其是在企业与政府的联系构建中，地方政府对管辖区内企业的营业收入指标非常重视，即

---

① 自《2017 年连云港市国民经济和社会发展统计公报》查询得到。

企业营业收入越大，规模越大，就越容易受到地方政府的认可和支持，无论从政策上、税收上，还是债务融资上，都会获得政府的更多优惠扶持。四川省人民政府于 2010 年出台了《关于推进大企业大集团加快发展的意见》，文件中以营业收入为标准，明确提出了推进省内大企业集团的发展目标，力争到 2012 年，四川省纳入培育范围的大企业大集团（以下简称培育企业）营业收入超 800 亿元的企业 1 ~ 2 户，新增 500 亿元的企业 3 户，新增 100 亿元的企业 12 户，新增 50 亿元的企业 20 户。此外，分别于 2009 年 9 月和 2011 年 3 月，出台了《四川省人民政府关于印发四川省大企业大集团营业收入上台阶奖励办法的通知》和《四川省大企业大集团营业收入上台阶奖励办法》，同样以营业收入作为唯一考核奖励标准，明确了政府对考核范围内营业收入指标符合条件的企业进行相应的资金激励，"营业收入首次跨 50 亿元台阶的，一次性奖励人民币 50 万元；营业收入首次跨 100 亿元台阶的，一次性奖励人民币 100 万元；营业收入每跨过 1 个 100 亿元台阶，一次性奖励人民币 100 万元；营业收入首次同时跨 50 亿元和 100 亿元台阶的，奖励标准就高，不重复计奖"；2010 年 3 月，成都市政府对去年新增的两户营业收入过百亿元企业，各重奖 100 万元奖励；2011 年，江苏省徐州市政府下发了《关于培育营业收入千百亿工业企业（集团）的实施意见》，"设立千百亿工业企业（集团）培育工程专项资金 2000 万元，激励企业做大做强"。综合以上，可看出我国地方政府已将政绩考核与辖区内企业的营业收入指标紧密联系到一起，并出台相关政策对其进行激励，这更加深了本书对营业收入考核进行研究的意义。

第 4 章　董事会对管理层业绩目标考核的内部激励机制研究——基于高管激励约束与目标动态调整的视角

4.1　问题的提出

代理理论的发展为检验会计信息系统中的业绩指标、激励和行为等提供了有用的框架，使研究者能够显性考虑利益冲突和激励问题（Lambert, 2001）。董事会通常基于一定的标准设定业绩目标对管理层进行考核。业绩目标是绩效评价体系中关键的、综合化的、显性的一项契约安排。业绩目标设定是企业管理控制系统实践的关键环节（Indjejikian et al., 2014a），该实践用于组织和协调企业的多项决策，并成为企业进行绩效评价以及制定薪酬契约的基础（Maher, Stickney and Weil, 2007; Merchant and Van der Stede, 2012）。代理问题从两权分离开始，委托人往往通过约束和激励这两种机制来控制与规范代理人的行为（Holmstorm, 1979; Kuhnen and Zwiebel, 2008），体现为契约设计需满足委托人和代理人之间的激励相容性原则：一方面，提高薪酬—业绩敏感性来促成股东与管理层的利益趋同；另一方面，当高管的业绩表现较差时，董事会或控制权市场会采取相应措施，解聘现任管理层，从资本市场挑选能力更高的继任高管，从而起到激励作用（Weisbach, 1988; Bushman and Smith, 2001）。以往研究大多关注了业绩衡量指标（Holmstrom, 1979; Sloan, 1993; Ittner et al., 1997）和薪酬业绩敏感性（Jensen and Murphy, 2004），而忽视了业绩目标在薪酬契约中的作用（Murphy, 2001; Ittner and Larcher, 2001），实证研究证据则更加寥寥可数（Kim S. and Shin J. Y., 2017）。

2002 年中国证监会在上市公司定期报告中正式引入 MD&A。2005 年证监会修订《公开发行证券的公司信息披露内容与格式准则第 2 号——年度报告的内容与格式》，增加和细化了 MD&A 的披露规定，要求体现管理层对公司现状及其发展前景的基础判断。2007 年以来，证监会鼓励上市公司披露年度经营目标，并分别于 2011 年、2012 年、2014 年、2015 年、2016 年及 2017 年进一步出台《公开发行证券公司信息披露的内容与格式准则第 2 号——年度报告的内容与格式》修订稿，一直保留和强调了关于经营目标的叙述，并使其内容逐渐丰富。由此，越来越多的上市公司开始在年报 MD&A 部分披露定量的管理层经营业绩目标，提高了对其进行大样本研究的可行性。陈磊等（2015）利用 2004~2013 年年报披露的经营目标数据进行研究，验证了目标设定中棘轮效应的存在，以及薪酬调整对于目标调整具有非对称性，但对哪些因素会影响目标的棘轮效应、目标与薪酬后果的关系等问题没有做更深入的探讨。叶建芳等（2014）基于 2006~2011 年预算目标的数据，发现上市公司 CEO 变更的概率与预算完成程度显著负相关，而这种关系在民营企业中并不显著。自 2012 年以来，中国的经理人劳动市场有较大发展，同时有更多的企业在年报中披露经营目标，因此有必要基于更完善的制度环境以及大样本数据，进一步研究业绩目标考核对经理人的任免效应及影响因素。可以看到，关于业绩目标设定的契约有效性并没有在文献中得到充分的讨论。

综上所述，本章将分别从治理层面与运营管理层面两方面探讨业绩目标的契约有效性，研究董事会对管理层业绩目标完成情况是否会作出相应的处理。具体而言，回答以下两个基础问题：（1）从治理层面来看，管理层业绩目标完成度是否影响董事会对管理层的激励与约束行为呢？表现为：是否会影响高管变更的决策？是否会影响支付给高管的报酬？（2）从运营管理层面来看，管理层业绩目标完成度是否影响董事会对业绩目标的动态调整行为呢？在此基础上，进一步探讨不同产权性质，以及董事会与管理层之间的权力博弈特征如何影响业绩目标的契约考核过程。

4.2   理论分析和假设的提出

关于绝对业绩水平和高管变更关系的研究文献已然非常丰富。已有大量研究指出业绩低劣的公司更换管理层的概率更大（宋德舜和宋逢明，2005；丁烈云等，2008；潘越等，2011；刘星等，2012）。研究表明，在业绩较差的公司中，高管离职概率与公司业绩负相关，但在业绩较好时这种相关性并不存在（Chang and Wong，2009）。该研究也意味着高管变更考核中可能存在一个业绩门槛，只有在业绩低于门槛值时，业绩下滑，高管降职概率才显著增大（刘青松和肖星，2015）。尽管经营目标在中国上市公司高管薪酬管理办法中的应用非常普遍（潘飞等，2006；陈磊等，2015），但基于经营目标这样的业绩门槛的考核功能对高管变更决策的影响研究则非常有限。如前所述，叶建芳等（2014）基于 2006～2011 年年报披露的预算目标数据，发现上市公司 CEO 变更概率与目标完成程度显著负相关，且这种关系仅存在于国有企业中。随着近些年经理人劳动力市场的发展，笔者认为业绩目标对于高管的约束作用很可能得到强化，前述结论可能不仅存在于国有企业，需要重新进行样本梳理与检验。

一方面，博弈论中分离均衡理论表明，在恰当的约束激励条件下，不同类型的管理层会发送不同的信号，委托人基于这些信号不断修正自己的信念，充分识别出管理层的类型。麦钱特和曼宗（Merchant and Manzon，1989）认为，那些没有达到经营目标的经理人将面临失去组织资源、失去奖金的风险，甚至会丢掉饭碗。因此，理论上，加入业绩目标的完全承诺契约可以实现分离均衡，支持最优契约的有效性。而实践中是否有相应的契约效应是需要大样本实证证明的问题。另一方面，我们在研究中所采用的业绩目标披露于年报 MD&A 部分，而非直接披露于供内部运营管理所使用的预算报告或者管理会计报告。事实上由于这类报告涉及诸多商业机密，上市公司进行披露的可能性极低。由此导致的问题是，年报披露的业绩目标对内可能并不具备约束效应。真正具备约束效应的是那些写在内部任命合约、薪酬契约、预算报告中的业绩目标。而两者是否具备一致性，我们不得而知。本章所有假设都基于"披露在年报 MD&A 中的业绩目标来自公司内部合约或报告中的数据"这样一个隐含前提。因此，从会计信息系统的信度和效度而言，研究管理层经营业绩目标对内是否具有约束力，同样是一个需要实证检验的问题。基于上述分析，本章提出 H4－1。

H4－1：在其他条件一定的情况下，管理层业绩目标完成程度与高管变更概率显著负相关。

基于预算或者历史业绩设置业绩目标的实践在管理层年度绩效奖金契约中非常普遍（Leone and Rock，2002）。墨菲（2001）对 177 家公司的高管薪酬计划进行调查后发现，大多数公司都采用经营计划或业绩目标作为其业绩标准与薪酬依据。代理问题缘起于激励约束功能不相容，代理人与委托人具有不同的目标函数，加上信息不对称，代理人偏离委托人的目标函数转而追求自身利益最大化（Eisenhardt，1989）。最优契约理论认为业绩目标具有信息含量，有利于准确评价管理者能力和努力程度，使得代理人和委托人的目标函数达成一致，实现最佳激励效果（Holmtrom，1979）。此外，组织行为学理论也普遍认为目标导向的薪酬契约具有良好的激励效应（Locke and Latham，2006）。已有分析性文献表明，在管理层激励薪酬契约中设置具体的业绩目标可以有效完善激励与约束机制（Bonner and Sprinkle，2002；Merchant and Van der Stede，2007），能够提高业绩标准的可控性，从而更准确地衡量努力程度，强化激励效应，降低高管承担的风险（Indjekian and Nanda，2002）。一份典型的非线性薪酬契约包含三个部分：业绩衡量指标（performance measures）、业绩目标（performance target）、薪酬与业绩之间的关系（pay-for-performance sensitivity）。以往研究大多关注了业绩衡量指标（Holmstrom，1979；Sloan，1993；Ittner et al.，1997）和薪酬业绩敏感性（Jensen and Murphy，2004），而忽视了业绩目标在薪酬契约中的作用（Murphy，2001；Ittner and Larcher，2001）。

墨菲（2001）首次提出了包含业绩目标的非线性薪酬契约，概括出一种典型的分段式奖金制度（见图 4－1）。在实际的薪酬激励契约中，激励（风险）薪酬部分与业绩并非线性相关，只有当业绩达到一个阈值（业绩目标）才会去讨论发放这部分激励薪酬，否则这部分薪酬为零；而在业绩目标的阈值之上，管理层才可以获得与超出业绩目标部分成比例（或其他函数形态）的奖励薪酬，直至达到奖励薪酬的上限为止。

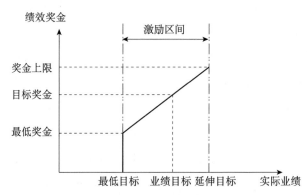

图4-1 典型非线性薪酬契约的要素

假设企业的实际业绩为 X，$X=e+\varepsilon$，其中 e 为经理人付出的努力程度，ε 为扰动项。那么，公司金融领域中薪酬业绩敏感性的基本线性模型可以记作：$W(X)=a+b\times X$，定义 $\bar{b}$ 为促成努力程度 $\bar{e}$ 的必要斜率，$\bar{b}$ 就是通常意义上文献定义的薪酬业绩敏感性。此时，经理人在 $\bar{e}$ 的努力程度下的期望薪酬水平为 $E[W]=a+\bar{b}\times E[\varepsilon]+\bar{b}\times\bar{e}$，若 $E[\varepsilon]$ 已知，那么设置的薪酬水平 a 应该满足经理人的保底薪酬水平。当激励契约中设定业绩目标 $\bar{X}$ 时，基本的薪酬模型将改写为：$W(X-\bar{X})=a+b\times(X-\bar{X})$。假设固定薪酬水平 a 保持不变，那么引入业绩目标的激励函数 $W(X-\bar{X})=a+b\times(X-\bar{X})$ 比传统的线性薪酬激励函数 $W(X)=a+b\times X$ 的激励效应更强，因为前者能够在保证经理人保底薪酬的同时保持较高的薪酬业绩敏感性。例如，某公司实现业绩为 1 000 万元，经理人保底薪酬为 20 万元，按照传统薪酬业绩敏感性模型设计薪酬，同时满足保底薪酬和激励效应最大化时，有 a=0，b=2%，即薪酬业绩敏感性的最大值为 2%。如果按照引入业绩目标的激励函数设计薪酬，那么理论上可以设定 b 为任意大的数值。延续刚才的例子，例如将固定薪酬 a 定为 10 万元，业绩目标 $\bar{X}$ 事先设定为 900 万元，那么满足保底薪酬 20 的系数 b 的最小值为 10%，远大于不含业绩目标的激励函数中 2% 的薪酬业绩敏感性。在企业实践中，经理人倾向于风险规避，加上不可避免的业绩指标衡量误差，敏感性系数 b 并非越大越好，但 b 越大激励效应越强以及引入业绩目标能够提高薪酬业绩敏感性的结论是稳健的（Indjejikian and Nanda，2002；陈磊等，2015）。

区别于西方企业普遍采用股权激励来实现股东与管理层的利益趋同和风险共担，中国企业目前尚未普遍实施股权激励，已实施的股权激励实践也相对不成熟，且股权激励在股市低迷时无法发挥良好的激励作用。通过收集2007～2016 年 A 股上市公司公开披露的 900 多份高级管理人员薪酬管理办法，笔者发现国内上市公司绝大多数将高管薪酬与经营目标挂钩，在不同程度上用经营目标责任制来提高企业活力。

例如仁和药业（股票代码：000650）的高级管理人员薪酬考核制度规定："在经营年度开始之前，高管人员应根据公司的总体经营目标制订工作计划和目标，分别签署目标责任书。公司董事会薪酬与考核委员会每年对公司高管人员薪酬提出方案或修改的意见，审查、确认高管人员年度目标责任书；检查公司高管人员的履行职责情况并对其进行年度绩效考评。"[1] 再如，中百集团（股票代码：000759）披露的《中百控股集团股份有限公司职业经理人 2016—2017 年度薪酬管理办法》详细给出了一份典型的分段式薪酬契约[2]。国资委从 2004 年开始对中央企业实施目标责任制考核，企业集团对下属子公司的管理也普遍采用经营目标责任制。综合以上制度背景，不难发现，在上市公司已披露的薪酬合约中，经营目标完成情况影响管理层的绩效薪酬，而绩效薪酬又与其总薪酬成一定比例的对应关系（或基薪的倍数关系），因

---

[1]　《仁和药业股份有限公司高级管理人员薪酬考核制度》（根据 2007 年 9 月 10 日召开的第四届董事会第九次会议决议制定）中具体规定："基本薪酬的确定由公司薪酬与考核委员会根据本公司年度计划的经营目标确定；绩效年薪是根据公司经营完成利润目标的情况及高管人员完成工作目标的情况，由薪酬与考核委员会进行综合考核获得的薪酬。绩效薪酬为薪酬总额的40%，根据经审计后的经营业绩情况，如果完成年初确定的经营指标，则足额发放，如果未能完成经营业绩指标，则按未能完成的幅度，相应减少绩效年薪的幅度发放，如果超额完成，则按超出的幅度进行相应幅度的奖励。"资料来源：巨潮资讯网。

[2]　中百集团（股票代码：000759）披露的《中百控股集团股份有限公司职业经理人 2016—2017 年度薪酬管理办法》中规定，"薪酬收入与经营业绩挂钩"，其中，"绩效年薪与当年经营目标达成情况挂钩"，此外，年度综合考核得分小于 70 分，绩效年薪不予计发；年度综合考核分值达到 70 分，可以获得 40 万元绩效年薪，综合考核分值在 71～90 分，每增加 1 分，在 40 万元基础上增加 1 万元绩效年薪，综合考核分值在 91～100 分，每增加 1 分，在 60 万元基础上增加 2 万元绩效年薪，但绩效年薪最多不得超过 80 万元。如前所述，这是一份典型的分段式薪酬契约。此外，其经营目标达成情况的衡量"以公司董事会下达的规模销售、营业收入和经营利润为考核基数"。资料来源：巨潮资讯网。

此，在非线性薪酬契约安排下，用目标完成情况（而非绝对业绩）描述与总薪酬的相关关系会更加贴切。同时，业绩目标完成情况与高管薪酬之间若存在显著的相关关系，则同样增强了业绩目标设定的契约有效性，表明业绩目标对内具有一定的治理效果。陈磊等（2015）经研究给出了非线性薪酬契约的直接证据。本书先基于扩展的样本验证已有文献的结论，然后进一步探讨其治理效果及影响因素。综上所述，本章提出 H4 - 2。

H4 - 2：在其他条件一定的情况下，管理层业绩目标完成程度与高管货币薪酬水平显著正相关。

现实中，委托代理模型是多期的，意味着业绩目标的设定与修正是一种动态的跨期行为。董事会与经理层对于业绩目标的决策行为也是一个动态博弈的过程。研究企业如何对业绩目标进行设定与修正（target setting and revision）具有非常重大的意义（Kim and Shin，2017）。基于预算或者历史业绩设置业绩目标的实践在管理层年度绩效奖金契约中非常普遍（Murphy，2001；Leone and Rock，2002），原因在于，历史业绩的信息容易以低成本获取，作为对未来业绩期望的下限还可以减轻预算松弛的问题（Dekker et al.，2012；Leone and Rock，2002）。有大量文献证明业绩目标设定存在棘轮效应（Indjejikian et al.，2014b）。伯林纳（Berliner，1957）最早提出中央计划经济中存在棘轮效应。韦茨曼（1980）将其引入委托代理的理论框架中，用来描述企业设定未来业绩目标的实践，即历史业绩就像锯齿状的齿轮一般，成为下一阶段业绩目标设定的起点，这种目标设定的倾向就是棘轮效应。

已有的理论研究表明，业绩目标设定对高管激励产生负面影响的主要原因之一在于董事会往往基于棘轮原则制定目标，导致目标易升难降，增加实际绩效与目标期望水平的相对差距，同时，棘轮效应也会诱发代理问题。例如，基于长期激励契约收益最大化，代理人在原本可以超过业绩目标的情况下倾向于降低努力程度使得刚好达到预算目标，避免董事会在未来制定更高的目标。如果董事会意识到基于历史业绩调整经理层的业绩目标可能会产生动态契约激励的问题，那么董事会可能会作出一些合约安排来减轻对历史业绩信息的依赖，更好地激励管理层（Indjejikian and Nanda，1999、2002；Indjejikian et al.，2014b）。尽管业绩目标设定在激励契约理论和企业管理控制实践中如此重要，但由于缺乏公开可获得的样本数据（Murphy，2001），以往文献集中于分析性研究（analytical research），实证研究证据则寥寥可数。而这些有限的实证研究证据多数来自小样本的调查或访谈数据。金姆和信（2017）首次基于美国证监会要求强制披露的上市公司高管奖金计划契约中的每股盈余（EPS）目标数据做了相关的大样本实证研究。

对于管理层经营业绩目标的设定，董事会能够以相对较低的信息获取成本参考历史绩效，陈磊等（2014）基于 2003 ~ 2012 年上市公司自愿披露的经营业绩目标进行研究，提供了棘轮效应存在的证据。由于企业面临的动态经营环境（经营环境不确定性和竞争加剧）必然影响企业的战略调整，企业的战略调整必然影响其高管薪酬契约的激励方向，进而影响激励薪酬契约所包含的绩效指标（包括目标）的变化或调整（胡玉明，2013）。

进入 2012 年以来[①]，大数据（big data）一词被频繁提及，随着以数字经济为代表的新经济的蓬勃发展，企业商业模式创新日益活跃，产品市场的竞争愈发激烈。在大数据时代，企业经营目标的调整不能再单纯地依靠历史业绩。相对而言，上市公司有更多的信息渠道且能够以较低的成本获取经营目标调整所需信息，同样会降低棘轮效应发生的可能性。因此，基于合适的大样本研究上市公司经营业绩目标设定是否具有棘轮效应依然是一个开放性问题。综上所述，本章提出 H4 - 3。

H4 - 3：在其他条件一定的情况下，本期管理层业绩目标完成程度与董事会对下一期业绩目标的动态调整程度显著正相关，表现出目标棘轮效应。

在已有研究中部分文献关注到棘轮效应存在着不对称性。棘轮效应的不对称性是指当历史业绩正向偏离目标时，向上调整下一期目标的幅度要大于当历史业绩负向偏离目标时向下调整下一期目标的幅度。莱昂内和洛克（Leone and Rock，2002）、鲍恩斯和克洛斯（Bouwens and Kroos，2011）通过调研数据证明了棘轮效应不对称性的模式。

---

① 2011 年 6 月，全球知名咨询公司麦肯锡发布《大数据：下一个竞争、创新和生产力的前沿领域》，麦肯锡称，"'数据'，已经渗透到当代每个行业和业务职能领域，成为日益重要的生产要素。人们对于海量数据的挖掘和运用，预示着新一波生产率增长和消费者盈余浪潮的到来"。而《纽约时报》2012 年 2 月的一篇专栏中称，"大数据"时代已经降临，在商业、经济及其他领域中，决策将转向基于数据分析作出，而非过去那样基于经验与直觉。

对于其存在的合理性，文献中目前有两种解释：一种解释是，棘轮效应的不对称性作为一种鼓励管理层去追求创造性的活动以达到长期的、永久性的利润增长，从而避免管理层短视效应的治理机制（Leone and Rock，2002）。利润增长是生产效率永久性的提高，可以持续作用于以后的经营期间。虽然业绩目标持续上调，但由于收益的提高得益于长期价值创造活动，所以并不意味着管理层的努力水平要持续提高。短视效应指的是管理层为了达到当期的目标而采取不可持续的收益操纵活动，例如削减研发支出以快速满足短期目标，在这种情况下，管理层若想将收益水平持续下去，后期将付出更多的努力和代价。莱昂内和洛克（2002）认为如果激励契约包含棘轮效应不对称的特质，则可以激励管理层追求长期收益，杜绝其短视行为。另一种解释是，棘轮效应的不对称性可以有效地惩戒那些前期业绩表现较差的经理层（Kim and Shin，2017）。不对称性意味着一旦业绩目标向上调整，它将不会被轻易下调，即便在未来期间实际业绩没有达到目标。不对称性表现出目标设定行为的刚性特征。在这种情况下，业绩表现较差的经理人可能连续几年都无法达到业绩目标，这种惩罚效力将迫使经理人拿出更多的努力，由此强化了契约的激励效果。

现有文献中对于棘轮效应不对称性的实证证据没有统一定论。例如，尹德坎等（2014a）、博尔和莱尔（Bol and Lill，2015）都没有发现其存在的证据，但是阿兰达等（Aranda et al.，2014）与金姆和信（2017）的研究表明，公司基于棘轮效应设定目标时会表现出不对称性。综合起来看，前述文献多采用特定的调查或访谈对象，其样本缺乏普适性。因此，我们将基于用经营业绩目标设定的大样本数据，重新检验棘轮效应的不对称性问题。样本截面差异显著，且面板数据支持动态调整的检验条件，较之以往文献，能够很好地解决样本普适性问题。由此，本章提出 H4 - 4。

H4 - 4：在其他条件一定的情况下，管理层业绩目标设定中的棘轮效应存在非对称性，表现为，当本期业绩正向偏离目标时，向上调整下一期目标的幅度显著大于当本期业绩负向偏离目标时向下调整下一期目标的幅度。

4.3　研究设计

4.3.1　样本选取与数据来源

选取中国 2004～2016 年所有 A 股上市公司作为初始的样本。自 2004 年以来，公司年报中自愿披露定量业绩目标的样本才开始逐渐增多，以及国资委对国企的考核也从 2004 年正式开始。按照以下筛选原则对初始样本进行处理：（1）剔除了金融类行业上市公司，因为金融类行业适用的会计准则与非金融行业显著不同。（2）剔除了财务数据缺失的公司。（3）剔除了没有披露定量经营业绩目标的公司，因为主要解释变量是业绩目标的完成情况。（4）剔除了少于连续两年披露定量业绩目标的样本。由于在后续章节会考察管理层业绩目标设定及动态调整的规律，而目标调整需要用到下一个年度的样本，因此 2016 年样本只适用于目标调整变量。尽管本章只需用目标完成情况的变量，但为了保持整体研究样本的贯穿性和严谨性，实际目标完成情况的样本区间为 2004～2015 年，业绩目标动态调整的样本区间为 2005～2016 年。（5）剔除了其他主要变量缺失的样本。（6）借鉴叶建芳等（2014）的研究，本章研究高管变更时，剔除了离职原因为"退休"及"任期届满"等正常变更的样本。最终，分别得到 4 642 个公司 - 年度的观测值用于高管变更的研究，4 660 个公司 - 年度的观测值用于高管薪酬的研究，5 227 个公司 - 年度的观测值用于业绩目标动态调整的研究①。

本章所使用的管理层业绩目标数据来源于上市公司年报，披露于"管理层分析与讨论"部分，通过查阅年报手工整理得到。相关财务数据、公司治理数据以及股票市场数据主要来源于国泰安（CSMAR）数据库和万得（Wind）数据库，缺失数据经过年报、巨潮资讯网等渠道进行搜索和手工补充。为消除极端值的影响，对所有连续变量在 1% 和 99% 分位上进行缩尾（winsorize）处理。

---

① 样本观测数量会因不同回归模型变量之间的差异而有微幅调整。

4.3.2 实证模型与变量定义

1. 高管约束与激励的相关检验

从高管变更与高管薪酬两个方面来考察董事会根据管理层业绩目标完成情况对高管采取的约束与激励行为的经济后果。为了检验 H4 – 1 与 H4 – 2，分别构建模型（4 –1）、模型（4 –2），列示如下：

$$\text{Turnover}_{t+1}/\text{CEOTurnover}_{t+1}/\text{ChairTurnover}_{t+1} = \beta_0 + \beta_1 \text{AchieveSales}_t/\text{SalesGap}_t/$$
$$\text{SalesComplete}_t + \beta_2 \text{SOE}_t + \beta_3 \text{Size}_t + \beta_4 \text{Leverage}_t + \beta_5 \text{Profit}_t + \beta_6 \text{Boardsize}_t +$$
$$\beta_7 \text{Mngmhld}_t + \beta_8 \text{Top1share}_t + \beta_9 \text{Big4}_t + \text{Year Fixed Effects} + \text{Industry Fixed Effects} + \varepsilon$$

$$(4-1)$$

$$\text{Comp}_t = \beta_0 + \beta_1 \text{AchieveSales}_t/\text{SalesGap}_t/\text{SalesComplete}_t + \beta_2 \text{SOE}_t + \beta_3 \text{Size}_t +$$
$$\beta_4 \text{Profit}_t + \beta_5 \text{Leverage}_t + \beta_6 \text{TobinQ}_t + \beta_7 \text{CEOduality}_t + \beta_8 \text{Boardsize}_t + \beta_9 \text{IndepBoard}_t +$$
$$\beta_{10} \text{Top1share}_t + \beta_{11} \text{Mngmhld}_t + \text{Year Fixed Effects} + \text{Industry Fixed Effects} + \varepsilon$$

$$(4-2)$$

借鉴已有文献（丁烈云和刘荣英，2008；方军雄，2012；陈丽蓉等，2015），中国上市公司的高管通常是指董事长或总经理，基于此，构造高管变更的哑变量 Turnover，如果公司下一期董事长或 CEO（此处 CEO 为总经理）发生变更，则 Turnover 取 1，否则 Turnover 取 0。

在不同的公司组织架构中，总经理与董事长各自的职能作用往往不同（丁烈云和刘荣英，2008）。例如，在非国有企业中，企业的日常管理与经营活动通常由总经理负责，其生产经营及发展受到总经理直接管理的影响；而在国有企业中，代表国家负责管理和执行上市公司事务的代理人一般为董事长，并且负责定位公司长期战略以及把握前进方向的也是董事长，董事长还会选派总经理出来主持日常事务，即总经理在国企中作为二级代理人（饶品贵和徐子惠，2017）。因此，一些研究将高管定义为非国有企业总经理和国有企业董事长（赵震宇等，2007；饶品贵和徐子惠，2017）。但叶建芳等（2014）研究发现，相比于民营企业，国企上市公司 CEO 变更概率与预算完成度的负相关关系更显著。考虑到现有高管变更文献中关于高管的定义与研究结论并非完全一致，以及本章尝试研究的"对企业产生最重要影响并直接对企业经营业绩负责的管理者" 既可能是董事长也可能是 CEO，因此本章还同时构造了 CEOTurnover 与 ChairTurnover 变量：如果公司下一期 CEO 发生变更，则 CEOTurnover 为 1，否则为 0；如果公司下一期董事长发生变更，则 ChairTurnover 为 1，否则为 0。后续用这些指标分别对国有企业与非国有企业的子样本进行检验，也可验证前人对高管定义的合理性。

参考陈磊等（2015）的研究，本章选取了四个指标来衡量高管薪酬水平 Comp，分别是：高管薪酬总额（LTotalComp），等于上市公司所有高管人员的薪酬总和，取对数后得到；高管平均薪酬（LAvComp），等于高管薪酬总额除以高管团队的人数，取对数后得到；前三名高管薪酬（LTop3Comp），等于薪酬排名前三名的高管的薪酬总和，取对数后得到；CEO 薪酬（LCEOComp），等于总经理的薪酬，取对数后得到。此外，在稳健性检验中，本章还构造了以上四个指标的增量形态，表示高管薪酬相对于上一年的增长率，详细定义及解释列示于表 4-1 中。

关于业绩目标完成情况的变量，本章参考鲍恩斯和克洛斯（2011），陈磊等（2015），金姆和信（2017）的研究构造了三个衡量指标，分别是：（1）是否完成业绩目标的哑变量（AchieveSales），如果公司实际业绩达到或超过业绩目标，则取值为 1，否则为 0；（2）实际业绩与业绩目标的偏离程度（SalesGap），等于公司实际业绩减去业绩目标的差值，并用期末总资产进行标准化；（3）业绩目标完成程度（SalesComplete），等于实际业绩除以业绩目标，计算的比值即为业绩目标完成程度。

借鉴已有研究，本章进行高管变更的相关检验时，主要回归模型的控制变量包括上市公司产权性质（SOE）、公司总资产规模（Size）、总资产负债率（Leverage）、公司业绩水平（Profit）、董事会规模（Boardsize）、管理层持股比例（Mngmhld）、第一大股东持股比例（Top1share）、会计师事务所规模（Big4）、年度（Year）和行业（Industry）。当进行高管薪酬的相关检验时，控制变量包括上市公司产权性质（SOE）、公司总资产规模（Size）、总资产负债率（Leverage）、公司业绩水平（Profit）、企业成长性（TobinQ）、董事会的规模（Boardsize）、独立董事的比例（IndepBoard）、第一大股东持股比例（Top1share）、管理层持股比例（Mngmhld）、年度（Year）和行业（Industry）。具体的变量定义见表 4-1。

2. 业绩目标动态调整的相关检验

为研究目标动态调整行为，本章参照已有文献（Weitzman，1980；Leone and Rock，2002；Bouwens and Kroos，2011；Indjejikian et al.，2014a；Kim and Shin，2017），分别建立模型（4－3）与模型（4－4）检验 H4－3 与 H4－4，具体列示如下：

$$TargetRevS_{t+1} = \alpha_0 + \alpha_1 SalesGap_t + \alpha_2 SOE_t + \alpha_3 Size_t + \alpha_4 Leverage_t + \alpha_5 Roa_t + \alpha_6 Salesgrowth_t + Year\ Fixed\ Effects + Industry\ Fixed\ Effects + \varepsilon \quad (4-3)$$

$$TargetRevS_{t+1} = \alpha_0 + \alpha_1 SalesGap_t + \alpha_2 SalesGap_t \times NegativeS_t + \alpha_3 NegativeS_t + \alpha_4 SOE_t + \alpha_5 Size_t + \alpha_6 Leverage_t + \alpha_7 Roa_t + \alpha_8 Salesgrowth_t + Year\ Fixed\ Effects + Industry\ Fixed\ Effects + \varepsilon \quad (4-4)$$

借鉴已有文献，本章构造业绩目标动态调整的变量 $TargetRevS_{t+1}$，表示 t＋1 期销售收入目标值减去 t 期销售收入目标值，并分别用 t 期目标值与 t 期总资产进行标准化，得到两个指标：$TargetRevS1_{t+1}$ 与 $TargetRevS2_{t+1}$。

主要解释变量为业绩目标完成程度[①]$SalesGap_t$，表示公司 t 期实际销售收入业绩与 t 期销售收入目标之间的差值，且与被解释变量的处理方法一致，分别用 t 期目标值与 t 期总资产进行标准化，得到两个指标：$SalesGap1_t$ 与 $SalesGap2_t$。棘轮效应存在意味着 $SalesGap_t$ 的系数（α_1）显著为正。

为了检验棘轮效应的不对称性，本章在模型（4－4）中构造指示变量 $NegativeS_t$，当公司 t 期没有达到业绩目标时（即 $SalesGap_t < 0$），$NegativeS_t$ 取值为 1，当公司 t 期达到或超过业绩目标时（即 $SalesGap_t \geq 0$），$NegativeS_t$ 取值为 0。同时，模型中还包含一个交乘项 $SalesGap_t \times NegativeS_t$，该交乘项衡量的是当实际业绩低于业绩目标时的增量反应。$SalesGap_t$ 的系数（α_1）衡量的是 t 期实际业绩与业绩目标之间的正向偏离幅度对 t＋1 期业绩目标调整程度的影响；而 $SalesGap_t$ 与交乘项 $SalesGap_t \times NegativeS_t$ 的系数之和（$\alpha_1 + \alpha_2$）衡量的是 t 期实际业绩与业绩目标之间的负向偏离幅度对 t＋1 期业绩目标调整程度的影响。因此，交乘项的系数（α_2）衡量的便是负向业绩偏离程度对于下一期目标动态调整的增量效应。棘轮效应的不对称性意味着交乘项的系数（α_2）显著为负。

---

① 该变量也可从目标偏离程度的概念去理解和描述，其实质是一样的。

参考陈磊等（2014）的研究，本章选取的控制变量包括产权性质（SOE）、总资产规模（Size）、资产负债率（Leverage）、总资产回报率（Roa）、销售收入增长率（Salesgrowth）、年度（Year）和行业（Industry）。具体的变量定义见表 4-1。

表 4-1   变量定义及说明

变量符号	变量名称	变量定义
因变量		
Turnover	高管变更	哑变量，上市公司如果发生董事长或 CEO 变更取值为 1，否则为 0
CEOTurnover	CEO 变更	哑变量，上市公司如果发生 CEO 变更取值为 1，否则为 0
ChairTurnover	董事长变更	哑变量，上市公司如果发生董事长变更取值为 1，否则为 0
LTotalComp	高管总薪酬水平	高管团队总薪酬水平取对数
LAvComp	高管平均薪酬水平	高管平均薪酬水平取对数
LTop3Comp	前三名高管薪酬水平	薪酬最高的前三名高管薪酬之和取对数
LCEOComp	总经理薪酬水平	总经理薪酬水平取对数
CTotalComp	高管总薪酬增长率	（本期总薪酬 - 上期总薪酬）/ 上期总薪酬
CAvComp	高管平均薪酬增长率	（本期平均薪酬 - 上期平均薪酬）/ 上期平均薪酬
CTop3Comp	前三名高管薪酬增长率	（本期前三名高管薪酬 - 上期前三名高管薪酬）/ 上期前三名高管薪酬
CCEOComp	总经理薪酬增长率	（本期总经理薪酬 - 上期总经理薪酬）/ 上期总经理薪酬
TargetRev1	业绩目标动态调整 1	（下期销售收入目标 - 本期销售收入目标）/ 本期销售收入目标
TargetRev2	业绩目标动态调整 2	（下期销售收入目标 - 本期销售收入目标）/ 本期总资产
自变量		
AchieveSales	是否达到业绩目标	哑变量，若实际业绩达到或超过业绩目标取值为 1，否则为 0
SalesGap	实际业绩与目标偏差	（本期实际销售收入 - 本期销售收入目标）/ 本期期末总资产
SalesComplete	业绩目标完成程度	实际业绩/业绩目标，计算的比值即为业绩目标完成程度
SalesGap1	业绩目标完成程度 1	（本期实际销售收入 - 本期销售收入目标）/ 本期销售收入目标
SalesGap2[①]	业绩目标完成程度 2	（本期实际销售收入 - 本期销售收入目标）/ 本期期末总资产

① SalesGap2 与 SalesGap 的定义及计算方法一致。在前面描述业绩目标完成情况时构造了三个反映不同侧面的变量指标（AchieveSales/SalesGap/SalesComplete），以增强结果稳健性。当检验棘轮效应模型时，解释变量 SalesGap 用了两种不同的方法进行标准化。为了更清晰地描述模型及检验过程，故在名称上做了区分。

续表

变量符号	变量名称	变量定义
自变量		
NegativeS	未完成业绩目标	哑变量，若实际业绩小于业绩目标取值为1，否则为0
控制变量		
SOE	产权性质	哑变量，上市公司实际控制人性质为国有取值为1，否则为0
LSOE	地方国企	哑变量，上市公司实际控制人性质为地方国有取值为1，否则为0
CSOE	央企	哑变量，上市公司实际控制人为中央国资委取值为1，否则为0
Size	总资产规模	公司期末总资产的自然对数
Leverage	资产负债率	公司期末总负债/期末总资产
Roa	总资产回报率	期末净利润/期末总资产
Profit	公司业绩	公司期末的会计业绩，等于以百万计数的净利润值
Salesgrowth	销售收入增长率	（本期销售收入 – 上期销售收入）/上期销售收入
Boardsize	董事会规模	上市公司董事会人数的自然对数
IndepBoard	独立董事比例	独立董事人数占董事会人数的比例
Mngmhld	管理层持股比例	管理层持股数量占总股数的比例
Top1share	第一大股东持股比例	第一大股东持股数量占总股数的比例
TobinQ	公司成长性	（股东权益市场价值 + 负债账面价值）/ 总资产账面价值
Big4	会计师事务所规模	对公司进行审计的事务所属于国际四大之一取值为1，否则为0
CEOduality	两职兼任情况	公司董事长与总经理两职合一取值为1，否则为0
HCEOTenure	CEO 任期长	哑变量，公司 CEO 任期高于样本中值取值为1，否则为0
HOutsideboard	外部董事比例高	哑变量，外部董事比例高于样本中值取值为1，否则为0。其中，外部董事主要包括独立董事、非执行董事、股东代表董事等
Year	年度	年度虚拟变量，当年年份取值为1，否则为0
Industry	行业	行业虚拟变量，按照 2012 年证监会的行业分类标准，制造业按二级划分，其他行业按一级划分。属于该行业取值为1，否则为0

4.3.3　描述性统计

1. 主要变量描述性统计

表 4 - 2 列示出本章主要变量的描述性统计。在表 4 - 2 中，Panel A 部分报告了业绩目标完成情况与高管变更的相关检验变量的描述性统计。在样本年度期间，上市公司高管变更的比例为 28%，CEO 发生变更的比例为 19.9%，董事长发生变更的比例为 15.2%。从业绩目标完成情况来看，有 46.7% 的公司完成了销售收入目标；业绩与目标偏差程度（SalesGap）的均值接近于 0，最小值为 - 1.098，最大值为 1.351；而业绩目标完成程度（SalesComplete）的均值接近于 1，最小值与最大值分别为 0.414、2.139，表明样本公司的业绩目标完成情况差异很大。样本中，国有企业所占比例为 62.6%，其中地方国有企业占比 44.4%，中央国有企业占比 18.1%。Panel B 报告了业绩目标完成情况与高管薪酬水平的相关检验变量的描述性统计，从薪酬水平来看，中国上市公司之间的高管薪酬水平存在较大差异；从薪酬增长率来看，高管总薪酬、高管平均薪酬以及前三名高管薪酬的增长率大致为 17%，而总经理的薪酬增长率在研究样本中高达 26.8%，表明上市公司高管团队中，总经理的薪酬相对增长较快。Panel C 报告了业绩目标完成程度与业绩目标动态调整的相关检验变量的描述性统计，其中，主要被解释变量业绩目标动态调整（TargetRevS1）的均值为 0.154，表示相比于本期目标，上市公司向上调整未来目标的平均增幅为 15.4%。其最大值与最小值分别为 - 0.537、2.382，表明上市公司之间对业绩目标进行动态调整的幅度存在较大差异，并且目标上调幅度的均值要远大于目标下调幅度的均值（｜2.382｜ > ｜-0.537｜），初步体现出目标动态调整的不对称性。用总资产标准化的 TargetRevS2 的统计结果显示出相似的特征。实际业绩与目标偏差程度（SalesGap1/SalesGap2）的均值为 0，未完成业绩目标（NegativesS）的平均值为 53.5%，与前述样本的结果大体一致。其他控制变量的统计值与现有研究基本保持一致，此处不再赘述。

表 4 - 2　　　　　　　　　　　主要变量的描述性统计

Panel A：业绩目标完成情况与高管变更的相关检验变量

变量	样本数	均值	中位数	标准差	最小值	最大值
Turnover	4 642	0.280	0	0.449	0	1
CEOTurnover	4 642	0.199	0	0.400	0	1
ChairTurno ~ r	4 642	0.152	0	0.359	0	1
AchieveSales	4 642	0.467	0	0.499	0	1
SalesGap	4 642	−0.016 0	−0.014 0	0.296	−1.098	1.351
SalesComplete	4 642	0.999	0.987	0.240	0.414	2.139
SOE	4 642	0.626	1	0.484	0	1
CSOE	4 642	0.181	0	0.385	0	1
LSOE	4 642	0.444	0	0.497	0	1
Size	4 642	22.09	21.98	1.215	19.73	25.85
Leverage	4 642	0.499	0.510	0.198	0.083 0	0.949
Profit	4 642	350.5	107.3	992.5	−931.4	7 529
Boardsize	4 642	2.303	2.303	0.178	1.792	2.773
Mngmhld	4 642	0.049 0	0	0.137	0	0.627
Top1share	4 642	37.25	36.16	15.51	9.229	76.82
Big4	4 642	0.061 0	0	0.240	0	1

Panel B：业绩目标完成情况与高管薪酬水平的相关检验变量

变量	样本数	均值	中位数	标准差	最小值	最大值
LTotalComp	4 660	14.96	14.98	0.778	12.24	17.11
LAvComp	4 660	13.11	13.14	0.695	10.73	15.07
LTop3Comp	4 660	14.00	14.01	0.724	11.35	16.06
LCEOComp	4 499	6.055	6.099	0.803	2.973	8.225
CTotalComp	4 616	0.173	0.083 0	0.434	−0.594	2.925
CAvComp	4 616	0.169	0.079 0	0.441	−0.606	2.901
CTop3Comp	4 616	0.170	0.062 0	0.463	−0.609	3.175
CCEOComp	4 346	0.268	0.044 0	0.967	−0.839	6.824
AchieveSales	4 660	0.461	0	0.499	0	1
SalesGap	4 660	−0.016 0	−0.016 0	0.295	−1.098	1.351
SalesComplete	4 660	0.999	0.986	0.239	0.414	2.139
SOE	4 660	0.624	1	0.484	0	1
Size	4 660	22.12	22.01	1.216	19.73	25.85

续表

Panel B：业绩目标完成情况与高管薪酬水平的相关检验变量

变量	样本数	均值	中位数	标准差	最小值	最大值
Profit	4 660	354.8	108.8	997.2	−931.4	7 529
Leverage	4 660	0.498	0.510	0.197	0.083 0	0.949
TobinQ1	4 660	1.772	1.288	1.809	0.083 0	33.38
CEOduality	4 660	0.152	0	0.359	0	1
Boardsize	4 660	2.304	2.303	0.176	1.792	2.773
IndepBoard	4 660	0.367	0.333	0.054 0	0.091 0	0.800
Top1share	4 660	37.24	36.11	15.53	9.229	76.82
Mngmhld	4 660	0.049 0	0	0.136	0	0.627

Panel C：业绩目标完成程度与业绩目标动态调整的相关检验变量

变量	样本数	均值	中位数	标准差	最小值	最大值
TargetRevS1	5 227	0.154	0.091 0	0.382	−0.537	2.382
TargetRevS2	5 227	0.119	0.055 0	0.312	−0.540	1.801
SalesGap1	5 227	0	−0.013 0	0.242	−0.586	1.139
SalesGap2	5 227	0	−0.008 00	0.210	−0.592	0.982
NegativeS	5 227	0.535	1	0.499	0	1
SOE	5 227	0.637	1	0.481	0	1
Size	5 227	22.11	21.99	1.235	19.73	25.85
Leverage	5 227	0.503	0.514	0.199	0.083 0	0.949
Roa	5 227	0.035 0	0.031 0	0.052 0	−0.174	0.180
Salesgrowth	5 227	0.067 0	0.094 0	0.254	−1.056	0.704

2. 单变量分析

表 4-3 报告了基于业绩目标完成情况的高管变更与高管薪酬的单变量分析，按照是否完成当年业绩目标进行了两组样本的均值差异检验。Panel A 的结果显示，总体上高管变更与目标完成情况相关，与未完成目标组相比，完成目标组的高管变更与 CEO 变更的均值更低，分别在 10% 与 1% 的水平上显著，而董事长变更在两组 T 检验中不显著，后续将在多元回归分析中进行更细致的考察。Panel B 的结果显示，总体而言，无论是高管薪酬水平还是薪酬增长率，均

与目标完成情况相关。具体而言，与未完成目标组相比，完成目标组的高管薪酬水平与高管薪酬增长率的均值都显著更高，尤其是高管薪酬增长率的四个指标，均在1%的水平上显著。这表明高管薪酬与业绩目标完成情况高度相关。H4-1与H4-2得到初步验证。

表4-3　　　　　　　　　　　　　　单变量均值检验

Panel A：业绩目标完成与高管变更

变量	完成目标组	Mean1	未完成目标组	Mean2	MeanDiff
Turnover	2 168	0.268	2 474	0.291	-0.023 4 *
CEOTurnover	2 168	0.183	2 474	0.214	-0.030 7 ***
ChairTurnover	2 168	0.144	2 474	0.158	-0.013 7

Panel B：业绩目标完成与高管薪酬

变量	完成目标组	Mean1	未完成目标组	Mean2	MeanDiff
LTotalComp	2 147	14.98	2 513	14.95	0.026 0
LAvComp	2 147	13.13	2 513	13.10	0.036 1 *
LTop3Comp	2 147	14.02	2 513	13.98	0.042 2 **
LCEOComp	2 066	6.082	2 433	6.032	0.050 5 **
CTotalComp	2 125	0.227	2 491	0.127	0.099 6 ***
CAvComp	2 125	0.210	2 491	0.133	0.077 4 ***
CTop3Comp	2 125	0.222	2 491	0.125	0.096 3 ***
CCEOComp	1 988	0.329	2 358	0.217	0.111 9 ***

注：*、**、***分别表示在10%、5%、1%水平上显著。

3. 业绩目标完成情况与目标动态调整的相关图示

图4-2与图4-3分别展示了业绩目标完成程度与业绩目标调整的频率分布直方图，图中曲线所描绘出的是正态分布曲线。可以看到，两者的分布图具有单峰、钟形的近似正态分布图特点，但峰度更高，比正态分布峰更为陡峭，在0①处呈现出集聚的倾向。图4-2中业绩目标完成程度的分布图在均数左右两边呈现出轻微的不对称性，左侧的变化趋势更平滑，右侧趋近于0部分的频数略微高于左侧趋近于0部分的频数，此外，右侧的变化趋势有明显的断层现

---

① 此处0点并非自然数0，而是实际业绩刚好等于目标业绩的点。

象，有文献预测的"断点"迹象，我们将在第 6 章中进行更详细的检验。图 4 - 3 中业绩目标动态调整的分布同样在 0 处出现"断点"现象，并且与图 4 - 2 不同的是，其分布图明显右偏，0 点右侧趋于 0 部分的频数要远高于 0 点左侧趋于 0 部分的频数，表明绝大部分企业会向上调整业绩目标，与业绩目标完成情况的分布相比，呈现出明显的不对称性。

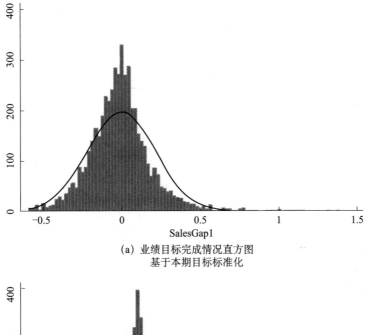

(a) 业绩目标完成情况直方图
基于本期目标标准化

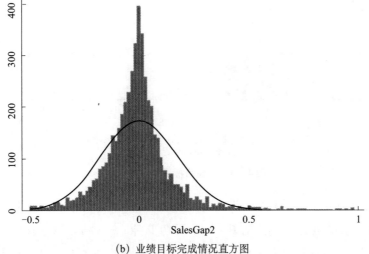

(b) 业绩目标完成情况直方图
基于本期期末总资产标准化

图 4 - 2　业绩目标完成情况分布（实际业绩与目标偏离程度分布）

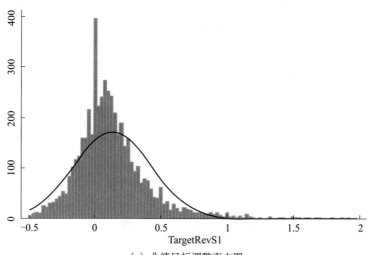

(a) 业绩目标调整直方图
基于本期目标标准化

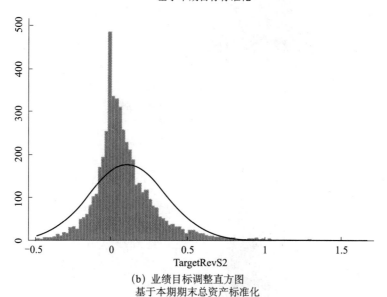

(b) 业绩目标调整直方图
基于本期期末总资产标准化

图 4 - 3　业绩目标调整情况分布

　　基于上述结果，本章进一步绘制了 t 期业绩目标完成情况与 t + 1 期业绩目标动态调整的散点图，具体见图 4 - 4。可初步判断，业绩目标完成与目标动态调整之间呈现一种斜率为正的线性相关关系，初步验证了 H4 - 3；另外，当完成业绩目标时向上调整下期目标的幅度要明显大于未完成业绩目标时向下调整下期目标的幅度，且 Y 轴右侧的斜率相比于左侧的斜率更加陡峭，表现出目标调整的不对称性，由此，H4－4 得到初步验证。

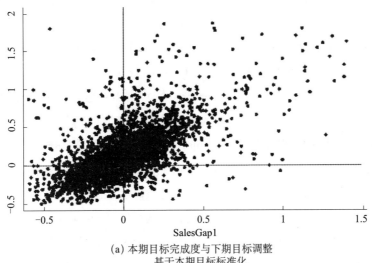

(a) 本期目标完成度与下期目标调整
基于本期目标标准化

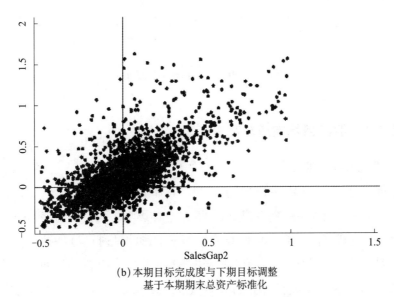

(b) 本期目标完成度与下期目标调整
基于本期期末总资产标准化

图 4－4　业绩目标完成情况与目标动态调整

4. 相关系数矩阵

表4-4报告了主要变量的相关系数矩阵。Panel A 报告了高管变更检验中主要变量之间的相关系数，由表4-4可知，上市公司 t 期达到业绩目标（AchieveSales）与 t+1 期高管变更及 CEO 变更显著负相关，与董事长变更的相关系数为负但不显著。总体而言，t 期的实际业绩与目标偏差（SalesGap）、业绩目标完成程度（SalesComplete）和 t+1 期高管变更（Turnover）、CEO 变更（CEOTurnover）及董事长变更（ChairTurnover）大多显著负相关，与本章的预期相符。Panel B 报告了高管薪酬检验中主要变量之间的相关系数，由表4-4可知，除了 t 期达到业绩目标（AchieveSales）与高管总薪酬水平（LTotal-Comp）正相关但不显著之外，业绩目标完成情况与高管薪酬各指标之间均显著正相关，支持了前面假设。Panel C 报告了业绩目标动态调整检验中主要变量的相关性分析结果。可以看到，t 期业绩目标完成程度（SalesGap1/SalesGap2）与 t+1 期业绩目标动态调整（TargetRevS1/TargetRevS2）显著正相关，而 t 期未完成目标的哑变量（NegativeS）与业绩目标动态调整（TargetRevS1/TargetRevS2）显著负相关。总体而言，初步结果与前面假设的预期相符。此外，回归中各变量的方差膨胀因子均小于5，不存在严重的多重共线性。

4.4 实证结果及分析

4.4.1 业绩目标完成与高管变更

1. 多元回归分析

表4-5报告了对 H4-1 的检验结果。具体地，列（1）～列（3）为本期业绩目标完成情况对下一期高管变更概率的总体影响，列（4）～列（6）为本期业绩目标完成情况对下一期 CEO 变更概率的影响，列（7）～列（9）为本期业绩目标完成情况对下一期董事长变更概率的影响。由表4-5可知，控制了其他变量后，本期业绩目标是否完成（AchieveSales）及业绩目标完成程度（SalesGap/SalesComplete）与下一期高管变更概率（Turnover）至少在10%的水平上显著负相关，这表明业绩目标完成情况良好的公司，其高管被换掉的可能性更小，支持了目标考核的任免效应，H4-1 得到验证。同时，本章还分

表 4 - 4　　主要变量相关系数矩阵

Panel A：高管变更检验中主要变量的相关性分析

变量	Turnover	CEOTurnover	ChairTurnover	AchieveSales	SalesGap	SalesComplete	SOE	Size	Leverage	Profit	Boardsize	Mngmhld	Top1share	Big4
Turnover	1	0.800***	0.677***	-0.026 0*	-0.036 1***	-0.037 5***	0.105***	0.033 9**	0.079 8***	-0.081 0***	-0.012 1	-0.106***	0.023 1	0.008 69
CEOTurnover	0.800***	1	0.282***	-0.038 3***	-0.043 6***	-0.043 3***	0.055 4***	0.022 0	0.067 0***	-0.083 7***	-0.019 8	-0.066 2***	0.016 9	0.009 78
ChairTurnover	0.677***	0.282***	1	-0.019 0	-0.029 8***	-0.034 0***	0.131***	0.044 6***	0.066 6***	-0.057 6***	0.005 21	-0.110***	0.029 5***	-0.005 19
AchieveSales	-0.026 0*	-0.038 3***	-0.019 0	1	0.864***	0.864***	0.118***	0.078 1***	0.037 4***	0.247***	0.044 6***	-0.076 4***	0.078 8***	0.063 7***
SalesGap	-0.023 0	-0.030 0*	-0.021 7	0.645***	1	0.995***	0.128***	0.089 3***	0.044 9***	0.289***	0.053 3***	-0.067 0***	0.091 9***	0.055 6***
SalesComplete	-0.028 5*	-0.029 3***	-0.034 4***	0.674***	0.955***	1	0.122***	0.088 4***	0.045 9***	0.292***	0.054 0***	-0.063 1***	0.091 0***	0.055 0***
SOE	0.105***	0.055 4***	0.131***	0.118***	0.111***	0.096 5***	1	0.274***	0.223***	0.083 8***	0.220***	-0.412***	0.254***	0.095 3***
Size	0.034 1**	0.024 5*	0.042 2***	0.080 8***	0.084 8***	0.085 5***	0.276***	1	0.385***	0.601***	0.228***	-0.080 0***	0.227***	0.252***
Leverage	0.081 6***	0.069 3***	0.067 1***	0.036 4***	0.042 3***	0.054 4***	0.228***	0.385***	1	-0.050 0***	0.099 9***	-0.168***	0.030 2***	0.021 5
Profit	-0.012 2	-0.013 0	-0.000 181	0.133***	0.088 4***	0.101***	0.113***	0.547***	0.039 7***	1	0.135***	0.047 4***	0.189***	0.263***
Boardsize	-0.016 3	-0.024 5*	-0.001 39	0.044 5***	0.023 4	0.027 8*	0.228***	0.236***	0.109***	0.060 5***	1	-0.110***	0.024 2*	0.090 9***
Mngmhld	-0.079 3***	-0.033 0*	-0.106***	-0.067 9***	-0.046 8***	-0.056 3***	-0.450***	-0.203***	-0.278***	-0.068 3***	-0.160***	1	-0.260***	-0.059 5***
Top1share	0.027 6*	0.018 6	0.032 8**	0.083 7***	0.099 8***	0.095 3***	0.250***	0.275***	0.031 3***	0.207***	0.033 2**	-0.118***	1	0.154***
Big4	0.008 69	0.009 78	-0.005 19	0.063 7***	0.017 8	0.019 8	0.095 3***	0.316***	0.029 5***	0.442***	0.094 5***	-0.072 8***	0.164***	1

Panel B：高管薪酬检验中主要变量的相关性分析

变量	LTotalComp	LAvComp	LTop3 Comp	LCEOComp	AchieveSales	SalesComplete	SOE	Size	Profit	TobinQ	Leverage	CEOduality	Boardsize	IndepBoard	Top1share	Mngmhld
LTotalComp	1	0.885***	0.915***	0.787***	0.016 7	0.021 4	0.027 5*	0.507***	0.506***	-0.136***	0.065 5***	-0.007 48	0.142***	0.007 54	0.031 5**	0.148***
LAvComp	0.871***	1	0.897***	0.808***	0.025 9*	0.035 7***	-0.032 6**	0.437***	0.489***	-0.091 0***	0.005 84	-0.007 86	0.055 8***	0.027 1*	0.065 8***	0.126***
LTop3Comp	0.905***	0.889***	1	0.866***	0.029 1**	0.025 3*	0.003 90	0.441***	0.501***	-0.083 8***	0.014 4	0.039 1***	0.064 5***	0.021 0	0.065 7***	0.109***
LCEOComp	0.804***	0.829***	0.901***	1	0.031 4**	0.030 1**	-0.030 9**	0.384***	0.482***	-0.059 5***	-0.002 72	0.059 9***	0.056 7***	0.009 77	0.041 3***	0.115***
AchieveSales	0.017 1	0.025 4*	0.027 1*	0.036 2**	1	0.863***	0.118***	0.073 2***	0.248***	0.018 9	0.039 5***	-0.071 0***	0.043 3***	0.023 8	0.070 9***	-0.078***
SalesGap2	0.021 4	0.035 7***	0.025 3*	0.030 1**	0.642***	0.995***	0.129***	0.086 2***	0.295***	0.017 6	0.046 3***	-0.064 8***	0.050 7***	0.021 5	0.088 0***	-0.068***

续表

Panel B：高管薪酬检验中主要变量的相关性分析

变量	LTotalComp	LAvComp	LTop3 Comp	LCEOComp	AchieveSales	SalesGap	SalesComplete	SOE	Size	Profit	Leverage	TobinQ	CEOduality	Boardsize	IndepBoard	Top1share	Mngmhld
SalesComplete	0.014 7	0.031 8**	0.022 2	0.030 8*	0.671***	0.956***	1	0.123***	0.085 0***	0.299***	0.046 9***	0.017 6	-0.063 1***	0.050 4***	0.021 4	0.087 1***	-0.064***
SOE	0.036 6**	-0.033 1**	0.007 68	-0.037 4**	0.118***	0.115***	0.102***	1	0.275***	0.077 7***	0.229***	-0.272***	-0.216***	0.216***	-0.033 9**	0.252***	-0.419***
Size	0.533***	0.448***	0.454***	0.372***	0.075 4***	0.085 6***	0.085 9***	0.279***	1	0.592***	0.413***	-0.582***	-0.120***	0.225***	0.044 8***	0.231***	-0.099***
Profit	0.360***	0.320***	0.327***	0.289***	0.133***	0.093 8***	0.106***	0.114***	0.542***	1	-0.046 4***	-0.083 4***	-0.043 8***	0.128***	0.024 3*	0.187***	0.037 1**
Leverage	0.060 6***	0.005 78	0.013 3	-0.001 97	0.038 2**	0.044 8***	0.055 2***	0.236***	0.399***	0.047 2***	1	-0.576***	-0.108***	0.101***	0.003 05	0.035 9**	-0.171***
TobinQ	-0.125***	-0.076 1***	-0.074 3***	-0.044 8***	-0.000 410	-0.010 2	-0.006 68	-0.200***	-0.445***	-0.082 4***	-0.362***	1	0.115***	-0.135***	-0.008 58	-0.119***	0.153***
CEOduality	0.000 813	-0.004 72	0.043 5***	0.061 5***	-0.071 0***	-0.058 0***	-0.056 4***	-0.216***	-0.103***	-0.000 85	-0.109***	0.070 6***	1	-0.121***	0.065 0***	-0.084***	0.199***
Boardsize	0.180***	0.096 4***	0.096 5***	0.081 9***	0.042 7***	0.026 3*	0.028 4*	0.225***	0.236***	0.056 8***	0.110***	-0.130***	-0.109***	1	-0.281***	0.016 3	-0.111***
IndepBoard	0.042 7***	0.043 6***	0.039 0***	0.012 6	0.019 6	0.009 18	0.010 8	-0.023 6	0.113***	0.178***	0.027 1*	0.020 8	0.068 9***	-0.330***	1	0.032 8**	0.001 23
Top1share	0.043 3***	0.070 4***	0.070 2***	0.030 8**	0.075 0***	0.097 2***	0.093 4***	0.249***	0.278***	0.207***	0.037 1**	-0.096 2***	-0.086 7***	0.026 2*	0.046 6***	1	-0.276***
Mngmhld	0.029 1*	0.041 9	0.011 9	0.037 1*	-0.068 9***	-0.052 6***	-0.060 8***	-0.450***	-0.207***	-0.069 1***	-0.279***	0.182***	0.205***	-0.153***	0.071 7***	-0.129***	1

Panel C：业绩目标动态调整检验中主要变量的相关性分析

变量	TargetRevS1	TargetRevS2	SalesGap1	SalesGap2	NegativeS	SOE	Size	Leverage	Roa	Salesgrowth
TargetRevS1	1	0.944***	0.651***	0.640***	-0.554***	-0.048 1***	0.001 55	0.007 52	0.275***	0.609***
TargetRevS2	0.944***	1	0.622***	0.640***	-0.533***	-0.053 8***	0.008 09	0.013 6	0.308***	0.602***
SalesGap1	0.646***	0.579***	1	0.959***	-0.864***	0.124***	0.092 1***	0.038 3***	0.293***	0.630***
SalesGap2	0.567***	0.674***	0.852***	1	-0.864***	0.120***	0.091 5***	0.042 4***	0.268***	0.610***
NegativeS	-0.411***	-0.399***	-0.671***	-0.617***	1	-0.120***	-0.077 4***	-0.034 1**	-0.241***	-0.520***
SOE	-0.044 4***	-0.037 0***	0.101***	0.103***	-0.120***	1	0.280***	0.218***	-0.114***	-0.037 0**
Size	0.007 10	0.036 3***	0.091 5***	0.102***	-0.078 8***	0.283***	1	0.388***	-0.031 4**	0.031 3**
Leverage	0.027 5*	0.035 5**	0.043 7***	0.056 9***	-0.031 9**	0.223***	0.374***	1	-0.453***	0.026 0*
Roa	0.166***	0.217***	0.245***	0.222***	-0.229***	-0.101***	0.019 1	-0.438***	1	0.318***
Salesgrowth	0.439***	0.462***	0.587***	0.521***	-0.433***	-0.027 9**	0.057 5***	0.009 87	0.324***	1

注：左下角报告的是 Pearson 相关系数矩阵，右上角报告的是 Spearman 相关系数矩阵，*、**、***分别表示在 10%、5%、1% 水平上显著。

表 4—5 业绩目标完成与高管变更

变量	Turnover$_{t+1}$			CEOTurnover$_{t+1}$			ChairTurnover$_{t+1}$		
	(1)	(2)	(3)	(4)	(5)	(6)	(7)	(8)	(9)
_cons	1.074 (1.082)	0.943 (0.953)	1.278 (1.285)	0.148 (0.133)	-0.020 (-0.018)	0.330 (0.293)	0.347 (0.270)	0.187 (0.144)	0.688 (0.530)
AchieveSales	-0.149* (-1.861)			-0.238** (-2.483)			-0.192 (-1.626)		
SalesGap		-0.157* (-1.947)			-0.210** (-1.967)			-0.262** (-2.092)	
SalesComplete			-0.183** (-2.250)			-0.200* (-1.880)			-0.360*** (-2.603)
SOE	0.460*** (4.571)	0.462*** (4.589)	0.459*** (4.566)	0.346*** (2.774)	0.347*** (2.783)	0.340*** (2.734)	0.835*** (5.168)	0.842*** (5.218)	0.839*** (5.208)
Size	-0.203* (-1.793)	-0.196* (-1.733)	-0.195* (-1.731)	-0.167 (-1.208)	-0.159 (-1.157)	-0.162 (-1.180)	-0.303* (-1.670)	-0.289 (-1.592)	-0.284 (-1.569)
Leverage	0.322*** (3.465)	0.324*** (3.488)	0.325*** (3.509)	0.412*** (3.697)	0.413*** (3.709)	0.415*** (3.726)	0.356*** (2.264)	0.360** (2.291)	0.362** (2.310)
Profit	-0.101 (-0.976)	-0.107 (-1.041)	-0.103 (-0.999)	-0.155 (-1.202)	-0.168 (-1.305)	-0.165 (-1.279)	0.028 (0.191)	0.023 (0.156)	0.035 (0.236)
Boardsize	-0.205*** (-2.635)	-0.207*** (-2.658)	-0.207*** (-2.653)	-0.226** (-2.444)	-0.226** (-2.448)	-0.225** (-2.431)	-0.259** (-2.066)	-0.264** (-2.109)	-0.264** (-2.101)
Mngmhld	-0.192* (-1.834)	-0.187* (-1.781)	-0.189* (-1.799)	0.008 (0.065)	0.015 (0.122)	0.011 (0.087)	-0.914*** (-3.672)	-0.902*** (-3.640)	-0.903*** (-3.632)
Top1share	0.016 (0.182)	0.021 (0.240)	0.022 (0.248)	0.056 (0.530)	0.062 (0.585)	0.060 (0.572)	0.010 (0.074)	0.021 (0.152)	0.025 (0.180)
Big4	0.122 (1.470)	0.117 (1.411)	0.116 (1.394)	0.186* (1.656)	0.179 (1.597)	0.179 (1.592)	-0.029 (-0.204)	-0.037 (-0.262)	-0.041 (-0.290)
Year	是	是	是	是	是	是	是	是	是
Industry	是	是	是	是	是	是	是	是	是
N	4 642	4 642	4 642	4 642	4 642	4 642	4 630	4 630	4 630
pseudo R^2	0.032	0.032	0.033	0.026	0.026	0.026	0.051	0.051	0.052

注：表中报告系数为标准化系数，括号中为 t 值，*、**、***分别表示在 10%、5%、1% 水平上显著。采用 Logit 回归模型进行估计。

别考察了业绩完成情况对 CEO 变更及董事长变更概率的影响，研究发现：本期业绩目标是否完成（AchieveSales）及业绩目标完成程度（SalesGap/SalesComplete）与下一期 CEO 变更概率（CEOTurnover）至少在 10% 的水平上显著负相关；而本期业绩目标是否完成（AchieveSales）与下一期董事长变更概率（ChairTurnover）之间呈负相关关系但并不显著，而业绩目标完成程度（SalesGap/SalesComplete）与下一期董事长变更概率（ChairTurnover）则分别在 5% 与 1% 的水平上显著负相关。从结果来看，业绩目标是否完成的定性区别对 CEO 变更概率的影响更大，而业绩目标完成的定量程度对董事长变更概率的影响更大。总体而言，业绩目标完成情况良好的公司，其 CEO 被换掉的可能性更小，表明业绩目标考核具有任免功能，支持了契约中目标设定的约束效应。因此，H4 - 1 得到验证。

此外，控制变量的结果显示，产权性质（SOE）的系数显著为正，表明国企更容易发生高管变更；资产规模（Size）及董事会规模（Boardsize）越大、管理层持股比例越高（Mngmhld），公司发生高管变更的概率越低；负债率越高（Leverage），公司财务风险越大，其高管发生变更的概率越高。以上结果与已有文献一致。

2. 稳健性检验

（1）配对检验。为了缓解可能因自选择产生的内生性问题，如高管变更概率下降可能是由公司本身资产规模、杠杆率以及盈利水平等状况更好导致的。因此，本章采用 PSM 方法进行配对检验，选取 Year、Industry、Size、Leverage 和 Profit 等变量，分别基于高管变更（Turnover）、CEO 变更（CEOTurnover）以及董事长变更（ChairTurnover）的样本进行配对（k-Nearest neighbors matching），然后对相应高管变更概率的影响进行检验。回归结果见表 4 - 6。由表 4 - 6 可知，对于下一期总体高管变更概率与 CEO 变更，本期业绩目标是否完成（AchieveSales）以及目标完成程度（SalesGap/SalesComplete）的系数显著为负，结果稳健。而对于董事长变更概率的检验，业绩目标完成情况的系数均变得不再显著，因此，董事长变更检验结果的稳健性不如前两者。该结果也在一定程度上印证了已有文献对于高管定义的合理性，而对于不同产权性质之间的差异，本章会在进一步研究中详细讨论。

表 4 - 6　业绩目标完成与高管变更——PSM 检验

变量	Turnover$_{t+1}$			CEOTurnover$_{t+1}$			ChairTurnover$_{t+1}$		
	(1)	(2)	(3)	(4)	(5)	(6)	(7)	(8)	(9)
_cons	2.459 (1.514)	2.272 (1.389)	2.788* (1.700)	2.686 (1.394)	2.460 (1.273)	2.882 (1.498)	17.226*** (9.520)	17.216*** (9.513)	17.183*** (9.452)
AchieveSales$_t$	-0.187* (-1.729)			-0.278** (-2.396)			-0.031 (-0.221)		
SalesGap$_t$		-0.270*** (-2.577)			-0.221** (-1.972)			-0.016 (-0.125)	
SalesComplete$_t$			-0.283*** (-2.688)			-0.210* (-1.868)			0.037 (0.276)
SOE$_t$	0.560*** (4.563)	0.568*** (4.604)	0.562*** (4.560)	0.174 (1.311)	0.180 (1.352)	0.171 (1.288)	0.482*** (3.098)	0.481*** (3.087)	0.476*** (3.063)
Size$_t$	-0.078 (-0.501)	-0.068 (-0.438)	-0.066 (-0.420)	0.023 (0.134)	0.029 (0.171)	0.028 (0.165)	-0.357* (-1.727)	-0.358* (-1.729)	-0.363* (-1.752)
Leverage$_t$	0.090 (0.733)	0.096 (0.788)	0.100 (0.817)	0.141 (1.040)	0.150 (1.111)	0.149 (1.106)	0.101 (0.626)	0.102 (0.634)	0.102 (0.633)
Profit$_t$	-0.170 (-1.277)	-0.175 (-1.313)	-0.169 (-1.265)	-0.179 (-1.195)	-0.200 (-1.332)	-0.197 (-1.311)	0.105 (0.590)	0.103 (0.579)	0.100 (0.564)
Boardsize$_t$	-0.164 (-1.539)	-0.170 (-1.588)	-0.168 (-1.565)	-0.280** (-2.378)	-0.282** (-2.397)	-0.281** (-2.388)	-0.107 (-0.737)	-0.107 (-0.737)	-0.106 (-0.731)
Mngmhld$_t$	-0.176 (-1.545)	-0.165 (-1.442)	-0.166 (-1.454)	0.194 (1.534)	0.209* (1.660)	0.204 (1.620)	-0.502*** (-3.029)	-0.503*** (-3.034)	-0.506*** (-3.054)
Top1share$_t$	0.040 (0.355)	0.060 (0.527)	0.058 (0.512)	0.123 (0.979)	0.129 (1.018)	0.128 (1.011)	0.089 (0.597)	0.090 (0.600)	0.085 (0.568)
Big4$_t$	0.133 (1.092)	0.127 (1.039)	0.124 (1.014)	0.166 (1.311)	0.160 (1.258)	0.159 (1.252)	0.048 (0.308)	0.048 (0.310)	0.050 (0.319)
Year FE	是	是	是	是	是	是	是	是	是
Industry FE	是	是	是	是	是	是	是	是	是
N	2 023	2 023	2 023	1 545	1 545	1 545	1 062	1 062	1 062
pseudo R²	0.047	0.048	0.049	0.034	0.033	0.033	0.063	0.063	0.063

注：表中报告系数为标准化系数，括号中为 t 值，*、**、***分别表示在 10%、5%、1%水平上显著。采用 Logit 回归模型估计。

（2）剔除两职合一观测值。一方面，由于董事长和总经理两职兼任会导致管理层在公司领导权结构中拥有较大权力（卢锐等，2008），更可能凌驾于公司治理之上，由此导致管理层业绩目标考核的任免功能丧失；另一方面，本章分别对总经理变更与董事长变更的概率进行考察，两职兼任的情况可能会对此造成一定的干扰。因此，本章进一步剔除了上市公司中 CEO 两职合一的样本重新进行检验。由表 4 - 7 可知，对于下一期总体高管变更、CEO 变更以及董事长变更概率的检验，本期业绩目标完成变量的系数均显著为负，结果稳健。

（3）更换解释变量。我们进一步搜集了年报 MD&A 披露的净利润业绩目标，与主营业务收入目标的披露相比，样本较小，因此我们将其作为稳健性检验，将主检验模型中的解释变量替换为净利润业绩目标完成情况。表 4 - 8 报告了基于净利润目标对 H4 - 1 的检验结果。由表 4 - 8 可知，对于 Turnover 与 CEOTurnover 的检验，净利润目标完成情况（AchieveProfit/ProfitGap/Profit-Complete）的系数均显著为负，结果稳健。而对 ChairTurnover 的回归结果不显著，稳健性不如前两者。

（4）更换样本。通过收集 2007～2016 年 A 股上市公司公开披露的 900多份高级管理人员薪酬管理办法，笔者发现国内上市公司绝大多数（73.96%）将高管薪酬与经营目标挂钩，在不同程度上用经营目标责任制来提高企业活力。其中，办法中详细列出与营业收入目标挂钩的有 177 份，详细列出与净利润目标挂钩的有 428 份。据此，我们将年报披露收入目标的样本和高管薪酬管理办法中披露与营业收入目标挂钩的样本进行匹配，将年报披露净利润目标的样本和高管薪酬管理办法中披露与净利润目标挂钩的样本进行匹配，分别得到 164 个、144 个更加"干净"的样本①。然后用这两个样

---

① 从收入样本匹配数量的结果可以发现，披露的考核办法中有 177 份明确了收入目标与薪酬挂钩情况，同时这 177 家公司里有 164 家公司都选择在年报 MD&A 中披露了收入目标。这其实揭示了企业内部激励考评规则会贯穿到其日常的经营活动与计划中，也会在会计报告系统中有所体现。系统论告诉我们，系统中各要素并非孤立存在，每个要素在系统中都处于一定的位置，起着特定作用。要素之间相互关联，构成了一个不可分割的整体（Bertalanffy，1969）。年报 MD&A 定量分析新年度营业收入目标，从侧面印证了该指标在企业内部激励考核体系中占据一定的重要地位。由此，本章主要使用年报披露的营业收入目标的数据考察内部激励考核效应也增添几分笃定。尽管如此，我们依然保持谨慎态度，除了用更加干净的小样本重复研究之外，还基于考核目标替换的准实验性质的政策变更情境进行 DID 研究，对研究局限也做了审慎探讨。

表4-7　业绩目标完成与高管变更——剔除 CEO 两职合一的样本

变量	Turnover$_{t+1}$			CEOTurnover$_{t+1}$			ChairTurnover$_{t+1}$		
	(1)	(2)	(3)	(4)	(5)	(6)	(7)	(8)	(9)
_cons	-12.308 ***	-12.446 ***	-12.049 ***	-14.834 ***	-14.984 ***	-14.610 ***	-12.522 ***	-12.700 ***	-12.056 ***
	(-10.659)	(-11.010)	(-10.700)	(-10.985)	(-12.560)	(-9.543)	(-8.963)	(-9.221)	(-8.686)
AchieveSales$_t$	-0.207 **			-0.297 ***			-0.245 *		
	(-2.406)			(-2.662)			(-1.904)		
SalesGap$_t$		-0.187 **			-0.230 *			-0.326 **	
		(-2.129)			(-1.873)			(-2.412)	
SalesComplete$_t$			-0.206 **			-0.204 *			-0.425 ***
			(-2.299)			(-1.675)			(-2.872)
SOE$_t$	0.292 ***	0.294 ***	0.291 ***	0.157	0.157	0.151	0.740 ***	0.750 ***	0.749 ***
	(2.879)	(3.020)	(2.996)	(1.211)	(1.323)	(1.269)	(4.540)	(4.364)	(4.364)
Size$_t$	-0.168	-0.164	-0.164	-0.130	-0.126	-0.130	-0.287	-0.274	-0.271
	(-1.349)	(-1.326)	(-1.333)	(-0.807)	(-0.797)	(-0.823)	(-1.486)	(-1.436)	(-1.426)
Leverage$_t$	0.336 ***	0.339 ***	0.341 ***	0.480 ***	0.481 ***	0.482 ***	0.374 **	0.380 **	0.383 **
	(3.288)	(3.357)	(3.369)	(3.672)	(3.672)	(3.677)	(2.359)	(2.344)	(2.36)
Profit$_t$	-0.055	-0.068	-0.063	-0.091	-0.112	-0.109	0.085	0.078	0.091
	(-0.496)	(-0.595)	(-0.553)	(-0.621)	(-0.770)	(-0.754)	(0.527)	(0.515)	(0.607)
Boardsize$_t$	-0.175 **	-0.176 *	-0.176 *	-0.205 *	-0.204 *	-0.203 *	-0.206	-0.211	-0.211
	(-1.968)	(-1.920)	(-1.915)	(-1.790)	(-1.768)	(-1.756)	(-1.558)	(-1.596)	(-1.593)
Mngmhld$_t$	-0.306 ***	-0.300 ***	-0.302 ***	-0.130	-0.123	-0.126	-0.753 ***	-0.740 ***	-0.741 ***
	(-2.663)	(-2.789)	(-2.798)	(-0.942)	(-0.938)	(-0.960)	(-3.080)	(-3.046)	(-3.036)
Top1share$_t$	0.011	0.017	0.016	0.046	0.051	0.048	0.029	0.042	0.042
	(0.117)	(0.173)	(0.162)	(0.374)	(0.425)	(0.394)	(0.203)	(0.273)	(0.278)
Big4$_t$	0.071	0.065	0.064	0.133	0.127	0.127	-0.068	-0.079	-0.083
	(0.760)	(0.722)	(0.712)	(1.115)	(1.048)	(1.053)	(-0.476)	(-0.534)	(-0.560)
Year FE	是	是	是	是	是	是	是	是	是
Industry FE	是	是	是	是	是	是	是	是	是
N	3 840	3 840	3 840	3 828	3 828	3 828	3 828	3 828	3 828
pseudo R^2	0.033	0.033	0.033	0.030	0.029	0.029	0.045	0.046	0.047

注：表中报告系数为标准化系数，括号中为 t 值，*、**、***分别表示在10%、5%、1%水平上显著。采用 Logit 回归模型进行估计。

表4-8　业绩目标完成与高管变更——基于净利润目标完成程度

变量	Turnover_{t+1}			CEOTurnover_{t+1}			ChairTurnover_{t+1}		
	(1)	(2)	(3)	(4)	(5)	(6)	(7)	(8)	(9)
$-$cons	3.988 (1.186)	3.289 (0.954)	4.207 (1.137)	1.420 (0.330)	0.477 (0.122)	1.866 (0.471)	-5.149 (-1.161)	-5.307 (-1.135)	-5.849 (-1.248)
$AchieveProfit_t$	-0.481** (-2.018)			-0.479* (-1.688)			-0.308 (-0.753)		
$ProfitGap_t$		-0.516** (-2.299)			-0.672** (-2.157)			-0.333 (-0.804)	
$ProfitComplete_t$			-0.365* (-1.679)			-0.580** (-2.277)			-0.080 (-0.237)
SOE_t	0.522* (1.935)	0.507* (1.818)	0.557* (1.874)	0.476 (1.310)	0.480 (1.349)	0.483 (1.377)	0.736 (1.573)	0.739 (1.566)	0.896* (1.815)
$Size_t$	-0.522 (-1.323)	-0.498 (-1.250)	-0.569 (-1.385)	-0.455 (-0.834)	-0.397 (-0.799)	-0.593 (-1.147)	-1.237* (-1.771)	-1.303* (-1.763)	-1.125 (-1.536)
$Leverage_t$	0.353 (1.151)	0.362 (1.187)	0.188 (0.577)	0.414 (1.086)	0.409 (1.209)	0.299 (0.825)	0.654 (1.174)	0.730 (1.259)	0.386 (0.675)
$Profit_t$	0.192 (0.543)	0.219 (0.630)	0.235 (0.806)	-0.648 (-0.994)	-0.537 (-0.907)	-0.444 (-0.798)	0.899* (1.828)	0.946* (1.929)	0.847* (1.744)
$Boardsize_t$	0.012 (0.046)	0.025 (0.095)	0.042 (0.163)	0.246 (0.820)	0.262 (0.843)	0.356 (1.089)	-0.245 (-0.531)	-0.212 (-0.451)	-0.353 (-0.719)
$Mngmhld_t$	-0.099 (-0.342)	-0.035 (-0.122)	-0.040 (-0.132)	0.438 (1.248)	0.526 (1.549)	0.457 (1.354)	-2.904*** (-3.309)	-2.847*** (-3.299)	-2.803*** (-3.076)
$Top1share_t$	0.027 (0.129)	0.050 (0.237)	0.135 (0.555)	0.165 (0.575)	0.199 (0.706)	0.261 (0.901)	-0.349 (-0.929)	-0.333 (-0.885)	-0.259 (-0.676)
$Big4_t$	0.162 (0.717)	0.124 (0.537)	0.169 (0.759)	0.186 (0.571)	0.107 (0.280)	0.194 (0.581)	0.138 (0.458)	0.134 (0.446)	0.148 (0.485)
Year FE	是	是	是	是	是	是	是	是	是
Industry FE	是	是	是	是	是	是	是	是	是
N	778	777	763	775	774	760	706	705	692
pseudo R^2	0.068	0.070	0.066	0.070	0.075	0.076	0.157	0.158	0.161

注：表中报告系数为标准化系数，括号中为 t 值，*、**、***分别表示在10%、5%、1%水平上显著。采用 Logit 回归模型进行估计。

表 4—9　业绩目标完成与高管变更——基于与营业收入目标完成挂钩的样本

变量	Turnover_{t+1}			CEOTurnover_{t+1}				ChairTurnover_{t+1}	
	(1)	(2)	(3)	(4)	(5)	(6)	(7)	(8)	(9)
_cons	-14.823* (-1.889)	-11.999* (-1.764)	-9.446 (-1.358)	-21.844*** (-4.475)	-22.262*** (-4.213)	-23.578*** (-4.364)	-23.673** (-2.138)	-17.199* (-1.932)	-11.946 (-1.254)
AchieveSales_t	0.031 (0.032)			0.569 (1.019)			-0.374 (-0.346)		
SalesGap_t		-2.081** (-2.170)			1.155 (1.594)			-3.686*** (-2.891)	
SalesComplete_t			-2.455* (-1.812)			1.012 (1.466)			-3.888*** (-2.791)
SOE_t	0.517 (0.897)	0.578 (1.013)	0.586 (1.028)	0.146 (0.225)	0.201 (0.312)	0.251 (0.388)	1.630 (1.633)	1.856* (1.675)	1.730 (1.626)
Size_t	0.187 (0.150)	-0.199 (-0.174)	-0.049 (-0.044)	0.712 (1.033)	0.786 (1.067)	0.728 (1.003)	1.629 (0.991)	0.998 (0.724)	1.116 (0.798)
Leverage_t	0.582 (0.460)	0.705 (0.525)	0.542 (0.412)	0.005 (0.007)	0.022 (0.032)	0.081 (0.117)	0.710 (0.682)	1.100 (1.021)	1.064 (1.005)
Boardsize_t	-0.273 (-0.351)	-0.458 (-0.637)	-0.355 (-0.491)	0.111 (0.184)	0.066 (0.104)	0.028 (0.043)	-0.113 (-0.118)	-0.566 (-0.683)	-0.400 (-0.479)
Mngmhld_t	-5.172* (-1.730)	-6.424 (-1.556)	-7.186 (-1.579)	0.226 (0.271)	0.269 (0.319)	0.331 (0.397)	-4.920 (-1.542)	-7.754* (-1.804)	-7.520* (-1.656)
Top1share_t	-1.260 (-1.594)	-1.333 (-1.598)	-1.320 (-1.597)	0.043 (0.074)	-0.045 (-0.078)	0.010 (0.018)	-0.983 (-1.136)	-0.610 (-0.711)	-0.577 (-0.679)
Year FE	是	是	是	是	是	是	是	是	是
Industry FE	是	是	是	是	是	是	是	是	是
N	164	164	164	160	160	160	140	140	140
pseudo R²	0.116	0.115	0.116	0.110	0.125	0.121	0.215	0.347	0.336

注：表中报告系数为标准化系数，括号中为 t 值。*、**、***分别表示在 10%、5%、1% 水平上显著。采用 Logit 回归模型进行估计。

表4-10 业绩目标完成与高管变更——基于与净利润目标完成挂钩的样本

变量	Turnover_{t+1}				CEOTurnover_{t+1}			ChairTurnover_{t+1}	
	(1)	(2)	(3)	(4)	(5)	(6)	(7)	(8)	(9)
-cons	18.589** (2.094)	17.295** (2.217)	24.021*** (2.746)	16.011 (1.591)	15.392* (1.695)	15.516* (1.706)	23.679** (2.070)	24.522** (2.216)	25.67** (2.212)
AchieveProfit_t	-1.632** (-2.344)			-1.121* (-1.767)			-1.225 (-1.309)		
ProfitGap_t		-0.872* (-1.788)			-0.016 (-0.032)			-1.171** (-2.100)	
ProfitComplete_t			-1.416* (-1.948)			-0.162 (-0.286)			-1.455** (-2.272)
SOE_t	1.381* (1.898)	1.072 (1.462)	1.172 (1.596)	1.027 (1.397)	0.732 (0.912)	0.769 (0.959)	1.519* (1.740)	1.658* (1.919)	1.801** (2.035)
Size_t	-1.690** (-2.170)	-1.526** (-2.179)	-2.173** (-2.763)	-1.682* (-1.735)	-1.574* (-1.748)	-1.588* (-1.766)	-2.982** (-2.277)	-3.060** (-2.385)	-3.145** (-2.369)
Leverage_t	0.946 (1.433)	0.879 (1.340)	0.783 (1.084)	0.795 (0.968)	0.885 (1.030)	0.864 (1.014)	1.631* (1.864)	1.569* (1.862)	1.489* (1.703)
Boardsize_t	-0.074 (-0.143)	-0.250 (-0.497)	0.008 (0.014)	-0.034 (-0.050)	-0.186 (-0.280)	-0.182 (-0.274)	0.524 (0.773)	0.430 (0.660)	0.397 (0.605)
Mngmhld_t	-0.785 (-1.002)	-0.598 (-0.806)	-1.291* (-1.680)	-0.334 (-0.394)	-0.298 (-0.372)	-0.282 (-0.353)	-2.503 (-1.592)	-2.217 (-1.580)	-2.286 (-1.586)
Top1share_t	0.064 (0.110)	-0.171 (-0.278)	-0.260 (-0.434)	0.086 (0.119)	-0.059 (-0.083)	-0.059 (-0.082)	-0.475 (-0.633)	-0.767 (-1.138)	-0.933 (-1.364)
Year FE	是	是	是	是	是	是	是	是	是
Industry FE	是	是	是	是	是	是	是	是	是
N	144	144	137	134	134	134	116	116	116
pseudo R²	0.220	0.189	0.228	0.148	0.126	0.126	0.210	0.212	0.225

注：表中报告系数为标准化系数，括号中为t值，*，**，***分别表示在10%、5%、1%水平上显著。模型采用Logit回归方法估计。

本分别对主假设 H4 – 1 重新进行检验，结果列示于表 4 – 9、表 4 – 10 中。由表 4 – 9 可知，业绩目标完成程度的指标大多与下一期总体高管变更概率（Turnover$_{t+1}$）显著负相关。对于下一期 CEO 变更概率，在与净利润挂钩样本的检验中 AchieveProfit$_t$ 的系数在 10% 的水平上显著为负［见表 4 – 10，列（4）］，其他均不显著。对于下一期董事长变更概率的检验，业绩目标完成程度 ProfitGap$_t$ 与 ProfitComplete$_t$ 的系数均至少在 5% 的水平上显著为负，表明业绩目标完成程度显著降低了董事长变更的概率。这个结果与其他稳健性检验的结果有所差别。对此，我们有两点解释：（1）不同企业（尤其是不同产权性质）CEO 或董事长的影响力不同，出现该结果可能是由于样本较小所导致的选择偏误，对此将在后面进一步探讨影响因素；（2）本章虽然使用相对匹配的小样本，但薪酬管理办法显性表征的是目标完成与绩效薪酬的关系，并没有直接与高管任免相联系，而目标考核对于高管任免的遴选机制通常是隐含契约。由此，上述结果的出现便也在情理之中。综上所述，从对总体高管变更概率的影响来看，H4 – 1 结果稳健。

4.4.2　业绩目标完成与高管薪酬

1. 多元回归分析

表 4 – 11 报告了对 H4 – 2 的检验结果。由表 4 – 11 可知，本期高管薪酬水平的四个衡量指标（LTotalComp/LAvComp/LTopComp/LCEOComp）均与本期业绩目标是否完成（AchieveSales）及目标完成程度（SalesGap/SalesComplete）显著正相关，验证了包含业绩目标的非线性契约具有激励效应，业绩目标完成情况与高管货币薪酬水平显著正相关。因此，H4 – 2 得到验证。

此外，控制变量的结果显示，资产规模大（Size）、盈利水平高（Profit）、负债率低（Leverage）、成长性高（TobinQ）、董事长和总经理两职兼任（CEOduality）、董事会规模大（Boardsize）、第一大股东持股比例小的公司（Top1share），其高管薪酬水平更高。这些结果与以往文献一致，不再赘述。

表 4—11

业绩目标完成与高管薪水平

变量	LTotalComp$_t$			LAvComp$_t$			LTop3Comp$_t$			LCEOComp$_t$		
	(1)	(2)	(3)	(4)	(5)	(6)	(7)	(8)	(9)	(10)	(11)	(12)
_cons	5.967*** (16.155)	6.004*** (16.262)	5.923*** (16.017)	6.625*** (19.872)	6.683*** (20.076)	6.541*** (19.600)	6.823*** (19.771)	6.861*** (19.851)	6.769*** (19.556)	−0.993*** (−2.644)	−0.919** (−2.454)	−1.063*** (−2.812)
AchieveSales$_t$	0.023* (1.916)			0.041*** (3.333)			0.036*** (2.932)			0.041*** (2.977)		
SalesGap$_t$		0.028** (2.343)			0.050*** (3.721)			0.032** (2.509)			0.044*** (3.124)	
SalesComplete$_t$			0.022* (1.882)			0.046*** (3.514)			0.028** (2.270)			0.042*** (3.006)
SOE$_t$	−0.015 (−0.995)	−0.015 (−1.028)	−0.014 (−0.974)	−0.073*** (−4.724)	−0.074*** (−4.767)	−0.072*** (−4.694)	−0.029* (−1.881)	−0.030* (−1.887)	−0.029* (−1.832)	−0.047*** (−2.817)	−0.047*** (−2.860)	−0.046*** (−2.802)
Size$_t$	0.545*** (26.931)	0.543*** (26.946)	0.544*** (26.933)	0.467*** (22.185)	0.464*** (22.200)	0.465*** (22.186)	0.488*** (22.706)	0.487*** (22.690)	0.488*** (22.684)	0.426*** (17.457)	0.425*** (17.444)	0.425*** (17.444)
Profit$_t$	0.074*** (4.329)	0.075*** (4.394)	0.075*** (4.388)	0.084*** (5.394)	0.086*** (5.545)	0.085*** (5.509)	0.077*** (4.581)	0.079*** (4.715)	0.079*** (4.696)	0.081*** (4.477)	0.083*** (4.600)	0.082*** (4.574)
Leverage$_t$	−0.107*** (−7.572)	−0.108*** (−7.614)	−0.108*** (−7.610)	−0.121*** (−8.048)	−0.122*** (−8.132)	−0.122*** (−8.143)	−0.131*** (−8.652)	−0.131*** (−8.695)	−0.131*** (−8.700)	−0.118*** (−7.021)	−0.119*** (−7.086)	−0.119*** (−7.092)
TobinQ$_t$	0.068*** (4.214)	0.068*** (4.225)	0.068*** (4.208)	0.083*** (4.950)	0.082*** (4.972)	0.082*** (4.930)	0.097*** (5.406)	0.098*** (5.445)	0.098*** (5.414)	0.108*** (5.426)	0.108*** (5.508)	0.108*** (5.453)
CEOduality$_t$	0.008 (0.731)	0.008 (0.710)	0.008 (0.697)	−0.011 (−0.923)	−0.012 (−0.957)	−0.012 (−0.970)	0.052*** (4.282)	0.052*** (4.227)	0.051*** (4.219)	0.058*** (4.276)	0.058*** (4.239)	0.058*** (4.240)
Boardsize$_t$	0.106*** (7.667)	0.106*** (7.718)	0.106*** (7.693)	0.041*** (2.916)	0.042*** (2.998)	0.042*** (2.969)	0.034** (2.406)	0.035** (2.438)	0.034** (2.419)	0.028* (1.895)	0.029* (1.945)	0.029* (1.925)
IndepBoard$_t$	−0.018 (−1.463)	−0.018 (−1.427)	−0.018 (−1.434)	−0.032** (−2.565)	−0.031** (−2.500)	−0.031** (−2.509)	−0.037*** (−2.914)	−0.037*** (−2.862)	−0.037*** (−2.869)	−0.054*** (−3.876)	−0.054*** (−3.841)	−0.054*** (−3.841)
Top1share$_t$	−0.071*** (−5.776)	−0.072*** (−5.856)	−0.071*** (−5.823)	−0.017 (−1.320)	−0.019 (−1.471)	−0.018 (−1.445)	−0.025* (−1.933)	−0.026** (−2.011)	−0.026** (−1.989)	−0.038*** (−2.636)	−0.039*** (−2.764)	−0.039*** (−2.744)
Mngmhld$_t$	0.050*** (3.801)	0.049*** (3.747)	0.050*** (3.789)	0.022 (1.561)	0.021 (1.468)	0.022 (1.526)	−0.001 (−0.073)	−0.002 (−0.118)	−0.001 (−0.079)	0.009 (0.599)	0.008 (0.527)	0.008 (0.569)
Year FE	是	是	是	是	是	是	是	是	是	是	是	是
Industry FE	是	是	是	是	是	是	是	是	是	是	是	是
N	4 660	4 660	4 660	4 660	4 660	4 660	4 660	4 660	4 660	4 499	4 499	4 499
adj. R²	0.445	0.446	0.445	0.378	0.379	0.379	0.379	0.379	0.379	0.286	0.286	0.286

注：表中报告系数为标准化系数，括号中为 t 值，*、**、*** 分别表示在 10%、5%、1% 水平上显著。模型采用 OLS 回归方法估计。

2. 稳健性检验

（1）替换被解释变量。本章将被解释变量高管薪酬水平替换为高管薪酬增长率，同样包括四个衡量指标（CTotalComp/CAvComp/CTopComp/CCEOComp），重新进行检验，结果列示于表 4 - 12 中。由表 4 - 12 可知，高管薪酬增长率的四个衡量指标均与业绩目标是否完成（AchieveSales）及业绩目标完成程度（SalesGap/SalesComplete）显著正相关。其中，与业绩目标完成程度（SalesComplete）的系数均在 1% 的水平上显著为正，表明业绩目标完成程度与高管薪酬增长率之间的敏感性更强。就控制变量而言，盈利水平高（Profit）、成长性高（TobinQ）、董事长和总经理两职兼任（CEOduality）的公司，其高管薪酬增长率更高。总体而言，稳健性回归结果进一步支持了 H4 - 2，验证了该结论的可靠性。

（2）替换解释变量。本章进一步将解释变量替换为净利润业绩目标完成情况。由表 4 - 13 可知，结果稳健。此处不再赘述。

（3）更换样本。同样地，我们分别将年报披露目标样本与高管薪酬考核办法中披露对应目标的样本进行匹配，然后用两个匹配的小样本分别对 H4 - 2 重新进行检验，结果列示于表 4 - 14、表 4 - 15 中。结果稳健，此处不再赘述。

4.4.3　业绩目标动态调整

1. 多元回归分析

表 4 - 16 报告了对 H4 - 3、H4 - 4 的检验结果。具体而言，列（1）、列（3）中业绩完成程度（SalesGap1/SalesGap2）的系数 α_1 与 β_1 显著为正（0.633，$p - value < 0.01$；0.610，$p - value < 0.01$），H4 - 3 得到验证，即上市公司会基于当期业绩完成情况调整未来的业绩目标，表现出目标设定的棘轮效应。

表 4－12 业绩目标完成与高管薪酬增长率

变量	CTotalComp_t (1)	(2)	(3)	CAvComp_t (4)	(5)	(6)	CTop3Comp_t (7)	(8)	(9)	CCEOComp_t (10)	(11)	(12)
_cons	-0.025 (-0.103)	0.058 (0.243)	-0.159 (-0.661)	0.298 (1.268)	0.363 (1.540)	0.196 (0.825)	0.232 (0.904)	0.292 (1.142)	0.132 (0.513)	0.518 (0.477)	0.594 (0.547)	0.414 (0.381)
AchieveSales_t	0.079*** (4.998)			0.052*** (3.322)			0.067*** (4.276)			0.029* (1.810)		
SalesGap_t		0.112*** (5.234)			0.086*** (4.442)			0.077*** (4.287)			0.040** (2.489)	
SalesComplete_t			0.119*** (5.872)			0.091*** (4.794)			0.083*** (4.720)			0.046*** (2.849)
SOE_t	-0.032* (-1.767)	-0.035* (-1.908)	-0.032* (-1.795)	-0.025 (-1.391)	-0.027 (-1.518)	-0.026 (-1.427)	-0.051*** (-2.691)	-0.052*** (-2.750)	-0.051*** (-2.679)	-0.022 (-1.141)	-0.023 (-1.190)	-0.022 (-1.158)
Size_t	-0.006 (-0.237)	-0.013 (-0.507)	-0.013 (-0.527)	-0.038 (-1.551)	-0.044* (-1.792)	-0.044* (-1.804)	-0.039 (-1.570)	-0.043* (-1.720)	-0.043* (-1.739)	-0.008 (-0.323)	-0.011 (-0.406)	-0.011 (-0.425)
Profit_t	0.023 (1.285)	0.026 (1.441)	0.024 (1.344)	0.033* (1.886)	0.035** (1.987)	0.033* (1.917)	0.043*** (2.588)	0.046*** (2.790)	0.045*** (2.714)	-0.012 (-0.609)	-0.011 (-0.554)	-0.012 (-0.594)
Leverage_t	0.030 (1.579)	0.029 (1.489)	0.028 (1.437)	0.053*** (2.749)	0.052*** (2.672)	0.051** (2.635)	0.043** (2.216)	0.042** (2.154)	0.041** (2.117)	0.031 (1.628)	0.031 (1.592)	0.030 (1.573)
TobinQ_t	0.060** (2.568)	0.059** (2.498)	0.058** (2.440)	0.052** (2.185)	0.051** (2.125)	0.050** (2.090)	0.068*** (3.018)	0.068*** (3.008)	0.067*** (2.960)	0.049** (2.412)	0.048** (2.387)	0.047** (2.361)
CEOduality_t	0.016 (1.098)	0.016 (1.060)	0.016 (1.054)	-0.001 (-0.101)	-0.002 (-0.104)	-0.002 (-0.111)	0.043*** (2.799)	0.042*** (2.734)	0.042*** (2.731)	0.009 (0.595)	0.009 (0.571)	0.009 (0.581)
Boardsize_t	0.019 (1.063)	0.022 (1.211)	0.022 (1.189)	0.011 (0.590)	0.013 (0.711)	0.013 (0.692)	0.010 (0.558)	0.011 (0.645)	0.011 (0.630)	0.005 (0.272)	0.006 (0.319)	0.005 (0.313)
IndepBoard_t	-0.008 (-0.483)	-0.007 (-0.393)	-0.007 (-0.406)	-0.009 (-0.501)	-0.008 (-0.440)	-0.008 (-0.450)	0.001 (0.044)	0.002 (0.115)	0.002 (0.106)	0.023 (1.369)	0.023 (1.379)	0.023 (1.376)
Top1share_t	0.001 (0.081)	-0.003 (-0.217)	-0.003 (-0.215)	0.003 (0.171)	-0.001 (-0.076)	-0.001 (-0.072)	0.004 (0.250)	0.001 (0.069)	0.001 (0.067)	0.014 (0.848)	0.013 (0.745)	0.012 (0.734)
Mngmhld_t	0.002 (0.129)	-0.001 (-0.085)	0.000 (0.016)	0.013 (0.828)	0.011 (0.665)	0.012 (0.738)	-0.017 (-1.125)	-0.018 (-1.239)	-0.017 (-1.174)	-0.006 (-0.321)	-0.007 (-0.376)	-0.006 (-0.359)
Year FE	是	是	是	是	是	是	是	是	是	是	是	是
Industry FE	是	是	是	是	是	是	是	是	是	是	是	是
N	4 616	4 616	4 616	4 616	4 616	4 616	4 616	4 616	4 616	4 346	4 346	4 346
adj. R²	0.038	0.044	0.045	0.035	0.039	0.040	0.048	0.049	0.050	0.014	0.015	0.015

注：表中报告系数为标准化系数，括号中为 t 值，*、**、***分别表示在10%、5%、1%水平上显著。模型采用 OLS 回归方法估计。

表 4-13　业绩目标完成与高管薪酬增长率——基于净利润目标完成程度

变量	CTotalComp_i (1)	CTotalComp_i (2)	CTotalComp_i (3)	CAvComp_i (4)	CAvComp_i (5)	CAvComp_i (6)	CTop3Comp_i (7)	CTop3Comp_i (8)	CTop3Comp_i (9)	CCEOComp_i (10)	CCEOComp_i (11)	CCEOComp_i (12)
_cons	0.574 (1.503)	0.690* (1.797)	0.748* (1.859)	0.224 (0.556)	0.291 (0.720)	0.284 (0.702)	-0.006 (-0.013)	0.076 (0.175)	0.037 (0.084)	-1.247* (-1.758)	-1.071 (-1.503)	-1.081 (-1.516)
AchieveProfit	0.082*** (3.019)			0.042 (1.529)			0.078*** (2.872)			0.076*** (2.675)		
ProfitGap		0.088*** (3.253)			0.054** (1.983)			0.064** (2.384)			0.074*** (2.621)	
ProfitComplete			0.053* (1.910)			0.047* (1.722)			0.038 (1.407)			0.065** (2.305)
SOE	-0.031 (-0.947)	-0.024 (-0.754)	-0.007 (-0.216)	-0.042 (-1.258)	-0.039 (-1.180)	-0.038 (-1.149)	-0.021 (-0.645)	-0.013 (-0.416)	-0.011 (-0.344)	0.007 (0.207)	0.014 (0.412)	0.015 (0.446)
Size	0.039 (1.100)	0.032 (0.906)	0.028 (0.739)	0.042 (1.165)	0.038 (1.039)	0.040 (1.096)	0.054 (1.518)	0.051 (1.425)	0.056 (1.578)	0.099*** (2.660)	0.095** (2.537)	0.097*** (2.602)
Leverage	0.023 (0.729)	0.035 (1.069)	0.063* (1.756)	0.023 (0.716)	0.030 (0.915)	0.029 (0.886)	0.064** (2.018)	0.071** (2.198)	0.066** (2.030)	-0.016 (-0.467)	-0.007 (-0.218)	-0.008 (-0.247)
TobinQ	0.058* (1.928)	0.073** (2.418)	0.087** (2.494)	0.037 (1.199)	0.046 (1.479)	0.045 (1.450)	0.114*** (3.765)	0.126*** (4.168)	0.124*** (4.079)	0.099*** (3.132)	0.112*** (3.543)	0.112*** (3.521)
CEOduality	0.019 (0.721)	0.019 (0.720)	0.030 (1.094)	-0.006 (-0.231)	-0.006 (-0.228)	-0.006 (-0.211)	0.051* (1.917)	0.051* (1.915)	0.052* (1.929)	-0.005 (-0.166)	-0.004 (-0.159)	-0.004 (-0.126)
Boardsize	-0.005 (-0.150)	-0.006 (-0.195)	-0.018 (-0.567)	-0.003 (-0.080)	-0.003 (-0.092)	-0.004 (-0.131)	-0.025 (-0.805)	-0.026 (-0.840)	-0.027 (-0.863)	-0.038 (-1.200)	-0.039 (-1.212)	-0.041 (-1.277)
IndepBoard	0.020 (0.707)	0.019 (0.665)	0.007 (0.243)	0.027 (0.947)	0.027 (0.929)	0.026 (0.907)	0.004 (0.147)	0.003 (0.100)	0.002 (0.074)	0.013 (0.444)	0.012 (0.400)	0.010 (0.352)
Top1share	0.038 (1.394)	0.034 (1.259)	0.036 (1.270)	0.008 (0.301)	0.006 (0.215)	0.007 (0.234)	0.059** (2.170)	0.056** (2.063)	0.057** (2.100)	-0.030 (-1.053)	-0.033 (-1.152)	-0.032 (-1.132)
Mngmhld	0.028 (0.880)	0.022 (0.694)	0.019 (0.581)	0.028 (0.851)	0.024 (0.753)	0.025 (0.783)	0.018 (0.576)	0.013 (0.415)	0.014 (0.455)	-0.006 (-0.185)	-0.011 (-0.321)	-0.009 (-0.284)
Year FE	是	是	是	是	是	是	是	是	是	是	是	是
Industry FE	是	是	是	是	是	是	是	是	是	是	是	是
N	1 443	1 443	1 345	1 433	1 433	1 433	1 442	1 442	1 442	1 368	1 368	1 368
adj. R²	0.052	0.053	0.051	0.021	0.022	0.021	0.056	0.054	0.052	0.013	0.013	0.012

注：表中报告系数为标准化系数，括号中为 t 值，*、**、***分别表示在 10%、5%、1% 水平上显著。模型采用 OLS 回归方法估计。

表4-14 业绩目标完成与高管薪酬——基于营业收入目标完成挂钩的样本

变量	LAvComp			CAvComp			LTop3Comp			CTop3Comp		
	(1)	(2)	(3)	(4)	(5)	(6)	(7)	(8)	(9)	(10)	(11)	(12)
_cons	1.508 (1.255)	1.437 (1.211)	0.906 (0.756)	1.520 (1.254)	1.448 (1.211)	0.931 (0.769)	2.352* (1.776)	2.213* (1.693)	1.613 (1.222)	-1.696 (-0.768)	-2.102 (-0.979)	-3.485 (-1.625)
AchieveSales	0.051 (0.541)			0.056 (0.606)			0.008 (0.086)			0.032 (0.338)		
SalesGap		0.155* (1.723)			0.164* (1.830)			0.150* (1.671)			0.248*** (2.787)	
SalesComplete			0.229** (2.539)			0.226** (2.503)			0.231** (2.578)			0.339*** (3.844)
SOE	0.146 (1.383)	0.146 (1.425)	0.151 (1.493)	0.096 (0.912)	0.097 (0.949)	0.103 (1.018)	0.083 (0.789)	0.075 (0.733)	0.080 (0.790)	-0.026 (-0.244)	-0.032 (-0.321)	-0.022 (-0.220)
Size	-0.179* (-1.721)	-0.177* (-1.716)	-0.187* (-1.837)	-0.194* (-1.863)	-0.191* (-1.861)	-0.202** (-1.979)	-0.141 (-1.358)	-0.138 (-1.348)	-0.148 (-1.466)	0.052 (0.509)	0.062 (0.625)	0.050 (0.508)
Leverage	-0.028 (-0.252)	-0.015 (-0.141)	0.006 (0.055)	0.020 (0.181)	0.033 (0.301)	0.052 (0.485)	-0.013 (-0.119)	0.003 (0.032)	0.026 (0.239)	-0.166 (-1.495)	-0.135 (-1.252)	-0.102 (-0.956)
Boardsize	0.066 (0.734)	0.064 (0.720)	0.056 (0.631)	0.056 (0.617)	0.053 (0.598)	0.045 (0.506)	-0.050 (-0.557)	-0.050 (-0.565)	-0.059 (-0.670)	0.099 (1.088)	0.093 (1.050)	0.077 (0.889)
Mngmhld	0.050 (0.483)	0.055 (0.539)	0.065 (0.645)	0.013 (0.128)	0.019 (0.186)	0.029 (0.288)	-0.042 (-0.404)	-0.042 (-0.411)	-0.032 (-0.316)	-0.113 (-1.080)	-0.107 (-1.044)	-0.087 (-0.875)
Top1share	0.077 (0.882)	0.071 (0.828)	0.077 (0.910)	0.079 (0.910)	0.073 (0.853)	0.079 (0.934)	0.065 (0.748)	0.060 (0.696)	0.065 (0.775)	0.080 (0.921)	0.072 (0.855)	0.082 (0.992)
Year FE	是	是	是	是	是	是	是	是	是	是	是	是
Industry FE	是	是	是	是	是	是	是	是	是	是	是	是
N	164	164	164	163	163	163	164	164	164	158	158	158
adj. R²	0.046	0.027	0.003	0.038	0.016	0.004	0.036	0.016	0.010	0.008	0.045	0.089

注：表中报告系数为标准化系数，括号中为t值，*、**、***分别表示在10%、5%、1%水平上显著。模型采用OLS回归方法估计。

表 4-15　业绩目标完成与高管薪酬——基于与净利润目标完成挂钩的样本

变量	LAvComp			LTop3Comp			CAvComp			CTop3Comp		
	(1)	(2)	(3)	(4)	(5)	(6)	(7)	(8)	(9)	(10)	(11)	(12)
_cons	6.486*** (3.976)	6.610*** (4.065)	5.664*** (3.096)	5.586*** (3.157)	5.761*** (3.217)	6.964*** (3.850)	-0.335 (-0.261)	-0.262 (-0.207)	0.061 (0.046)	-0.197 (-0.197)	-0.103 (-0.103)	-0.270 (-0.269)
AchieveProfit	0.188** (2.277)			0.222*** (2.692)			0.141 (1.503)			0.248*** (2.797)		
ProfitGap		0.188** (2.411)			0.153* (1.929)			0.226** (2.590)			0.239*** (2.832)	
ProfitComplete			0.156* (1.792)			0.317*** (3.464)			0.341*** (3.382)			0.407*** (4.213)
SOE	-0.219** (-2.076)	-0.210** (-2.009)	-0.096 (-0.950)	-0.253** (-2.399)	-0.227** (-2.145)	-0.191* (-1.794)	-0.074 (-0.618)	-0.083 (-0.711)	-0.049 (-0.413)	0.005 (0.040)	0.019 (0.171)	-0.004 (-0.034)
Size	0.467*** (4.432)	0.457*** (4.348)	0.485*** (4.537)	0.498*** (4.732)	0.487*** (4.566)	0.393*** (3.495)	0.100 (0.831)	0.090 (0.763)	0.067 (0.533)	-0.008 (-0.066)	-0.021 (-0.184)	0.031 (0.264)
Leverage	-0.141 (-1.371)	-0.144 (-1.409)	-0.087 (-0.827)	-0.107 (-1.037)	-0.119 (-1.147)	-0.035 (-0.317)	-0.021 (-0.183)	-0.015 (-0.131)	0.050 (0.416)	-0.040 (-0.364)	-0.046 (-0.416)	-0.009 (-0.079)
Boardsize	0.020 (0.234)	0.048 (0.557)	0.172** (2.037)	0.079 (0.915)	0.109 (1.256)	0.150* (1.694)	0.042 (0.428)	0.065 (0.673)	0.050 (0.505)	0.085 (0.917)	0.122 (1.313)	0.075 (0.795)
Mngmhld	0.023 (0.238)	-0.011 (-0.112)	0.092 (0.979)	0.014 (0.138)	-0.017 (-0.169)	0.009 (0.093)	-0.064 (-0.580)	-0.103 (-0.935)	-0.064 (-0.581)	0.004 (0.034)	-0.040 (-0.379)	0.003 (0.030)
Top1share	-0.003 (-0.038)	0.011 (0.124)	-0.113 (-1.370)	-0.003 (-0.032)	0.010 (0.114)	-0.008 (-0.093)	-0.090 (-0.934)	-0.076 (-0.797)	-0.116 (-1.196)	-0.083 (-0.916)	-0.066 (-0.722)	-0.089 (-0.970)
Year FE	是	是	是	是	是	是	是	是	是	是	是	是
Industry FE	是	是	是	是	是	是	是	是	是	是	是	是
N	149	149	142	149	149	142	147	147	140	149	149	142
pseudo R²	0.171	0.174	0.275	0.171	0.149	0.199	0.051	0.016	0.030	0.038	0.039	0.106

注：表中报告系数为标准化系数，括号中为 t 值，*、**、*** 分别表示在 10%、5%、1% 水平上显著。模型采用 OLS 回归方法估计。

表4-16　　　　　　　　业绩目标设定的棘轮效应及其不对称性检验

Coef		TargetRevS1$_{t+1}$		TargetRevS2$_{t+1}$	
		(1)	(2)	(3)	(4)
_cons		0.411 ***	0.261 **	0.181 **	0.089
		(3.806)	(2.505)	(2.222)	(1.206)
SalesGap1$_t$	α_1	0.633 ***	0.772 ***		
		(21.478)	(20.525)		
SalesGap1$_t$ × NegativeS$_t$	α_2		-0.253 ***		
			(-8.995)		
SalesGap2$_t$	β_1			0.610 ***	0.799 ***
				(23.983)	(27.009)
SalesGap2$_t$ × NegativeS$_t$	β_2				-0.281 ***
					(-10.165)
NegativeS$_t$			-0.007		0.007
			(-0.433)		(0.539)
SOE$_t$		-0.097 ***	-0.083 ***	-0.078 ***	-0.072 ***
		(-7.535)	(-6.627)	(-6.989)	(-6.688)
Size$_t$		-0.018	-0.010	-0.005	0.003
		(-1.128)	(-0.633)	(-0.360)	(0.201)
Leverage$_t$		0.026	0.023	0.047 ***	0.029 **
		(1.398)	(1.241)	(3.335)	(2.018)
Roa$_t$		-0.011	0.020	0.052 ***	0.059 ***
		(-0.598)	(1.043)	(3.306)	(3.822)
Salesgrowth$_t$		0.039	0.088 ***	0.100 ***	0.125 ***
		(1.323)	(2.836)	(6.063)	(7.380)
Year FE		是	是	是	是
Industry FE		是	是	是	是
F-test: $\alpha_1+\alpha_2=0$		N/A	30.52 ***	N/A	N/A
F-test: $\beta_1+\beta_2=0$		N/A	N/A	N/A	33.2 ***
N		5 227	5 227	5 227	5 227
adj. R^2		0.450	0.476	0.509	0.545
F		31.233 6 ***	44.642 8 ***	43.312 3 ***	57.869 2 ***

注：表中报告系数为标准化系数，括号中为t值，*、**、***分别表示在10%、5%、1%水平上显著。模型采用OLS回归方法估计。

列（2）、列（4）是模型（4-4）的结果。可以看到，列（2）中业绩完成程度（SalesGap1）的系数 α_1 依然显著为正（0.772，p-value <0.01），同时，表示负向业绩目标偏离程度的增量斜率 α_2 显著为负（-0.253，p-value <0.01），系数之和（$\alpha_1 + \alpha_2$）的 F-test 的结果显示，其在 1% 的水平上显著。列（4）的结果与列（2）保持一致，业绩完成程度（SalesGap2）的系数 β_1 显著为正（0.799，p-value <0.01），同时 β_2 显著为负（-0.281，p-value <0.01），系数之和（$\beta_1 + \beta_2$）的 F-test 的结果在 1% 的水平上显著。以上结果表明，当实际业绩与目标之间正向偏离时，其目标调整幅度显著大于实际业绩与目标之间负向偏离时的目标调整幅度，证明业绩目标调整的棘轮效应存在不对称性。H4-4 得到验证。

此外，从表 4-16 中还可得知，模型（1）～模型（4）的 adj. R^2 介于 45% ~ 55%，表明该模型设定对于业绩目标动态调整具有较大的解释力，且模型的 F-value 均在 1% 的水平上显著。超过 70%（α_1）的正向业绩目标偏离程度被纳入下一期目标调整的决策中，而当实际业绩低于目标时，只有大约 50%（$\alpha_1 + \alpha_2$）的负向偏离程度被纳入目标调整决策中。

控制变量的结果显示，产权性质（SOE）的系数显著为负，表明国企经营目标调整幅度较小，此外资产回报率越高（Roa）、成长性越高（Salesgrowth）、负债率越高（Leverage）的公司，其未来经营目标调整幅度越大。

2. 稳健性检验

我们进一步收集了年报 MD&A 披露的净利润业绩目标，与主营业务收入目标的披露相比，样本较小，因此我们使用净利润目标作为替换指标进行稳健性检验，将主检验模型中的被解释变量与解释变量替换为净利润目标调整及其业绩目标完成情况。表 4-17 报告了基于净利润目标对 H4-3、H4-4 的检验结果。由表 4-17 可知，列（1）、列（3）中业绩完成程度（ProfitGap1/ProfitGap2）的系数 α_1 与 β_1 在 1% 的水平上显著为正，H4-3 的结果稳健，即上市公司会基于当期净利润完成情况调整未来的净利润目标，表现出业绩目标设定的棘轮效应。列（2）、列（4）是模型（4-4）的结果。列（2）中业绩完成程度（ProfitGap1/ProfitGap2）的系数 α_1、β_1 依然显著为正，同时，表示负向业绩目标偏离程度的增量斜率 α_2、β_2 在 1% 的水平上显著为负，系数之和（$\alpha_1 + \alpha_2$、$\beta_1 + \beta_2$）的 F-test 的结果在 1% 的水平上显著。上述结果同样证明了棘轮效应的不对称性。因此，H4-4 的结果稳健。

表4-17　　业绩目标设定的棘轮效应及其不对称性检验（净利润目标）

变量	Coef	TargetRevP1$_{t+1}$		TargetRevP2$_{t+1}$	
		（1）	（2）	（3）	（4）
_ cons		0.678 0	0.395 6	0.027 9	0.013 5
		（0.783）	（0.521）	（0.791）	（0.345）
ProfitGap1$_t$	α_1	0.327 ***	2.018 ***		
		（8.636）	（18.617）		
ProfitGap1$_t$ × NegativeP$_t$	α_2		−1.805 ***		
			（−16.881）		
ProfitGap2$_t$	β_1			0.414 ***	1.019 ***
				（10.417）	（11.604）
ProfitGap2$_t$ × NegativeP$_t$	β_2				−0.676 ***
					（−9.076）
NegativeP$_t$			−0.147 ***		−0.149 ***
			（−4.341）		（−4.253）
SOE$_t$		0.016	−0.036	−0.088 **	−0.110 ***
		（0.393）	（−1.081）	（−2.501）	（−3.372）
Size$_t$		0.001	−0.014	−0.031	−0.017
		（0.019）	（−0.372）	（−0.758）	（−0.457）
Leverage$_t$		−0.013	−0.066	−0.010	−0.032
		（−0.256）	（−1.636）	（−0.234）	（−0.807）
Roa$_t$		−0.030	−0.016	0.097 **	0.017
		（−0.653）	（−0.404）	（2.111）	（0.387）
Salesgrowth$_t$		0.244 ***	0.161 ***	0.177 ***	0.169 ***
		（6.797）	（5.445）	（5.535）	（5.665）
Year FE		是	是	是	是
Industry FE		是	是	是	是
F-test: $\alpha_1 + \alpha_2 = 0$		N/A	5.78 **	N/A	N/A
F-test: $\beta_1 + \beta_2 = 0$		N/A	N/A	N/A	24.89 ***
N		817	817	833	833
adj. R^2		0.202	0.473	0.379	0.469
F		4.750 9 ***	13.853 1 ***	10.242 5 ***	13.905 4 ***

注：表中报告系数为标准化系数，括号中为 t 值，* 、 ** 、 ***分别表示在 10% 、5% 、1% 水平上显著。模型采用 OLS 回归方法估计。

4.5　进一步研究

4.5.1　不同产权性质对业绩目标完成与高管激励约束之间关系的影响

为了进一步探索不同产权性质下，业绩目标完成情况对高管变更、高管薪酬水平的影响，我们将样本分为国有企业与民营企业，分别对模型（4-1）与模型（4-2）进行检验。相应的结果列示于表 4-18 以及表 4-19 中。

在表 4-18 中，Panel A 为国有企业分组，列（4）、列（8）和列（9）的结果表明，业绩目标是否完成（AchieveSales）的定性指标会显著降低 CEO 变更概率，而业绩目标完成程度（SalesGap/SalesComplete）的定量指标则对 CEO 变更概率的影响不显著；业绩目标完成与否（AchieveSales）对董事长变更概率的影响不显著，但业绩目标完成程度（SalesGap/SalesComplete）可以显著降低国企董事长变更的概率。Panel B 为民营企业分组，列（4）和列（5）的结果表明，业绩目标是否完成（AchieveSales）以及业绩目标完成程度（SalesGap/SalesComplete）显著降低了 CEO 变更的概率，而对董事长变更没有影响。对于总体高管变更（Turnover），只有在国有企业分组检验中，业绩目标完成度（SalesComplete）的系数在 10% 的水平上显著为负，而在民营企业分组则不显著。

上述结果有两方面的启示：第一，在以往研究中将高管界定为非国有企业总经理和国有企业董事长具备一定的合理性（赵震宇等，2007；饶品贵和徐子惠，2017）。管理层业绩目标对国有企业的董事长、民营企业的总经理具有更强的任免效应，其契约安排的约束功能在一定程度上是有效的。第二，虽然就上市公司整体而言，国有企业基于业绩目标考核的任免效应更显著，但可以看出，经理人劳动力市场逐步发展、市场的激励约束机制开始日益完善。叶建芳等（2014）基于 2006~2011 年上市公司样本的研究发现，在民营企业分组中，CEO 变更概率与预算目标完成度之间不存在显著的负相关关系。而本章使用更新到 2016 年的样本数据，研究发现，在民营企业分组中，业绩目标完成情况可以显著降低 CEO 变更概率。

表 4-18　　不同产权性质对业绩目标完成情况与高管变更概率之间关系的影响

Panel A: 国有企业组

变量	$Turnover_{t+1}$			$CEOTurnover_{t+1}$			$ChairTurnover_{t+1}$		
	(1)	(2)	(3)	(4)	(5)	(6)	(7)	(8)	(9)
_cons	0.888 (0.741)	0.812 (0.678)	1.113 (0.930)	-0.622 (-0.463)	-0.737 (-0.550)	-0.432 (-0.322)	0.040 (0.029)	-0.035 (-0.025)	0.452 (0.321)
$AchieveSales_t$	-0.135 (-1.427)			-0.241** (-2.045)			-0.148 (-1.194)		
$SalesGap_t$		-0.133 (-1.423)			-0.160 (-1.232)			-0.250* (-1.828)	
$SalesComplete_t$			-0.160* (-1.669)			-0.184 (-1.474)			-0.311** (-2.081)
$Size_t$	-0.172 (-1.253)	-0.171 (-1.242)	-0.170 (-1.240)	-0.110 (-0.660)	-0.110 (-0.657)	-0.109 (-0.653)	-0.163 (-0.870)	-0.161 (-0.856)	-0.159 (-0.850)
$Leverage_t$	0.266** (2.278)	0.271** (2.328)	0.272** (2.338)	0.355** (2.323)	0.362** (2.369)	0.363** (2.376)	0.228 (1.402)	0.237 (1.454)	0.238 (1.471)
$Profit_t$	-0.075 (-0.589)	-0.079 (-0.617)	-0.074 (-0.581)	-0.144 (-0.896)	-0.158 (-0.987)	-0.154 (-0.960)	0.010 (0.060)	0.015 (0.089)	0.025 (0.148)
$Boardsize_t$	-0.167* (-1.650)	-0.170* (-1.678)	-0.168* (-1.664)	-0.173 (-1.319)	-0.174 (-1.328)	-0.173 (-1.315)	-0.173 (-1.297)	-0.180 (-1.348)	-0.177 (-1.321)
$Mngmhld_t$	-0.321** (-1.975)	-0.319* (-1.954)	-0.319* (-1.953)	-0.319 (-1.516)	-0.316 (-1.501)	-0.317 (-1.504)	-0.587* (-1.726)	-0.589* (-1.696)	-0.591* (-1.692)
$Top1share_t$	0.169* (1.671)	0.172* (1.692)	0.172* (1.697)	0.250** (2.042)	0.248** (2.053)	0.248** (2.048)	0.121 (0.795)	0.134 (0.873)	0.135 (0.883)
$Big4_t$	0.090 (0.835)	0.083 (0.763)	0.082 (0.756)	0.143 (1.052)	0.135 (0.989)	0.135 (0.988)	-0.045 (-0.290)	-0.058 (-0.376)	-0.060 (-0.389)
Year FE	是	是	是	是	是	是	是	是	是
Industry FE	是	是	是	是	是	是	是	是	是
N	2 904	2 904	2 904	2 904	2 904	2 904	2 902	2 902	2 902
pseudo R^2	0.026	0.026	0.026	0.029	0.028	0.028	0.028	0.029	0.030

续表

Panel B：民营企业组

变量	$Turnover_{t+1}$			$CEOTurnover_{t+1}$			$ChairTurnover_{t+1}$		
	(1)	(2)	(3)	(4)	(5)	(6)	(7)	(8)	(9)
_cons	-12.740*** (-6.015)	-13.044*** (-6.093)	-12.678*** (-5.955)	-12.073*** (-5.009)	-12.527*** (-5.144)	-12.017*** (-4.952)	-22.351*** (-7.885)	-22.504*** (-7.793)	-22.249*** (-7.768)
$AchieveSales_t$	-0.226 (-1.629)			-0.294* (-1.750)			-0.421 (-1.348)		
$SalesGap_t$		-0.193 (-1.285)			-0.316* (-1.690)			-0.142 (-0.525)	
$SalesComplete_t$			-0.212 (-1.317)			-0.229 (-1.164)			-0.391 (-1.353)
$Size_t$	0.142 (0.582)	0.159 (0.644)	0.158 (0.641)	0.120 (0.395)	0.158 (0.513)	0.134 (0.438)	-0.289 (-0.620)	-0.306 (-0.640)	-0.263 (-0.555)
$Leverage_t$	0.199 (1.039)	0.188 (0.982)	0.190 (0.995)	0.204 (0.854)	0.185 (0.777)	0.191 (0.805)	0.677* (1.755)	0.670* (1.732)	0.666* (1.721)
$Profit_t$	-1.058*** (-2.614)	-1.074*** (-2.663)	-1.068*** (-2.646)	-1.149** (-2.193)	-1.164** (-2.246)	-1.167** (-2.229)	-1.064 (-1.516)	-1.113 (-1.546)	-1.076 (-1.534)
$Boardsize_t$	-0.274 (-1.608)	-0.272 (-1.602)	-0.274 (-1.618)	-0.311 (-1.620)	-0.312 (-1.631)	-0.309 (-1.621)	-0.616* (-1.843)	-0.600* (-1.798)	-0.617* (-1.839)
$Mngmhld_t$	-0.169 (-0.967)	-0.160 (-0.914)	-0.165 (-0.943)	0.154 (0.795)	0.173 (0.896)	0.156 (0.803)	-1.454*** (-3.115)	-1.459*** (-3.126)	-1.443*** (-3.086)
$Top1share_t$	-0.393** (-2.243)	-0.382** (-2.165)	-0.382** (-2.168)	-0.409* (-1.842)	-0.394* (-1.772)	-0.394* (-1.776)	-0.472 (-1.359)	-0.452 (-1.305)	-0.444 (-1.283)
$Big4_t$	0.147 (0.805)	0.143 (0.785)	0.142 (0.777)	0.199 (0.880)	0.194 (0.855)	0.191 (0.844)	-0.073 (-0.182)	-0.081 (-0.201)	-0.081 (-0.200)
Year&Industry	是	是	是	是	是	是	是	是	是
N	1 729	1 729	1 729	1 729	1 729	1 729	1 699	1 699	1 699
pseudo R²	0.060	0.060	0.060	0.053	0.054	0.053	0.095	0.094	0.095

注：表中报告系数为标准化系数，括号中为 t 值，*、**、*** 分别表示在 10%、5%、1% 水平上显著。采用 Logit 回归模型进行估计。

表 4—19　　不同产权性质对业绩目标完成情况与高管薪酬水平之间关系的影响

Panel A:

变量	LTotalComp_t						LAvComp_t					
	国有企业组			民营企业组			国有企业组			民营企业组		
	(1)	(2)	(3)	(4)	(5)	(6)	(7)	(8)	(9)	(10)	(11)	(12)
_cons	6.744*** (16.879)	6.784*** (17.034)	6.673*** (16.640)	4.360*** (6.393)	4.391*** (6.417)	4.365*** (6.408)	7.091*** (19.551)	7.141*** (19.796)	6.934*** (19.034)	5.382*** (8.137)	5.408*** (5.382)	5.361*** (5.365)
AchieveSales_t	0.040*** (2.766)			−0.006 (−0.321)			0.056*** (3.654)			0.020 (0.967)		
SalesGap_t		0.035** (2.539)			0.006 (0.323)			0.070*** (4.374)			0.014 (0.546)	
SalesComplete_t			0.034** (2.433)			−0.007 (−0.381)			0.072*** (4.398)			0.000 (0.009)
Size_t	0.565*** (21.445)	0.565*** (21.424)	0.565*** (21.418)	0.388*** (11.369)	0.386*** (11.259)	0.389*** (11.350)	0.502*** (18.398)	0.500*** (18.426)	0.500*** (18.427)	0.279*** (7.808)	0.278*** (4.911)	0.282*** (4.940)
Profit_t	0.070*** (3.182)	0.072*** (3.273)	0.071*** (3.255)	0.151*** (4.029)	0.151*** (4.041)	0.151*** (4.040)	0.084*** (4.249)	0.085*** (4.349)	0.084*** (4.295)	0.173*** (5.263)	0.174*** (4.164)	0.174*** (4.152)
Leverage_t	−0.116*** (−6.833)	−0.118*** (−6.945)	−0.118*** (−6.945)	−0.076*** (−3.276)	−0.076*** (−3.267)	−0.077*** (−3.287)	−0.134*** (−7.513)	−0.138*** (−7.791)	−0.138*** (−7.819)	−0.066*** (−2.586)	−0.065 (−1.593)	−0.066 (−1.607)
TobinQ_t	0.063*** (2.711)	0.062*** (2.668)	0.062*** (2.673)	0.048** (2.099)	0.047** (2.087)	0.048** (2.099)	0.093*** (3.913)	0.090*** (3.838)	0.090*** (3.852)	0.043* (1.746)	0.044 (1.520)	0.044 (1.530)
CEOduality_t	0.037*** (2.723)	0.036*** (2.621)	0.036*** (2.642)	−0.031* (−1.749)	−0.031* (−1.731)	−0.031* (−1.747)	0.018 (1.315)	0.017 (1.178)	0.017 (1.219)	−0.052*** (−2.618)	−0.052 (−1.613)	−0.052 (−1.620)
Boardsize_t	0.062*** (3.737)	0.063*** (3.790)	0.063*** (3.757)	0.192*** (8.365)	0.193*** (8.386)	0.192*** (8.371)	−0.006 (−0.353)	−0.004 (−0.232)	−0.005 (−0.289)	0.154*** (5.950)	0.153*** (3.182)	0.153*** (3.174)

续表

Panel A:

变量	LTotalComp_t 国有企业组 (1)	(2)	(3)	LTotalComp_t 民营企业组 (4)	(5)	(6)	LAvComp_t 国有企业组 (7)	(8)	(9)	LAvComp_t 民营企业组 (10)	(11)	(12)
IndepBoard_t	-0.010 (-0.659)	-0.009 (-0.551)	-0.009 (-0.564)	0.020 (0.916)	0.020 (0.924)	0.020 (0.921)	-0.038*** (-2.584)	-0.035** (-2.417)	-0.035** (-2.443)	0.040* (1.717)	0.040 (1.010)	0.040 (1.009)
Top1share_t	-0.108*** (-7.003)	-0.109*** (-7.042)	-0.108*** (-7.012)	0.037** (2.088)	0.037** (2.095)	0.037** (2.110)	-0.039*** (-2.471)	-0.042*** (-2.654)	-0.041*** (-2.605)	0.060*** (2.994)	0.059 (1.594)	0.059 (1.599)
Mngmhld_t	0.031** (2.140)	0.030** (2.089)	0.031** (2.104)	0.095*** (4.849)	0.094*** (4.810)	0.095*** (4.850)	0.028* (1.813)	0.027* (1.701)	0.027* (1.711)	0.044** (2.081)	0.044 (1.145)	0.045 (1.168)
Year&Industry	是	是	是	是	是	是	是	是	是	是	是	是
N	2 878	2 878	2 878	1 737	1 737	1 737	2 878	2 878	2 878	1 737	1 737	1 737
adj. R²	0.471	0.471	0.471	0.482	0.482	0.482	0.429	0.431	0.431	0.384	0.383	0.383

Panel B:

变量	LTop3Comp_t 国有企业组 (1)	(2)	(3)	LTop3Comp_t 民营企业组 (4)	(5)	(6)	LCEOComp_t 国有企业组 (7)	(8)	(9)	LCEOComp_t 民营企业组 (10)	(11)	(12)
_cons	7.267*** (19.588)	7.314*** (19.770)	7.174*** (19.175)	6.112*** (9.408)	6.115*** (9.293)	6.092*** (9.344)	-0.698 (-1.000)	-0.627 (-1.344)	-0.774 (-1.629)	-1.121* (-1.700)	-1.006 (-1.519)	-1.147* (-1.748)
AchieveSales_t	0.052*** (3.461)			0.018 (0.877)			0.054*** (3.573)			0.033 (1.491)		
SalesGap_t		0.049*** (3.390)			0.006 (0.308)			0.048*** (2.778)			0.037 (1.610)	
SalesComplete_t			0.047*** (3.094)			0.001 (0.032)			0.047*** (2.615)			0.036* (1.655)

· 113 ·

Panel B：

变量	LTop3Comp_t						LCEOComp_t					
	国有企业组			民营企业组			国有企业组			民营企业组		
	(1)	(2)	(3)	(4)	(5)	(6)	(7)	(8)	(9)	(10)	(11)	(12)
$Size_t$	0.538***	0.537***	0.537***	0.275***	0.276***	0.277***	0.458***	0.457***	0.457***	0.248***	0.244***	0.245***
	(19.266)	(19.223)	(19.212)	(7.640)	(7.583)	(7.625)	(7.762)	(13.620)	(13.615)	(6.914)	(6.777)	(6.795)
$Profit_t$	0.066***	0.069***	0.068***	0.198***	0.199***	0.199***	0.079*	0.082***	0.081***	0.194***	0.195***	0.195***
	(3.104)	(3.219)	(3.192)	(5.657)	(5.659)	(5.656)	(1.830)	(3.507)	(3.480)	(6.579)	(6.594)	(6.575)
$Leverage_t$	-0.152***	-0.155***	-0.154***	-0.062**	-0.062**	-0.062**	-0.120***	-0.122***	-0.122***	-0.070**	-0.069**	-0.069**
	(-8.543)	(-8.707)	(-8.703)	(-2.518)	(-2.498)	(-2.510)	(-3.657)	(-6.202)	(-6.201)	(-2.470)	(-2.420)	(-2.439)
$TobinQ_t$	0.108***	0.106***	0.106***	0.051*	0.052*	0.052*	0.134***	0.133***	0.133***	0.061**	0.062**	0.062**
	(4.148)	(4.095)	(4.103)	(1.962)	(1.992)	(1.989)	(3.352)	(4.893)	(4.900)	(2.088)	(2.158)	(2.113)
$CEOduality_t$	0.043***	0.041***	0.041***	0.057***	0.057***	0.057***	0.062***	0.060***	0.060***	0.048**	0.048**	0.048**
	(2.999)	(2.876)	(2.901)	(2.944)	(2.928)	(2.922)	(2.671)	(3.783)	(3.810)	(2.162)	(2.163)	(2.162)
$Boardsize_t$	-0.011	-0.010	-0.011	0.126***	0.126***	0.126***	-0.017	-0.015	-0.016	0.126***	0.125***	0.126***
	(-0.680)	(-0.605)	(-0.651)	(4.965)	(4.947)	(4.939)	(-0.766)	(-0.860)	(-0.904)	(4.650)	(4.635)	(4.649)
$IndepBoard_t$	-0.031**	-0.029*	-0.029*	0.019	0.018	0.018	-0.054*	-0.053***	-0.053***	0.006	0.005	0.005
	(-2.067)	(-1.912)	(-1.931)	(0.812)	(0.793)	(0.792)	(-1.744)	(-2.944)	(-2.955)	(0.242)	(0.195)	(0.211)
$Top1share_t$	-0.063***	-0.064***	-0.063***	0.065***	0.064***	0.064***	-0.082**	-0.083***	-0.082***	0.071***	0.069***	0.069***
	(-3.966)	(-4.049)	(-3.996)	(3.274)	(3.237)	(3.242)	(-2.456)	(-4.662)	(-4.616)	(3.324)	(3.252)	(3.244)
$Mngmhld_t$	0.027*	0.026*	0.026*	0.016	0.016	0.017	0.014	0.013	0.013	0.035	0.034	0.035
	(1.805)	(1.724)	(1.740)	(0.777)	(0.799)	(0.821)	(0.595)	(0.801)	(0.816)	(1.616)	(1.568)	(1.608)
Year FE	是	是	是	是	是	是	是	是	是	是	是	是
Industry FE	是	是	是	是	是	是	是	是	是	是	是	是
N	2 878	2 878	2 878	1 737	1 737	1 737	2 766	2 766	2 766	1 690	1 690	1 690
adj. R^2	0.433	0.432	0.432	0.400	0.400	0.400	0.322	0.321	0.321	0.319	0.319	0.319

注：表中报告系数为标准化系数，括号中为 t 值，*、**、*** 分别表示在 10%、5%、1% 水平上显著。模型采用 OLS 回归方法估计。

　　表 4 - 19 列示了不同产权性质对业绩目标完成情况与高管薪酬水平之间关系的影响，Panel A 为高管总薪酬与平均薪酬的分组检验，Panel B 为前三名高管薪酬与 CEO 薪酬的分组检验。列（1）～列（3）、列（7）～列（9）为国有企业分组的检验，回归结果显示，业绩目标完成情况（AchieveSales/SalesGap/SalesComplete）与高管薪酬水平的四个指标（LTotalComp/LAvComp/LTop3Comp/LCEOComp）均至少在 5% 的水平上显著正相关。列（4）～列（6）、列（10）～列（12）为民营企业分组的检验，结果显示，业绩目标完成情况（AchieveSales/SalesGap/SalesComplete）的系数几乎都不显著，只有在 Panel B 列（12）中，SalesComplete 的系数在 10% 的水平上与 LCEOComp 显著正相关。

　　这一结果意味着，经营目标责任制在国企高管薪酬契约中实施效果较好，经营业绩目标发挥了重要的绩效考核功能，具有契约安排的激励效应；而在民营企业中，经营业绩目标的绩效考核功能并不显著，可能更多地用于预算的计划执行、协调资源配置和控制等功能。综合前述研究，在国有企业中，高管激励契约中业绩目标的设定还体现出一定的弱约束、强激励特点。

4.5.2　不同产权性质对业绩目标调整的影响

　　业绩目标决定着企业未来期的经营方向，同时作为一项激励契约安排，是制定契约的双方凭借其私有信息进行博弈与谈判的产物，也是界定契约各方权力的过程（魏明海，2006）。前面已经证明了业绩目标调整具有棘轮效应，同时呈现出不对称性，但鲜有文献讨论有哪些因素会影响目标调整中的这些特点（Kim and Shin，2017）。首先，我们考察不同产权性质对业绩目标动态调整的影响，在模型（4 - 4）的基础上，我们将核心解释变量分别与国企产权的哑变量（SOE）与央企产权的哑变量（CSOE）进行交乘，结果见表 4 - 20。其中，列（1）、列（2）为全样本，将核心解释变量与国有企业产权性质进行交乘，结果显示，$SalesGap1_t \times SOE_t$ 与 $SalesGap2_t \times SOE_t$ 的系数分别在 10% 与 1% 的水平上显著为负，而 $SalesGap1_t \times NegativeS_t \times SOE_t$ 与 $SalesGap2_t \times NegativeS_t \times SOE_t$ 的系数分别在 1% 与 5% 的水平上显著为正。该结果意味着，相比于民营企业，国有企业在业绩目标设定中的棘轮效应更低，并且棘轮效应的不对称性更小。列（3）、列（4）为国有企业样本，核心解释变量与央企产权性质进行交乘，结果显示，SalesGap1$_t$×CSOE$_t$与SalesGap2$_t$×CSOE$_t$的系数为负，但并不显著；而SalesGap1$_t$×NegativeS$_t$×CSOE$_t$与SalesGap2$_t$×NegativeS$_t$×CSOE$_t$的系数均在1%的水平上显著为负。该结果表明，相比于地方国企，央企在业绩目标设定中的棘轮效应无显著差异，但其棘轮效应的不对称性更大。

表4-20　　　产权性质对业绩目标的棘轮效应及其不对称性的影响

变量	全样本		国有企业	
	TargetRevS1$_{t+1}$	TargetRevS2$_{t+1}$	TargetRevS1$_{t+1}$	TargetRevS2$_{t+1}$
	(1)	(2)	(3)	(4)
_cons	0.259**	0.090	-0.175	-0.044
	(2.378)	(1.093)	(-1.211)	(-0.492)
SalesGap1$_t$	0.805***		0.779***	
	(26.978)		(31.546)	
SalesGap2$_t$		0.888***		0.815***
		(29.494)		(41.323)
SalesGap1$_t$×SOE$_t$	-0.054*			
	(-1.908)			
SalesGap1$_t$×NegativeS$_t$×SOE$_t$	0.076***			
	(3.023)			
SalesGap2$_t$×SOE$_t$		-0.106***		
		(-3.803)		
SalesGap2$_t$×NegativeS$_t$×SOE$_t$		0.056**		
		(2.400)		
SalesGap1$_t$×CSOE$_t$			-0.006	
			(-0.268)	
SalesGap1$_t$×NegativeS$_t$×CSOE$_t$			-0.071***	
			(-2.905)	
SalesGap2$_t$×CSOE$_t$				-0.015
				(-0.758)
SalesGap2$_t$×NegativeS$_t$×CSOE$_t$				-0.060***
				(-2.853)
SalesGap1$_t$×NegativeS$_t$	-0.317***		-0.373***	
	(-12.804)		(-16.848)	
SalesGap2$_t$×NegativeS$_t$		-0.335***		-0.226***
		(-14.440)		(-11.699)
NegativeS$_t$	-0.037	0.002	0.027	0.044**
	(-1.543)	(0.114)	(1.408)	(2.577)

续表

变量	全样本		国有企业	
	TargetRevS1$_{t+1}$	TargetRevS2$_{t+1}$	TargetRevS1$_{t+1}$	TargetRevS2$_{t+1}$
	(1)	(2)	(3)	(4)
SOE$_t$	−0.079 ***	−0.065 ***		
	(−3.905)	(−3.529)		
NegativeS$_t$ × SOE$_t$	0.052 *	0.021		
	(1.886)	(0.886)		
CSOE$_t$			−0.014	−0.014
			(−0.607)	(−0.708)
NegativeS$_t$ × CSOE$_t$			−0.022	−0.024
			(−0.904)	(−1.106)
Size$_t$	−0.008	0.004	0.044 ***	0.024 *
	(−0.592)	(0.360)	(2.823)	(1.704)
Leverage$_t$	0.018	0.024 *	−0.012	0.009
	(1.345)	(1.887)	(−0.717)	(0.641)
Roa$_t$	0.014	0.054 ***	0.016	0.055 ***
	(1.051)	(4.509)	(0.985)	(3.869)
Salesgrowth$_t$	0.120 ***	0.147 ***	0.213 ***	0.139 ***
	(8.747)	(12.291)	(12.773)	(9.524)
Year FE	是	是	是	是
Industry FE	是	是	是	是
N	5 227	5 227	3 330	3 330
adj. R^2	0.480	0.550	0.515	0.609

注：表中报告系数为标准化系数，括号中为 t 值，＊、＊＊、＊＊＊分别表示在 10%、5%、1% 水平上显著。模型采用 OLS 回归方法估计。

契约理论表明，如果契约方承诺不完全基于历史业绩的所有可用信息去设定目标，那么棘轮效应就会得到缓解（Milgrom and Roberts，1992；Laffont and Tirole，1993；Indjejikian and Nanda，1999）。因此，与民营企业相比，国有企业在制定经营目标时对历史业绩的依赖程度更低，一定程度上印证了《中央企业负责人经营业绩考核办法》① 中"核定年度经营业绩考核目标值"

① 该文件是 2016 年公布的国务院国有资产监督委员会令第 33 号，此外，国务院国资委分别于 2003 年、2006 年、2009 年与 2012 年公布的《中央企业负责人经营业绩考核暂行办法》中同样强调了这一目标设定的原则。各省属、市属国资委也纷纷效仿出台地方国企负责人的考核政策，其目标设定的原则大体一致。

部分规定的要"结合宏观经济形势、企业所处行业发展周期、企业实际经营状况等"。而相较于地方国企而言，央企的棘轮效应不对称性更大，这意味着国企的行政级别越高，其经营目标设定所具有的刚性越大，体现为更加易升难降。

4.5.3 管理层权力对业绩目标调整的影响

正如前面所讨论的，年报披露的管理层业绩目标是董事会和经理层对于剩余价值分享机制签订契约的博弈结果。既是如此，那么管理层权力势必会影响业绩目标动态调整过程中博弈各方的力量格局和均衡状态。根据管理层权力的相关研究文献（Finkelstein，1992；权小锋和吴世农，2010），本部分选取了董事长总经理两职合一、外部董事比例以及高管任期三个方面探究管理层权力对业绩目标动态调整的影响。

1. 董事长总经理两职合一的影响

董事会和高管的职能重合以及同时对两者进行平行任命将造成高管的契约拟定权凌驾于董事会之上（权小锋等，2010），而董事长总经理两职合一意味着管理层能够拥有对公司的实际控制权，会形成高管自我聘用、自我监督的局面（方军雄，2009；刘星等，2012）。在这种情况下，董事长总经理两职合一对于业绩目标调整的影响有两个相反的可能性：一方面，高管权力越大，讨价还价的能力越大，甚至出现"一言堂"的现象，而文献研究表明，棘轮效应及其不对称性对管理层而言具有负向的激励效应，于是，在业绩目标调整过程中，管理层会尽可能降低棘轮效应及其不对称性，以便减少负向激励效应。另一方面，设定与调整业绩目标是出于激励与约束管理层的目的，但由于管理层权力过大，导致董事会治理效果降低，信息不对称程度增大，董事会或者上级国资委在目标调整决策中缺乏有效的信息获取渠道，只能更多地依赖历史业绩并且保持目标调整的刚性，以迫使管理层在未来付出努力。

在模型（4-4）的基础上，我们将核心解释变量分别与董事长总经理两职合一的哑变量（CEOduality）进行交乘，结果见表4-21。结果显示，列（2）中 $SalesGap2_t \times CEOduality_t$ 的系数显著为正。虽然列（1）中 $SalesGap1_t \times CEOduality_t$ 的系数不显著，但总体表明两职合一可能增加业绩目标调整的棘轮效应。$SalesGap1_t \times NegativeS_t \times CEOduality_t$ 与 $SalesGap2_t \times NegativeS_t \times$

CEOduality$_t$的系数均在 1% 的水平上显著为负，表明棘轮效应的不对称性显著
增加。概括而言，在两职合一的公司中，业绩目标调整的棘轮效应及其不对
称性都更加显著，该结果支持了上述分析的第二种可能性，也意味着目标棘
轮效应及其不对称性可能出于一种制衡管理层权力过大的监督激励机制。

表 4 - 21　　CEO 两职合一对业绩目标的棘轮效应及其不对称性的影响

变量	TargetRevS1$_{t+1}$	TargetRevS2$_{t+1}$
	(1)	(2)
_ cons	0.035	0.060
	(0.199)	(0.588)
SalesGap1$_t$	0.764 ***	
	(36.211)	
SalesGap2$_t$		0.775 ***
		(48.643)
SalesGap1$_t$ × CEOduality$_t$	- 0.014	
	(- 0.631)	
SalesGap1$_t$ × NegativeS$_t$ × CEOduality$_t$	- 0.082 ***	
	(- 3.524)	
SalesGap2$_t$ × CEOduality$_t$		0.068 ***
		(3.977)
SalesGap2$_t$ × NegativeS$_t$ × CEOduality$_t$		- 0.090 ***
		(- 4.865)
SalesGap1$_t$ × NegativeS$_t$	- 0.411 ***	
	(- 21.847)	
SalesGap2$_t$ × NegativeS$_t$		- 0.251 ***
		(- 16.762)
NegativeS$_t$ × CEOduality$_t$	- 0.071 ***	- 0.028
	(- 3.151)	(- 1.383)
NegativeS$_t$	0.013	0.023 *
	(0.816)	(1.715)
CEOduality$_t$	0.054 ***	0.013
	(2.585)	(0.729)
SOE$_t$	- 0.065 ***	- 0.065 ***
	(- 5.319)	(- 6.008)
Size$_t$	0.007	0.002
	(0.515)	(0.192)
Leverage$_t$	0.015	0.020
	(1.047)	(1.566)

续表

变量	TargetRevS1$_{t+1}$	TargetRevS2$_{t+1}$
	(1)	(2)
Roa$_t$	0. 019	0. 046 ***
	(1. 393)	(3. 890)
Salesgrowth$_t$	0. 202 ***	0. 142 ***
	(14. 705)	(11. 883)
Year	是	是
Industry	是	是
N	5 109	5 109
adj. R^2	0. 444	0. 557

注：表中报告系数为标准化系数，括号中为 t 值，＊、＊＊、＊＊＊分别表示在10%、5%、1%水平上显著。模型采用 OLS 回归方法估计。

2. 外部董事比例高低的影响

已有研究表明，外部董事具有提升公司治理水平、强化监督管理层的能力。外部董事通常具备较强的独立性，避免董事会被管理层所控制，例如，以外部董事为主的董事会更容易更换 CEO （Weisbach，1988）。并且，外部董事有助于提升企业经营业绩、股票价格等 （Choi et al.，2007；Fahlenbrach et al.，2010）。因此，外部董事比例是反映董事会独立性与效率的关键指标（白重恩等，2005），可以作为公司治理好坏的有效标识之一 （Geletkanycz and Boyd，2011）。基于此，我们判断，外部董事比例高，可以形成业绩目标契约签订过程中对管理层的制衡力量，在目前中国上市公司治理水平相对较低、信息披露与分享机制不完善的情况下，更可能增加业绩目标调整的棘轮效应及其不对称性。

同样地，在模型（4-4）的基础上，我们将核心解释变量分别与外部董事比例较高的哑变量 （HOutsideboard） 进行交乘，表4-22 的结果显示，两列中 SalesGap1$_t$ × HOutsideboard$_t$ 与 SalesGap2$_t$ × HOutsideboard$_t$ 的系数均显著为正；SalesGap1$_t$ × NegativeS$_t$ × HOutsideboard$_t$ 与 SalesGap2$_t$ × NegativeS$_t$ × HOutsideboard$_t$ 的系数均显著为负，表明在外部董事比例较高的公司中，业绩目标调整的棘轮效应及其不对称性都更加显著。该结果支持了上述分析推断，也意味着目标棘轮效应及其不对称性可能出于公司治理的一种监督激励机制，与前面逻辑一致。

表 4 – 22　外部董事比例高低对业绩目标的棘轮效应及其不对称性的影响

变量	TargetRevS1$_{t+1}$ (1)	TargetRevS2$_{t+1}$ (2)
_ cons	0.271 **** (2.485)	0.096 (1.159)
SalesGap1$_t$	0.710 *** (27.843)	
SalesGap2$_t$		0.719 *** (34.384)
SalesGap1$_t$ × HOutsideboard$_t$	0.061 ** (2.450)	
SalesGap1$_t$ × NegativeS$_t$ × HOutside$_t$	− 0.072 *** (− 2.767)	
SalesGap2$_t$ × HOutsideboard$_t$		0.102 *** (4.972)
SalesGap2$_t$ × NegativeS$_t$ × HOutside$_t$		− 0.045 ** (− 2.084)
SalesGap1$_t$ × NegativeS$_t$	− 0.210 *** (− 8.683)	
SalesGap2$_t$ × NegativeS$_t$		− 0.252 *** (− 12.528)
NegativeS$_t$ × HOutsideboard$_t$	− 0.016 (− 0.622)	0.004 (0.162)
NegativeS$_t$	0.005 (0.250)	0.013 (0.724)
HOutsideboard$_t$	− 0.010 (− 0.524)	− 0.010 (− 0.566)
SOE$_t$	− 0.079 *** (− 6.821)	− 0.069 *** (− 6.428)
Size$_t$	− 0.009 (− 0.681)	0.006 (0.467)
Leverage$_t$	0.019 (1.388)	0.025 ** (1.978)
Roa$_t$	0.014 (1.046)	0.054 *** (4.556)
Salesgrowth$_t$	0.119 *** (8.705)	0.144 *** (12.013)
Year	是	是

变量	TargetRevS1$_{t+1}$	TargetRevS2$_{t+1}$
	(1)	(2)
Industry	是	是
N	5 196	5 196
adj. R^2	0.479	0.550

注：表中报告系数为标准化系数，括号中为 t 值，＊、＊＊、＊＊＊分别表示在 10%、5%、1% 水平上显著。模型采用 OLS 回归方法估计。

3. 高管任期的影响

一方面，研究普遍认为，高管任期越长，私人威望的积累则越高，具有的地位越稳固，对公司的实际控制权就越大（Morck et al.，1988；权小锋等，2010；刘星等，2015）。因此，基于管理层权力理论（Bebchuk and Fried，2003），高管在业绩目标调整的博弈中更占优势，尽可能降低棘轮效应及其不对称性，以减少负向的激励效应。另外，随着任期增加，高管对企业的熟悉程度加深，对合适的投资机会更具敏感性，由此会提升企业的投资效率（卢馨等，2017）。换言之，基于学习效应（learning effect），高管任期越长，对公司经营状况就越熟悉，高管本人在业绩目标制定的讨论过程中的判断就越充分。同时，基于信号揭示理论，高管任期越长，董事会对高管能力的判断也越准确，综合来看，双方在业绩目标设定过程中会降低对历史业绩信息的依赖，以及赋予目标调整更大的弹性。故而，高管任期越长，目标棘轮效应及其不对称性越小。

另一方面，高管任期越长，其权力积累越强，在逐利动机驱使下，高管可能会想办法对董事会的监督功能进行削弱，增大自身权力寻租的空间，也导致信息不对称问题加重。例如，CEO 任期过长通常被认为是管理层"壕沟"效应的体现（陈冬华和相加凤，2017）。在这种情况下，董事会或者上级国资委在目标调整决策中缺乏有效的信息获取渠道，只能更多地依赖历史业绩并且保持目标调整的刚性，以迫使管理层在未来付出努力。由此，高管任期过长将导致目标棘轮效应及其不对称性都增大。同时，高管任期长是一种既定结果，究其原因可能正是管理层权力过大致使目标责任制考核的任免效应失效，因此，经营业绩目标在管理层权力彰显之下沦为一个失效的契约设计，管理层不会在意目标调整情况。此时，高管任期与目标动态调整之间并无相关关系。

综上所述，我们暂且无法判断高管任期与目标棘轮效应及其不对称性之间的相关关系，需要通过实证检验得出。由于总经理与董事长任期的制度背景存在较大差异，尤其在不同产权性质中含义差别更大，因此，我们将高管任期分为总经理任期与董事长任期，并分别在总样本、国有企业与民营企业的样本中进行检验。在模型（4-4）的基础上，我们将核心解释变量分别与总经理任期（CEOTenure）、董事长任期（ChairTenure）进行交乘，结果列示于表 4-23 与表 4-24 中。

表 4-23　　CEO 任期对业绩目标的棘轮效应及其不对称性的影响

变量	TargetRevS1$_{t+1}$		
	总样本	国有企业	民营企业
	（1）	（2）	（3）
_ cons	0. 338 ***	0. 111	0. 724 *
	（3. 022）	（0. 949）	（1. 840）
SalesGap1$_t$	0. 862 ***	0. 989 ***	0. 449 ***
	（26. 678）	（27. 866）	（5. 305）
SalesGap1$_t$ × CEOTenure$_t$	− 0. 130 ***	− 0. 273 ***	0. 325 ***
	（− 3. 890）	（− 7. 505）	（3. 696）
SalesGap1$_t$ × NegativeS$_t$ × CEOTenure$_t$	0. 068 *	0. 134 ***	− 0. 355 ***
	（1. 908）	（3. 385）	（− 4. 356）
SalesGap1$_t$ × NegativeS$_t$	− 0. 304 ***	− 0. 304 ***	− 0. 218 ***
	（− 9. 057）	（− 7. 963）	（− 2. 884）
NegativeS$_t$ × CEOTenure$_t$	− 0. 024	− 0. 075 *	0. 025
	（− 0. 656）	（− 1. 787）	（0. 357）
NegativeS$_t$	0. 010	0. 078 **	− 0. 063
	（0. 310）	（2. 053）	（− 1. 018）
CEOTenure$_t$	0. 023	0. 056 **	− 0. 068
	（1. 144）	（2. 507）	（− 1. 617）
SOE$_t$	− 0. 077 ***		
	（− 6. 545）		
Size$_t$	− 0. 018	0. 011	− 0. 049 **
	（− 1. 367）	（0. 697）	（− 1. 971）
Leverage$_t$	0. 018	− 0. 011	0. 063 **
	（1. 284）	（− 0. 653）	（2. 412）
Roa$_t$	0. 013	− 0. 008	0. 043 *
	（1. 008）	（− 0. 492）	（1. 791）

续表

变量	TargetRevS1$_{t+1}$		
	总样本	国有企业	民营企业
	（1）	（2）	（3）
Salesgrowth$_t$	0.109 ***	0.127 ***	0.189 ***
	(7.789)	(7.321)	(7.942)
Year	是	是	是
Industry	是	是	是
N	5 000	3 170	1 830
adj. R^2	0.479	0.552	0.342

注：表中报告系数为标准化系数，括号中为 t 值，*、**、***分别表示在 10%、5%、1%水平上显著。采用 OLS 回归模型进行估计。

表 4 - 24　董事长任期对业绩目标的棘轮效应及其不对称性的影响

变量	TargetRevS1$_{t+1}$		
	总样本	国有企业	民营企业
	（1）	（2）	（3）
_ cons	0.292 ***	0.047	0.752 **
	(2.581)	(0.402)	(2.485)
SalesGap1$_t$	0.908 ***	0.999 ***	0.639 ***
	(26.219)	(27.982)	(6.618)
SalesGap1$_t$ × ChairTenure$_t$	− 0.186 ***	− 0.297 ***	0.141
	(− 5.227)	(− 8.232)	(1.409)
SalesGap1$_t$ × NegativeS$_t$ × ChairTenure$_t$	0.142 ***	0.160 ***	0.034
	(3.765)	(4.049)	(0.396)
SalesGap1$_t$ × NegativeS$_t$	− 0.367 ***	− 0.328 ***	− 0.345 ***
	(− 10.165)	(− 8.518)	(− 4.147)
NegativeS$_t$ × ChairTenure$_t$	− 0.028	− 0.074 *	0.123
	(− 0.721)	(− 1.745)	(1.486)
NegativeS$_t$	0.011	0.074 *	− 0.135 *
	(0.325)	(1.902)	(− 1.803)
ChairTenure$_t$	0.033 *	0.076 ***	− 0.070 *
	(1.681)	(3.459)	(− 1.748)
SOE$_t$	− 0.087 ***		
	(− 7.232)		
Size$_t$	− 0.012	0.016	− 0.048 **
	(− 0.930)	(1.040)	(− 2.020)

续表

变量	TargetRevS1$_{t+1}$		
	总样本	国有企业	民营企业
	（1）	（2）	（3）
Leverage$_t$	0.022	−0.004	0.072 ***
	(1.604)	(−0.237)	(2.864)
Roa$_t$	0.012	−0.009	0.049 **
	(0.880)	(−0.562)	(2.124)
Salesgrowth$_t$	0.109 ***	0.130 ***	0.054 **
	(7.734)	(7.479)	(2.296)
Year	是	是	是
Industry	是	是	是
N	5 006	3 186	1 820
adj. R^2	0.474	0.540	0.401

注：表中报告系数为标准化系数，括号中为 t 值，＊、＊＊、＊＊＊分别表示在10%、5%、1%水平上显著。采用 OLS 回归模型进行估计。

表 4 - 23 为 CEO 任期影响的结果。列（1）SalesGap1$_t$ × CEOTenure$_t$ 的系数显著为负，而 SalesGap1$_t$ × NegativeS$_t$ × CEOTenure$_t$ 的系数显著为正，表明总体而言，CEO 任期越长，棘轮效应越小，棘轮效应的不对称性也越小。列（2）基于国有企业样本的研究结果与总样本一致。列（3）SalesGap1$_t$ × CEOTenure$_t$ 的系数显著为正，而 SalesGap1$_t$ × NegativeS$_t$ × CEOTenure$_t$ 的系数显著为负，表明在民营企业中，CEO 任期越长，棘轮效应及其不对称性都更加显著。

表 4 - 24 列示了董事长任期的结果。列（1）SalesGap1$_t$ × ChairTenure$_t$ 的系数显著为负，而 SalesGap1$_t$ × NegativeS$_t$ × ChairTenure$_t$ 的系数显著为正，表明总体而言，董事长任期越长，棘轮效应及其不对称性都越小。列（2）基于国有企业样本的研究结果与总样本一致。列（3）基于民营企业的样本检验结果则不显著，表明民营企业的董事长任期与目标动态调整之间没有显著的相关关系。

综上所述，在国有企业中，高管任期（CEO 任期及董事长任期）越长，企业经营目标动态调整的棘轮效应及其不对称性均显著降低；在民营企业中，CEO 任期越长，棘轮效应及其不对称性都显著增加，而董事长任期与目标动态调整之间没有发现显著的相关关系。进一步分析，如果是高管任期所隐含的学习效应发挥作用，那么在不同产权性质之间应该不存在显著差异，结合上述结论，我们可以排除学习效应的影响。对于国有上市公司而言，长期"所有者缺位"带来比较严重的内部人控制问题，导致董事会的有效谈判能力受到约束，加之匮乏的企业家市场上声誉机制难以发挥作用（权小锋等，2010）等因素，使得国企高管任期越长，在调整经营目标时越占据主导地位，避免对自身的任免或激励造成不利影响。对于民营企业而言，CEO任期越长，目标棘轮效应及其不对称性就越可能被作为一种企业所有者或董事会制衡管理层权力过大的激励监督机制。

4.6 本章研究结论

本章利用年报披露的管理层经营业绩目标数据，分别从治理层面与运营管理层面两方面探讨业绩目标的契约有效性。具体而言，从治理层面考察管理层业绩目标完成程度影响高管变更的概率以及高管薪酬水平；从运营管理层面考察管理层业绩目标完成程度是否影响董事会对业绩目标的动态调整行为。在此基础上，进一步探讨了不同产权性质以及董事会与管理层之间的权力博弈特征如何影响业绩目标的契约有效性及动态调整行为。

本章主要研究结论包括：第一，业绩目标完成情况良好的公司，其高管被换掉的可能性更小。业绩目标是否完成的定性区别对CEO变更概率的影响更大，而业绩目标完成的定量程度对董事长变更概率的影响更大。总体而言，结果表明业绩目标考核具有任免功能，支持了契约中目标设定的约束效应。第二，业绩目标完成情况与高管货币薪酬水平以及薪酬增长率均显著正相关，表明包含业绩目标的非线性契约具有激励效应。第三，当期业绩目标完成情况会影响下一期业绩目标动态调整，证明了经营业绩目标设定中存在棘轮效应及其不对称性。

进一步研究表明：（1）不同产权性质对管理层业绩目标的治理效果存在差异。业绩目标考核对国有企业的董事长、民营企业的总经理具有更强的任免效应；经营目标责任制在国企高管薪酬契约中实施效果较好，经营业绩目标发挥了重要的绩效考核功能，具有契约安排的激励效应，但在民营企业中，经营业绩目标的绩效考核功能并不显著。（2）不同产权性质对业绩目标调整的影响存在差异：相对于民营企业，国有企业的目标棘轮效应及其不对称性显著更小；相对于地方国企，央企的目标棘轮效应不对称性更大，棘轮效应无显著差别。（3）董事会与管理层之间的权力博弈特征会影响目标动态调整，具体表现为：①董事长总经理两职合一会显著增加目标棘轮效应及其不对称性；②外部董事比例较高会显著增加目标棘轮效应及其不对称性；③高管任期对目标动态调整的影响因产权性质而有所差异。在国有企业中，高管任期（CEO 任期及董事长任期）越长，企业经营目标动态调整的棘轮效应及其不对称性均显著降低。在民营企业中，CEO 任期越长，棘轮效应及其不对称性都显著增加，而董事长任期与目标动态调整之间没有发现显著的相关关系。上述结果意味着目标棘轮效应及其不对称性可能出于公司治理的一种监督激励机制。

综上所述，本章结果表明年报披露的业绩目标完成情况会显著影响董事会对公司治理层面与运营管理层面的决策。这就为业绩目标发挥契约考核功能提供了明确的证据，同时也为经理人可能围绕业绩目标完成采取一定行动提供了来自内部公司治理压力的证据。

第5章 外部市场对管理层业绩目标完成评价的研究——基于分析师与机构投资者的视角

5.1 问题的提出

随着代理理论的发展，会计信息的治理功能吸引了众多研究者的兴趣，并被证实是投资者保护的重要作用机制之一（魏明海等，2007）。投资者是会计信息最主要的使用者（Brown，1994）。由于信息不对称，投资者需要通过一定的标准或参考系对上市公司的经营及管理水平作出评判，其中经营业绩是最重要的判断经营水平的依据之一，而预算目标执行偏差则是被使用最多的考察企业管理控制水平的标准之一。

通常而言，预算目标属于企业内部管理信息系统，研究者难以直接观测。而在中国的证券市场上，外部投资者以及中介机构对信息的需求不断增长，传统的财务会计信息已经不能满足其决策需要，经营管理类相关信息的重要性与日俱增（Plumlee et al.，2015；Dhaliwal et al.，2011）。"管理层讨论与分析"（MD&A）作为年度财务报告的重要构成部分之一，蕴含大量的财务与非财务信息，包括管理层经营目标及预测的前瞻性信息，是外部资本市场上利益相关者的重要信息来源。刘浩等（2015）研究表明年报中披露的下一年度的经营目标主要来源于公司预算报告中的预算目标。从这个意义上来讲，业绩目标完成程度与预算目标执行偏差是从两个角度分析的同一个概念。预算目标执行偏差可以反映出公司的经营管理水平，同样，业绩目标完成程度也意味着管理层对目标的执行程度，体现其管理能力①。我们在第 4 章已证明业绩目标完成程度会影响内部董事会的治理决策和管理决策，那么外部市场的相关利益者，尤其是外部投资者，是否会对管理层业绩目标完成情况进行评价呢？

理论上，财务报告可以说是管理层基于受托责任角色所出具的一份成果汇报，投资者必然对其加倍关注。巴顿和维米尔（Barton and Waymire，2004）认为高质量的财务报告可以传递经理人强管理能力的信号，这也是会计信息发挥投资者保护作用的重要机制之一。而管理层业绩目标完成情况就如同给财务报告的业绩成果引入了一个目标作为标杆。由此，企业报告的经营业绩有了尺子，并且这把尺子是有刻度的，可以为递交给外部投资者的年度答卷进行打分。

外部投资者作为第一委托人，通常都会关注公司的管理水平，甚至会通过于二级市场买卖股票在与企业的博弈中拥有更强的话语权，继而对公司的经营、投资及管理等诸多方面施加影响。由此，外部投资者理论上会对业绩目标完成情况作出相应评价。例如，典型的机构投资者，当绩效完成情况较差时，可能采取"用脚投票"的方式，抛售公司股票，对董事会施加压力，强化董事会的内部激励考评机制；同时，投资者的评价也会对经理人的市场声誉造成影响。

而证券分析师因投资者关注企业绩效完成水平，也会评估公司的目标完成情况，据此为投资者提出投资评级的建议等。分析师作为资本市场信息中介的代表，既能促进市场信息效率的提升，又兼具外部公司治理的功能（于忠泊等，2011；He Jie Jack and Tian Xuan，2013）。2012 年底，兴业证券分析师李纲领发布了一篇直指东风汽车弊病的研究报告"主动投资者都睡着了吗？"，号召罢免负责轻卡业务的管理层。给出的理由是，东风汽车总营业收

---

① 例如，四川广安爱众股份有限公司（600979）在 2016 年发布的《四川广安爱众股份有限公司高级管理人员绩效考核与薪酬管理办法》中提道："为建立健全符合现代企业制度要求的激励约束机制，规范公司高级管理人员的绩效和薪酬分配管理，激励公司高级管理人员围绕公司发展战略努力完成年度经营计划和任期工作目标，提高公司的经营业绩和管理水平，促进公司价值及股东利益最大化，根据有关法律、法规和《公司章程》的规定，结合公司实际，制定本办法。"

入占比逾 1/3 的轻卡业务投资太少、管理效率太低，连续亏损①。可见在实践中，分析师对上市公司的管理水平尤为重视。因此，作为体现公司管理水平的重要指标之一，业绩目标完成情况，即业绩目标执行偏差，理论上也会吸引分析师的关注。由此，分析师根据目标完成程度对经理人的管理水平作出相应的专业评价，既通过董事会间接给经理人施加压力，也通过资本市场声誉机制直接影响经理人评价。

众多研究表明信息中介、金融中介在证券市场发挥着重要作用（Healy and Palepu，2001），为此，本书将研究外部公司治理能否强化管理层业绩目标的激励考核机制。具体而言，本章将分别从分析师与机构投资者的视角研究外部市场是否会对管理层业绩目标完成情况作出相应评价，由此直接或间接对管理层施压，强化激励考核契约执行的刚性。换言之，本章同时也在研究业绩目标是否具有某种业绩承诺效应，能够被资本市场所感知，如果错失目标是否会被外部市场认为是管理能力欠佳的信号。这种信号传递的存在将意味着分析师和机构投资者能够发挥有效监督功能，通过公司外部治理机制促进公司内部治理机制的提升。具体而言，本章研究的两个基本问题是：（1）分析师是否会对管理层业绩目标完成情况作出评价，表现为业绩目标完成是否对分析师跟踪水平、分析师预测准确性以及评级修正产生相应的影响。（2）机构投资者是否会对管理层业绩目标完成情况作出评价，表现为业绩目标完成是否会影响机构投资者持股行为，包括持股比例变动以及增持概率的变化。

5.2　理论分析和假设的提出

5.2.1　证券分析师对管理层业绩目标完成情况的评价

证券分析师在资本市场具有重要地位，是上市公司与投资者之间传递信

---

① 该研究报告称东风汽车投资太少、管理效率太低，轻卡业务连续亏损，东风汽车另两大主营业务康明斯和郑州日产挣的钱全被轻卡业务亏光了。从三季报看，2012 年 1~9 月公司轻卡业务量价齐跌，而竞争对手不仅价格稳定，且销量有正增长。资料来源：不满东风汽车轻卡业务吞噬业绩 兴业分析师号召罢免管理层 [EB/OL]．（2013 - 01 - 08）．http：//finance.ce.cn/rolling/201301/08/t20130108_ 17039348. shtml.

息、解释信息的桥梁（姜国华，2004）。证券分析师能将上市公司的实时信息加以分析，作出的盈余预测通常比时间序列模型更加精确（Brown and Rozff，1978；Brown et al.，1987；Givoly，1982；岳衡和林小驰，2008）。证券分析师的信息搜寻活动能够缩短信息融入股价的过程，预测未来股票收益，降低股价同步性，进而提高市场效率（Stickel，1991；Gleason and Lee，2003）。总体而言，证券分析师作为资本市场上最重要的信息中介之一，在实现公司财务会计信息定价功能方面发挥着重要作用（Barth and Hutton，2004；Lang et al.，2004；魏明海等，2007；张然等，2017）。然而，对于一个基础问题还没有明确答案，即分析师的主要信息渠道包括哪些呢？在非完全有效市场中，研究除了证明价格是否反映出信息含量，还应该关注信息的价格发现过程（Lee，2001）。

已有研究表明，分析师进行盈余预测的重要信息来源是上市公司公开披露的各项公告（Schipper，1991；Knutson et al.，1992）。无论是年度财务报告还是其他类型的报告，分析师的预测行为均会受到信息量多寡的影响（Hodder et al.，2008；Lahiri and Sheng，2010）。兰和伦德霍尔姆（1996）检验了公司的信息披露政策与分析师行为之间的关系，研究表明公司披露的信息越多，分析师跟踪的人数越多，分析师预测的精度越高，分析师预测之间的利差越小以及修订预测的程度越低。希利等（1999）的研究显示，对于那些比同行拥有更少分析师的公司，当它们增加信息披露之后，其分析师跟踪数量将上升至同行业其他公司的水平。陈和松本（Chen and Matsumoto，2006）研究发现当公司增加信息披露后，对于公司给出推荐评级更高的分析师的预测精度较之前显著提高。同时，信息披露程度更高的公司本身更吸引那些固有预测能力较强的分析师（Arya and Mittendorf，2007）。国内学者研究表明，对于信息披露政策越透明的公司，分析师对其跟踪数量就越多，同时分析师预测分歧度越小、准确度也越高（白晓宇，2009）。反之，对于信息获取成本较高的公司，分析师会倾向于放弃关注（蔡卫星和曾诚，2010）。上述分析表明，上市公司采取不同的信息披露策略会对分析师跟踪以及分析师预测造成不同的影响。因此，上市公司在 MD&A 中自愿披露的定量业绩目标信息有可能对分析师的预测行为产生重要影响。

财务信息直接反映了企业经营现状，并传递出未来信息，是分析师预测的重要依据（董望等，2017）。MD&A 作为上市公司财务报告的关键内容之一，包括对经营现状的分析（回顾）与对未来发展的讨论（展望），"着重于……未来经营成果与财务状况的重大事项和不确定性因素"[①]。孟庆斌等（2017）研究发现 MD&A 中只有展望部分而非回顾部分的信息含量能使未来股价崩盘风险显著降低，并且，信息可读性越高，展望部分的信息含量对股价崩盘风险的降低效果越显著。对于展望部分，证监会规定"公司应当披露下一年度的经营计划……及下一年度的经营目标"[②]，而年度经营目标的实质是，在会计期间初始，上市公司董事会综合未来发展战略、经营计划、行业格局和趋势等对期末财务业绩成果的预测水平，简而言之，广义上属于一种年度区间的管理层预测。管理层预测对分析师行为的影响已得到大量文献证实（Cheng et al.，2013；王玉涛和王彦超，2012）。与文献中严格意义上界定的管理层预测相比，年度经营目标预测时间更加提前（年度经营目标通常在上年度期末制定），还兼具对公司内部管理活动的指导功能，因此经营目标信息更具有前瞻性、计划性。王玉涛和王彦超（2012）研究表明，业绩预告形式与预告精度均会影响信息多寡与不确定性，通过影响分析师收集处理信息的"收益—成本"分布来影响分析师预测行为。同理可知，定量业绩目标比定性方式所提供信息的不确定性更小。上述特质都可能影响分析师的预测行为。

需要注意的是，证监会提示不能将这种精确性较高的标杆作为管理层的盈利预测[③]，并提醒投资者注意风险。与定性目标信息相比，定量目标简单明了，信息复杂度低，增强了可读性，更为重要的是，具有了可验证性。对业绩目标加以量化并发布，意味着管理层给自己未来的盈余设置了可对照的

---

① 具体内容详见证监会出台《公开发行证券的公司信息披露内容与格式准则第 2 号——年度报告的内容与格式》（2015 年修订稿）第八节第三十二条。

② 证监会出台《公开发行证券公司信息披露的内容与格式准则第 2 号——年度报告的内容与格式》（2015 年修订稿）第四节第二十八条规定：应当讨论和分析公司未来发展战略、下一年度的经营计划以及公司可能面对的风险，鼓励进行量化分析。公司应当披露下一年度的经营计划……及下一年度的经营目标，如销售额的提升、市场份额的扩大、成本下降、研发计划等，为达到上述经营目标拟采取的策略和行动。

③ 《公开发行证券公司信息披露的内容与格式准则第 2 号——年度报告的内容与格式》（2015 年修订稿）第四节第二十八条规定：公司应当同时说明该经营计划并不构成公司对投资者的业绩承诺，提示投资者对此保持足够的风险意识，并且应当理解经营计划与业绩承诺之间的差异。

标杆，同时也给分析师预测设置了一个标杆。如果分析师留意到年初的业绩目标信息，那么他很可能会在接下来一整年中时不时拿定期报告的实际业绩与标杆作对比，查验业绩目标完成进度。如果目标完成情况良好，那么目标信息便具有了业绩承诺的效应，可以向外界传递出公司经营状况良好的信号；如果实际业绩与目标之间偏离过大，则意味着出现期望偏差，可能向外界传递负面信号。总之，当披露的业绩目标与实际业绩相互对照时，完成业绩目标的公司便同时通过了其经营状况与信息披露质量的自鉴。优质公司会吸引更多的分析师跟踪，同时，高质量的信息披露能够促使分析师预测精确度提高。本章提出 H5 – 1 与 H5 – 2。

H5 – 1：在其他条件一定的情况下，管理层业绩目标完成程度会显著提高分析师跟踪的数量。

H5 – 2：在其他条件一定的情况下，管理层业绩目标完成程度会显著提高分析师预测的准确性。

5.2.2 机构投资者对管理层业绩目标完成情况的评价

公司财务主流文献的重要领域之一是对机构投资者投资决策影响因素研究。国外文献发现信息不对称、交易成本等净损失成本显著影响资本市场中机构投资者的持股行为（Kang and Stulz，1997；Gompers and Metrick，2001；Dahlquist and Robertsson，2001）。基于中国的资本市场，已有研究考察了公司层面与宏观层面的影响因素，发现机构投资者更倾向于投资规模较大、股权集中度较低、盈利历史较好、沪深300指数的公司，同时地理位置和地区政治干预也会影响其投资决策（Lin et al.，2013）。田澍等（2012）研究发现基金投资者同样偏好净损失成本较低的个股，并关注区域经济发展水平及行业特征。陈卓思等（2008）发现公司良好的历史业绩会吸引机构投资者加仓，并且机构投资者倾向于做长期化投资。总体而言，针对我国机构投资者的投资策略与行为，研究文献尚不够丰富（黎文靖和路晓燕，2015）。

与其他外部投资者相比，机构投资者具备更丰富的投资经验以及收集、分析信息的能力，信息含量增加与披露质量提高都更容易被机构投资者所感知。金姆和韦雷基亚（Kim and Verrecchia，1994）通过理论研究证明，包括MD&A等信息在内的自愿信息披露能够降低投资者之间的信息不对称性，有利于提高流动性。此外，斯洛维奇（Slovic，1966）与宫崎等（Miyazaki et al.，2005）研究表明，当利益相关者接收到的来自各种渠道的信息能够相互佐证时，这些信息的真实性将更容易被信赖。提供增量的、叙述性的细节描述同样可以增强信息使用者的信心（程新生等，2015）。

也有研究表明，MD&A 中关于未来发展前景的非财务信息难以被即时验证（Athanasakou and Hus-sainey，2010），导致其可鉴证性较差，能否对投资者发挥决策有用性存在争议（程新生等，2012）。相比之下，MD&A 中定量业绩目标披露增加了更为细节化的信息含量，有助于降低信息不对称性；同时，在公司后续披露的定期或不定期报告中，实际业绩完成进度抑或经营计划的调整都在一定程度上呼应了年初披露的业绩目标，相互印证的信息增强了机构投资者对盈余信息的信心，进而提高其所感知到的盈余信息的可靠性和真实性。根据已有研究，经营稳定、盈利能力强、公司治理完善及风险管控能力强的公司更容易获得机构投资者的青睐。从结果导向来看，业绩目标完成情况可以在一定程度上反映出公司经营管理及治理的综合水平，而企业很好地完成年报披露的业绩目标无疑是一个利好消息，很可能吸引机构投资者加仓。基于上述分析，本章提出 H5 - 3。

H5 - 3：在其他条件一定的情况下，管理层业绩目标完成程度会显著提升机构投资者的增持行为，表现为提高机构投资者持股比例以及增持概率。

5.3 研究设计

5.3.1 样本选取及数据来源

本章选取中国 2004～2016 年所有 A 股上市公司作为初始研究样本。自 2004 年以来，公司年报中自愿披露定量业绩目标的样本开始逐渐增多，以及国资委对国企的考核也从 2004 年正式开始。本章按照以下筛选原则对初始样本进行处理：（1）剔除了金融类行业上市公司，因为金融类行业适用的会计准则与非金融类行业显著不同。（2）剔除了财务数据缺失的公司。（3）剔除了没有披露定量经营业绩目标的公司，因为主要解释变量是业绩目标的完成情况。（4）剔除了少于连续两年披露定量业绩目标的样本。由于本书在后续章节会考察管理层业绩目标设定及动态调整的规律，而目标调整需要用到下一个年度的样本，因此 2016 年样本只适用于目标调整变量。尽管本章只需用目标完成情况的变量，但为了保持整体研究样本的贯穿性和严谨性，实际目标完成情况的样本区间为 2004～2015 年。（5）剔除了其他主要变量缺失的样本。最终，本章分别得到 3 970 个公司—年度的观测值用于分析师预测行为研究，4 995 个公司—年度的观测值用于机构投资者持股行为研究①。

　　本章所使用的管理层业绩目标数据来源于上市公司年报，披露于"管理层分析与讨论"部分，通过查阅年报手工整理得到。相关财务数据、公司治理数据以及股票市场数据主要来源于国泰安（CSMAR）数据库和万得（Wind）数据库，缺失数据经过年报、巨潮资讯网等渠道进行搜索和手工补充。为消除极端值的影响，对所有连续变量在 1% 和 99% 分位上进行缩尾（winsorize）处理。

5.3.2　实证模型与变量定义

1. 分析师预测行为的相关检验

　　本章从分析师跟踪水平与分析师预测准确性两方面来考察管理层业绩目标完成情况对分析师预测行为的影响。为了检验 H5 - 1 与 H5 - 2，本章分别构建方程（5 - 1）及方程（5 - 2），列示如下：

$$AnaAttention_{t+1}/ReportAttention_{t+1} = \beta_0 + \beta_1 AchieveSales_t/SalesGap_t/SalesComplete_t +$$
$$\beta_2 MarketValue_t + \beta_3 Profit_t + \beta_4 Big4_t + \beta_5 Top1share_t + \beta_6 EarningVolatility_t +$$
$$\beta_7 StockVolatility_t + Year\ Fixed\ Effects + Industry\ Fixed\ Effects + \varepsilon \qquad (5-1)$$

$$Forecastaccuracy_t/Forecastoptimism_t = \beta_0 + \beta_1 AchieveSales_t/SalesGap_t/SalesComplete_t +$$
$$\beta_2 MarketValue_t + \beta_3 Profit_t + \beta_4 EarningVolatility_t + \beta_5 StockVolatility_t + \beta_6 AnaAttention_t +$$
$$\beta_7 Big4 + Year\ Fixed\ Effects + Industry\ Fixed\ Effects + \varepsilon \qquad (5-2)$$

　　借鉴已有研究（Barber and Loffler，1993；Jiraporn et al.，2012；翟胜宝等 2016），本章构造两个指标来衡量分析师跟踪水平，分别是被分析师关注度（AnaAttention）与被研报关注度（ReportAttention）。被分析师关注度（AnaAttention）是一年内有分析师（或团队）对该上市公司跟踪的数量，其

---

① 样本观测数量会因不同回归模型变量之间的差异而有微幅调整。

中，一个团队就按照数量1来记，不单列团队的成员计算数量，该数值加1后取自然对数得到；被研报关注度（ReportAttention）是一年内对该公司进行过跟踪分析的研报数量，该数值加1后取自然对数得到。

分析师预测准确性有两个衡量指标，分别是分析师预测准确度（Forecastaccuracy）与分析师乐观偏差程度（Forecastoptimism）。借鉴许年行等（2012）、全怡等（2014）的计算方法，本章构造分析师预测准确度（Forecastaccuracy）：（1）剔除预测发布日晚于预测指标到期日的样本；（2）对于盈余预测数据，如果分析师在一年内对同一公司发布了多份报告，仅保留符合要求的最后一份报告数据；（3）计算每位分析师的个股每股收益预测偏差程度，再乘以（ -1 ）：Forecastaccuracy_per = （ -1 ） $\times$ （｜EPS预测值 – EPS实际值｜/｜EPS实际值｜）[①]；（4）Forecastaccuracy为按照公司—年份计算的所有跟踪分析师的每股收益预测准确度的均值，作为该公司该年份的分析师预测准确性。

类似地，分析师乐观偏差程度（Forecastoptimism）计算方法为：在上述步骤（1）与步骤（2）的基础上，先计算每位分析师的个股乐观偏差：Forecastoptimism_per = ｜EPS预测值 – EPS实际值｜/前一个交易日股票收盘价；Forecastoptimism为按照公司—年份计算的所有跟踪分析师乐观偏差的均值，作为该公司该年份的分析师乐观偏差。

关于业绩目标完成情况的变量，本章参考鲍温斯和克洛斯（2011）、陈磊等（2015）、金姆和信等（2017）的研究，构造了三个衡量指标，分别是：（1）是否完成业绩目标的哑变量（AchieveSales），如果公司实际业绩达到或超过业绩目标，则取值为1，否则为0；（2）实际业绩与业绩目标的偏离程度（SalesGap），等于公司实际业绩减去业绩目标的差值，并用期末总资产进行标准化；（3）业绩目标完成程度（SalesComplete），等于实际业绩除以业绩目标，计算的比值即为业绩目标完成程度。

借鉴已有研究（翟胜宝等，2016），本章主要回归模型的控制变量包括上市公司市值（MarketValue）、公司业绩（Profit）、会计师事务所规模

[①] 为了使分析师预测准确性的变量构造更容易被理解，本章将计算出的偏差程度乘以（ -1 ）进行调整，最终得到的分析师预测准确度（Forecastaccuracy）变量的数值越大，表示预测准确性越高。

（Big4）、第一大股东持股比例（Top1share）、会计业绩波动性（EarningVolatility）、股票波动性（StockVolatility）、年度（Year）和行业（Industry）。同时，在检验分析师预测准确性时，模型中还增添了分析师跟踪人数（AnaAttention）作为控制变量。具体的变量定义见表 5-1。

表 5-1　　　　　　　　　　　　变量定义及说明

变量符号	变量名称	变量定义
因变量		
AnaAttention	被分析师关注度	一年内有分析师（团队）对该公司进行过跟踪分析的数量，加 1 后取自然对数
ReportAttention	被研报关注度	一年内对该公司进行过跟踪分析的研报数量，加 1 后取自然对数
Forecastaccuracy	分析师预测准确度	按照公司—年份计算的所有分析师每股收益预测准确度的均值
Forecastoptimism	分析师乐观偏差程度	按照公司—年份计算的所有跟踪分析师的乐观偏差程度的均值
StdRank	分析师标准化评级	对标准化评级赋值，正面评级（增持、买入）为 1，负面评级（卖出、减持和中性）为 0，然后按公司—年份计算标准化评级均值
Rankchg	分析师评级修正	对评级修正进行赋值，正面修正（上调、首次）为 1，负面修正（下调）为 -1，维持（维持）为 0
CTotalInstituhld	机构投资者持股变动	本期期末机构投资者持股比例比上期期末机构投资者持股比例增加或减少的比例
OverweightTotal	机构投资者是否增持	哑变量，如果 CTotalInstituhld 大于 0 则取 1，表示与上期相比，本期机构投资者持股比例增加，否则为 0
CFundhld	基金投资者持股变动	本期期末基金投资者持股比例比上期期末基金投资者持股比例增加或减少的比例
Overweightfund	基金投资者是否增持	哑变量，如果 CFundhld 大于 0 则取 1，表示与上期相比，本期机构投资者持股比例增加；若 CFundhld 小于等于 0，则取值为 0
自变量		
AchieveSales	是否达到业绩目标	哑变量，若实际业绩达到或超过业绩目标，则取值为 1，否则为 0
SalesGap	实际业绩与目标偏差	公司实际业绩减去业绩目标的差值，并用期末总资产进行标准化
SalesComplete	业绩目标完成程度	实际业绩/业绩目标，计算的比值即为业绩目标完成程度

变量符号	变量名称	变量定义
控制变量		
MarketValue	上市公司市值	公司期末股票市值的自然对数
Profit	公司业绩	公司期末的会计业绩，等于以百万计数的净利润值
Top1share	第一大股东持股比例	第一大股东持股数量占总股数的比例
EarningVolatility	会计业绩波动性	上市公司最近三年净利润的离散系数
StockVolatility	股价波动性	股票年度周收益率的标准差
TobinQ	公司成长性	（股东权益市场价值 + 负债账面价值）／总资产账面价值
Return	股票回报率	个股的年收益率
SOE	国有企业产权	实际控制人为国有取值为 1，否则为 0
Size	总资产规模	公司期末总资产的自然对数
Leverage	资产负债率	公司期末总负债／期末总资产
Roa	总资产回报率	期末净利润／期末总资产
Boardsize	董事会规模	上市公司董事会人数的自然对数
IndepBoard	独立董事比例	独立董事人数占董事会人数的比例
Mngmhld	管理层持股比例	管理层持股数量占总股数的比例
Big4	会计师事务所规模	对公司进行审计的事务所属于国际四大之一则取值为 1，否则为 0
Year	年度	年度虚拟变量，当年年份取值为 1，否则为 0
Industry	行业	行业虚拟变量，按照 2012 年证监会的行业分类标准，制造业按二级划分，其他行业按一级划分。属于该行业取值为 1，否则为 0

2. 机构投资者增持行为的相关检验

为研究业绩目标完成情况对机构投资者增持行为的影响，本章建立模型（5 - 3）检验 H5 - 3，具体列示如下：

$$CTotalInstituhld_{t+1}/OverweightTotal_{t+1} = \beta_0 + \beta_1 AchieveSales_t/SalesGap_t/SalesComplete_t + \beta_2 MarketValue_t + \beta_3 TobinQ_t + \beta_4 Return_t + Year\ Fixed\ Effects + Industry\ Fixed\ Effects + \varepsilon \qquad (5-3)$$

关于机构投资者增持行为的被解释变量，本章借鉴已有研究（高敬忠等，2011；孔东民等，2015）构造了两个指标，分别为机构投资者持股比例变动（CTotalInstituhld）与机构投资者是否增持（OverweightTotal）。机构投资者持股比例变动（CTotalInstituhld）表示本期期末机构投资者持股比例比上期期末机构投资者持股比例增加或减少的比例，其中，机构投资者持股比例用期末机构投资者持股数量与年末公司总流通股股数之比来表示。机构投资者是否增持（OverweightTotal）为哑变量，如果 CTotalInstituhld 大于 0 则取值为 1，表示与上期相比，本期机构投资者持股比例增加；若 CTotalInstituhld 小于等于 0 则取值为 0。关于业绩目标完成情况的变量的构造方法与前述一致。另外，当将机构投资者持股比例变动（CTotalInstituhld）作为被解释变量时，主检验使用 OLS 回归模型；当将机构投资者是否增持（OverweightTotal）作为被解释变量时，主检验使用 Logistic 回归模型。

参考现有研究（高敬忠等，2011；孔东民等，2015），本章选取的主要控制变量包括上市公司市值（MarketValue）、公司成长性（TobinQ）、股票回报率（Return）、年度（Year）和行业（Industry）。此外，在稳健性检验中，本章还控制了国有企业产权（SOE）、总资产规模（Size）、资产负债率（Leverage）、总资产回报率（Roa）、董事会规模（Boardsize）、独立董事比例（IndepBoard）、第一大股东持股比例（Top1share）、管理层持股比例（Mngmhld）、会计师事务所规模（Big4）等。具体的变量定义见表 5-1。

5.3.3　描述性统计

1. 主要变量描述性统计

表 5-2 列示了本章主要变量的描述性统计。在表 5-2 中，Panel A 报告了分析师预测行为相关变量的描述性统计。在样本年度期间，被分析师关注度的均值为 1.987，最大值为 4.060，最小值为 0.693；被研报关注度的均值为 2.398，最大值为 5.130，最小值为 0.693，表明不同上市公司的分析师跟踪人数与研报发布数量差异较大。分析师预测准确度的均值为 -0.931，最大值为 -0.012，最小值为 -15.14，分析师乐观偏差程度的均值为 0.010，最大值为 0.133，最小值为 -0.029，表明对于不同上市公司，其分析师预测准确性存在较大差异，并且分析师预测存在系统性的乐观倾向。分析师标准化评级与评级修正的均值分别为 0.785 与 0.209，也可粗略看出分析师评级过于乐观。样本中有 49.5% 的公司完成目标，业绩目标完成程度的均值为 1.021，最小值为 0.371，最大值为 2.698，表明上市公司业绩目标完成情况差异较大。Panel B 报告了机构投资者持股行为相关变量的描述性统计。第

t + 1 期机构投资者持股比例变动的均值为 2.717%，最大值为 55.58%，最小值为 -31.86%，机构投资者增持的哑变量的均值为 0.521，表明有过半的机构投资者有增持行为，而机构投资者持股比例变动的分布差异较大。基金投资者持股行为与之类似。样本中有 46.9% 的公司完成业绩目标，同样地，业绩目标完成情况在样本中差异较大。国有企业占比 64.5%，与国企实施目标责任制考核有关，每年期初需要向国资委报告经营目标，因而其披露在报表中的可能性更大。Panel A 与 Panel B 中主要控制变量的描述性统计表明样本分布具有相当的差异性，提升了大样本研究的意义。

表 5 - 2 　　　　　　　　　　主要变量的描述性统计

Panel A：分析师预测行为的相关检验变量

变量	样本数	均值	中位数	标准差	最小值	最大值
$AnaAttention_{t+1}$	3 877	1.987	1.946	0.876	0.693	4.060
$ReportAttention_{t+1}$	3 970	2.398	2.398	1.098	0.693	5.130
$Forecastaccuracy_{t+1}$	3 667	-0.931	-0.280	2.107	-15.14	-0.012
$Forecastoptimism_{t+1}$	3 664	0.010	0.005	0.022	-0.029	0.133
$StdRank_{t+1}$	3 838	0.785	0.949	0.315	0	1
$Rankchg_{t+1}$	3 460	0.209	0.118	0.310	-0.500	1
$AchieveSales_t$	3 970	0.495	0	0.500	0	1
$SalesGap_t$	3 970	0.004	-0.001	0.302	-1.316	1.467
$SalesComplete_t$	3 970	1.021	0.999	0.267	0.371	2.698
$MarketValue_t$	3 970	22.52	22.44	0.999	20.34	25.32
$Profit_t$	3 970	458.1	143.8	1 141	-931.4	7 529
$Top1share_t$	3 970	38.67	38.09	15.75	9.229	76.82
$EarningVolatility_t$	3 970	0.870	0.345	2.017	0.031	18.80
$StocVolatility_t$	3 970	4.882	4.582	1.841	1.702	11.02
$Big4_t$	3 970	0.077	0	0.267	0	1

Panel B：机构投资者增持行为的相关检验

变量	样本数	均值	中位数	标准差	最小值	最大值
$CTotalInstituhld_{t+1}$	4 995	2.717	0.075 0	13.96	-31.86	55.58
$OverweightTotal_{t+1}$	4 945	0.521	1	0.500	0	1
$CFundhld_{t+1}$	4 186	-1.166	-0.215	7.904	-32.33	32.19
$Overweightfund_{t+1}$	4 186	0.436	0	0.496	0	1
$AchieveSales_t$	4 995	0.469	0	0.499	0	1
$SalesGap_t$	4 995	-0.014 0	-0.014 0	0.297	-1.098	1.351

续表

Panel B：机构投资者增持行为的相关检验

变量	样本数	均值	中位数	标准差	最小值	最大值
SalesComplete$_t$	4 995	1.006	0.988	0.268	0.371	2.698
MarketValue$_t$	4 995	22.37	22.27	0.993	20.34	25.32
TobinQ$_t$	4 995	1.707	1.271	1.475	0.190	8.396
Return$_t$	4 995	0.333	0.154	0.763	−0.704	3.253
SOE$_t$	4 995	0.645	1	0.479	0	1
Size$_t$	4 995	22.14	22.01	1.228	19.73	25.85
Leverage$_t$	4 995	0.504	0.514	0.197	0.083 0	0.949
Roa$_t$	4 995	0.036 0	0.031 0	0.052 0	−0.174	0.180
Boardsize$_t$	4 966	2.308	2.303	0.178	1.792	2.773
IndepBoard$_t$	4 966	0.367	0.333	0.052 0	0.286	0.571
Top1share$_t$	4 995	37.63	36.63	15.62	9.229	76.82
Mngmhld$_t$	4 687	0.047 0	0	0.132	0	0.627
Big4$_t$	4 995	0.064 0	0	0.245	0	1

2. 单变量分析

表 5 - 3 报告了业绩目标完成与分析师预测行为、机构投资者持股行为之间的单变量分析结果。可以看出：（1）Panel A 中，完成业绩目标组的公司未来被分析师关注度（AnaAttention$_{t+1}$）与被研报关注度（ReportAttention$_{t+1}$）的均值都在 1% 的水平上显著高于未完成目标组。这表明完成管理层业绩目标的公司更容易吸引分析师关注，而"获得更多分析师关注"本身就是外部资本市场的一个高度评价，H5 - 1 得到初步验证。（2）Panel B 中，完成业绩目标组的分析师预测准确度（Forecastaccuracy$_{t+1}$）与分析师乐观偏差程度（Forecastoptimism$_{t+1}$）的均值都在 1% 的水平上显著高于未完成目标组。这表明公司很好地完成管理层业绩目标能够提高分析师预测的准确性，H5 - 2 得到初步验证。（3）Panel C 中，完成业绩目标组的公司未来机构投资者持股比例变动（CTotalInstituhld$_{t+1}$）与机构投资者增持变量（OverweightTotal$_{t+1}$）的均值分别在 5% 与 1% 的水平上显著高于未完成目标组。这表明完成管理层业绩目标的公司更容易获得机构投资者的投资青睐，H5 - 3 得到初步验证。（4）已有研究发现我国机构投资者的短期投机倾向比较明显（Jiang and Kim，2015），因此，本章在考察机构投资者持股行为的初步检验中，尝试调整不同的时间窗口，Panel D 列示了不同时间窗口的结果，同样支持了 H5 - 3。

表 5 - 3   单变量均值检验

Panel A：业绩目标完成与分析师跟踪

变量	完成目标组	Mean1	未完成目标组	Mean2	MeanDiff
$AnaAttention_{t+1}$	1 928	2.088	1 949	1.887	0.201 6 ***
$ReportAttention_{t+1}$	1 966	2.506	2 004	2.292	0.214 0 ***

Panel B：业绩目标完成与分析师预测准确性

变量	完成目标组	Mean1	未完成目标组	Mean2	MeanDiff
$Forecastaccuracy_{t+1}$	1 774	-0.636	1 893	-1.208	0.572 4 ***
$Forecastoptimism_{t+1}$	1 774	0.005 20	1 890	0.013 9	-0.008 7 ***

Panel C：业绩目标完成与机构投资者持股变动 - t+1 期末与期初

变量	完成目标组	Mean1	G2（1）	Mean2	MeanDiff
$CTotalInstituhld_{t+1}$	2 343	3.156	2 652	2.329	0.827 4 **
$OverweightTotal_{t+1}$	2 343	0.528	2 652	0.492	0.036 7 ***

Panel D：业绩目标完成与机构投资者持股变动——基于不同时间窗口

a. t+1 期中期与第一季度期末

变量	完成目标组	Mean1	未完成目标组	Mean2	MeanDiff
$CTotalInstituhld_{MidQ1}$	2 325	4.129	2 643	2.292	1.837 0 ***
$OverweightTotal_{MidQ1}$	2 325	0.705	2 643	0.620	0.085 2 ***

b. t+1 期中期与 t 期期末

变量	完成目标组	Mean1	未完成目标组	Mean2	MeanDiff
$CTotalInstituhld_{MidQ4}$	2 339	1.411	2 651	0.691	0.719 9 **
$OverweightTotal_{MidQ4}$	2 339	0.467	2 651	0.425	0.042 2 ***

c. t 期期末与期初

变量	完成目标组	Mean1	未完成目标组	Mean2	MeanDiff
$CTotalInstituhld_{t}$	2 328	4.795	2 634	2.399	2.395 8 ***
$OverweightTotal_{t}$	2 328	0.564	2 634	0.482	0.081 9 ***

注：*、**、***分别表示在10%、5%、1%水平上显著。

3. 相关系数矩阵

表 5 - 4 报告了主要变量的相关系数矩阵。Panel A 报告了分析师预测行为检验中被解释变量与解释变量的相关系数，由表 5 - 4 可知，上市公司 t 期是否达到业绩目标（AchieveSales）、实际业绩与目标偏差（SalesGap）、业绩目标完成度（SalesComplete）均与 t + 1 期的被分析师关注度（AnaAttention）、被研报关注度（ReportAttention）、分析师预测准确性（Forecastaccuracy）显著正相关，与分析师乐观偏差（Forecastoptimism）显著负相关。与本章的预期相符。

表 5－4　主要变量相关系数矩阵

Panel A：分析师预测行为检验中被解释变量与解释变量的相关性分析

变量	AnaAttention$_{t+1}$	ReportAttention$_{t+1}$	Forecastaccuracy$_{t+1}$	Forecastoptimism$_{t+1}$	AchieveSales$_t$	SalesGap$_t$	SalesComplete$_t$
AnaAttention$_{t+1}$	1	0.969 ***	0.255 ***	−0.152 ***	0.116 ***	0.135 ***	0.135 ***
ReportAttention$_{t+1}$	0.968 ***	1	0.265 ***	−0.158 ***	0.099 0 ***	0.121 ***	0.121 ***
Forecastaccuracy$_{t+1}$	0.147 ***	0.157 ***	1	−0.642 ***	0.244 ***	0.274 ***	0.278 ***
Forecastoptimism$_{t+1}$	−0.137 ***	−0.131 ***	−0.328 ***	1	−0.271 ***	−0.313 ***	−0.318 ***
AchieveSales$_t$	0.118 ***	0.099 6 ***	0.132 ***	−0.197 ***	1	0.864 ***	0.864 ***
SalesGap$_t$	0.089 3 ***	0.085 5 ***	0.119 ***	−0.197 ***	0.627 ***	1	0.995 ***
SalesComplete$_t$	0.080 1 ***	0.078 8 ***	0.110 ***	−0.203 ***	0.626 ***	0.934 ***	1

Panel B：分析师预测行为检验中控制变量的相关性分析

变量	MarketValue$_t$	Profit$_t$	Top1share$_t$	EarningVolatility$_t$	StockVolatility$_t$	Big4$_t$
MarketValue$_t$	1	0.654 ***	0.217 ***	−0.155 ***	0.050 4 ***	0.259 ***
Profit$_t$	0.582 ***	1	0.203 ***	−0.459 ***	−0.181 ***	0.261 ***
Top1share$_t$	0.258 ***	0.222 ***	1	−0.069 1 ***	−0.072 9 ***	0.147 ***
EarningVolatility$_t$	−0.120 ***	−0.127 ***	−0.038 1 ***	1	0.141 ***	−0.093 0 ***
StockVolatility$_t$	0.052 9 ***	−0.147 ***	−0.065 4 ***	0.061 6 ***	1	−0.101 ***
Big4$_t$	0.320 ***	0.440 ***	0.154 ***	−0.048 0 ***	−0.096 0 ***	1

Panel C：机构投资者持股行为检验中主要变量的相关性分析

变量	CTotalInstit～d$_{t+1}$	Overweight～l$_{t+1}$	AchieveSales$_t$	SalesGap$_t$	SalesComplete$_t$	MarketValue$_t$	TobinQ$_t$	Return$_t$
CTotalInstituhld$_t$	1	−0.088 8 ***	0.038 6 ***	0.036 6 ***	0.035 5 **	−0.129 ***	−0.057 5 ***	−0.035 5 **
OverweightTotal$_{t+1}$	−0.097 7 ***	1	0.080 7 ***	0.092 2 ***	0.093 2 ***	−0.006 16	0.118 ***	0.179 ***
AchieveSales$_t$	0.027 7 ***	0.080 7 ***	1	0.864 ***	0.864 ***	0.096 6 ***	0.012 4	0.059 8 ***
SalesGap$_t$	0.026 6 *	0.079 1 ***	0.643 ***	1	0.995 ***	0.115 ***	0.010 1	0.072 3 ***
SalesComplete$_t$	0.022 8	0.085 1 ***	0.626 ***	0.939 ***	1	0.112 ***	0.010 2	0.073 0 ***
MarketValue$_t$	−0.124 ***	−0.011 3	0.103 ***	0.112 ***	0.108 ***	1	0.080 4 ***	0.250 ***
TobinQ$_t$	−0.059 8 ***	0.104 ***	0.008 10	−0.004 32	−0.000 486	0.112 ***	1	0.406 ***
Return$_t$	−0.046 4 ***	0.200 ***	0.089 2 ***	0.098 5 ***	0.107 ***	0.208 ***	0.383 ***	1

注：左下角报告的是 Pearson 相关系数矩阵，右上角报告的是 Spearman 相关系数矩阵，*、**、*** 分别表示在 10%、5%、1% 水平上显著。

Panel B 报告了控制变量间的相关系数，回归中各变量的方差膨胀因子均小于5，不存在严重的多重共线性。Panel C 报告了机构投资者持股行为检验中主要变量的相关系数，可以看到，Spearman 相关系数矩阵中，上市公司 t 期是否达到业绩目标（AchieveSales）、实际业绩与目标偏差（SalesGap）、业绩目标完成度（SalesComplete）均与 t + 1 期机构投资者持股比例变动（CTotalInstituhld）、机构投资者增持（OverweightTotal）显著正相关，Pearson 相关系数矩阵中，除了业绩目标完成度（SalesCompletete）与机构投资者持股比例变动（CTotalInstituhld）不显著之外，其他都显著正相关。

总体而言，初步结果与 H5 - 3 的预期相符。此外，回归中各变量的方差膨胀因子均小于5，不存在严重的多重共线性。

5.4 实证结果及分析

5.4.1 分析师预测行为的相关检验

1. 多元回归分析

表5 - 5 报告了对 H5 - 1 的检验结果。列（1）～列（3）为本期业绩目标完成情况对下一期分析师跟踪人数的影响，列（4）～列（6）为本期业绩目标完成情况对下一期被研报关注的影响，可以发现，业绩目标完成与否 AchieveSales 的系数均在 1% 的水平上显著为正，而对于业绩目标完成程度的变量 SalesGap 与 SalesComplete，系数均至少在 5% 的水平上显著为正。这表明业绩目标完成程度会显著提高分析师的跟踪数量，H5 - 1 得到验证。此外，控制变量的结果显示，公司市值（MarketValue）越高越吸引投资者关注，而第一大股东持股比例（Top1share）越高，盈余波动性（EarningVolatility），股价波动性越大（StockVolatility），均会降低分析师跟踪数量。这些结果与已有文献一致。

表5 - 5　　　　　　　　　　业绩目标完成与分析师跟踪

变量	AnaAttention$_{t+1}$			ReportAttention$_{t+1}$		
	(1)	(2)	(3)	(4)	(5)	(6)
_ cons	− 10. 313 **	− 10. 266 **	− 10. 363 **	− 13. 211 **	− 13. 138 **	− 13. 283 **
	(− 24. 612)	(− 24. 297)	(− 24. 589)	(− 25. 907)	(− 25. 546)	(− 25. 953)

续表

变量	AnaAttention$_{t+1}$			ReportAttention$_{t+1}$		
	(1)	(2)	(3)	(4)	(5)	(6)
AchieveSales$_t$	0.045 ***			0.040 ***		
	(3.247)			(2.961)		
SalesGap$_t$		0.033 **			0.038 ***	
		(2.499)			(2.760)	
SalesComplete$_t$			0.028 **			0.034 **
			(2.078)			(2.455)
MarketValue$_t$	0.614 ***	0.614 ***	0.615 ***	0.622 ***	0.621 ***	0.622 ***
	(31.606)	(31.558)	(31.591)	(32.320)	(32.209)	(32.253)
Profit$_t$	−0.011	−0.009	−0.009	−0.017	−0.015	−0.015
	(−0.726)	(−0.597)	(−0.595)	(−1.095)	(−0.995)	(−1.007)
Top1share$_t$	−0.062 ***	−0.063 ***	−0.063 ***	−0.058 ***	−0.060 ***	−0.059 ***
	(−4.226)	(−4.310)	(−4.266)	(−4.040)	(−4.144)	(−4.109)
EarningVolatility$_t$	−0.082 ***	−0.083 ***	−0.084 ***	−0.082 ***	−0.083 ***	−0.084 ***
	(−5.810)	(−5.922)	(−5.931)	(−5.852)	(−5.962)	(−5.972)
StockVolatility$_t$	−0.055 ***	−0.056 ***	−0.056 ***	−0.052 ***	−0.053 ***	−0.054 ***
	(−3.184)	(−3.220)	(−3.236)	(−3.036)	(−3.097)	(−3.131)
Big4$_t$	−0.005	−0.004	−0.004	0.003	0.005	0.005
	(−0.375)	(−0.278)	(−0.299)	(0.253)	(0.362)	(0.347)
Year FE	是	是	是	是	是	是
Industry FE	是	是	是	是	是	是
N	3 877	3 877	3 877	3 970	3 970	3 970
adj. R^2	0.373	0.372	0.372	0.364	0.364	0.364

注：表中报告系数为标准化系数，括号中为 t 值，*、**、***分别表示在 10%、5%、1% 水平上显著。模型采用 OLS 回归方法估计。

接着，本节考察业绩目标完成情况是否会影响分析师预测的准确性，预测准确性是分析师对公司评价最为重要的表征之一。相应结果见表 5 - 6。列（1）～列（3）是业绩目标完成情况对本期分析师预测准确度的影响，可以发现，业绩目标完成与否 AchieveSales 以及业绩目标完成程度的变量 SalesGap 与 SalesComplete 的系数均在 1% 的水平上显著为正。这表明业绩目标完成程度会显著提高分析师预测的准确性。列（4）～列（6）为业绩目标完成情况对本期分析师预测乐观偏差的影响。由表 5 - 6 可知，业绩目标完成与否 AchieveSales 以及业绩目标完成程度的变量 SalesGap 与 SalesComplete 的系数均在 1% 的水平上显著为负，这表明业绩目标完成会降低分析师预测的乐观偏差程度，同样提高了分析师预测的准确性。综上所述，H5 - 2 得到很好地验证。此外，控制变量的结果显示，公司市值（MarketValue）越高，分析师的乐观偏差越大；会计业绩（Profit）、分析师跟踪数量（AnaAttention）都与分析师预测准确性显著正相关，而盈余波动性（EarningVolatility）则与分析师预测准确性显著负相关，且股价波动性与分析师乐观偏差显著负相关。这些结果与已有文献基本一致。

表 5 - 6　　　　　　　　　　业绩目标完成与分析师预测准确性

变量	$Forecastaccuracy_t$			$Forecastoptimism_t$		
	(1)	(2)	(3)	(4)	(5)	(6)
_ cons	- 1.718	- 1.193	- 1.940	0.003	0.006	0.006
	(- 1.292)	(- 0.894)	(- 1.458)	(0.258)	(- 0.461)	(0.505)
$AchieveSales_t$	0.111 ***			- 0.158 ***		
	(6.591)			(- 9.908)		
$SalesGap_t$		0.105 ***			- 0.170 ***	
		(6.299)			(- 10.851)	
$SalesComplete_t$			0.095 ***			- 0.177 ***
			(5.705)			(- 11.308)
$MarketValuet_t$	- 0.014	- 0.019	- 0.019	0.062 **	0.073 ***	0.076 ***
	(- 0.494)	(- 0.685)	(- 0.679)	(2.376)	(2.786)	(2.912)
$Profit_t$	0.075 ***	0.081 ***	0.080 ***	- 0.175 ***	- 0.182 ***	- 0.180 ***
	(3.246)	(3.484)	(3.463)	(- 7.987)	(- 8.331)	(- 8.256)
$EarningVolatility_t$	- 0.080 ***	- 0.083 ***	- 0.084 ***	0.181 ***	0.184 ***	0.185 ***
	(- 4.845)	(- 5.014)	(- 5.068)	(11.565)	(11.834)	(11.939)
$StockVolatility_t$	0.013	0.009	0.007	- 0.069 ***	- 0.062 ***	- 0.057 ***
	(0.611)	(0.431)	(0.332)	(- 3.488)	(- 3.165)	(- 2.891)
$AnaAttention_t$	0.074 ***	0.077 ***	0.077 ***	- 0.013	- 0.018	- 0.021
	(3.577)	(3.697)	(3.719)	(- 0.685)	(- 0.938)	(- 1.061)
$Big4_t$	- 0.008	- 0.004	- 0.004	0.003	- 0.003	- 0.004
	(- 0.414)	(- 0.209)	(- 0.225)	(0.161)	(- 0.200)	(- 0.231)
Year FE	是	是	是	是	是	是
Industry FE	是	是	是	是	是	是
N	3 667	3 667	3 667	3 664	3 664	3 664
adj. R^2	0.093	0.092	0.090	0.187	0.191	0.194

注：表中报告系数为标准化系数，括号中为 t 值，* 、** 、***分别表示在 10% 、5% 、1% 水平上显著。模型采用 OLS 回归方法估计。

2. 稳健性检验

为了增强结论的稳健性，本章做了如下稳健性检验。

（1）将收入业绩目标替换为净利润业绩目标。以往研究更重视净利润指标对分析师与机构投资者的影响，并且在实务中，外部资本市场通常也更加关注公司的盈利水平。因此，本章使用净利润业绩目标的样本重新对 H5 − 1 与 H5 − 2 进行检验。结果列示于表 5 − 7、表 5 − 8 中。结果稳健，表明经营目标完成情况确实显著影响了分析师对公司的评价，在分析师跟踪与分析师预测准确性方面均有显著表现。

表 5 − 7　　业绩目标完成与分析师跟踪行为——基于净利润目标完成程度

变量	$AnaAttention_{t+1}$			$ReportAttention_{t+1}$		
	（1）	（2）	（3）	（4）	（5）	（6）
_ cons	− 9.905 ***	− 9.776 ***	− 9.657 ***	− 12.755 ***	− 12.596 ***	− 12.334 ***
	（− 9.739）	（− 9.509）	（− 9.264）	（− 10.294）	（− 10.080）	（− 9.655）
$AchieveProfit_t$	0.080 ***			0.068 **		
	（2.617）			（2.192）		
$ProfitGap_t$		0.075 ***			0.073 ***	
		（2.726）			（2.797）	
$ProfitComplete_t$			0.055 *			0.072 **
			（1.780）			（2.498）
$MarketValuet_t$	0.576 ***	0.575 ***	0.567 ***	0.580 ***	0.579 ***	0.566 ***
	（12.745）	（12.670）	（12.215）	（13.229）	（13.189）	（12.378）
$Profit_t$	− 0.038	− 0.038	− 0.027	− 0.046	− 0.047	− 0.036
	（− 1.043）	（− 1.055）	（− 0.724）	（− 1.502）	（− 1.555）	（− 1.158）
$EarningVolatility_t$	− 0.107 ***	− 0.111 ***	− 0.114 ***	− 0.101 ***	− 0.106 ***	− 0.104 ***
	（− 3.553）	（− 3.680）	（− 3.664）	（− 3.350）	（− 3.473）	（− 3.328）
$StockVolatility_t$	− 0.105 **	− 0.098 **	− 0.088 **	− 0.126 ***	− 0.119 ***	− 0.095 **
	（− 2.525）	（− 2.389）	（− 2.202）	（− 2.963）	（− 2.823）	（− 2.375）
$AnaAttention_t$	− 0.053	− 0.049	− 0.043	− 0.034	− 0.030	− 0.022
	（− 1.204）	（− 1.097）	（− 0.939）	（− 0.777）	（− 0.688）	（− 0.495）
$Big4_t$	− 0.009	− 0.002	− 0.014	0.010	0.017	− 0.000
	（− 0.451）	（− 0.094）	（− 0.654）	（0.493）	（0.844）	（− 0.014）
Year FE	是	是	是	是	是	是
Industry FE	是	是	是	是	是	是
N	760	760	737	772	772	746
adj. R^2	0.411	0.411	0.406	0.394	0.395	0.394

注：表中报告系数为标准化系数，括号中为 t 值，* 、 ** 、 *** 分别表示在 10% 、5% 、1% 水平上显著。模型采用 OLS 回归方法估计。

表5-8　业绩目标完成与分析师预测准确性——基于净利润目标完成程度

变量	Forecastaccuracy$_t$			Forecastoptimism$_t$		
	(1)	(2)	(3)	(4)	(5)	(6)
_ cons	-2.627	-8.874	-2.823	0.037 *	0.012	0.05 ***
	(-0.873)	(-0.295)	(-0.969)	(1.928)	(0.724)	(2.961)
AchieveProfit$_t$	0.197 ***			-0.359 ***		
	(4.921)			(-9.792)		
ProfitGap$_t$		0.288 ***			-0.559 ***	
		(7.267)			(-16.944)	
ProfitComplete$_t$			0.113 ***			-0.406 ***
			(2.816)			(-11.432)
MarketValuet$_t$	0.014	-0.006	0.028	-0.039	0.003	-0.074
	(0.219)	(-0.104)	(0.441)	(-0.685)	(0.055)	(-1.314)
Profit$_t$	0.049	0.039	0.065	0.014	0.036	0.022
	(0.956)	(0.773)	(1.226)	(0.293)	(0.864)	(0.468)
EarningVolatility$_t$	-0.059	-0.021	-0.062	0.214 ***	0.139 ***	0.131 ***
	(-1.515)	(-0.553)	(-1.542)	(5.984)	(4.307)	(3.680)
StockVolatility$_t$	0.059	0.056	0.053	-0.054	-0.048	-0.079 *
	(1.181)	(1.158)	(1.056)	(-1.185)	(-1.185)	(-1.778)
AnaAttention$_t$	0.096 *	0.099 **	0.082	-0.006	-0.014	0.014
	(1.954)	(2.072)	(1.627)	(-0.132)	(-0.350)	(0.321)
Big4$_t$	-0.098 **	-0.071 *	-0.092 **	-0.013	-0.065 **	0.008
	(-2.415)	(-1.775)	(-2.219)	(-0.339)	(-1.966)	(0.210)
Year FE	是	是	是	是	是	是
Industry FE	是	是	是	是	是	是
N	719	719	704	717	717	702
adj. R^2	0.082	0.119	0.063	0.236	0.389	0.276

注：表中报告系数为标准化系数，括号中为t值，*、**、***分别表示在10%、5%、1%水平上显著。模型采用OLS回归方法估计。

（2）内生性问题。本章结果可能存在内生性问题，业绩目标完成较好的公司本身具备的高质量使其初期就拥有更多的分析师关注以及更高的预测准确性。为了控制内生性带来的影响，在前面检验分析师跟踪行为影响的回归模型中，解释变量均采用滞后一期处理，初步缓解了内生性问题。进一步地，本章运用变化模型（change model）对基本模型的被解释变量及控制变量均采用变动水平进行衡量，回归结果见表5-9，分析师跟踪的增量变量与业绩目标是否完成及完成程度显著正相关，表明业绩目标完成着实提高了分析师跟踪水平。对于分析师预测准确性检验，本章前面考察的是分析师当期预测准确性，因为分析师在年报出来之前会根据新增信息不断调整其预测，并且信息调整周期较短，而本章想证明的是当期业绩目标是否对分析师预测发挥了参考标杆作用，因此，在主检验中没有采用滞后一期处理。为了减缓内生性问题，本章对原模型分别采用解释变量滞后一期处理，重新回归模型（5-2）。结果分别列示在表 5-10、表 5-11 中，结果均与主检验的结果类似，结果稳健。

表 5-9　　　　　　　　业绩目标完成与分析师跟踪——Change Model

变量	$CAnaAttention_{t+1}$			$CReportAttention_{t+1}$		
	(1)	(2)	(3)	(4)	(5)	(6)
_ cons	0.717 ***	0.766 ***	0.607 **	0.666 **	0.717 **	0.513 *
	(2.684)	(2.837)	(2.199)	(2.244)	(2.393)	(1.667)
$AchieveSales_t$	0.071 ***			0.062 ***		
	(3.829)			(3.384)		
$SalesGap_t$		0.066 ***			0.064 ***	
		(3.179)			(3.013)	
$SalesComplete_t$			0.068 ***			0.071 ***
			(3.223)			(3.242)
$CMarketValue_t$	0.211 ***	0.205 ***	0.202 ***	0.212 ***	0.204 ***	0.199 ***
	(6.692)	(6.498)	(6.338)	(6.418)	(6.216)	(6.052)
$CProfit_t$	0.025	0.025	0.023	0.006	0.005	0.003
	(1.618)	(1.633)	(1.515)	(0.388)	(0.332)	(0.187)
$CTop1share_t$	0.025	0.019	0.018	0.024	0.018	0.017
	(1.423)	(1.075)	(1.008)	(1.376)	(1.042)	(0.982)
$CEarningVolatility_t$	−0.008	−0.007	−0.006	0.005	0.005	0.006
	(−0.338)	(−0.301)	(−0.282)	(0.228)	(0.267)	(0.307)
$CStockVolatility_t$	−0.033	−0.031	−0.031	−0.034	−0.032	−0.032
	(−1.473)	(−1.413)	(−1.412)	(−1.526)	(−1.449)	(−1.431)
$Big4_t$	−0.014	−0.010	−0.010	−0.002	0.001	0.001
	(−0.894)	(−0.674)	(−0.659)	(−0.140)	(0.051)	(0.070)
Year FE	是	是	是	是	是	是
Industry FE	是	是	是	是	是	是
N	3 249	3 249	3 249	3 327	3 327	3 327
adj. R^2	0.101	0.101	0.101	0.095	0.096	0.096

注：表中报告系数为标准化系数，括号中为 t 值，*、**、***分别表示在 10%、5%、1% 水平上显著。模型采用 OLS 回归方法估计。

表 5 - 10　　　　业绩目标完成与分析师预测准确性——t + 1 期预测

变量	Forecastaccuracy$_{t+1}$			Forecastoptimism$_{t+1}$		
	(1)	(2)	(3)	(4)	(5)	(6)
_ cons	1. 884	2. 093	1. 730	− 0. 017	− 0. 018	− 0. 016
	(1. 277)	(1. 415)	(1. 172)	(− 1. 243)	(− 1. 325)	(− 1. 156)
AchieveSales$_t$	0. 055 ***			− 0. 060 ***		
	(3. 070)			(− 3. 443)		
SalesGap$_t$		0. 048 ***			− 0. 035 **	
		(2. 741)			(− 2. 022)	
SalesComplete$_t$			0. 053 ***			− 0. 030 *
			(3. 053)			(− 1. 723)
MarketValue$_t$	− 0. 055 *	− 0. 056 *	− 0. 058 **	0. 056 **	0. 055 *	0. 055 *
	(− 1. 897)	(− 1. 933)	(− 1. 979)	(1. 963)	(1. 922)	(1. 911)
Profit$_t$	0. 052 **	0. 054 **	0. 054 **	− 0. 011	− 0. 015	− 0. 015
	(2. 102)	(2. 208)	(2. 176)	(− 0. 467)	(− 0. 620)	(− 0. 618)
EarningVolatility$_t$	− 0. 074 ***	− 0. 076 ***	− 0. 076 ***	0. 021	0. 023	0. 023
	(− 4. 225)	(− 4. 335)	(− 4. 372)	(1. 213)	(1. 320)	(1. 333)
StockVolatility$_t$	− 0. 009	− 0. 011	− 0. 013	0. 001	0. 002	0. 002
	(− 0. 428)	(− 0. 498)	(− 0. 579)	(0. 045)	(0. 071)	(0. 094)
AnaAttention$_t$	0. 057 ***	0. 058 ***	0. 059 ***	− 0. 036 *	− 0. 035	− 0. 035
	(2. 635)	(2. 661)	(2. 706)	(− 1. 674)	(− 1. 641)	(− 1. 638)
Big4$_t$	0. 030	0. 032	0. 032 *	− 0. 089 ***	− 0. 090 ***	− 0. 090 ***
	(1. 553)	(1. 634)	(1. 648)	(− 4. 610)	(− 4. 653)	(− 4. 641)
Year FE	是	是	是	是	是	是
Industry FE	是	是	是	是	是	是
N	3 361	3 361	3 361	3 361	3 361	3 361
adj. R^2	0. 077	0. 076	0. 077	0. 101	0. 099	0. 099

注：表中报告系数为标准化系数，括号中为 t 值，* 、** 、***分别表示在 10%、5%、1% 水平上显著。模型采用 OLS 回归方法估计。

表 5 - 11　　　　业绩目标完成与分析师预测准确性——Change Model

变量	CForecastaccuracy$_t$			CForecastoptimism$_t$		
	(1)	(2)	(3)	(4)	(5)	(6)
_ cons	− 0. 349	− 0. 203	− 0. 847	0. 045 *	0. 044 *	0. 048 **
	(− 0. 531)	(− 0. 312)	(− 1. 216)	(1. 925)	(1. 883)	(2. 056)
AchieveSales$_t$	0. 052 ***			− 0. 005		
	(2. 604)			(− 0. 310)		

续表

变量	CForecastaccuracy$_t$			CForecastoptimism$_t$		
	(1)	(2)	(3)	(4)	(5)	(6)
SalesGap$_t$		0.057***			−0.042**	
		(2.911)			(−2.502)	
SalesComplete$_t$			0.056***			−0.038**
			(2.828)			(−2.226)
MarketValue$_t$	0.135***	0.129***	0.127***	−0.127***	−0.116***	−0.116***
	(3.898)	(3.723)	(3.632)	(−4.310)	(−3.916)	(−3.873)
CProfit$_t$	0.057***	0.056***	0.055***	−0.454***	−0.449***	−0.449***
	(2.879)	(2.824)	(2.766)	(−26.889)	(−26.602)	(−26.502)
CEarningVolatility$_t$	0.081***	0.082***	0.082***	0.062***	0.061***	0.061***
	(4.405)	(4.433)	(4.461)	(3.967)	(3.867)	(3.848)
CStockVolatility$_t$	−0.024	−0.021	−0.021	−0.025	−0.029	−0.028
	(−1.023)	(−0.910)	(−0.912)	(−1.222)	(−1.433)	(−1.412)
CAnaAttention$_t$	−0.016	−0.017	−0.017	0.131***	0.133***	0.133***
	(−0.823)	(−0.863)	(−0.864)	(7.639)	(7.771)	(7.757)
Big4$_t$	−0.003	−0.000	−0.000	0.037**	0.037**	0.037**
	(−0.166)	(−0.024)	(−0.025)	(2.249)	(2.220)	(2.222)
Year FE	是	是	是	是	是	是
Industry FE	是	是	是	是	是	是
N	2 944	2 944	2 944	2 943	2 943	2 943
adj. R^2	0.037	0.038	0.038	0.295	0.297	0.296

注：表中报告系数为标准化系数，括号中为 t 值，*、**、***分别表示在10%、5%、1%水平上显著。模型采用 OLS 回归方法估计。

（3）固定效应模型。仅控制行业虚拟变量和年度虚拟变量并不能控制随时间变化的个体影响因素，因此，本章将上述 OLS 模型替换成公司层面的固定效应进行检验，结果保持一致。这里不再赘述，相应的回归结果见表5-12、表5-13。

表5-12　　　　业绩目标完成与分析师跟踪——固定效应模型

变量	AnaAttention$_{t+1}$			ReportAttention$_{+1}$		
	(1)	(2)	(3)	(4)	(5)	(6)
_cons	−9.700***	−9.633***	−9.749***	−12.215***	−12.080***	−12.242***
	(−13.681)	(−13.560)	(−13.838)	(−13.507)	(−13.392)	(−13.659)
AchieveSales$_t$	0.046***			0.044***		
	(3.490)			(3.362)		

续表

变量	AnaAttention$_{t+1}$			ReportAttention$_{t+1}$		
	(1)	(2)	(3)	(4)	(5)	(6)
SalesGap$_t$		0.035**			0.040***	
		(2.411)			(2.673)	
SalesComplete$_t$			0.030**			0.037**
			(2.157)			(2.486)
MarketValue$_t$	0.579***	0.579***	0.579***	0.571***	0.568***	0.568***
	(15.842)	(15.834)	(15.881)	(15.118)	(15.085)	(15.144)
Profit$_t$	0.027	0.026	0.027	0.033	0.032	0.032
	(1.040)	(1.054)	(1.077)	(1.415)	(1.396)	(1.409)
Top1share$_t$	0.066	0.059	0.060	0.097**	0.089**	0.089**
	(1.592)	(1.416)	(1.428)	(2.290)	(2.105)	(2.107)
EarningVolatility$_t$	−0.040***	−0.042***	−0.042***	−0.033***	−0.035***	−0.035***
	(−3.274)	(−3.395)	(−3.405)	(−2.636)	(−2.771)	(−2.792)
StockVolatility$_t$	−0.013	−0.013	−0.013	−0.013	−0.014	−0.014
	(−0.707)	(−0.752)	(−0.738)	(−0.729)	(−0.788)	(−0.780)
Big4$_t$	0.008	0.009	0.009	0.008	0.009	0.009
	(0.270)	(0.301)	(0.303)	(0.232)	(0.264)	(0.269)
Year FE	是	是	是	是	是	是
Firm FE	是	是	是	是	是	是
N	3 877	3 877	3 877	3 970	3 970	3 970
adj. R^2	0.226	0.224	0.223	0.196	0.195	0.195

注：表中报告系数为标准化系数，括号中为 t 值，*、**、***分别表示在10%、5%、1%水平上显著。模型采用公司层面的固定效应回归方法估计。

表 5-13　　业绩目标完成与分析师预测准确性——固定效应模型

变量	Forecastaccuracy$_t$			Forecastoptimism$_t$		
	(1)	(2)	(3)	(4)	(5)	(6)
_ cons	−9.315***	−9.037***	−9.693***	0.164***	0.152***	0.163***
	(−3.359)	(−3.253)	(−3.476)	(4.875)	(4.588)	(4.889)
AchieveSales$_t$	0.088***			−0.131***		
	(4.793)			(−7.723)		
SalesGap$_t$		0.084***			−0.175***	
		(4.244)			(−7.224)	
SalesComplete$_t$			0.065***			−0.169***
			(3.057)			(−6.882)
MarketValue$_t$	0.170***	0.169***	0.172***	−0.316***	−0.298***	−0.291***
	(2.918)	(2.890)	(2.917)	(−4.591)	(−4.393)	(−4.332)

续表

变量	Forecastaccuracy$_t$			Forecastoptimism$_t$		
	（1）	（2）	（3）	（4）	（5）	（6）
Profit$_t$	0. 242 ***	0. 241 ***	0. 244 ***	− 0. 505 ***	− 0. 497 ***	− 0. 497 ***
	（4. 667）	（4. 737）	（4. 790）	（− 5. 777）	（− 5. 786）	（− 5. 794）
EarningVolatility$_t$	0. 004	0. 001	0. 001	0. 111 ***	0. 117 ***	0. 118 ***
	（0. 173）	（0. 034）	（0. 030）	（3. 383）	（3. 613）	（3. 645）
StockVolatility$_t$	0. 011	0. 007	0. 008	− 0. 032	− 0. 024	− 0. 024
	（0. 385）	（0. 258）	（0. 283）	（− 1. 169）	（− 0. 881）	（− 0. 864）
AnaAttention$_t$	0. 028	0. 029	0. 029	0. 106 ***	0. 100 ***	0. 097 ***
	（0. 760）	（0. 797）	（0. 794）	（3. 613）	（3. 419）	（3. 319）
Big4$_t$	0. 014	0. 013	0. 013	− 0. 086 **	− 0. 085 **	− 0. 084 **
	（0. 811）	（0. 834）	（0. 785）	（− 2. 228）	（− 2. 062）	（− 2. 015）
Year FE	是	是	是	是	是	是
Firm FE	是	是	是	是	是	是
N	3 667	3 667	3 667	3 664	3 664	3 664
adj. R^2	0. 055	0. 054	0. 052	0. 200	0. 210	0. 210

注：表中报告系数为标准化系数，括号中为 t 值，* 、 ** 、 ***分别表示在10%、5%、1%水平上显著。模型采用公司层面的固定效应回归方法估计。

（4）更换被解释变量。对于分析师跟踪行为的检验，本章构造了是否增加被分析师关注（DAnaAttention$_{t+1}$）以及是否增加被研报关注（DReportAttention$_{t+1}$）两个虚拟变量，模型采用 Logit 回归方法，重新进行检验。表5 −14 显示结果稳健。

表 5 − 14　　业绩目标完成与分析师跟踪——被解释变量为 Dummy level

变量	DAnaAttention$_{t+1}$			DReportAttention$_{t+1}$		
	（1）	（2）	（3）	（4）	（5）	（6）
_ cons	14. 684 ***	14. 810 ***	14. 363 ***	13. 497 ***	13. 605 ***	13. 079 ***
	（20. 319）	（21. 290）	（23. 672）	（20. 202）	（20. 205）	（18. 976）
AchieveSales$_t$	0. 228 ***			0. 204 **		
	（2. 793）			（2. 561）		
SalesGap$_t$		0. 237 ***			0. 257 ***	
		（2. 753）			（3. 099）	
SalesComplete$_t$			0. 234 ***			0. 273 ***
			（2. 683）			（3. 221）
CMarketValue$_t$	0. 892 ***	0. 868 ***	0. 862 ***	0. 830 ***	0. 794 ***	0. 782 ***
	（5. 802）	（5. 575）	（5. 509）	（5. 540）	（5. 224）	（5. 125）

变量	DAnaAttention$_{t+1}$			DReportAttention$_{t+1}$		
	(1)	(2)	(3)	(4)	(5)	(6)
CProfit$_t$	−0.019	−0.020	−0.023	−0.045	−0.052	−0.059
	(−0.229)	(−0.246)	(−0.287)	(−0.568)	(−0.663)	(−0.740)
CTop1share$_t$	0.062	0.045	0.044	0.068	0.049	0.049
	(0.789)	(0.557)	(0.544)	(0.882)	(0.631)	(0.624)
CEarningVolatility$_t$	−0.038	−0.034	−0.032	0.024	0.029	0.032
	(−0.515)	(−0.459)	(−0.440)	(0.336)	(0.406)	(0.451)
CStockVolatility$_t$	−0.027	−0.019	−0.020	−0.127	−0.116	−0.115
	(−0.271)	(−0.193)	(−0.199)	(−1.321)	(−1.202)	(−1.191)
Big4$_t$	−0.181**	−0.171**	−0.171**	−0.075	−0.066	−0.066
	(−2.262)	(−2.136)	(−2.130)	(−0.954)	(−0.838)	(−0.831)
Year FE	是	是	是	是	是	是
Industry FE	是	是	是	是	是	是
N	3 243	3 243	3 243	3 325	3 325	3 325
pseudo R^2	0.079	0.079	0.079	0.070	0.071	0.071

注：表中报告系数为标准化系数，括号中为 t 值，＊、＊＊、＊＊＊分别表示在 10%、5%、1% 水平上显著。模型采用 Logit 回归方法估计。

对于分析师预测准确性的检验，本章将盈余预测指标替换为投资标准化评级（StdRank）及评级修正（Rankchg）指标，重新进行检验。原因在于，已有研究表明，分析师在发布评级时，盈余预测只是其利用的信息源之一，除此之外，分析师还会利用股价、宏观经济环境、市场情绪等多种信息来全面评判股价信息，因此评级信息比盈余预测包含的信息更综合（张然等，2017）。王征等（2006）发现分析师评级能够预测未来股票收益，洪剑峭等（2012）发现盈余预测准确性和投资评级的投资价值之间存在正相关关系。此外，文献还指出盈余预测修正和投资评级修正具有信息含量（Chan et al.，1996；Barber et al.，2001；Gleason and Lee，2003；Jegadeesh et al.，2004）。因此，本章分别采用投资标准化评级（StdRank）及评级修正（Rankchg），以及下一期的投资标准化评级指标，重新进行检验。结果列示于表 5 - 15，其中，列（1）~列（3）结果表明，业绩目标完成情况与分析师投资标准化评级在 1% 的水平上显著正相关；列（4）~列（6）结果表明，业绩目标完成情况与分析师正面评级修正在 1% 的水平上显著正相关；列（7）~列（9）结果表明，将解释变量滞后一期，业绩目标完成情况与分析师投资标准化评级依然在 1% 的水平上显著正相关。结果稳健，此处不再赘述。

表 5－15　业绩目标完成与分析师评级及评级修正

变量	StdRank$_t$			StdRank$_{t+1}$			Rankchg$_t$		
	(1)	(2)	(3)	(4)	(5)	(6)	(7)	(8)	(9)
_cons	0.200	0.226	0.187	0.713**	0.760**	0.676*	-0.050	0.003	-0.083
	(1.270)	(1.506)	(1.167)	(1.969)	(2.105)	(1.865)	(-0.257)	(0.018)	(-0.425)
AchieveSales$_t$	0.046***			0.049***			0.074***		
	(3.125)			(2.876)			(4.581)		
SalesGap$_t$		0.060***			0.084***			0.086***	
		(4.143)			(5.023)			(5.446)	
SalesComplete$_t$			0.065***			0.083***			0.088***
			(4.512)			(4.952)			(5.567)
MarketValue$_t$	0.018	0.014	0.012	-0.075***	-0.081***	-0.081***	0.068**	0.064**	0.063**
	(0.743)	(0.572)	(0.505)	(-2.694)	(-2.913)	(-2.944)	(2.565)	(2.409)	(2.352)
Profit$_t$	0.027	0.028	0.027	0.001	0.001	0.000	-0.006	-0.004	-0.005
	(1.330)	(1.388)	(1.349)	(0.033)	(0.049)	(0.021)	(-0.275)	(-0.189)	(-0.226)
EarningVolatility$_t$	-0.041***	-0.041***	-0.042***	-0.007	-0.007	-0.008	-0.039**	-0.042**	-0.043***
	(-2.815)	(-2.872)	(-2.899)	(-0.409)	(-0.446)	(-0.480)	(-2.466)	(-2.645)	(-2.699)
StockVolatility$_t$	0.088***	0.085***	0.083***	0.120***	0.117***	0.115***	0.060***	0.056***	0.053***
	(4.854)	(4.699)	(4.580)	(5.737)	(5.597)	(5.489)	(3.005)	(2.828)	(2.693)
AnaAttention$_t$	0.360***	0.362***	0.363***	-0.236***	-0.233***	-0.232***	0.204***	0.206***	0.207***
	(19.794)	(19.905)	(19.953)	(-11.203)	(-11.109)	(-11.069)	(10.262)	(10.389)	(10.445)
Big4$_t$	-0.033**	-0.031*	-0.031*	0.001	0.005	0.005	-0.014	-0.011	-0.011
	(-2.069)	(-1.930)	(-1.909)	(0.078)	(0.243)	(0.246)	(-0.777)	(-0.606)	(-0.595)
Year FE	是	是	是	是	是	是	是	是	是
Industry FE	是	是	是	是	是	是	是	是	是
N	3 838	3 838	3 838	3 460	3 460	3 460	3 437	3 437	3 437
adj. R^2	0.274	0.275	0.276	0.116	0.120	0.120	0.223	0.225	0.226

注：表中报告系数为标准化系数，括号中为 t 值，*、**、***分别表示在 10%、5%、1%水平上显著。模型采用 OLS 回归方法估计。

5.4.2　机构投资者持股行为的相关检验

1. 多元回归分析

表 5 − 16 报告了对 H5 − 3 的检验结果。具体地，列（1）～列（3）为本期业绩目标完成情况对下一期机构投资者合计持股比例变动的影响，列（4）～列（6）为本期业绩目标完成情况对下一期机构投资者增持概率的影响，可以发现，业绩目标完成与否 AchieveSales 的系数至少在 5% 的水平上显著为正，而对于业绩目标完成程度的变量 SalesGap 与 SalesComplete，系数均至少在 5% 的水平上显著为正。这表明业绩目标完成程度会显著提高机构投资者增持比例以及增持概率。H5 − 3 得到验证。

表 5 − 16　　　　　　　业绩目标完成与机构投资者增持行为

变量	CTotalInstituhld$_{t+1}$			OverweightTotal$_{t+1}$		
	(1)	(2)	(3)	(4)	(5)	(6)
_ cons	33.589***	34.323***	32.421***	4.898***	4.976***	4.618***
	(6.682)	(6.825)	(6.484)	(5.523)	(5.602)	(5.239)
AchieveSales$_t$	0.031**			0.231***		
	(2.171)			(3.540)		
SalesGap$_t$		0.039***			0.203***	
		(2.813)			(3.276)	
SalesComplete$_t$			0.035**			0.196***
			(2.513)			(3.076)
MarketValue$_t$	−0.094***	−0.095***	−0.095***	−0.469***	−0.466***	−0.465***
	(−6.891)	(−6.992)	(−6.944)	(−7.048)	(−6.983)	(−6.980)
TobinQ$_t$	−0.047***	−0.045***	−0.046***	−0.109*	−0.101	−0.103
	(−3.315)	(−3.165)	(−3.213)	(−1.646)	(−1.526)	(−1.564)
Return$_t$	−0.083***	−0.087***	−0.086***	−0.224**	−0.234**	−0.233**
	(−3.121)	(−3.242)	(−3.214)	(−2.117)	(−2.190)	(−2.183)
Year FE	是	是	是	是	是	是
Industry FE	是	是	是	是	是	是
N	4 995	4 995	4 995	4 992	4 992	4 992
adj. R^2/ pseudo R^2	0.065	0.065	0.065	0.040	0.040	0.040

注：括号中为 t 值，*、**、***分别表示在 10%、5%、1% 水平上显著。模型（1）～（3）采用 OLS 回归方法估计，模型（4）～（6）采用 Logit 回归方法估计。

2. 稳健性检验

为了增强结论的稳健性，本章做了如下稳健性检验。

（1）将收入业绩目标替换为净利润业绩目标。机构投资者的逐利本性必然会更加关注公司的盈利水平，因此，本章使用净利润业绩目标的样本重新对 H5 - 3 进行检验，结果列示于表 5 - 17 中。结果稳健，表明经营目标完成情况确实显著影响了机构投资者对公司的评价，在下一期的机构投资者增持股票比例与机构投资者增持概率方面均有显著表现。

表 5 - 17　业绩目标完成与机构投资者增持行为——基于净利润目标完成程度

变量	CTotalInstituhld$_{t+1}$			OverweightTotal$_{t+1}$		
	(1)	(2)	(3)	(4)	(5)	(6)
_cons	47.092***	48.446***	49.323***	4.676**	5.126**	5.321**
	(5.690)	(3.635)	(3.707)	(2.033)	(2.221)	(2.308)
AchieveProfit$_t$	0.108***			0.305**		
	(2.776)			(2.042)		
ProfitGap$_t$		0.065*			0.346**	
		(1.891)			(2.285)	
ProfitComplete$_t$			0.078***			0.436***
			(2.636)			(2.853)
MarketValue$_t$	-0.222***	-0.116***	-0.120***	-0.309*	-0.327*	-0.348**
	(-6.527)	(-2.986)	(-3.080)	(-1.817)	(-1.935)	(-2.075)
TobinQ$_t$	-0.172***	-0.059	-0.057	-0.240	-0.224	-0.213
	(-4.228)	(-1.543)	(-1.511)	(-1.357)	(-1.291)	(-1.231)
Return$_t$	-0.052	-0.091*	-0.090*	-0.322	-0.334	-0.336
	(-1.077)	(-1.780)	(-1.788)	(-1.350)	(-1.399)	(-1.419)
Year FE	是	是	是	是	是	是
Industry FE	是	是	是	是	是	是
N	920	920	920	906	906	906
adj. R^2/pseudo R^2	0.047	0.048	0.050	0.067	0.068	0.070

注：括号中为 t 值，*、**、***分别表示在 10%、5%、1% 水平上显著。模型（1）～（3）采用 OLS 回归方法估计，模型（4）～（6）采用 Logit 回归方法估计。

（2）更换被解释变量。已有研究表明，在中国资本市场上，基金公司是我国机构投资者的主体（孔东民等，2015），相比于其他类型的机构投资者，基金投资者具有较强的价值选择能力和价值创造能力（唐跃军和宋渊洋，

2010）。姚颐和刘志远（2009）研究表明，基金主导下的再融资决策具备理性监督特征，有利于公司治理结构的完善，因此，本章将基金持股比例变动与基金投资者是否增持作为被解释变量，重新进行检验，结果与前述一致，具体列示于表5－18中。

表5－18　　　　　　　　　业绩目标完成与基金投资者增持行为

变量	CTotalInstituhld$_{t+1}$			Overweightfund$_{t+1}$		
	(1)	(2)	(3)	(4)	(5)	(6)
_ cons	43.556 ***	43.871 ***	42.785 ***	8.172 ***	8.221 ***	7.956 ***
	(10.606)	(10.650)	(10.452)	(7.715)	(7.748)	(7.502)
AchieveSales$_t$	0.030 *			0.185 ***		
	(1.840)			(2.585)		
SalesGap$_t$		0.037 **			0.136 *	
		(2.428)			(1.958)	
SalesComplete$_t$			0.039 **			0.169 **
			(2.406)			(2.419)
MarketValue$_t$	− 0.231 ***	− 0.231 ***	− 0.232 ***	− 0.797 ***	− 0.793 ***	− 0.797 ***
	(− 14.348)	(− 14.398)	(− 14.371)	(− 10.098)	(− 10.050)	(− 10.083)
TobinQ$_t$	− 0.080 ***	− 0.079 ***	− 0.079 ***	− 0.255 ***	− 0.251 ***	− 0.251 ***
	(− 4.312)	(− 4.221)	(− 4.235)	(− 3.169)	(− 3.115)	(− 3.112)
Return$_t$	− 0.122 ***	− 0.126 ***	− 0.127 ***	− 0.155	− 0.158	− 0.166
	(− 4.114)	(− 4.232)	(− 4.253)	(− 1.396)	(− 1.409)	(− 1.481)
Year FE	是	是	是	是	是	是
Industry FE	是	是	是	是	是	是
N	4 186	4 186	4 186	4 182	4 182	4 182
adj. R^2/pseudo R^2	0.092	0.093	0.093	0.055	0.054	0.055

注：括号中为 t 值，*、**、***分别表示在10%、5%、1%水平上显著。模型（1）～（3）采用 OLS 回归方法估计，模型（4）～（6）采用 Logit 回归方法估计。

（3）调整模型。为了缓解内生性问题，本章进一步采用了固定效应模型、Change 模型分别对机构投资者合计持股变动（增持）行为与基金投资者持股变动（增持）行为进行了检验。表5－19、表5－20列示了回归结果，与前述结果保持一致，这里不再赘述。此外，为了缓解遗漏变量导致的内生性问题，本章在主检验模型基础上增加了财务状况、公司治理等方面的控制变量，重新进行回归。结果列示于表5－21，结果稳健。

表 5 - 19　业绩目标完成与机构（基金）投资者增持行为——固定效应模型

变量	CTotalInstituhld$_{t+1}$			OverweightTotal$_{t+1}$			CFundhld$_{t+1}$			Overweightfund$_{t+1}$		
	(1)	(2)	(3)	(4)	(5)	(6)	(7)	(8)	(9)	(10)	(11)	(12)
_cons	108.675***	112.147***	109.506***				155.778***	158.256***	156.825***			
	(6.239)	(6.503)	(6.353)				(11.476)	(11.719)	(11.708)			
AchieveSales$_t$	0.030*			0.214***			0.040*			0.183**		
	(1.687)			(2.891)			(1.893)			(2.169)		
SalesGap$_t$		0.047**			0.249***			0.069***			0.257***	
		(2.483)			(3.246)			(3.268)			(2.906)	
SalesComplete$_t$			0.037**			0.211***			0.074***			0.264***
			(1.995)			(2.849)			(3.284)			(3.115)
MarketValue$_t$	-0.345***	-0.356***	-0.353***	-1.943***	-1.992***	-1.981***	-0.850***	-0.863***	-0.867***	-2.598***	-2.639***	-2.649***
	(-5.994)	(-6.237)	(-6.168)	(-8.507)	(-8.662)	(-8.612)	(-11.836)	(-12.082)	(-12.146)	(-10.022)	(-10.145)	(-10.177)
TobinQ$_t$	-0.031	-0.027	-0.028	-0.011	0.008	0.006	0.018	0.025	0.028	-0.118	-0.100	-0.096
	(-0.947)	(-0.836)	(-0.859)	(-0.081)	(0.060)	(0.040)	(0.426)	(0.593)	(0.642)	(-0.681)	(-0.573)	(-0.550)
Return$_t$	-0.054*	-0.059*	-0.057*	0.067	0.047	0.054	-0.066*	-0.074*	-0.075**	0.150	0.124	0.122
	(-1.698)	(-1.816)	(-1.764)	(0.566)	(0.392)	(0.452)	(-1.857)	(-2.077)	(-2.105)	(1.131)	(0.933)	(0.913)
Year FE	是	是	是	是	是	是	是	是	是	是	是	是
Firm FE	是	是	是	是	是	是	是	是	是	是	是	是
N	4 995	4 995	4 995	4 545	4 545	4 545	4 186	4 186	4 186	3 716	3 716	3 716
adj. R^2/pseudo R^2	0.078	0.079	0.078	0.059	0.060	0.059	0.137	0.139	0.140	0.082	0.083	0.084

注：括号中为 t 值，*、**、***分别表示示在 10%、5%、1%水平上显著。模型采用公司层面固定效应回归方法估计。

表 5-20　业绩目标完成与机构（基金）投资者增持行为——Change Model

变量	CTotalInstituhld$_{t,+1}$ (1)	(2)	(3)	OverweightTotal$_{t,+1}$ (4)	(5)	(6)	CFundhld$_{t,+1}$ (7)	(8)	(9)	Overweightfund$_{t,+1}$ (10)	(11)	(12)
_cons	4.816* (1.749)	5.207* (1.898)	2.780 (0.965)	-0.150 (-0.310)	-0.038 (-0.078)	-0.446 (-0.890)	1.826 (0.697)	1.927 (0.733)	0.450 (0.168)	-0.808 (-1.543)	-0.738 (-1.416)	-1.026* (-1.895)
AchieveSales$_t$	0.029** (1.995)			0.198*** (3.001)			0.019 (1.116)			0.123* (1.684)		
SalesGap$_t$		0.047*** (3.132)			0.203*** (3.131)			0.040** (2.448)			0.102 (1.394)	
SalesComplete$_t$			0.046*** (2.958)			0.215*** (3.155)			0.050*** (2.698)			0.151** (1.993)
CMarketValue$_t$	-0.243*** (-6.589)	-0.260*** (-7.030)	-0.263*** (-6.917)	-0.793*** (-5.171)	-0.837*** (-5.434)	-0.860*** (-5.494)	-0.319*** (-8.248)	-0.335*** (-8.602)	-0.344*** (-8.657)	-0.645*** (-4.092)	-0.659*** (-4.108)	-0.696*** (-4.292)
CTobinQ$_t$	0.031 (1.330)	0.038 (1.634)	0.039* (1.676)	0.122 (1.229)	0.147 (1.476)	0.156 (1.564)	0.098*** (3.544)	0.106*** (3.792)	0.109*** (3.880)	0.181* (1.692)	0.194* (1.800)	0.208* (1.929)
CReturn$_t$	0.059 (1.525)	0.063* (1.659)	0.064* (1.679)	0.292* (1.943)	0.300** (2.000)	0.308** (2.044)	0.029 (0.645)	0.033 (0.739)	0.035 (0.800)	0.061 (0.387)	0.061 (0.390)	0.072 (0.460)
Year FE	是	是	是	是	是	是	是	是	是	是	是	是
Industry FE	是	是	是	是	是	是	是	是	是	是	是	是
N	4749	4749	4749	4747	4747	4747	3990	3990	3990	3986	3986	3986
adj. R²/pseudo R²	0.067	0.068	0.068	0.038	0.038	0.038	0.063	0.064	0.064	0.038	0.037	0.038

注：括号中为t值，*、**、***分别表示在10%、5%、1%水平上显著。模型（1）～（3），模型（7）～（9）采用OLS回归方法估计，模型（4）～（6），模型（10）～（12）采用Logit回归方法估计。

表 5 - 21　业绩目标完成与机构（基金）投资者增持行为——加入其他控制变量

变量	CTotalInstituhld$_{t+1}$			OverweightTotal$_{t+1}$			CFundhld$_{t+1}$			Overweightfund$_{t+1}$		
	(1)	(2)	(3)	(4)	(5)	(6)	(7)	(8)	(9)	(10)	(11)	(12)
_cons	38.276***	38.618***	37.164***	4.983***	5.074***	4.736***	47.063***	47.388***	45.949***	8.466***	8.573***	8.256***
	(6.507)	(6.571)	(6.255)	(4.647)	(4.720)	(4.394)	(10.182)	(10.252)	(9.900)	(6.777)	(6.866)	(6.562)
AchieveSales$_t$	0.027*			0.222***			0.039**			0.198**		
	(1.822)			(3.210)			(2.290)			(2.599)		
SalesGap$_t$		0.032**			0.193***			0.047***			0.145*	
		(2.155)			(2.920)			(3.020)			(1.936)	
SalesComplete$_t$			0.030*			0.194***			0.051***			0.185**
			(1.953)			(2.871)			(3.071)			(2.426)
MarketValue$_t$	-0.237***	-0.235***	-0.236***	-0.865***	-0.853***	-0.857***	-0.435***	-0.432***	-0.433***	-1.087***	-1.080***	-1.083***
	(-5.467)	(-5.430)	(-5.456)	(-3.841)	(-3.795)	(-3.822)	(-8.133)	(-8.098)	(-8.117)	(-4.400)	(-4.379)	(-4.397)
TobinQ$_t$	0.010	0.011	0.011	0.032	0.031	0.031	0.056	0.056	0.056	-0.096	-0.099	-0.098
	(0.374)	(0.391)	(0.387)	(0.228)	(0.227)	(0.226)	(1.447)	(1.467)	(1.460)	(-0.599)	(-0.614)	(-0.607)
Return$_t$	-0.066**	-0.069**	-0.068**	-0.210*	-0.215*	-0.215*	-0.102***	-0.106***	-0.107***	-0.112	-0.113	-0.121
	(-2.493)	(-2.571)	(-2.553)	(-1.878)	(-1.912)	(-1.911)	(-3.335)	(-3.483)	(-3.505)	(-0.954)	(-0.956)	(-1.024)
SOE$_t$	-0.037***	-0.037***	-0.036***	-0.067	-0.066	-0.061	-0.031*	-0.032**	-0.031*	-0.102	-0.098	-0.097
	(-2.770)	(-2.810)	(-2.742)	(-1.054)	(-1.037)	(-0.954)	(-1.974)	(-1.996)	(-1.952)	(-1.360)	(-1.306)	(-1.296)
Size$_t$	0.102**	0.100**	0.100**	0.351	0.339	0.342	0.244***	0.241***	0.242***	0.316	0.307	0.310
	(2.147)	(2.104)	(2.122)	(1.430)	(1.383)	(1.398)	(4.070)	(4.024)	(4.038)	(1.133)	(1.102)	(1.111)

续表

变量	CTotalInstituhld$_{t+1}$			OverweightTotal$_{t+1}$			CFundhld$_{t+1}$			Overweightfund$_{t+1}$		
	(1)	(2)	(3)	(4)	(5)	(6)	(7)	(8)	(9)	(10)	(11)	(12)
Leverage$_t$	-0.018 (-0.989)	-0.019 (-1.061)	-0.019 (-1.055)	-0.025 (-0.300)	-0.027 (-0.326)	-0.028 (-0.340)	-0.025 (-1.155)	-0.027 (-1.244)	-0.028 (-1.308)	-0.041 (-0.418)	-0.038 (-0.386)	-0.045 (-0.460)
Roa$_t$	0.006 (0.407)	0.004 (0.246)	0.005 (0.308)	0.157** (2.044)	0.156** (2.009)	0.158** (2.036)	-0.049*** (-2.586)	-0.052*** (-2.780)	-0.053*** (-2.829)	-0.070 (-0.782)	-0.061 (-0.681)	-0.071 (-0.781)
Boardsize$_t$	0.020 (1.469)	0.020 (1.514)	0.020 (1.503)	0.097 (1.449)	0.100 (1.476)	0.099 (1.470)	-0.004 (-0.297)	-0.004 (-0.254)	-0.004 (-0.253)	0.032 (0.458)	0.033 (0.459)	0.033 (0.471)
IndepBoard$_t$	0.046*** (3.576)	0.047*** (3.591)	0.046*** (3.581)	0.129** (2.203)	0.132** (2.248)	0.131** (2.235)	0.006 (0.410)	0.007 (0.439)	0.006 (0.415)	0.007 (0.101)	0.011 (0.146)	0.009 (0.123)
Top1share$_t$	0.126*** (9.701)	0.124*** (9.599)	0.125*** (9.606)	-0.014 (-0.237)	-0.021 (-0.359)	-0.021 (-0.363)	0.017 (1.097)	0.014 (0.914)	0.013 (0.893)	0.087 (1.245)	0.079 (1.127)	0.076 (1.088)
Mngmhld$_t$	-0.051*** (-3.605)	-0.052*** (-3.657)	-0.051*** (-3.615)	-0.187*** (-2.818)	-0.191*** (-2.879)	-0.187*** (-2.825)	-0.029 (-1.585)	-0.030 (-1.637)	-0.029 (-1.592)	-0.080 (-1.123)	-0.084 (-1.170)	-0.081 (-1.133)
Big4$_t$	0.022* (1.757)	0.023* (1.843)	0.023* (1.852)	-0.037 (-0.509)	-0.030 (-0.399)	-0.029 (-0.386)	0.045*** (3.224)	0.047*** (3.374)	0.047*** (3.404)	0.089 (1.265)	0.097 (1.385)	0.099 (1.410)
Year & Industry	是	是	是	是	是	是	是	是	是	是	是	是
N	4 660	4 660	4 660	4 657	4 657	4 657	3 937	3 937	3 937	3 934	3 934	3 934
adj. R^2/pseudo R^2	0.078	0.078	0.078	0.044	0.044	0.044	0.099	0.100	0.100	0.056	0.056	0.056

注：括号中为 t 值，*、**、*** 分别表示在 10%、5%、1% 水平上显著。模型 (1) ~ (3)、模型 (4) ~ (6)、模型 (7) ~ (9) 采用 OLS 回归方法估计，模型 (10) ~ (12) 采用 Logit 回归方法估计。

　　（4）缩短时间窗口。中国的机构投资者近些年才发展起来，持股期限普遍较短，交易频繁，换手率较高，短期投资特征明显，用季度数据或是机构持股变化量更能体现机构的作用（杨海燕等，2012），因此，本章进一步缩短机构投资者持股变动的时间窗口，为半年度和季度。考虑到样本中绝大多数企业年报披露时已在第二季度期间，因此，在稳健性检验中，我们分别将 t + 1 期半年度期末与 t 期期末的机构（基金）投资者持股比例变动及是否进行增持（CTotalInstituhld_ MidQ4/OverweightTotal_ MidQ/CFundhld_ MidQ4/OverweightFund_ MidQ4）、t + 1 期半年度期末与第一季度期末的机构（基金）投资者持股比例变动以及是否进行增持（CTotalInstituhld_ MidQ1/OverweightTotal_ MidQ1/CFundhld_ MidQ1/OverweightFund_ MidQ1）作为被解释变量，重新进行回归，结果列示于表 5 - 22、表 5 - 23 中，结果稳健。

　　（5）配对检验。尽管前面采用固定效应、Change 模型等缓解了内生性问题，但显然，机构投资者加仓很可能是由于完成业绩目标的公司本身业绩更优良、投资经营更安全。那么，如何分离出机构投资者加仓是由于业绩目标发挥阈值作用，使得业绩目标完成可以向资本市场传递积极的信号呢？本章进行了以下探索性研究。首先，我们将总样本按照绝对业绩水平（Roa）由低到高等分为五组；其次，选择最高分位（即绝对业绩最好的组）但未达到业绩目标的样本，与第四分位（即绝对业绩第二好的组）且达到业绩目标的样本；最后，将这两组样本合并，形成新的检验样本，重新进行回归。如果业绩目标完成依然与机构投资者持股变动显著正相关，那么就说明业绩目标完成有着一定的信号传递作用，而不完全是由绝对业绩水平优良导致的，回归结果见表 5 - 24。除了在模型（11）中 SalesGap$_t$ 对 Overweightfund$_{t+1}$ 的回归系数为正但不显著之外，其他回归结果都显著为正。证实了本章的猜测，也使得前述结果更加稳健。

　　另外，本章还使用 PSM 进行检验，选取 Year、Industry、MarketValue、TobinQ 以及 Return 等变量进行配对（k – Nearest neighbors matching），然后对机构（基金）投资者持股比例变动进行检验，结果与主要分析结果保持一致，这里限于篇幅不再赘述，如有兴趣可向笔者索取。

表 5-22　　业绩目标完成与机构投资者增持行为——缩短时间窗口 MidQ4

变量	CTotalInstituhld_MidQ4			OverweightTotal_MidQ4			CTotalInstituhld_MidQ4			OverweightTotal_MidQ4		
	(1)	(2)	(3)	(4)	(5)	(6)	(7)	(8)	(9)	(10)	(11)	(12)
_cons	21.298*** (5.284)	21.613*** (5.333)	20.581*** (5.167)	5.559*** (5.898)	5.642*** (5.955)	5.311*** (5.668)	27.037*** (9.485)	27.204*** (9.504)	26.597*** (9.378)	5.565*** (5.062)	5.619*** (5.082)	5.389*** (4.905)
$AchieveSales_t$	0.030* (1.944)			0.214*** (3.336)			0.035** (2.022)			0.198*** (2.867)		
$SalesGap_t$		0.030** (2.072)			0.195*** (2.970)			0.029* (1.872)			0.138* (1.902)	
$SalesComplete_t$			0.022 (1.462)			0.159** (2.419)			0.025 (1.542)			0.111 (1.579)
$MarketValue_t$	-0.086*** (-5.634)	-0.086*** (-5.612)	-0.085*** (-5.546)	-0.490*** (-6.961)	-0.489*** (-6.873)	-0.482*** (-6.828)	-0.200*** (-10.852)	-0.200*** (-10.822)	-0.199*** (-10.760)	-0.635*** (-7.805)	-0.630*** (-7.661)	-0.627*** (-7.635)
$TobinQ_t$	-0.027* (-1.803)	-0.025* (-1.710)	-0.026* (-1.768)	-0.054 (-0.763)	-0.047 (-0.659)	-0.051 (-0.716)	-0.049*** (-2.642)	-0.049*** (-2.609)	-0.049*** (-2.638)	-0.062 (-0.771)	-0.059 (-0.735)	-0.061 (-0.772)
$Return_t$	-0.099*** (-3.708)	-0.102*** (-3.774)	-0.100*** (-3.713)	-0.399*** (-3.753)	-0.410*** (-3.855)	-0.402*** (-3.776)	-0.104*** (-3.327)	-0.105*** (-3.383)	-0.104*** (-3.367)	-0.290*** (-2.672)	-0.291*** (-2.678)	-0.286*** (-2.625)
Year FE	是	是	是	是	是	是	是	是	是	是	是	是
Industry FE	是	是	是	是	是	是	是	是	是	是	是	是
N	4 990	4 990	4 990	4 990	4 990	4 990	4 198	4 198	4 198	4 960	4 960	4 960
adj. R^2 / pseudo R^2	0.050	0.050	0.050	0.050	0.049	0.049	0.084	0.084	0.084	0.068	0.068	0.068

注：括号中为 t 值，*、**、***分别表示在 10%、5%、1%水平上显著。模型（1）～（3）、模型（7）～（9）采用 OLS 回归方法估计，模型（4）～（6）、模型（10）～（12）采用 Logit 回归方法估计。

表 5-23　业绩目标完成与机构投资者增持行为——缩短时间窗口 MidQ1

变量	CTotalInstituhld_ MidQ1			OverweightTotal_ MidQ1			CFundhld_ MidQ1			Overweightfund_ MidQ1		
	(1)	(2)	(3)	(4)	(5)	(6)	(7)	(8)	(9)	(10)	(11)	(12)
_cons	-38.575***	-38.246***	-39.528***	-14.757***	-14.591***	-15.061***	-24.698***	-24.604***	-25.403***	-20.225***	-20.089***	-20.481***
	(-10.658)	(-10.506)	(-10.939)	(-12.522)	(-12.299)	(-12.708)	(-6.858)	(-6.852)	(-7.068)	(-12.275)	(-12.246)	(-12.472)
$AchieveSales_t$	0.049***			0.300***			0.062***			0.280***		
	(3.194)			(4.251)			(3.184)			(2.710)		
$SalesGap_t$		0.045***			0.276***			0.042**			0.267***	
		(2.975)			(3.790)			(2.510)			(2.578)	
$SalesComplete_t$			0.037***			0.263***			0.033**			0.230**
			(2.621)			(3.351)			(1.996)			(2.042)
$MarketValue_t$	0.207***	0.208***	0.209***	1.469***	1.467***	1.471***	0.196***	0.199***	0.199***	1.920***	1.919***	1.921***
	(11.561)	(11.506)	(11.598)	(16.095)	(16.068)	(16.089)	(9.035)	(9.221)	(9.264)	(14.094)	(14.146)	(14.124)
$TobinQ_t$	0.079***	0.081***	0.080***	0.239 * *	0.248**	0.244**	0.153***	0.154***	0.153***	0.417***	0.426***	0.421***
	(4.389)	(4.448)	(4.413)	(2.452)	(2.540)	(2.497)	(5.245)	(5.283)	(5.262)	(2.862)	(2.907)	(2.879)
$Return_t$	-0.033	-0.035	-0.033	-0.588***	-0.599***	-0.595***	-0.029	-0.029	-0.027	-0.803***	-0.818***	-0.811***
	(-1.317)	(-1.396)	(-1.343)	(-4.816)	(-4.853)	(-4.838)	(-0.938)	(-0.932)	(-0.880)	(-4.834)	(-4.889)	(-4.839)
Year FE	是	是	是	是	是	是	是	是	是	是	是	是
Industry FE	是	是	是	是	是	是	是	是	是	是	是	是
N	4 968	4 968	4 968	4 961	4 961	4 961	3 450	3 450	3 450	3 441	3 441	3 441
adj. R²/pseudo R²	0.118	0.117	0.117	0.095	0.095	0.094	0.149	0.147	0.147	0.126	0.126	0.125

注：括号中为 t 值，*、**、***分别表示在10%、5%、1%水平上显著。模型 (1) ~ (3)、模型 (4) ~ (6)、模型 (7) ~ (9) 采用 OLS 回归方法估计，模型 (10) ~ (12) 采用 Logit 回归方法估计。

表 5－24　业绩目标完成与机构投资者增持行为——基于绝对业绩水平配对的子样本

变量	CTotalInstituhld$_{t+1}$			OverweightTotal$_{t+1}$			CFundhld$_{t+1}$			Overweightfundt$_{t+1}$		
	(1)	(2)	(3)	(4)	(5)	(6)	(7)	(8)	(9)	(10)	(11)	(12)
_cons	29.750 8**	31.129**	26.667*	0.519	0.783	-0.048	10.301	11.657	7.392	0.334	0.612	-0.061
	(2.156)	(2.202)	(1.861)	(0.398)	(0.589)	(-0.035)	(1.174)	(1.355)	(0.838)	(0.192)	(0.364)	(-0.035)
AchieveSales$_t$	0.087**			0.514***			0.109***			0.481***		
	(2.554)			(3.332)			(2.896)			(2.594)		
SalesGap$_t$		0.079**			0.474***			0.109***			0.303	
		(2.208)			(3.368)			(2.886)			(1.598)	
SalesComplete$_t$			0.077**			0.419***			0.119***			0.355*
			(2.086)			(2.622)			(2.942)			(1.923)
CMarketValue$_t$	-0.506***	-0.529***	-0.529***	-1.266***	-1.401***	-1.371***	-0.342***	-0.379***	-0.391***	-0.545	-0.597	-0.648
	(-5.865)	(-5.881)	(-5.771)	(-3.437)	(-3.744)	(-3.613)	(-3.921)	(-4.335)	(-4.422)	(-1.336)	(-1.433)	(-1.547)
CTobinQ$_t$	0.122**	0.138***	0.139***	0.243	0.332	0.326	0.154**	0.181***	0.187***	0.226	0.283	0.312
	(2.424)	(2.676)	(2.659)	(1.002)	(1.346)	(1.293)	(2.249)	(2.581)	(2.664)	(0.866)	(1.076)	(1.179)
CReturn$_t$	0.195**	0.200***	0.202**	0.587*	0.617*	0.619*	0.069	0.078	0.084	0.340	0.355	0.377
	(2.309)	(2.367)	(2.383)	(1.773)	(1.870)	(1.882)	(0.750)	(0.852)	(0.922)	(0.950)	(0.988)	(1.050)
Year FE	是	是	是	是	是	是	是	是	是	是	是	是
Industry FE	是	是	是	是	是	是	是	是	是	是	是	是
N	936	936	936	929	929	929	845	845	845	840	840	840
adj. R^2/ pseudo R^2	0.063	0.062	0.062	0.063	0.062	0.060	0.078	0.078	0.080	0.062	0.057	0.059

注: 括号中为 t 值。*、**、***分别表示10%、5%、1%水平上显著。模型 (1) ～ (3)、模型 (4) ～ (6)、模型 (7) ～ (9) 采用 OLS 回归方法估计，模型 (10) ～ (12) 采用 Logit 回归方法估计。

5.5　进一步研究

上述研究表明，外部资本市场上的分析师与机构投资者会针对管理层业绩目标完成情况作出相应的评价，表明"业绩目标完成"这件事本身被外部市场当作经理人管理水平的信号，直接影响其在经理人市场的声誉。与此同时，无论是分析师跟踪、分析师预测准确性的变化，还是机构投资者持股行为变化，都会引发其他股东、债权人以及潜在投资者的关注，进入公司的市场定价过程，这个过程会将压力传导到董事会，影响董事会的内部治理及管理决策，从而间接向经理人施压。沿袭本章的主要结论以及第 4 章的研究内容，本章尝试从分析师跟踪与机构投资者持股的角度探究外部市场评价对董事会内部激励考评机制的影响。其中，内部激励考评机制包括业绩目标完成与高管变更、业绩目标完成与高管薪酬、业绩目标完成与目标动态调整三部分。

5.5.1　外部治理对业绩目标完成与高管变更关系的影响

为了进一步探索在不同外部市场评价压力下业绩目标完成对高管变更的影响，我们将样本按照分析师跟踪数量多寡、机构投资者持股比例高低进行分组，分别对业绩目标完成与高管变更概率的关系重新进行检验。更多的分析师跟踪数量代表更严苛的外部监督水平，而更高的机构投资者持股比例则代表在与公司博弈中拥有更高的话语权。结果列示在表 5 - 25、表 5 - 26 与表 5 - 27 中。由表 5 - 25 ~ 表 5 - 27 可知，业绩目标完成与高管变更概率的负相关关系仅在分析师跟踪数量较多、机构投资者持股比例较高的分组中显著。该结果意味着外部市场评价可以向董事会施压，强化其内部业绩目标激励考评机制。

表 5 - 25　分析师跟踪对业绩目标完成与高管变更关系的影响（CEO 变更）

变量	CEOTurnover$_{t+1}$					
	分析师跟踪数量多			分析师跟踪数量少		
	（1）	（2）	（3）	（4）	（5）	（6）
_ cons	- 0.927	- 1.028	- 0.390	- 2.704	- 2.726	- 2.781
	（- 0.388）	（- 0.434）	（- 0.161）	（- 1.289）	（- 1.303）	（- 1.310）

续表

变量	CEOTurnover$_{t+1}$					
	分析师跟踪数量多			分析师跟踪数量少		
	(1)	(2)	(3)	(4)	(5)	(6)
AchieveSales	−0.338*			−0.050		
	(−1.883)			(−0.303)		
SalesGap		−0.310*			0.007	
		(−1.680)			(0.038)	
SalesComplete			−0.340*			0.044
			(−1.720)			(0.255)
SOE	0.746***	0.745***	0.739***	0.379*	0.375*	0.373*
	(3.155)	(3.130)	(3.108)	(1.953)	(1.933)	(1.925)
Size	0.092	0.086	0.075	0.225	0.226	0.224
	(0.274)	(0.257)	(0.223)	(0.951)	(0.955)	(0.948)
Leverage	0.321	0.315	0.329	0.113	0.113	0.112
	(1.211)	(1.195)	(1.244)	(0.554)	(0.551)	(0.544)
Profit	−0.141	−0.154	−0.143	−0.277	−0.287	−0.295
	(−0.584)	(−0.636)	(−0.592)	(−0.930)	(−0.940)	(−0.946)
Boardsize	−0.206	−0.212	−0.211	−0.233	−0.233	−0.233
	(−1.101)	(−1.133)	(−1.129)	(−1.390)	(−1.391)	(−1.392)
Mngmhld	0.313	0.315	0.312	0.138	0.138	0.137
	(1.367)	(1.382)	(1.363)	(0.729)	(0.728)	(0.723)
Top1share	0.097	0.103	0.103	−0.010	−0.011	−0.013
	(0.487)	(0.515)	(0.518)	(−0.057)	(−0.065)	(−0.075)
Big4	0.085	0.064	0.063	0.096	0.097	0.097
	(0.428)	(0.319)	(0.315)	(0.663)	(0.671)	(0.674)
Year FE	是	是	是	是	是	是
Industry FE	是	是	是	是	是	是
N	1 888	1 888	1 888	1 620	1 620	1 620
pseudo R^2	0.049	0.049	0.049	0.029	0.029	0.029

注：表中报告系数为标准化系数，括号中为 t 值，*、***分别表示在 10%、1% 水平上显著。模型采用 Logit 回归方法估计。

表 5 - 26　　　分析师跟踪对业绩目标完成与高管变更关系的影响（董事长变更）

变量	ChairTurnover$_{t+1}$					
	分析师跟踪数量多			分析师跟踪数量少		
	(1)	(2)	(3)	(4)	(5)	(6)
_ cons	- 5. 746 **	- 5. 712 **	- 4. 848 *	0. 506	0. 556	0. 488
	(- 2. 021)	(- 2. 025)	(- 1. 710)	(0. 217)	(0. 238)	(0. 208)
AchieveSales	- 0. 222 *			0. 051		
	(- 1. 957)			(0. 241)		
SalesGap		- 0. 425 *			0. 065	
		(- 1. 717)			(0. 321)	
SalesComplete			- 0. 517 *			0. 038
			(- 1. 921)			(0. 183)
SOE	1. 161 ***	1. 162 ***	1. 160 ***	0. 901 ***	0. 900 ***	0. 903 ***
	(3. 510)	(3. 511)	(3. 505)	(3. 451)	(3. 442)	(3. 455)
Size	0. 968 **	0. 946 **	0. 923 **	- 0. 479	- 0. 482	- 0. 481
	(2. 173)	(2. 130)	(2. 082)	(- 1. 612)	(- 1. 620)	(- 1. 618)
Leverage	- 0. 184	- 0. 162	- 0. 138	0. 021	0. 017	0. 018
	(- 0. 523)	(- 0. 462)	(- 0. 393)	(0. 077)	(0. 061)	(0. 067)
Profit	- 0. 214	- 0. 188	- 0. 163	- 0. 119	- 0. 123	- 0. 119
	(- 0. 724)	(- 0. 644)	(- 0. 560)	(- 0. 549)	(- 0. 573)	(- 0. 556)
Boardsize	- 0. 232	- 0. 250	- 0. 248	- 0. 126	- 0. 126	- 0. 126
	(- 1. 021)	(- 1. 102)	(- 1. 090)	(- 0. 592)	(- 0. 591)	(- 0. 592)
Mngmhld	- 0. 601	- 0. 595	- 0. 598	- 0. 952 **	- 0. 956 **	- 0. 953 **
	(- 1. 328)	(- 1. 328)	(- 1. 331)	(- 2. 401)	(- 2. 407)	(- 2. 403)
Top1share	0. 089	0. 111	0. 112	0. 065	0. 061	0. 063
	(0. 337)	(0. 421)	(0. 424)	(0. 297)	(0. 277)	(0. 289)
Big4	- 0. 201	- 0. 229	- 0. 230	- 0, 049	- 0. 050	- 0. 049
	(- 0. 804)	(- 0. 913)	(- 0. 920)	(- 0. 223)	(- 0. 228)	(- 0. 225)
Year FE	是	是	是	是	是	是
Industry FE	是	是	是	是	是	是
N	1 850	1 850	1 850	1 567	1 567	1 567
pseudo R^2	0. 081	0. 083	0. 083	0. 063	0. 063	0. 063

注：表中报告系数为标准化系数，括号中为 t 值，*、**、***分别表示在 10%、5%、1% 水平上显著。模型采用 Logit 回归方法估计。

表 5 - 27 　　　　机构投资者持股比例对业绩目标完成与高管变更关系的影响

变量	Turnover$_{t+1}$					
	机构投资者持股比例较高			机构投资者持股比例较低		
	(1)	(2)	(3)	(4)	(5)	(6)
_ cons	- 11. 820 ***	- 12. 044 ***	- 11. 498 ***	1. 094	1. 043	1. 265
	(- 7. 222)	(- 7. 369)	(- 6. 987)	(0. 758)	(0. 722)	(0. 870)
AchieveSales	- 0. 192 *			- 0. 096		
	(- 1. 646)			(- 0. 864)		
SalesGap		- 0. 224 *			- 0. 083	
		(- 1. 876)			(- 0. 709)	
SalesComplete			- 0. 241 *			- 0. 141
			(- 1. 956)			(- 1. 218)
SOE	0. 591 ***	0. 591 ***	0. 583 ***	0. 341 **	0. 341 **	0. 346 **
	(4. 194)	(4. 193)	(4. 138)	(2. 541)	(2. 539)	(2. 572)
Size	- 0. 263	- 0. 248	- 0. 252	- 0. 124	- 0. 125	- 0. 120
	(- 1. 450)	(- 1. 359)	(- 1. 383)	(- 0. 841)	(- 0. 843)	(- 0. 812)
Leverage	0. 380 **	0. 385 **	0. 386 ***	0. 289 **	0. 290 **	0. 292 **
	(2. 547)	(2. 571)	(2. 583)	(2. 229)	(2. 243)	(2. 256)
Profit	- 0. 103	- 0. 110	- 0. 108	- 0. 067	- 0. 065	- 0. 061
	(- 0. 662)	(- 0. 706)	(- 0. 701)	(- 0. 456)	(- 0. 435)	(- 0. 412)
Boardsize	- 0. 154	- 0. 162	- 0. 159	- 0. 210 *	- 0. 209 *	- 0. 210 *
	(- 1. 277)	(- 1. 349)	(- 1. 327)	(- 1. 828)	(- 1. 820)	(- 1. 828)
Mngmhld	- 0. 251	- 0. 243	- 0. 248	- 0. 288 *	- 0. 286 *	- 0. 283 *
	(- 1. 319)	(- 1. 279)	(- 1. 305)	(- 1. 900)	(- 1. 887)	(- 1. 868)
Top1share	0. 203 *	0. 214 *	0. 216 *	- 0. 141	- 0. 139	- 0. 138
	(1. 655)	(1. 734)	(1. 751)	(- 1. 161)	(- 1. 148)	(- 1. 132)
Big4	0. 153	0. 140	0. 141	0. 048	0. 047	0. 046
	(1. 208)	(1. 104)	(1. 114)	(0. 434)	(0. 430)	(0. 416)
Year FE	是	是	是	是	是	是
Industry FE	是	是	是	是	是	是
N	2 242	2 242	2 242	2 320	2 320	2 320
pseudo R^2	0. 048	0. 048	0. 048	0. 035	0. 035	0. 036

注：表中报告系数为标准化系数，括号中为 t 值，* 、 ** 、 ***分别表示在 10% 、 5% 、 1% 水平上显著。采用 Logit 回归模型进行估计。

5.5.2　外部治理对业绩目标完成与高管薪酬关系的影响

为了进一步探索在不同外部市场评价压力下业绩目标完成对高管薪酬的影响，我们在模型（4-2）的基础上，将核心解释变量分别与分析师跟踪较多的哑变量（HAnaAttention）、机构投资者持股比例较高的哑变量（HTotalInstituhld）进行交乘，检验外部治理对业绩目标完成与高管薪酬关系的影响。此处被解释变量选取了前三名高管薪酬增长率进行检验，结果列示在表5-28中。

表5-28　　　　外部治理对业绩目标完成与高管薪酬关系的影响

变量	LTop3Comp					
	分析师跟踪			机构投资者持股		
	(1)	(2)	(3)	(4)	(5)	(6)
_cons	9.046***	9.093***	9.038***	7.148***	7.197***	7.059***
	(19.071)	(19.196)	(18.939)	(19.947)	(20.070)	(19.595)
AchieveSales	0.034*			0.045***		
	(1.672)			(2.592)		
SalesGap		0.023			0.045***	
		(1.215)			(2.710)	
SalesComplete			0.017			0.045***
			(0.908)			(2.673)
AchieveSales × HAnaAttention	-0.047**					
	(-1.966)					
SalesGap × HAnaAttention		-0.037**				
		(-2.006)				
SalesComplete × HAnaAttention			-0.111*			
			(-1.834)			
AchieveSales × HTotalInstituhld				-0.026		
				(-1.251)		
SalesGap × HTotalInstituhld					-0.027*	
					(-1.647)	
SalesComplete × HTotalInstituhld						-0.095*
						(-1.803)
HTotalInstituhld				0.112***	0.099***	0.188***
				(6.328)	(7.203)	(3.665)
HAnaAttention	0.157***	0.133***	0.238***			
	(7.926)	(8.526)	(4.017)			
SOE	-0.010	-0.009	-0.009	-0.030**	-0.031**	-0.030**
	(-0.566)	(-0.539)	(-0.530)	(-2.059)	(-2.091)	(-2.056)

变量	LTop3Comp					
	分析师跟踪			机构投资者持股		
	（1）	（2）	（3）	（4）	（5）	（6）
Size	0.374 ***	0.373 ***	0.373 ***	0.475 ***	0.473 ***	0.474 ***
	(14.424)	(14.367)	(14.363)	(23.307)	(23.215)	(23.236)
Profit	0.099 ***	0.099 ***	0.100 ***	0.077 ***	0.079 ***	0.079 ***
	(5.445)	(5.478)	(5.500)	(5.002)	(5.094)	(5.093)
Leverage	− 0.068 ***	− 0.067 ***	− 0.067 ***	− 0.127 ***	− 0.127 ***	− 0.127 ***
	(− 3.683)	(− 3.621)	(− 3.593)	(− 8.526)	(− 8.518)	(− 8.520)
TobinQ	0.076 ***	0.077 ***	0.076 ***	0.098 ***	0.099 ***	0.098 ***
	(4.061)	(4.109)	(4.093)	(6.332)	(6.362)	(6.339)
CEOduality	0.057 ***	0.057 ***	0.057 ***	0.053 ***	0.053 ***	0.053 ***
	(4.079)	(4.089)	(4.082)	(4.363)	(4.339)	(4.337)
Boardsize	0.017	0.016	0.016	0.032 **	0.032 **	0.032 **
	(1.124)	(1.063)	(1.070)	(2.319)	(2.336)	(2.314)
IndepBoard	− 0.046 ***	− 0.047 ***	− 0.047 ***	− 0.035 ***	− 0.035 ***	− 0.035 ***
	(− 3.107)	(− 3.151)	(− 3.161)	(− 2.692)	(− 2.661)	(− 2.682)
Top1share	− 0.048 ***	− 0.048 ***	− 0.048 ***	− 0.054 ***	− 0.055 ***	− 0.054 ***
	(− 3.187)	(− 3.172)	(− 3.162)	(− 3.907)	(− 3.980)	(− 3.958)
Mngmhld	− 0.054 ***	− 0.054 ***	− 0.054 ***	0.019	0.019	0.019
	(− 3.241)	(− 3.252)	(− 3.247)	(1.339)	(1.325)	(1.375)
Year FE	是	是	是	是	是	是
Industry FE	是	是	是	是	是	是
N	3 551	3 551	3 551	4 560	4 560	4 560
adj. R^2	0.375	0.375	0.374	0.381	0.381	0.381

注：表中报告系数为标准化系数，括号中为 t 值，* 、** 、*** 分别表示在 10% 、5% 、1% 水平上显著。模型采用 OLS 回归方法估计。

由表 5 − 28 可知，列（1）～列（3）中，AchieveSales × HAnaAttention、SalesGap × HAnaAttention 与 SalesComplete × HAnaAttention 的系数显著为负，表明更多的分析师跟踪抑制了业绩目标完成对高管薪酬的激励效应；列（4）～列（6）中，SalesGap × HTotalInstituhld 与 SalesComplete × HTotalInstituhld 的系数显著为负，同样表明更高的机构投资者持股比例抑制了业绩目标完成对高管薪酬的激励效应。同时本章也使用高管薪酬的其他指标进行检验，结果实质性不变。限于篇幅，不再列示。

在前面第 4 章中，我们发现，上市公司尤其是国有企业的业绩目标考核体系存在弱约束、强激励的倾向。本节结果则意味着，外部治理会修正这一倾向，表现出强化约束、减弱激励的效果。从这个意义上来讲，外部治理强化了董事会对业绩目标进行考核的内部激励机制。

5.5.3　外部治理对业绩目标动态调整的影响

为了进一步探索在不同外部市场评价压力下业绩目标完成对业绩目标动态调整的影响，我们借鉴金姆和信（Kim and Shin，2017）的方法，在模型（4-4）的基础上，将核心解释变量分别与分析师跟踪较多的哑变量（HAnaAttention）、基金投资者持股比例较高的哑变量（HFundhld）进行交乘，检验外部治理对目标棘轮效应及其不对称性的影响，结果见表 5-29。由表 5-29 可知，列（1）、列（2）中，SalesGap1 × HAnaAttention 与 SalesGap2 × HAnaAttention 的系数显著为正，而 SalesGap1 × NegativeS × HAnaAttention 与 SalesGap2 × NegativeS × HAnaAttention 的系数显著为负，表明分析师跟踪显著提高了目标棘轮效应及其不对称性。列（3）、列（4）中，SalesGap1 × HFundhld 与 SalesGap1 × NegativeS × HFundhld 的系数显著为正，而 SalesGap1 × NegativeS × HFundhld 与 SalesGap2 × NegativeS × HFundhld 的系数显著为负，表明机构投资者持股同样显著提高了目标棘轮效应及其不对称性。

表 5-29　　　　　　　　　外部治理对业绩目标动态调整的影响

变量	分析师跟踪的影响		机构投资者持股比例的影响	
	TargetRevS1	TargetRevS2	TargetRevS1	TargetRevS2
	（1）	（2）	（3）	（4）
_ cons	0. 409 ***	0. 371 **	0. 493 ***	0. 371 **
	(3. 813)	(2. 120)	(4. 314)	(2. 486)
SalesGap1	0. 730 ***		0. 707 ***	
	(34. 515)		(27. 767)	
SalesGap1 × HAnaAttention	0. 051 ***			
	(2. 689)			
SalesGap1 × NegativeS × HAnaAttention	− 0. 105 ***			
	(− 4. 812)			
SalesGap2		0. 708 ***		0. 675 ***
		(28. 728)		(22. 626)
SalesGap2 × HAnaAttention		0. 036 *		
		(1. 745)		

续表

变量	分析师跟踪的影响		机构投资者持股比例的影响	
	TargetRevS1	TargetRevS2	TargetRevS1	TargetRevS2
	(1)	(2)	(3)	(4)
SalesGap2 × NegativeS × HAnaAttention		-0.105*** (-4.442)		
SalesGap1 × HFundhld			0.062*** (2.674)	
SalesGap1 × NegativeS × HFundhld			-0.066*** (-3.051)	
SalesGap2 × HFundhld				0.095*** (3.620)
SalesGap2 × NegativeS × HFundhld				-0.177*** (-7.605)
SalesGap1 × NegativeS	-0.191*** (-8.924)		-0.183*** (-8.221)	
SalesGap2 × NegativeS		-0.351*** (-14.962)		-0.313*** (-12.839)
NegativeS × HAnaAttention	-0.023 (-1.286)	-0.029 (-1.464)		
NegativeS × HFundhld			-0.019 (-0.750)	-0.042* (-1.716)
NegativeS	0.029 (1.593)	0.021 (1.069)	0.019 (0.883)	0.019 (0.907)
HAnaAttention	0.080*** (4.113)	0.027 (1.222)		
HFundhld			0.052** (2.558)	0.029 (1.401)
SOE	-0.068*** (-5.838)	-0.056*** (-4.428)	-0.076*** (-6.286)	-0.065*** (-5.171)
Size	-0.050*** (-3.558)	-0.033** (-2.113)	-0.044*** (-3.120)	-0.024 (-1.631)
Leverage	0.063*** (4.177)	0.032** (1.990)	0.011 (0.730)	0.005 (0.349)
Roa	0.048*** (3.535)	0.000 (0.023)	-0.028** (-2.027)	-0.021 (-1.459)
Salesgrowth	0.179*** (12.970)	0.273*** (17.772)	0.136*** (9.320)	0.232*** (15.948)

续表

变量	分析师跟踪的影响		机构投资者持股比例的影响	
	TargetRevS1	TargetRevS2	TargetRevS1	TargetRevS2
	(1)	(2)	(3)	(4)
Year FE	是	是	是	是
Industry FE	是	是	是	是
N	3 951	3 951	4 515	4 515
adj. R^2	0.579	0.504	0.511	0.474

注：表中报告系数为标准化系数，括号中为 t 值，＊、＊＊、＊＊＊分别表示在 10%、5%、1% 水平上显著。模型采用 OLS 回归方法估计。

　　提高目标棘轮效应及其不对称性，意味着"鞭打快牛"政策的持续性、不可逆性都得到强化，这对于企业而言也许并非好事。分析师的本职工作是预测企业的短期业绩，并依据预测向投资者作出股票推荐评级。布伦南等（Brennan et al.，1993）、洪等（Hong et al.，2000）的研究均发现，每当公司短期业绩下滑时，分析师都会向下修正业绩预测，并相应作出对上市公司不利的股票推荐评级，从而引发市场负面反应，最终给管理层带来外部压力。而对于管理层而言，正如詹森和富勒（Jensen and Fuller，2002）研究所述，管理层通常都会对分析师预测作出过度反应，将更多精力放在企业短期业绩上，以防止业绩不达预期而导致公司股价下跌。机构投资者通常而言会对公司的股价及偿债能力等方面更为关注，机构投资者对公司经营的干预在长久以来饱受争议，其中最具代表性的观点是：机构投资者带来的股价压力和偿债压力都会造成"管理层短视"问题。从分析师跟踪与机构投资者持股比例均加强了目标棘轮效应及其不对称性的结果来看，外部治理进一步强化了董事会主导的内部目标激励考评机制，这将可能造成更严重的"管理层短视"问题。对此，我们将在第 6 章中具体展开研究。

5.6　本章研究结论

　　本章研究了外部治理能否强化管理层业绩目标的激励考核机制，分别从分析师与机构投资者的视角研究外部市场是否会对管理层业绩目标完成情况作出相应评价，由此直接或间接对管理层施压，强化激励考核契约执行的刚性。具体而言，分别考察了业绩目标完成对分析师预测行为与机构投资者持股变动的影响。这些影响结果既表明了外部市场会对经理人的管理水平进行评价，也证明了引入目标作为标杆的绩效考核结果对经理人的管理能力具有信号揭示作用。

本章主要研究结论包括：第一，业绩目标完成程度显著提高了分析师跟踪数量。第二，业绩目标完成程度显著提高了本期及下一期分析师预测的准确性，体现在分析师预测准确度提高、分析师预测乐观偏差降低以及分析师的投资标准化评级分数提高、评级修正分数提高。第三，业绩目标完成程度显著提高了机构投资者的加仓行为，体现为下一期的机构投资者持股比例以及增持概率上升。

进一步研究表明：（1）业绩目标完成程度与高管变更概率的负相关关系仅在分析师跟踪数量较多、机构投资者持股比例较高的分组中显著。（2）更多的分析师跟踪抑制了业绩目标完成程度对高管薪酬的激励效应；而当机构投资者持股比例较高时，业绩目标完成程度与高管薪酬激励之间的关系不显著，只有当机构投资者持股比例较低时，这种激励关系才显著。这两者均表现出强化目标约束、减弱目标激励的效果。（3）分析师跟踪以及机构投资者持股比例均显著提高了目标调整的棘轮效应及其不对称性，极大地强化了管理层短期目标考核的压力。上述结果均表明外部治理强化了董事会对业绩目标进行考核的内部激励机制。

综上所述，这些结果表明资本市场上的中介机构以及外部投资者会关注管理层的业绩目标完成情况，并针对该绩效考核结果进行相应评价。换言之，"业绩目标完成"这件事本身被外部市场当作经理人管理水平的信号，直接影响其在经理人市场的声誉。同时，外部市场评价还可以向董事会施压，强化其内部目标激励考评机制，从而间接影响经理人短期目标考核的压力。这就为经理人可能围绕业绩目标完成采取一定行动提供了来自外部资本市场压力的证据。

第6章 管理层业绩目标完成与经理人干预行为研究——基于短期操纵与研发投入强度的视角

6.1 问题的提出

管理层作为理性经济人,股东需要一份具有明晰条文规定高管付出与回报的显性契约来确定与高管之间的委托代理关系,以实现对高管进行更好的激励与监督(Chrisman et al.,2007)。最优契约理论认为,薪酬激励契约能使高管薪酬与企业业绩最大限度地结合起来,确保高管努力实现股东价值最大化(Jensen and Murphy,1990;Fama and Jensen,1983)。该理论认为,高管所获得的回报与其所投入和付出水平的相关性越高,高管具有越强的动机去提高其投入和付出水平,激励契约便越有效。然而,由于努力水平具有较高的观测难度,因此经营成果成为企业监督高管付出的次优选择(Holmstrom,1982;Watts and Zimmerman,1990)。实践中,上市公司为不断改善高管激励契约的设计而孜孜以求。激励契约也被视作高质量公司治理的基石(Abernethy,Kuang and Qin,2015),尽管这些契约在提升股东价值方面所能提供激励的充分性饱受质疑(Gerakos,Itterner and Larcker,2007)。机构投资者以及大股东,例如沃伦·巴菲特,都主张用具体而明确的业绩目标(specific performance goals)来衡量管理活动。但业绩目标作为绩效评价的标准,究竟是提高了激励的敏感性从而促成管理者与股东的利益趋同,还是助长了管理层的短视行为,暂且没有研究给出答案。换言之,这项显性的契约设计是否有助于缓解代理问题至今没有定论。

第4~5章实证表明外部机构投资者与分析师会对企业业绩目标完成情况作出相应的评估行为，同时内部董事会根据业绩目标完成情况作出相应的管理与经营决策，发挥目标考核的激励约束机制。可见，无论是外部资本市场还是内部董事会，都在一定程度上通过业绩目标对管理层施加了短期考核压力，影响其风险与收益函数。同时，在第5章对业绩目标调整的研究中，我们发现管理层与董事会之间的权力博弈会影响事前业绩目标的设定。众所周知，企业经营是持续性的，一个"适应的、连续的决策过程"（Williamson，1975），所谓考核期间只是为了达到考核目的而进行人为的划定。不完全契约理论提供了合约的事后执行影响事前签约的思想基础（刘浩等，2015）。从管理层在意事前的业绩目标设定，可以推测过往业绩目标的完成情况可能对其造成了相应的影响，所以才会在期初的事前谈判中就争夺有利的缔约结果，以确保对期末业绩目标完成有更大的把握。因此，归根结底管理层在意的仍然是期末业绩目标的完成结果。

综上所述，我们有充分的理由相信，管理层有动机（incentive）对业绩目标的完成情况进行干预。基于这个前提，本章主要回答的问题是：管理层业绩目标是否隐藏着经理人的机会主义行为呢？具体而言，包括以下方面：（1）业绩目标完成是否隐藏着经理人围绕目标阈值采取的断点操纵行为；（2）若存在断点操纵行为，那么经理人是否通过一些具体的收入确认行为、真实销售活动或投资活动去实现，换言之，经理人是否表现出一系列与收入目标实现相关的行为后果；（3）外部资本市场监督如何影响经理人的这些行为后果；（4）董事会与管理层之间的权力博弈特征如何影响经理人的这些行为后果。

6.2　理论分析和假设的提出

有不少文献研究实际业绩与业绩目标之间的相关关系，早期文献通常研究经理人如何操纵业绩去达到或超过事先设立的业绩目标，这些目标包括EPS为0的目标（Burgstahler and Dichev，1997）、以分析师预测一致性为目标（Bartov et al.，2002）等。严格意义上讲，这些所谓的目标是隐性的，是将资本市场的预期值作为业绩评估的标杆。近期文献开始研究显性的目标设计对实际业绩以及经理人行为后果的影响，其中，显性化的业绩目标来源于高管薪酬激励契约的安排。施韦策等（2004）研究表明当薪酬与目标实现情况挂钩时，更容易诱发管理层的欺骗行为。柯珞克和斯拉姆罗德（2007）研究表明以报告收益为基础的薪酬合同无法激励经理人同时既采取利润最大化的行为又能诚实地报告这些利润。麦琪和洛迪古斯 - 克莱尔（1995）通过模型研究发现，在委托代理问题中，如果代理人私下已知其边际生产成本，那么昂贵的信息失真将作为一种均衡行为出现。此外，古德曼等（2006）发现披露的收益分布中存在一种内生性的扭结和跳跃（kinks and jumps）的均衡。郑等（2015）研究发现上市公司会回购股份操纵 EPS，以便达到奖金计划中设定的业绩目标。麦克雷（McCrary，2008）研究发现 EPS 目标存在显著的断点效应，而销售收入、利润等经营目标则不存在断点效应。贝奈特等（Bennett et al.，2017）首次利用高管薪酬契约中的业绩目标数据进行研究，发现在业绩目标左右邻近区域的公司数量严重不成比例，表现为落入目标右侧邻域（即达到业绩目标）的公司数量远远大于落入目标左侧邻域（即未达到业绩目标）的公司数量。此外，他们分别考察了薪酬契约中 EPS 目标、利润目标及销售收入目标，均存在显著的断点效应。

　　总体而言，由于缺乏公开的业绩目标信息，学术界关于显性的业绩目标契约设计的研究还非常有限（Murphy，2001；Indjejikian，Matĕjka and Schloetzer，2014b）。而在有限的研究中，关于经营目标的断点效应是否存在尚缺乏统一定论。

　　关于年报中披露的经营业绩目标，一方面，外部投资者及中介机构会评估管理层的绩效完成情况。前面已经证明如果上市公司没有达到经营目标，分析师有可能给出负面评级、机构投资者可能用脚投票等。另一方面，业绩目标对内发挥一定的治理功能，业绩目标实现情况与高管任免及高管薪酬密切相关。以往研究通常假定薪酬业绩之间是线性关系（pay - performance relationship，PPR），而在薪酬契约中引入业绩目标之后，PPR 函数的斜率以及最大值就会由于目标值的存在而发生改变，PPR 变为非线性关系，并且在目标值处形成一个扭结（kink），这种非线性关系更能准确地刻画实践中普遍存在的薪酬契约的特征（Bennett et al.，2017）。

　　在这种非线性激励契约下，公司根据经理人对业绩目标的完成情况进行相应的奖惩。值得注意的是，只有当业绩达到一个阈值（业绩目标）才会去讨论发放这部分激励薪酬，否则这部分薪酬为零；而在业绩目标之上，管理层可以获得与超出业绩目标部分成比例（或其他函数形态）的奖励薪酬，直到达到奖励薪酬的上限为止。最优契约理论认为，充分的、合适的目标水平能够反映充分的、合适的努力水平之下的期望绩效产出。业绩目标越具体，提供给参与者对预期行动和结果的理解就会越好，也因此能产出更高的激励效应和努力水平（Locke and Latham，1990）。

最优契约理论的主要问题在于，决定高管薪酬合约的董事会也可能存在代理问题，不一定能够设计出最优的业绩目标及激励方案。由于存在信息不对称，相比于管理层，董事会难以获得充分的企业经营信息，因此，尽管激励契约中设定了目标，表面上经理人也达成了目标，但实际上目标是否合理、完成目标过程中管理层是否有操纵或隐藏行动都难以直接观测，未见得会缓解代理问题。管理层权力理论表明，拥有较大权力的高管会倾向于保持宽松的内部控制，以更轻松地越过控制程序开展盈余管理，从而便于更加轻松地达成业绩目标（戴璐和宋迪，2017；Armstrong et al.，2010）。在这种情况下，薪酬契约中设定具体的业绩目标反而更加重了代理问题。于是，在管理层权力彰显之下，围绕业绩目标的操纵行为成为管理层攫取私利的一种手段。假设实际业绩没有达到目标，在差距较小的情况下，经理人出于私利考虑，可能会对业绩进行操纵，使之刚好达到或越过目标阈值，由此加重了 PPR 中的"跳跃点"（jump points）效应，这种操纵往往伴随经理人的短视行为，会损害企业的长期价值。

综上所述，管理层业绩目标的实现情况究竟是出于提高经理人的激励效应而达成，还是隐藏着经理人的断点操纵行为，是一个需要实证检验的问题。如果经理人对照目标值采取了业绩操纵行为，那么经济运行变量的连续性假设则是不成立的（McCrary，2008）。为此，我们提出 H6 - 1，检验业绩目标实现是否隐藏着经理人的操纵行为。

H6 - 1：业绩目标完成存在断点操纵行为，表现为业绩目标实现程度的密度函数图在业绩目标处存在不连续的断点现象。

已有大量研究表明，公司为了达成某些约定俗成的隐性预期目标，会采取盈余管理行为。例如，罗伊乔杜里（2006）与德肖等（Dechow et al.，

2003）研究表明，上市公司为了避免出现亏损会削减自由裁量支出，如研发费用、销售及管理费用等，改善报告利润。格拉汉姆等（Graham et al., 2005）基于一项调查研究，发现绝大部分 CEO 承认其存在一些通过牺牲长期价值来平滑业绩的行为。同理，当公司披露出明确的业绩目标时，一方面，管理层也可能为了达成显性目标而虚报业绩或进行真实的操纵活动。另一方面，管理层有动机隐藏真实业绩，通过盈余平滑等手段降低投资者对业绩的预期，即进行盈余预期的管理活动，从而降低未来业绩目标的难度（Murphy, 2001; Anderson et al., 2010）。贝奈特等（2017）基于美国强制性披露的奖金计划的数据，研究发现公司为了实现奖金计划中明确规定的高度具体的业绩目标，会提高应计项目、削减酌量支出。另外，从广义上来看，年报披露的管理层经营目标属于公司盈利预测的范畴，并且资本市场会关注到该自愿性披露，因此，管理层有动机向外界传递其经营状况良好、履约能力较强的利好消息。研究表明，管理层会借助盈余管理来使报表最终呈现的盈余与事先预测的盈余保持一致（Ajinkya and Gift, 1984; Cormier and Martinez, 2006）。

现有文献表明，管理层意图误导利益相关者对其经营业绩的理解或影响以报告盈余为基础的合约，通常会策略性地运用会计方法或安排真实交易活动来改变财务报告信息，最常见的即通过非正常应计项目进行应计盈余管理（Healy and Wahlen, 1999）。但是，对于经营收入目标而言，应计盈余管理的实现程度受限，例如降低费用开支等不会对本期收入目标实现造成直接影响，更可能发生的操纵行为是激进的收入确认，即显著不合理地提前或推迟确认收入。收入部分是最常见的财务重述类别（Turner et al., 2001）。从美国的安然、世通到中国的银广夏、万福生科、绿大地等一系列会计欺诈案无一不与收入确认有关。葛家澍（2001）认为收入确认与计量时间点的合理性是决定收益报告质量的首要因素，而承认收益报告信息重要性则意味着认同收益构成中最大数字和最重要组成成分收入及其确认的重要性（张子余和张天西，2011）。菲罗兹等（Feroz et al., 1991）发现超过一半 SEC 财务报告欺诈案是由于提前确认收入或虚构收入而造成的利润高估。德肖和施兰德（Dechow and Schrand, 2004）发现超过 70% 的美国证券交易委员会的会计和审计执行报告涉及错误的收入。综上所述，我们认为，管理层为了达成收入目标的实现，很可能采取激进的收入确认行为。据此提出 H6 - 2a。

H6 - 2a：在其他条件一定的情况下，管理层业绩目标完成程度与当期"激进收入确认"程度显著正相关。

另外有研究表明，应计盈余操纵会提高违规概率，使企业面临较大的监管处罚成本（刘宝华等，2016）。随着法律诉讼风险的提高，管理层更倾向于使用真实盈余管理替代应计盈余管理（Graham et al.，2005；Cohen et al.，2008）。真实盈余管理未违反会计准则，监管处罚成本较小（Cohen et al.，2008；Zang，2012）。因此，考虑到应计盈余管理未来有反转效应，无法在短期内持续虚高报表业绩，加之较高的诉讼成本，企业还可能通过安排真实的交易活动，如非常规的打折促销、加速生产等手段提高销售收入和利润（Roychowdhury，2006）。

针对经营收入业绩目标，管理层除了操纵收入确认之外，还可以操纵真实的销售活动，例如上面提及的在年末采用不正当竞争手段异常降价促销，或者违背企业经营风险管理的原则进行放宽信用条件等商业决策活动。这些方式均能在短期内有效影响销售收入，并且"真实的销售操控"属于企业自主的经营决策范畴，与激进确认收入相比，管理层面临更低的诉讼风险。因此，我们预期，管理层为了达到经营收入目标的实现，很可能采取真实的销售操控行为。基于上述分析，本章提出 H6 - 2b。

H6 - 2b：在其他条件一定的情况下，管理层业绩目标完成程度与当期真实销售操纵程度显著正相关。

以往文献表明，企业进行创新投资活动会对企业的短期经营业绩和股票回报均产生负面的影响（Hoskisson et al.，1993；Lev and Sougiannis，1996），并且会进一步影响 CEO 的薪酬和职业风险，降低他们的声誉（Murphy，1999；Dechow and Skinner，2000；Wiseman and Gomez - Mejia，1998）。CEO 为了提高当期会计业绩以避免上述损失有动机削减研发支出（Narayanan，1985；Bushee，1998）。一方面，经营业绩目标会在短期内带给管理层高强度的业绩考核压力，错失业绩目标将同样使管理层面临着上述损失。因此，经理人有动机减少研发支出。另一方面，从长远来看，增加研发投入有利于企业获得更大的竞争优势，增加企业未来的价值，同时也会提升管理层未来的收益和在经理人市场的声誉。根据前景理论，通常大多数人面对获利时的表现是风险规避型，而面对损失时的表现是风险偏好型，以及人们对遭遇损失具有更高的敏感度（Tversky and Kahneman，1992），因此，经营目标的实现可能隐藏着管理层削减研发支出的短视行为。

而沿着最优契约理论的指引，经营业绩目标本身具备一定的遴选机制，当管理层的能力欠缺时，短期操纵无法持续实现每一期的业绩目标。例如，应计盈余管理会在未来期反转；真实盈余管理会透支未来的收益，加剧企业的经营风险。长期来看，这些短视行为将会使管理层在未来受到更大的惩罚。出于职业生涯的考虑（包括任职期限以及解雇风险）以及从动态的视角看待激励契约，管理层作为理性经济人，不单看一个会计期间的收益，其追求的往往是任职期间的收益最大化。尽管经营业绩目标施加给管理层短期业绩考核的压力，但管理层未必只会采取短视行为，也可能会增加长期价值投资，如研发支出等。因此，出于在一个较长时间段内实现动态激励契约收益最大化的目的，经营目标的实现可能获益于管理层增加研发支出的价值投资行为。

在前面章节中，我们证明了年报披露的管理层经营目标设定存在棘轮效应。研究普遍认为，棘轮效应会导致负面的激励效应，也有研究表明目标棘轮向上并不必然导致负面的激励效应。尹德坎和南达（2002）认为如果当期业绩不影响未来实现目标的可实现性，则棘轮效应就能提高绩效薪酬的激励效应。莱昂内和洛克（2002）认为如果管理者通过增加永久性盈余（而非暂时性盈余）来实现当期目标，则不会增加下期实现目标的难度。崔等（Choi et al.，2012）发现业绩目标的完成度具有序列相关性，当期完成目标的管理层下期更可能完成目标。尹德坎等（2014a）研究发现公司会根据当期实际业绩对下期业绩目标进行灵活调整，对于业绩好的管理层，降低下期业绩目标的难度；而对于业绩差的管理层，则提高下期目标难度作为惩罚机制。

上述研究表明两点：（1）管理层在每个经营期间都面临着巨大的短期考核压力，业绩目标实现情况会使得管理层得到相应的激励或惩罚后果；（2）业绩目标完成的序列相关性表明短期目标考核压力不会必然触发管理层的短视行为，否则业绩目标完成情况便不具有持续性。由此，我们可以推测，在经营业绩目标考核制下，管理层更可能打"组合拳"，取得短期业绩目标实现与长期绩效提升之间的平衡。综上所述，我们提出两个相反的假设进行验证，具体如下所示。

H6 - 3a：在其他条件一定的情况下，管理层业绩目标完成程度与当期研发投入强度显著负相关。

H6 - 3b：在其他条件一定的情况下，管理层业绩目标完成程度与当期研发投入强度显著正相关。

6.3 研究设计

6.3.1 样本选取与数据来源

本章选取中国沪深两市 2004～2016 年所有 A 股上市公司作为初始研究样本。自 2004 年以来，公司年报中自愿披露定量业绩目标的样本才开始逐渐增多，以及国资委对国企的考核也从 2004 年正式开始。本章按照以下筛选原则对初始样本进行处理：（1）剔除了金融类行业上市公司，因为金融类行业适用的会计准则与非金融类行业显著不同。（2）剔除了财务数据缺失的公司。（3）剔除了没有披露定量经营业绩目标的公司，因为主要解释变量是业绩目标的完成情况。（4）剔除了少于连续两年披露定量业绩目标的样本。由于本章在后续章节会考察管理层业绩目标设定及动态调整的规律，而目标调整需要用到下一个年度的样本，因此 2016 年样本只适用于目标调整变量。尽管本章只需用目标完成情况的变量，但为了保持整体研究样本的贯穿性和严谨性，实际目标完成情况的样本区间为 2004～2015 年。（5）剔除了其他主要变量缺失的样本。最终，本章分别得到 5 227 个公司—年度的观测值用于断点效应的研究，4 807 个公司—年度的观测值用于激进收入确认的研究，4 662 个公司—年度的观测值用于真实销售操纵的研究，3 149 个公司—年度的观测值用于研发支出的研究①。并且鉴于数据可得性，研发支出的样本年份为 2006～2015 年。

本章所使用的管理层业绩目标数据来源于上市公司年报，披露于"管理层分析与讨论"部分，通过查阅年报手工整理得到。相关财务数据、公司治

---

① 在稳健型检验以及分组检验中，样本观测数量会因不同回归模型变量之间的差异而有微幅调整。

理数据以及股票市场数据主要来源于 CSMAR 数据库和 Wind 数据库，缺失数据经过年报、巨潮资讯网等渠道进行搜索和手工补充。为消除极端值的影响，对所有连续变量在 1% 和 99% 分位上进行 winsorize 处理。

6.3.2　实证模型与变量定义

1. 断点效应检验

本章探究业绩目标实现情况是否隐藏着经理人的断点操纵行为。麦克雷（McCrary，2008）提出的方法能够检验分组变量的密度函数是否在断点处不连续，因此可用来验证断点效应的存在。麦克雷检验过程包括两个步骤：（1）将业绩完成度（SalesGap1）的变量在 0 点（0 点表示刚好达到目标）左右两侧尽可能等距离细分，画出不光滑的直方图（a very under smoothed histogram），记组距（bin size）为 b，记每一组中心位置为变量 $X_j = \{\cdots, c-3b/2, c-b/2, c+b/2, c+3b/2, \cdots\}$。然后计算各组的标准化频率（normalized cellsize），频数除以 nb（n 为样本容量），记 Y_j。（2）使用三角核，让 Y_j 对 X_j 进行局部线性回归；针对分组变量的取值$(r_0) = \{\cdots, c-2b, c-b, c+b, c+2b, \cdots\}$，得到密度函数的估计值$\hat{f}(r_0)$ 以及标准误 $SE[\hat{f}(r_0)]$，计算$\hat{\theta} = \widehat{lnf^+} - \widehat{lnf^-}$（该估计值被称为 log difference in height），然后检验业绩实现情况的密度函数在 0 处是否连续[①]。本章通过 Stata 非官方命令 DCdensity[②] 实现麦克雷检验。

2. 业绩目标实现与收入操纵

为检验 H6-2a 与 H6-2b，本章分别构建模型（6-1）与模型（6-2）：

abnRecogSales$_t$ = β_0 + β_1 AchieveSales$_t$/SalesGap$_t$/SalesComplete$_t$ + β_2SOE$_t$ + β_3Size$_t$ + β_4Leverage$_t$ + β_5Roa$_t$ + β_6Boardsize$_t$ + β_7Mngmhld$_t$ + β_8Top1share$_t$ + β_9Big4$_t$ + Year Fixed Effects + Industry Fixed Effects + ε （6-1）

R_cfo$_t$/R_cfo_V$_t$ = β_0 + β_1 AchieveSales$_t$/SalesGap$_t$/SalesComplete$_t$ + β_2SOE$_t$ + β_3Size$_t$ + β_4Leverage$_t$ + β_5Roa$_t$ + β_6Boardsize$_t$ + β_7Mngmhld$_t$ + β_8Top1share$_t$ +

[①]　本部分参考陈强编著的《高级计量经济学及 Stata 应用（第二版）》第 28 章 "处理效应" 的相关内容。

[②]　DCdensity 中的 "DC" 代表 Discontimuity。

$\beta_9 Big4_t$ + Year Fixed Effects + Industry Fixed Effects + ϵ　　　　　　(6-2)

上述模型中 $abnRecogSales_t$ 与 $R\_cfo_t/R\_cfo\_V_t$ 的构建方法具体如下。

（1）激进收入确认。权责发生制模型因其对自由裁量权的估计存在偏差和噪声而受到批评（Stubben，2010），因此有研究认为将重点放在收益的一个组成部分可能会提供更准确的估计（McNichols and Wilson，1988；Bernard and Skinner，1996；Healy and Wahlen，1999；McNichols，2000）。施图本（Stubben，2010）构建了"激进收入确认"计量模型，结果显示比传统的"应计模型"在识别盈余操纵上有更好的表现。本章参照施图本（2010）构建的模型计算"激进收入确认"。其研究模型如下。

将报表的收入 R_t 分为没有操纵成分的收入 R_t^{UM} 和被激进确认的收入 R_t^{RM}：

$$R_t = R_t^{UM} + R_t^{RM} \tag{6-3}$$

假定没有操纵成分的收入在报表日有 c（$0 < c < 1$）比例的贷款当期没有收回，因此，期末应收账款 AR_t 是本期真实没有收回的应收账款（$c \times R_t^{UM}$）与由于"激进收入确认"造成实际不存在但写进账里的应收账款（δ_t^{RM}）之和：

$$AR_t = c \times R_t^{UM} + \delta_t^{RM} \tag{6-4}$$

将式（6-3）代入式（6-4）中进行一次差分，可得到式（6-5）：

$$\Delta AR_t = c \times \Delta R_t^{UM} + (1-c) \times \delta_t^{RM} \tag{6-5}$$

"激进收入确认"的估计即式（6-6）的残差为：

$$\Delta AR_t = \alpha + \beta \times \Delta R_t + \epsilon_t \tag{6-6}$$

又由于全年中越接近年末的销售收入越可能以应收账款形式记在账面，因此将式（6-6）扩展得到：

$$\frac{\Delta AR_t}{TA_{t-1}} = \alpha + \beta_1 \times \frac{\Delta R1_{3t}}{TA_{t-1}} + \beta_2 \times \frac{\Delta R4_t}{TA_{t-1}} + \epsilon_t \tag{6-7}$$

$$abnRecogSales_t = \frac{\Delta AR_t}{TA_{t-1}} - \hat{\alpha} - \hat{\beta_1} \times \frac{\Delta R1_{3t}}{TA_{t-1}} - \hat{\beta_2} \times \frac{\Delta R4_t}{TA_{t-1}} \tag{6-8}$$

在式（6-7）中，$R1\_3_t$ 为前三季度的营业收入，$R4_t$ 为第四季度的营业收入，TA_{t-1} 为 t 期期初的总资产，等式右边的残差实质为异常操纵应收账款，用来衡量"激进收入确认"。对式（6-7）分行业、分年度回归，求出系数代入式（6-8）中，计算残差项（abnRecogSales），用来衡量"激进收入确认"。

（2）真实销售操控。针对经营收入业绩目标，管理层除了操纵收入确认之外，还可能操纵真实的销售活动，例如在年末采用不正当竞争手段异常降价促销，或者违背企业经营风险管理的原则进行放宽信用约束等商业活动。如上方法均能在短期内快速增加销售收入。罗伊乔杜里（2006）在德肖、科塔里和沃兹（Dechow, Kothari and Watts, 1998）研究的基础上，认为正常的经营活动现金流量与本期销售收入及其变化值有线性相关关系，由此构造出真实销售操控的衡量模型。本章参考罗伊乔杜里（2006）的方法，通过对真实销售操纵活动的衡量模型（6-9）进行分年度、分行业回归，在其残差基础上求出异常经营现金净流（R_cfo），具体计算方法如下：

$$\frac{CFO_t}{TA_{t-1}} = \beta_0 + \beta_1\left(\frac{1}{TA_{t-1}}\right) + \beta_2\left(\frac{Sales_t}{TA_{t-1}}\right) + \beta_3\left(\frac{\Delta Sales_t}{TA_{t-1}}\right) + \varepsilon \qquad (6-9)$$

其中，CFO 为公司在 t 期的经营活动现金净流量；Sales 为公司在 t 期的销售收入；ΔSales 为公司在 t 期的销售收入变动值，TA_{t-1} 为 t 期期初的总资产。当边际收益大于零时，随着企业异乎寻常地削价促销和放宽信用约束，企业将增加销售收入，同时每一单位销售所带来的经营现金净流量会减少。因此，公司进行真实销售操纵会出现异常低的经营现金净流量。也就是说，R_cfo 越小，表明企业进行真实销售操纵的程度越大。此外，参考已有文献（Roychowdhury, 2006；Zang, 2012），在模型（6-9）中加入公司市场价值（MarketValue）和公司成长能力（TobinQ）两个变量重新计算出指标 R_cfo_V，同时对这两个指标进行检验。

借鉴已有研究（Roychowdhury, 2006；刘启亮等，2011；刘宝华等，2016），本章在进行业绩操纵的相关检验时，控制变量包括上市公司产权性质（SOE）、公司总资产规模（Size）、总资产负债率（Leverage）、总资产收益率（Roa）、董事会规模（Boardsize）、管理层的持股比例（Mngmhld）、第一大股东的持股比例（Top1share）、会计师事务所规模（Big4）、年度（Year）和行业（Industry）固定效应。具体的变量定义见表6-1。

表 6 – 1　　　　　　　　　　　　变量定义及说明

变量符号	变量名称	变量定义
因变量		
abnRecogSales	激进收入确认	根据施图本（2010）模型分年度、分行业回归，残差取绝对值
R_ cfo	真实销售操纵 1	参照罗伊乔杜里（2006）的方法计算得出异常经营现金流，见模型（6 – 9）
R_ cfo_ V	真实销售操纵 2	参照罗伊乔杜里（2006）等的研究在模型（6 – 9）中加入 MarketValue 和 TobinQ 两个变量重新计算得出异常经营现金流
RDExp_ in	研发投入强度 1	当期研发费用/当期营业总收入
RDExp_ ta	研发投入强度 2	当期研发费用/期末总资产
Putoff	推迟确认收入	哑变量，当 abnRecogSales < 0 时为 1，异常低的应收账款，否则为 0
R_ sx	异常销售费用	参照罗伊乔杜里（2006）的方法，根据模型计算残差值得：$\dfrac{SX_t}{TA_{t-1}} = \beta_0 + \beta_1\left(\dfrac{1}{TA_{t-1}}\right) + \beta_2\left(\dfrac{Sales_{t-1}}{TA_{t-1}}\right) + \varepsilon$
R_ prod	异常生产成本	参照罗伊乔杜里（2006）的方法，根据模型计算残差值得：$\dfrac{PRPD_t}{TA_{t-1}} = \beta_0 + \beta_1\left(\dfrac{1}{TA_{t-1}}\right) + \beta_2\left(\dfrac{Sales_t}{TA_{t-1}}\right) + \beta_3\left(\dfrac{\Delta Sales_t}{TA_{t-1}}\right) + \beta_4\left(\dfrac{\Delta Sales_{t-1}}{TA_{t-1}}\right) + \varepsilon$
R_ ax	异常管理费用	参照罗伊乔杜里（2006）的方法，根据以下模型计算残差值得：$\dfrac{AX_t}{TA_{t-1}} = \beta_0 + \beta_1\left(\dfrac{1}{TA_{t-1}}\right) + \beta_2\left(\dfrac{Sales_{t-1}}{TA_{t-1}}\right) + \varepsilon$
R_ disx	异常酌量性费用	参照罗伊乔杜里（2006）的方法，根据以下模型计算残差值得：$\dfrac{DISEXP_t}{TA_{t-1}} = \beta_0 + \beta_1\left(\dfrac{1}{TA_{t-1}}\right) + \beta_2\left(\dfrac{Sales_{t-1}}{TA_{t-1}}\right) + \varepsilon$ 其中，酌量性费用为销售费用与管理费用之和
REM	真实盈余管理	参照罗伊乔杜里（2006）的方法计算得出，REM = R_ prod + (−1) × R_ cfo + (−1) × R_ disx，REM 越大，真实盈余管理程度越大
RDInv	研发支出资本化	年报附注披露的研发支出中资本化的金额，用总资产进行标准化
RDExps	研发支出费用化	年报附注披露的研发支出中费用化的金额，用总资产进行标准化
FPatentgrant	专利授予	t + 1 期公司获得专利授予的数量，加 1 后取自然对数
FPatentapply	专利申请	t + 1 期公司申请专利的数量，加 1 后取自然对数
自变量		
AchieveSales	是否达到业绩目标	哑变量，若实际业绩达到或超过业绩目标，则取值为 1，否则为 0

续表

变量符号	变量名称	变量定义
自变量		
SalesGap	实际业绩与目标偏差	（本期实际销售收入 – 本期销售收入目标）/本期期末总资产
SalesComplete	业绩目标完成度	实际业绩/业绩目标，计算的比值即为业绩目标完成度
SalesGap1	业绩目标完成程度 1	（本期实际销售收入 – 本期销售收入目标）/本期销售收入目标
SalesGap2[①]	业绩目标完成程度 2	（本期实际销售收入 – 本期销售收入目标）/本期期末总资产
JMB[*]	微达标	哑变量，SalesGap 处于定义的微利区间取 1，否则取 0。出于稳健性考虑，设置 6 档微利区间 [0, 0.015]、[0.015, 0.03]、[0.03, 0.045]、[0.045, 0.06]、[0.06, 0.075]、[0, 0.1]，分别对应 JMB1 ~ JMB6
控制变量		
SOE	产权性质	哑变量，上市公司实际控制人性质为国有，取值为 1，否则为 0
Size	总资产规模	公司期末总资产的自然对数
Leverage	资产负债率	公司期末总负债/期末总资产
Roa	总资产回报率	期末净利润/期末总资产
Salesgrowth	销售收入增长率	（本期销售收入 – 上期销售收入）/上期销售收入
Boardsize	董事会规模	上市公司董事会人数的自然对数
IndepBoard	独立董事比例	独立董事人数占董事会人数的比例
Mngmhld	管理层持股比例	管理层持股数量占总股数的比例
Top1share	大股东持股比例	第一大股东持股数量占总股数的比例
TobinQ	公司成长性	（股东权益市场价值 + 负债账面价值）/ 总资产账面价值
BTM	账市比	账面净资产/公司市值
PPE	固定资产比重	公司期末固定资产原值/期末总资产
Big4	会计师事务所规模	对公司进行审计的事务所属于国际四大之一则取值为 1，否则为 0
Age	公司上市年龄	公司上市年数加 1 之后取自然对数
CEOduality	两职兼任情况	公司董事长与总经理两职合一取值为 1，否则为 0
HCEOTenure	CEO 任期	哑变量，公司 CEO 任期高于样本中值则取值为 1，否则为 0
HOutsideboard	外部董事比例	哑变量，外部董事比例高于样本中值则取值为 1，否则为 0
HAnaAttention	分析师跟踪程度	哑变量，分析师跟踪程度高于样本中值则取值为 1，否则为 0
HTotalInstituhld	机构投资者持股	哑变量，机构投资者持股比例高于样本中值则取值为 1，否则为 0

① SalesGap2 与 SalesGap 的定义及计算方法一致。在前面描述业绩目标完成情况时构造了三个反映不同侧面的变量指标（AchieveSales/SalesGap/SalesComplete），以增强结果稳健性。当检验业绩实现情况的断点效应时，解释变量 SalesGap 用两种方法进行标准化。为了更清晰地描述模型及检验过程，在名称上做了区分。

变量符号	变量名称	变量定义
控制变量		
Post	考核政策变更	哑变量，表示国资委对负责人任期目标考核政策变更，样本公司处于 2013 ~ 2015 年取值为 1；处于 2010 ~ 2012 年，取值为 0
Year	年度	年度虚拟变量，当年年份取值为 1，否则为 0
Industry	行业	行业虚拟变量，按照 2012 年证监会的行业分类标准，同前述一致

3. 业绩目标实现与研发投入强度

为检验 H6 - 3，本章构建如下模型（6 - 10）：

$$RDExp\_ in_t/RDExp\_ ta_t = \beta_0 + \beta_1 AchieveSales_t/SalesGap_t/SalesComplete_t +$$

$$\beta_2 SOE_t + \beta_3 Size_t + \beta_4 Leverage_t + \beta_5 Roa_t + \beta_6 PPE_t + \beta_7 BTM_t + \beta_8 Salesgrowth_t +$$

$$\beta_9 TobinQ_t + Year\ Fixed\ Effects + Industry\ Fixed\ Effects + \varepsilon \qquad (6-10)$$

借鉴已有研究（刘运国和刘雯，2007；鲁桐和党印，2014；田轩和孟清扬，2018；Canace et al.，2018），本章采用文献中两个常用的指标来衡量研发投入强度，分别是研发费用占总收入的比重（RDExp_ in）与研发费用占总资产的比重（RDExp_ ta）。模型控制变量包括产权性质（SOE）、企业规模（Size）、资产负债率（Leverage）、资产收益率（Roa）、固定资产比重（PPE）、市账比（BTM）、销售收入增长率（Salsgrowth）以及成长性（TobinQ）。其中，研发费用数据来源于 Wind 数据库，数据有效期从 2006 年开始。详细变量定义见表 6 - 1。

6.3.3 描述性统计

1. 主要变量描述性统计

表 6 - 2 列示了本章主要变量的描述性统计。其中，Panel A 报告了业绩目标完成与收入操纵的相关检验变量的描述性统计。在样本年度期间，激进收入确认（abnRecogSales）与真实销售操纵（R_cfo/R_cfo_ V）的各项统计量的范围与已有文献结果基本一致。abnRecogSales 的均值与中位数分别为 -0.0220、-0.00700，表明样本中推迟确认收入的公司占据多数。R_cfo 的均值与中位数分别为 0.0140、0.0160，从样本整体来看没有真实销售操纵的

迹象，但其取值范围为 [−4.150，2.832]，表明真实销售操纵的指标在样本分布中差异较大。从业绩目标完成情况来看，有 46.1% 的公司完成了销售收入目标；业绩与目标偏差程度（SalesGap）的均值接近于 0，最小值为 −0.632，最大值为 1.163；而业绩目标完成程度（SalesComplete）的均值接近于 1，最小值与最大值分别为 0.371、2.698。这表明样本公司的业绩目标完成情况差异很大。另外，国有企业所占比例为 63.1%。

表 6 − 2　　　　　　　　　　主要变量的描述性统计

Panel A：业绩目标完成情况与收入操纵的相关检验变量

变量	样本数	均值	中位数	标准差	最小值	最大值
abnRecogSales	4 807	−0.022 0	−0.007 00	0.074 0	−0.406	0.175
R_ cfo	4 662	0.014 0	0.016 0	0.129	−4.150	2.832
R_ cfo_ V	4 662	0.004 00	0.003 00	0.116	−4.136	1.300
AchieveSales	4 807	0.463	0	0.499	0	1
SalesGap	4 807	−0.001 0	−0.008 00	0.215	−0.632	1.163
SalesComplete	4 807	1.003	0.986	0.266	0.371	2.698
SOE	4 807	0.631	1	0.483	0	1
Size	4 807	22.12	22.00	1.209	19.73	25.85
Leverage	4 807	0.502	0.513	0.197	0.083 0	0.949
Roa	4 807	0.036 0	0.031 0	0.052 0	−0.174	0.180
Boardsize	4 807	2.303	2.303	0.177	1.792	2.773
Mngmhld	4 807	0.046 0	0	0.131	0	0.627
Top1share	4 807	37.24	36.11	15.54	9.229	76.82
Big4	4 807	0.061 0	0	0.239	0	1

Panel B：业绩目标完成情况与研发投入强度的相关检验变量

变量	样本数	均值	中位数	标准差	最小值	最大值
RDExp_ in	3 149	0.025 0	0.021 0	0.024 0	0	0.130
RDExp_ ta	3 149	0.016 0	0.013 0	0.015 0	0	0.080 0
AchieveSales	3 149	0.425	0	0.494	0	1
SalesGap	3 149	−0.014 0	−0.020 0	0.206	−0.592	0.982
SalesComplete	3 149	0.984	0.971	0.225	0.414	2.139
SOE	3 149	0.594	1	0.491	0	1
Size	3 149	22.19	22.02	1.253	19.89	25.85
Leverage	3 149	0.484	0.493	0.200	0.083 0	0.915

续表

Panel B：业绩目标完成情况与研发投入强度的相关检验变量

变量	样本数	均值	中位数	标准差	最小值	最大值
Roa	3 149	0.037 0	0.032 0	0.050 0	− 0.135	0.179
PPE	3 149	0.258	0.233	0.152	0.021 0	0.693
BTM	3 149	1.058	0.730	0.978	0.119	5.276
Salesgrowth	3 149	0.067 0	0.089 0	0.219	− 0.708	0.633
TobinQ	3 149	1.805	1.369	1.518	0.190	8.396

Panel B 报告了业绩目标完成与研发投入强度的相关检验变量的描述性统计。从表 6 - 2 中可以看出，研发投入强度（RDExp_ in）的均值为 2.5%，中位数为 2.1%。与已有文献的相关统计结果一致。按国际标准，研发支出占销售收入的 2% 才能维持生存，占销售收入 5% 才具有竞争力（叶陈刚等，2015），可见，样本公司研发投入强度相对偏低，过半数企业处于维持生存的状态。从业绩目标完成情况来看，有 42.5% 的公司完成了销售收入目标；业绩与目标偏差程度（SalesGap）、业绩目标完成程度（SalesComplete）和前述大体一致，样本公司的业绩目标完成情况差异较大。样本中，国有企业所占比例为 59.4%。其他控制变量的描述性统计值与以往研究基本一致，详见表 6 - 2，此处不再赘述。

2. 业绩目标完成情况的直方图

本章研究业绩目标完成是否隐藏着经理人围绕目标阈值采取的断点操纵行为，先绘制出样本业绩目标完成情况变量（SalesGap1/SalesGap2）的直方图，见图 6 - 1。X 轴表示业绩目标完成程度（或描述为实际业绩与目标偏离程度），0 点表示实际业绩刚好等于业绩目标。Y 轴表示业绩目标完成程度的每个区间（bin）内观测值的频数。为了更清楚地看到 0 点处的分布情况，本章设置了 200 个区间，每个区间的宽度（width）近似于 1%（Kim and Shin，2017），更容易捕捉 0 点两侧频数的变化。由图 6 - 1 可知：（1）0 点两侧（业绩目标实现与否）的样本分布呈现出不对称性；（2）0 点右侧微小区间内，样本集聚效应（a clustering of observation）明显。这初步表明，业绩目标完成情况可能隐藏着经理人围绕目标阈值采取的断点操纵行为。H6 - 1 得到初步支持。

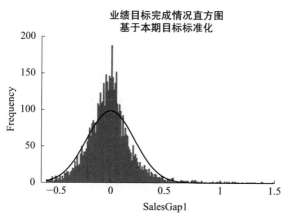

注：bin=200, start=−0.5939374, width=0.01043453。

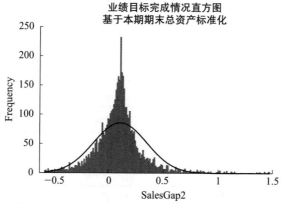

注：bin=200, start=−0.49782535, width=0.00740147。

图 6 − 1　业绩目标完成情况分布（实际业绩与目标偏离程度分布）

3. 单变量分析

表 6 − 3 报告了基于业绩目标是否完成的收入操纵与研发投入强度的单变量分析，按照是否完成业绩目标进行了两组样本的均值差异检验。Panel A 的结果显示，与未完成业绩目标的企业相比，完成业绩目标组的收入操纵程度显著更大。具体而言，两组激进收入确认（abnRecogSales）的均值差异在 1% 水平上显著，完成业绩目标组显著推迟了收入确认；两组异常经营现金流指标（R_cfo/R_cfo_V）分别在 1% 和 10% 水平上显著，完成业绩目标组的异常经营现金流显著更低，表明其存在真实销售操纵活动。总体结果表明，

业绩目标完成组进行激进收入确认与真实销售操纵的程度均显著更大。H6－2a 与 H62－b 得到初步验证，业绩目标完成情况隐藏着管理层的收入操纵行为。Panel B 的结果显示，与未完成业绩目标的企业相比，完成业绩目标企业的研发投入强度显著更低。经营业收入标准化的研发支出（RDExp＿in）与经总资产标准化的研发支出（RDExp＿ta）分别在 5% 与 1% 水平上显著为负。该结果表明，业绩目标完成组与未完成组相比，显著降低了研发投入强度，初步支持了 H6－3a，而拒绝了 H6－3b。

表 6－3　　　　　　　　　　　　　　单变量均值检验

Panel A：业绩目标完成与收入操纵

变量	完成目标组	Mean1	未完成目标组	Mean2	MeanDiff
abnRecogSales	2 406	－ 0.028 6	2 743	－ 0.017 1	－ 0.011 5 ***
R＿cfo	2 506	0.009 5	2 156	0.019 8	－ 0.010 3 ***
R＿cfo V	2 506	0.000 8	2 156	0.007 2	－ 0.006 4 *

Panel B：业绩目标完成与研发投入强度

变量	完成目标组	Mean1	未完成目标组	Mean2	MeanDiff
RDExp＿in	1 337	0.020 9	1 812	0.028 0	－ 0.001 4 **
RDExp＿ta	1 337	0.015 3	1 812	0.016 6	－ 0.007 1 ***

注：*、**、***分别表示在10%、5%、1%水平上显著。

4. 相关系数矩阵

表 6－4 报告了主要变量的相关系数矩阵。Panel A 报告了收入操纵检验中主要变量之间的相关系数，由表 6－4 可知，总体上，目标实现情况的变量（AchieveSales/SalesGap/SalesComplete）与激进收入确认（abnRecogSales）、真实销售操纵（R＿cfo/R＿cfo＿V）均显著相关。Panel B 报告了研发投入强度检验中主要变量之间的相关系数，结果显示，目标实现情况的变量（AchieveSales/SalesGap/SalesComplete）与研发投入强度（RDExp＿in/RDExp＿ta）显著负相关。上述均与本章的预期相符。此外，回归中各变量的方差膨胀因子均小于5，不存在严重的多重共线性。

表 6－4　主要变量相关系数矩阵

Panel A: 收入操纵检验中主要变量的相关性分析

变量	abnRecogSales	R_cfo	R_cfo_V	AchieveSales	SalesGap	SalesComplete	SOE	Size	Leverage	Roa	Boardsize	Mngmhld	Top1share	Big4
abnRecogSales	1	-0.012 0	-0.018 9	-0.099 8***	-0.120***	-0.106***	0.021 7	0.051 2***	-0.002 05	-0.012 0	0.042 3***	0.014 6	0.042 7***	0.000 967
R_cfo		1	0.894***	-0.080 6***	-0.075 8***	-0.090 5***	-0.013 6	0.031 0***	-0.157***	0.321***	0.040 7***	-0.008 59	0.043 1***	0.095 4***
R_cfo_V			1	-0.052 1***	-0.046 6***	-0.055 2***	-0.041 7***	0.021 3	-0.136***	0.300***	-0.002 85	0.019 7	0.050 1***	0.097 4***
AchieveSales				1	0.864***	0.864***	0.114***	0.070 9***	0.033 2***	0.243***	0.047 3***	-0.076 0***	0.077 4***	0.062 5***
SalesGap					1	0.959***	0.115***	0.084 8***	0.045 6***	0.268***	0.045 5***	-0.056 5***	0.079 8***	0.061 0***
SalesComplete						1	0.117***	0.082 1***	0.039 6***	0.294***	0.055 4***	-0.062 3***	0.093 5***	0.055 1***
SOE							1	0.267***	0.212***	-0.107***	0.216***	-0.405***	0.260***	0.093 6***
Size								1	0.392***	-0.029 9**	0.228***	-0.073 8***	0.232***	0.253***
Leverage									1	-0.440***	0.100***	-0.163***	0.029 4**	0.018 7
Roa										1	0.008 16	0.133***	0.077 9***	0.111***
Boardsize											1	-0.107***	0.027 4*	0.086 9***
Mngmhld												1	-0.266***	-0.057 2***
Top1share													1	0.156***
Big4														1

Panel B: 研发投入强度检验中主要变量的相关性分析

变量	RDExp_ta	RDExp_in	AchieveSales	SalesGap	SalesComplete	SOE	Size	Leverage	Roa	PPE	BTM	Salesgrowth	TobinQ
RDExp_ta	1	0.880***	-0.075 0***	-0.082 9***	-0.066 3***	-0.223***	-0.178***	-0.265***	0.253***	-0.123***	-0.260***	0.041 8***	0.260***

续表

Panel B: 研发投入强度检验中主要变量的相关性分析

		RDExp_in	AchieveSales	SalesGap	SalesComplete	SOE	Size	Leverage	Roa	PPE	BTM	Salesgrowth	TobinQ
RDExp_in	0.801***	1	-0.168***	-0.163***	-0.188***	-0.277***	-0.208***	-0.327***	0.157***	-0.136***	-0.297***	-0.030 4*	0.297***
AchieveSales	-0.043 9***	-0.144***	1	0.856***	0.856***	0.109***	0.082 3***	0.047 4***	0.238***	-0.103***	-0.013 0	0.554***	0.013 0
SalesGap	-0.046 0***	-0.112***	0.636***	1	0.967***	0.096 9***	0.087 1***	0.036 1*	0.283***	-0.102***	-0.035 1*	0.654***	0.035 1*
SalesComplete	-0.030 9*	-0.144***	0.674***	0.891***	1	0.098 9***	0.088 1***	0.036 0*	0.315***	-0.091 5***	-0.032 0*	0.683***	0.032 0*
SOE	-0.168***	-0.239***	0.109***	0.086 6***	0.087 9***	1	0.320***	0.324***	-0.201***	0.053 5***	0.314***	-0.073 3***	-0.314***
Size	-0.152***	-0.207***	0.085 1***	0.094 2***	0.093 7***	0.324***	1	0.477***	-0.113***	-0.001 55	0.606***	-0.019 5	-0.606***
Leverage	-0.225***	-0.315***	0.045 4***	0.046 5***	0.040 3**	0.328***	0.467***	1	-0.476***	0.059 5***	0.609***	-0.020 8	-0.609***
Roa	0.201***	0.105***	0.227***	0.227***	0.256***	-0.184***	-0.055 9***	-0.453***	1	-0.221***	-0.440***	0.370***	0.440***
PPE	-0.144***	-0.183***	-0.095 6***	-0.058 3***	-0.049 3***	0.078 5***	0.012 4	0.104***	-0.217***	1	0.153***	-0.119***	-0.153***
BTM	-0.206***	-0.257***	0.005 80	-0.010 0	-0.004 87	0.278***	0.620***	0.566***	-0.322***	0.163***	1	-0.134***	-1.000***
Salesgrowth	0.073 5***	-0.003 64	0.499***	0.591***	0.656***	-0.077 2***	-0.013 3	-0.033 9*	0.374***	-0.088 2***	-0.092 2***	1	0.134***
TobinQ	0.215***	0.293***	0.011 0	0.009 67	0.008 95	-0.254***	-0.506***	-0.475***	0.335***	-0.163***	-0.612***	0.099 0***	1

注：左下角报告的是 Pearson 相关系数矩阵，右上角报告的是 Spearman 相关系数矩阵，*、**、*** 分别表示在 10%、5%、1% 水平上显著

6.4　实证结果及分析

6.4.1　断点效应检验

1. 主检验

本章使用麦克雷检验证明业绩完成情况（SalesGap1/ SalesGap2）的密度函数在 0 点（目标阈值）处并不连续，存在断点操纵的现象。图 6 - 2 为断点效应检验的画图结果。由图 6 - 2（a）可知：基于 SalesGap1 的密度函数在 0 点处进行断点效应检验，系数 $\hat{\theta}=0.2166$，标准误为 0.0796，计算得到 T 值为 2.72（$0.2166/0.0796 \approx 2.72$），在 1% 水平上显著，因此拒绝 SalesGap1 的密度函数在 0 处连续的原假设，即业绩完成情况在目标阈值处存在断点操纵效应。SalesGap2 同样拒绝在 0 处连续的原假设。由图 6 - 2（b）可知，基于 SalesGap2 密度函数的断点检验同样拒绝在 0 处连续的原假设。因此，H6 - 1 得到验证。

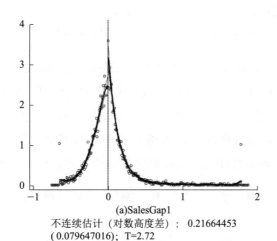

(a)SalesGap1

不连续估计（对数高度差）：0.21664453
（0.079647016）；T=2.72

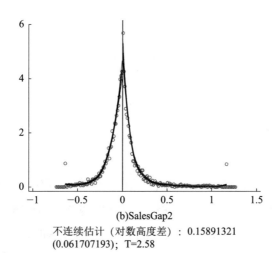

(b)SalesGap2

不连续估计（对数高度差）：0.15891321
(0.061707193)；T=2.58

图 6 - 2　业绩目标完成情况的密度函数在目标阈值处的连续性

2. 稳健性检验

已有文献证明，公司倾向于操纵业绩在微利区间，即净利润刚好大于零（Dechow et al.，2003；Durtschi and Easton，2005）。循着相同的思路，如果公司对经营业绩目标的实现情况存在断点操纵行为，那么在目标右侧的微达标区间内都有可能具有断点效应。因此，在稳健性检验中，本章使用麦克雷检验证明业绩完成情况（SalesGap1/SalesGap2）的密度函数在 0 点（目标阈值）右侧一定的微利区间内并不连续，存在断点操纵的现象。图 6 - 3 为断点效应检验的画图结果。由图 6 - 3（a）可知，当将断点处设为 0.01 时，系数 $\hat{\theta}$ = 0.368，标准误为 0.09，计算得到 T 值为 4.09（0.368/0.09≈4.09），在 1% 水平上显著，因此拒绝 SalesGap1 的密度函数在 0.01 处连续的原假设。出于稳健性的考虑，人为选取多个断点进行检验。我们继续向右移动，选取了 0.05 作为断点，检验该处 SaleGap1 的密度函数是否连续，图 6 - 3（b）的结果表明，系数 $\hat{\theta}$ = -0.403，标准误为 0.084，计算得到 T 值为 4.09（0.403/0.084≈4.80），在 1% 水平上显著，拒绝 SalesGap1 的密度函数在 0.05 处连续的原假设。当继续右移，选取 0.075、0.1 作为断点时，麦克雷检验的结果不再显著，无法拒绝密度函数在该点处是连续的假设。

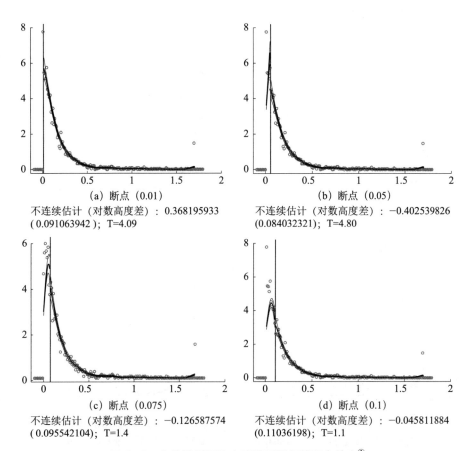

图 6 - 3　业绩目标阈值右侧微利区间的断点效应[①]

　　由此，我们证明了公司在目标及目标右侧的微达标区间内都具有断点效应，并且操纵锁定在一定的微达标区间内。此外，本章对 SalesGap2 的密度函数是否在目标阈值右侧微利区间存在断点效应也进行了相同方法的检验，具体结果见图 6 - 4。由图 6 - 4 可知，当依次在目标阈值的右侧选取 0.01、0.025、0.05、0.075 作为断点检验其连续性时，相应的 T 值分别为 4.7、5.2、5.5 和 2.7，均在 1% 水平上显著，拒绝了在断点连续的原假设。而继续右移选取 0.1、0.2 时，结果不再显著。这表明 SalesGap2 在目标以及目标右侧一定范围的微利区间存在断点操纵效应。总体而言，业绩目标完成情况

----

① 图 6 - 3 基于 SalesGap1 的密度函数进行 McCrary 检验。

存在断点操纵的现象，H6－1 结果稳健。

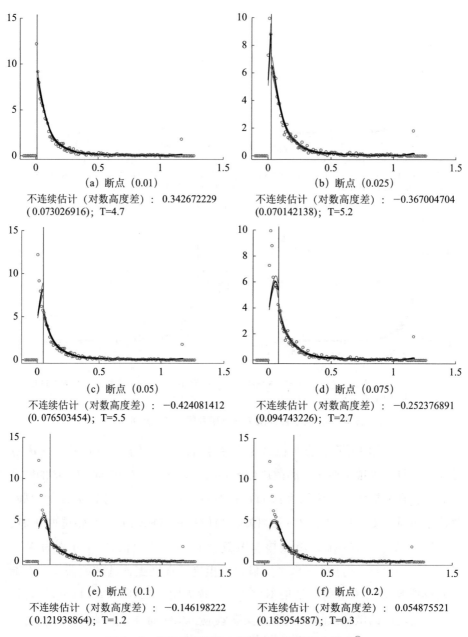

(a) 断点 (0.01)

不连续估计（对数高度差）：0.342672229
(0.073026916)；T=4.7

(b) 断点 (0.025)

不连续估计（对数高度差）：−0.367004704
(0.070142138)；T=5.2

(c) 断点 (0.05)

不连续估计（对数高度差）：−0.424081412
(0.076503454)；T=5.5

(d) 断点 (0.075)

不连续估计（对数高度差）：−0.252376891
(0.094743226)；T=2.7

(e) 断点 (0.1)

不连续估计（对数高度差）：−0.146198222
(0.121938864)；T=1.2

(f) 断点 (0.2)

不连续估计（对数高度差）：0.054875521
(0.185954587)；T=0.3

图 6－4　业绩目标阈值右侧微利区间的断点效应[①]

---

① 图 6－4 基于 SalesGap2 的密度函数进行 McCrary 检验。

6.4.2　业绩目标完成与收入操纵

1. 多元回归分析

表 6 – 5 报告了对 H6 – 2a 的检验结果，具体地检验业绩目标完成情况对激进收入确认的总体影响，AchieveSales、SalesGap 与 SalesComplete 的系数都至少在 5% 水平上显著为负，表明业绩目标的实现程度越大，企业异常应收账款越少，当期异常推迟确认销售收入的程度越高。H6 – 2a 得到验证。该结果意味着，企业针对收入目标阈值的收入确认操纵并非出于虚高利润的目的，而更可能出于将盈利锁定在微利区间的目的，将当期收入留到后续年度确认，以便在跨期确认收入中，实现以丰补歉，平滑收益。

表 6 – 5　　　　　　　　　业绩目标完成与异常应收账款操纵

变量	(1) abnRecogSales	(2) abnRecogSales	(3) abnRecogSales
_ cons	– 0.046 * (– 1.676)	– 0.056 ** (– 2.046)	– 0.038 (– 1.342)
AchieveSales	– 0.076 *** (– 5.325)		
SalesGap		– 0.077 *** (– 3.644)	
SalesComplete			– 0.053 ** (– 2.452)
SOE	0.013 (0.823)	0.012 (0.793)	0.010 (0.667)
Size	0.008 (0.425)	0.010 (0.556)	0.007 (0.390)
Leverage	– 0.020 (– 1.095)	– 0.019 (– 0.995)	– 0.021 (– 1.105)
Roa	– 0.013 (– 0.778)	– 0.012 (– 0.742)	– 0.017 (– 1.016)
Boardsize	0.024 * (1.773)	0.022 * (1.686)	0.024 * (1.785)
Mngmhld	0.065 *** (3.726)	0.066 *** (3.788)	0.065 *** (3.712)
Top1share	0.028 * (1.868)	0.030 ** (2.031)	0.029 ** (1.966)

续表

变量	(1) abnRecogSales	(2) abnRecogSales	(3) abnRecogSales
Big4	-0.010 (-0.881)	-0.013 (-1.144)	-0.013 (-1.118)
Year FE	是	是	是
Industry FE	是	是	是
N	4 807	4 807	4 807
adj. R^2	0.190	0.191	0.188

注：表中报告系数为标准化系数，括号中为 t 值，*、**、***分别表示在 10%、5%、1% 水平上显著。模型采用 OLS 回归方法估计。

表 6-6 报告了对 H6-2b 的检验结果。列（1）~列（3）、列（4）~列（6）分别为业绩目标完成情况对真实销售操纵两个代理指标 R_cfo 与 R_cfo_V 的总体影响。由表 6-6 可知，AchieveSales 的系数均不显著，SalesGap 与 SalesComplete 的系数均在 1% 水平上显著为负。该结果表明，业绩目标完成与否对真实销售操纵没有显著影响，但业绩目标完成程度越高，暗含着企业进行真实销售操纵的程度越大。H6-2b 得到验证。

表 6-6　　　　　　　　业绩目标完成与真实销售操纵

变量	R_cfo			R_cfo_V		
	(1)	(2)	(3)	(4)	(5)	(6)
_cons	0.086 (1.343)	0.072 (1.127)	0.109* (1.686)	0.079 (1.368)	0.069 (1.197)	0.101* (1.743)
AchieveSales	-0.018 (-1.179)			-0.017 (-1.131)		
SalesGap		-0.080*** (-5.213)			-0.063*** (-4.059)	
SalesComplete			-0.058*** (-3.774)			-0.064*** (-4.107)
SOE	-0.017 (-0.971)	-0.015 (-0.827)	-0.016 (-0.904)	-0.001 (-0.069)	0.001 (0.036)	0.000 (0.014)
Size	-0.020 (-1.044)	-0.016 (-0.815)	-0.019 (-0.956)	-0.025 (-1.258)	-0.021 (-1.086)	-0.023 (-1.157)
Leverage	0.003 (0.142)	0.010 (0.538)	0.009 (0.459)	0.013 (0.681)	0.019 (0.974)	0.020 (1.036)

续表

变量	R_ cfo			R_ cfo_ V		
	(1)	(2)	(3)	(4)	(5)	(6)
Roa	0.202 ***	0.218 ***	0.214 ***	0.219 ***	0.230 ***	0.232 ***
	(11.620)	(12.532)	(12.222)	(12.506)	(13.158)	(13.197)
Boardsize	0.001	−0.002	−0.000	−0.007	−0.008	−0.008
	(0.039)	(−0.102)	(−0.020)	(−0.435)	(−0.541)	(−0.503)
Mngmhld	−0.036 **	−0.034 **	−0.035 **	−0.029 *	−0.028 *	−0.029 *
	(−2.147)	(−2.069)	(−2.127)	(−1.742)	(−1.680)	(−1.720)
Top1share	0.010	0.013	0.012	0.022	0.024	0.024
	(0.600)	(0.776)	(0.729)	(1.332)	(1.467)	(1.475)
Big4	0.042 ***	0.040 **	0.040 **	0.043 ***	0.041 ***	0.041 ***
	(2.679)	(2.570)	(2.560)	(2.734)	(2.645)	(2.607)
Year FE	是	是	是	是	是	是
Industry FE	是	是	是	是	是	是
N	4 662	4 662	4 662	4 662	4 662	4 662
adj. R^2	0.085	0.090	0.087	0.076	0.079	0.079

注：表中报告系数为标准化系数，括号中为 t 值，*、**、***分别表示在10%、5%、1%水平上显著。模型采用 OLS 回归方法估计。

综上所述，本章主检验的结果表明，业绩目标完成情况隐藏着经理人的收入操纵行为。在短期收入目标考核下，经理人一方面会进行更多的真实销售操纵，另一方面又随着目标实现程度推迟收入确认。与前面证明的在微达标区间进行断点操纵相呼应，经理人有意进行跨期收益平滑的活动。

2. 稳健性检验

在激进收入确认中，本章先将被解释变量替换为异常应收账款比率（R_Receivable/R_Receivable1）重新进行检验。我们使用经年度—行业均值（中值）调整之后的应收账款净额占总销售收入的比率 R_Receivable(R_Receivable1) 来衡量每家公司的异常应收账款比率。如果提前确认收入，则公司可能出现异常高的应收账款比率；若推迟确认收入，则公司可能出现异常低的应收账款比率。结果见表 6 - 7。由表 6 - 7 可知，业绩目标实现情况与异常应收账款比率显著负相关，表明公司业绩目标完成程度越高，越倾向于推迟收入确认。该结果与主检验的结论一致。另外，本章构造了推迟确认收入的哑变量（Putoff），当异常操纵应收账款小于 0 时，取值为 1，表明倾向于推迟确认收入。同样地，本章将被解释变量替换为 Putoff，用 Logit 回归进行检验。由表 6 - 8 可知，业绩目标完成情况与推迟确认收入的概率显著正相关，与上述结果一致。最后，本章根据 Jones 模型计算出残差的绝对值，作为应计盈余管理的替代指标，检验业绩目标完成情况与应计盈余管理的关系。由表 6 - 9 可知，业绩目标完成情况与应计盈余管理显著正相关，区分向上、向下的应计盈余管理之后，业绩完成情况只与向下的应计盈余管理显著正相关，与主检验推迟收入确认的操纵活动保持了逻辑一致性。综上所述，H6 - 2a 的结果稳健。

表 6 - 7 业绩目标完成与异常应收账款比率

变量	R_ Receivable			R_ Receivable1		
	(1)	(2)	(3)	(4)	(5)	(6)
_ cons	0. 249 ***	0. 241 ***	0. 262 ***	0. 216 ***	0. 207 ***	0. 233 ***
	(4. 710)	(4. 547)	(4. 989)	(4. 004)	(3. 821)	(4. 347)
AchieveSales	- 0. 046 ***			- 0. 048 ***		
	(- 3. 101)			(- 3. 287)		
SalesGap		- 0. 040 **			- 0. 047 ***	
		(- 2. 441)			(- 2. 813)	
SalesComplete			- 0. 050 ***			- 0. 057 ***
			(- 3. 292)			(- 3. 760)
SOE	- 0. 032 *	- 0. 032 *	- 0. 033 *	- 0. 034 *	- 0. 034 *	- 0. 034 **
	(- 1. 829)	(- 1. 839)	(- 1. 868)	(- 1. 943)	(- 1. 936)	(- 1. 971)
Size	- 0. 101 ***	- 0. 101 ***	- 0. 101 ***	- 0. 097 ***	- 0. 097 ***	- 0. 096 ***
	(- 4. 804)	(- 4. 798)	(- 4. 777)	(- 4. 639)	(- 4. 622)	(- 4. 598)
Leverage	- 0. 067 ***	- 0. 066 ***	- 0. 065 ***	- 0. 070 ***	- 0. 069 ***	- 0. 067 ***
	(- 2. 948)	(- 2. 909)	(- 2. 836)	(- 3. 095)	(- 3. 026)	(- 2. 946)
Roa	- 0. 151 ***	- 0. 151 ***	- 0. 148 ***	- 0. 153 ***	- 0. 152 ***	- 0. 148 ***
	(- 7. 847)	(- 7. 933)	(- 7. 785)	(- 7. 946)	(- 7. 974)	(- 7. 807)
Boardsize	0. 018	0. 018	0. 018	0. 021	0. 021	0. 021
	(1. 233)	(1. 219)	(1. 207)	(1. 450)	(1. 422)	(1. 410)
Mngmhld	0. 113 ***	0. 114 ***	0. 113 ***	0. 114 ***	0. 115 ***	0. 114 ***
	(5. 721)	(5. 765)	(5. 733)	(5. 846)	(5. 898)	(5. 861)
Top1share	0. 028 *	0. 029 *	0. 030 *	0. 031 *	0. 032 **	0. 033 **
	(1. 714)	(1. 789)	(1. 808)	(1. 899)	(1. 991)	(2. 012)
Big4	- 0. 031 **	- 0. 033 **	- 0. 033 **	- 0. 028 **	- 0. 030 **	- 0. 030 **
	(- 2. 392)	(- 2. 524)	(- 2. 541)	(- 2. 230)	(- 2. 381)	(- 2. 400)
Year FE	是	是	是	是	是	是
Industry FE	是	是	是	是	是	是

续表

变量	R_ Receivable			R_ Receivable1		
	(1)	(2)	(3)	(4)	(5)	(6)
N	4 882	4 882	4 882	4 882	4 882	4 882
adj. R^2	0.044	0.044	0.045	0.066	0.066	0.067

注：表中报告系数为标准化系数，括号中为 t 值，*、**、***分别表示在10%、5%、1%水平上显著。模型采用 OLS 回归方法估计。

表 6 - 8　　　　　　　业绩目标完成与推迟收入确认

变量	Putoff		
	(1)	(2)	(3)
_ cons	1.574 *	1.881 **	1.292
	(1.680)	(2.007)	(1.376)
AchieveSales	0.467 ***		
	(6.531)		
SalesGap		0.377 ***	
		(5.136)	
SalesComplete			0.277 ***
			(3.678)
SOE	-0.041	-0.034	-0.025
	(-0.501)	(-0.410)	(-0.305)
Size	-0.142	-0.151 *	-0.136
	(-1.554)	(-1.647)	(-1.495)
Leverage	0.118	0.119	0.125
	(1.325)	(1.338)	(1.411)
Roa	0.065	0.084	0.102
	(0.806)	(1.051)	(1.270)
Boardsize	-0.068	-0.063	-0.070
	(-0.960)	(-0.894)	(-0.996)
Mngmhld	-0.414 ***	-0.417 ***	-0.411 ***
	(-5.523)	(-5.568)	(-5.498)
Top1share	-0.080	-0.087	-0.084
	(-1.090)	(-1.180)	(-1.146)
Big4	0.083	0.099	0.096
	(1.138)	(1.369)	(1.326)
Year FE	是	是	是
Industry FE	是	是	是
N	4 802	4 802	4 802
pseudo R^2	0.067	0.064	0.062

注：表中报告系数为标准化系数，括号中为 t 值，*、**、***分别表示在10%、5%、1%水平上显著。采用 Logit 回归模型进行估计。

表6-9 业绩目标完成与应计盈余管理

变量	总样本 (1)	(2)	(3)	向下应计盈余管理 (DA) (4)	(5)	(6)	向上应计盈余管理 (7)	(8)	(9)
_cons	0.190*** (6.042)	0.198*** (6.293)	0.176*** (5.554)	0.112*** (2.747)	0.115*** (2.830)	0.102** (2.471)	0.270*** (5.726)	0.282*** (6.102)	0.244*** (5.189)
AchieveSales	0.038** (2.480)			0.006 (0.300)			0.101*** (4.610)		
SalesGap		0.073*** (3.362)			0.035 (1.295)			0.147*** (4.357)	
SalesComplete			0.075*** (3.472)			0.042 (1.533)			0.148*** (4.425)
SOE	-0.062*** (-3.369)	-0.064*** (-3.450)	-0.063*** (-3.433)	-0.060** (-2.327)	-0.063** (-2.404)	-0.063** (-2.431)	-0.070*** (-2.730)	-0.070*** (-2.706)	-0.067*** (-2.608)
Size	-0.086*** (-4.046)	-0.090*** (-4.263)	-0.089*** (-4.194)	-0.012 (-0.486)	-0.014 (-0.549)	-0.013 (-0.520)	-0.179*** (-5.233)	-0.186*** (-5.535)	-0.183*** (-5.454)
Leverage	0.128*** (5.629)	0.122*** (5.360)	0.121*** (5.311)	0.103*** (3.884)	0.097*** (3.673)	0.096*** (3.596)	0.180*** (4.972)	0.177*** (4.864)	0.173*** (4.770)
Roa	0.035 (1.520)	0.026 (1.123)	0.023 (0.983)	0.187*** (8.112)	0.181*** (7.766)	0.178*** (7.550)	-0.110*** (-2.952)	-0.124*** (-3.277)	-0.130*** (-3.454)
Boardsize	-0.031** (-2.017)	-0.028* (-1.885)	-0.029* (-1.933)	-0.053** (-2.513)	-0.052** (-2.480)	-0.052** (-2.483)	-0.008 (-0.376)	-0.002 (-0.088)	-0.004 (-0.222)
Mngmhld	0.080*** (4.324)	0.079*** (4.242)	0.080*** (4.287)	0.123*** (4.640)	0.122*** (4.559)	0.122*** (4.573)	-0.007 (-0.318)	-0.006 (-0.298)	-0.005 (-0.222)
Top1share	0.027* (1.683)	0.024 (1.527)	0.024 (1.524)	0.025 (1.126)	0.023 (1.032)	0.023 (1.047)	0.040* (1.826)	0.036* (1.659)	0.034 (1.580)
Big4	-0.007 (-0.445)	-0.004 (-0.292)	-0.004 (-0.276)	-0.032 (-1.564)	-0.030 (-1.481)	-0.030 (-1.482)	0.035* (1.765)	0.037* (1.892)	0.039** (1.980)
Year FE	是	是	是	是	是	是	是	是	是
Industry FE	是	是	是	是	是	是	是	是	是
N	4 882	4 882	4 882	2 608	2 608	2 608	2 274	2 274	2 274
adj. R²	0.083	0.087	0.087	0.143	0.144	0.145	0.102	0.111	0.111

注：表中报告系数为标准化系数，括号中为 t 值，*、**、***分别表示在10%、5%、1%水平上显著。采用 OLS 回归模型进行估计。

　　本章在主要检验中证明出管理层会针对业绩目标采取真实的销售操纵活动。通过真实销售操纵，企业可以直接改变经营收入业绩，但是销售操纵不会单独发生。第一，如果企业进行了销售操纵，则要配合追加非正常促销所需的营销费用，由此将直接导致异常高的销售费用。第二，对于生产而言，一方面，大量异常的折价促销可能需要更多的新增库存、产品生产来支撑；另一方面，通过大量生产（甚至过度生产）企业可以降低产品的单位成本，以此降低产品定价，变相支持销售操纵，从而间接影响企业的经营收入。此外，如果企业进行了生产操纵，则需要配合以异常高的管理费用。

　　综上所述，本章认为根据经营活动各环节之间正常的勾稽关系，如果企业针对经营收入目标实现进行销售操纵，那么很可能伴随着生产操纵以及异常高的销售费用及管理费用。因此，本章在稳健性检验中将分别验证业绩目标的实现情况是否隐藏着管理层的生产操纵行为，以及是否伴随有异常高的销售费用及管理费用。结果列示于表 6 – 10 中。列（1）～列（3）为业绩目标完成与异常销售费用的相关系数，与真实销售操纵的结果一致，AchieveSales 的系数均不显著，SalesGap 与 SalesComplete 的系数均显著为正，表明业绩目标完成与否对真实销售操纵没有显著影响，但业绩目标完成程度越高，暗含着管理层进行真实销售操纵的程度越大。列（4）～列（6）与列（7）～列（9）分别为业绩目标完成与生产操纵、业绩目标完成与异常管理费用的结果，目标完成情况变量的系数均至少在 5% 水平上显著为正，表明业绩目标完成程度越高，暗含着管理层越可能进行生产操纵，且伴随发生异常高的管理费用。上述结果支持了目标完成情况与管理层进行真实销售操纵之间的正相关关系。

　　最后，本章根据罗伊乔杜里（2006）模型计算出真实盈余管理的综合指标与异常酌量性费用作为替代指标，检验目标完成情况与真实操纵活动的关系。由表 6 – 11 可知，业绩完成情况与真实盈余管理的综合指标显著正相关，与异常酌量性费用显著正相关，这些变量变化的方向与主检验证明的真实销售操纵活动保持了逻辑一致性。综上所述，H6 – 2b 结果稳健。

表 6－10　　业绩目标完成与异常销售费用、生产操纵及管理费用

变量	R_sx (1)	R_sx (2)	R_sx (3)	R_ax (4)	R_ax (5)	R_ax (6)	R_prod (7)	R_prod (8)	R_prod (9)
_cons	-0.210*** (-5.397)	-0.207*** (-5.305)	-0.222*** (-5.688)	0.123 (1.011)	0.183 (1.528)	0.008 (0.070)	-0.156*** (-5.182)	-0.149*** (-4.933)	-0.177*** (-5.882)
AchieveSales	0.020 (1.365)			0.063*** (4.081)			0.032** (2.082)		
SalesGap		0.028* (1.924)			0.180*** (11.750)			0.095*** (6.162)	
SalesComplete			0.050*** (3.393)			0.160*** (10.366)			0.116*** (7.517)
SOE	0.032* (1.848)	0.032* (1.841)	0.031* (1.804)	-0.011 (-0.608)	-0.016 (-0.877)	-0.014 (-0.761)	0.054*** (2.984)	0.051*** (2.855)	0.051*** (2.852)
Size	0.144*** (7.658)	0.143*** (7.601)	0.143*** (7.596)	-0.014 (-0.692)	-0.023 (-1.172)	-0.018 (-0.916)	0.165*** (8.348)	0.160*** (8.122)	0.161*** (8.207)
Leverage	-0.001 (-0.077)	-0.003 (-0.159)	-0.006 (-0.341)	0.093*** (4.822)	0.078*** (4.086)	0.078*** (4.042)	-0.028 (-1.437)	-0.036* (-1.860)	-0.040** (-2.091)
Roa	0.094*** (5.617)	0.092*** (5.467)	0.085*** (5.023)	-0.149*** (-8.452)	-0.179*** (-10.274)	-0.178*** (-10.158)	0.067*** (3.813)	0.051*** (2.894)	0.042** (2.385)
Boardsize	-0.017 (-1.114)	-0.016 (-1.084)	-0.016 (-1.070)	-0.027* (-1.724)	-0.023 (-1.463)	-0.025 (-1.601)	0.019 (1.218)	0.022 (1.373)	0.021 (1.348)
Mngmhld	0.023 (1.448)	0.023 (1.419)	0.023 (1.430)	0.010 (0.629)	0.007 (0.451)	0.009 (0.573)	-0.003 (-0.192)	-0.005 (-0.290)	-0.004 (-0.239)
Top1share	-0.019 (-1.208)	-0.020 (-1.260)	-0.021 (-1.320)	0.030* (1.836)	0.024 (1.483)	0.025 (1.510)	-0.012 (-0.725)	-0.015 (-0.925)	-0.016 (-0.989)
Big4	0.075*** (4.986)	0.075*** (5.039)	0.076*** (5.102)	-0.012 (-0.736)	-0.007 (-0.467)	-0.006 (-0.400)	0.006 (0.367)	0.008 (0.513)	0.010 (0.608)
Year FE	是	是	是	是	是	是	是	是	是
Industry FE	是	是	是	是	是	是	是	是	是
N	4 662	4 662	4 662	4 662	4 662	4 662	4 662	4 662	4 662
adj. R²	0.153	0.154	0.155	0.066	0.090	0.084	0.067	0.074	0.078

注：表中报告系数为标准化系数，括号中为 t 值，*、**、***分别表示在10%、5%、1%水平上显著。模型采用 OLS 回归方法估计。

表 6 - 11　　　　　　　　　　业绩目标完成与真实盈余管理活动

变量	REM			R_ disx		
	(1)	(2)	(3)	(4)	(5)	(6)
_ cons	0. 404 ***	0. 467 ***	0. 300 *	- 0. 367 ***	- 0. 356 ***	- 0. 400 ***
	(2. 591)	(3. 021)	(1. 927)	(- 5. 868)	(- 5. 690)	(- 6. 388)
AchieveSales	0. 044 ***			0. 028 *		
	(2. 920)			(1. 864)		
SalesGap		0. 142 ***			0. 063 ***	
		(9. 601)			(4. 170)	
SalesComplete			0. 109 ***			0. 087 ***
			(7. 295)			(5. 743)
SOE	- 0. 019	- 0. 023	- 0. 021	0. 045 ***	0. 044 **	0. 044 **
	(- 1. 110)	(- 1. 355)	(- 1. 217)	(2. 579)	(2. 511)	(2. 488)
Size	- 0. 070 ***	- 0. 077 ***	- 0. 073 ***	0. 170 ***	0. 167 ***	0. 167 ***
	(- 3. 658)	(- 4. 089)	(- 3. 828)	(8. 838)	(8. 691)	(8. 731)
Leverage	0. 075 ***	0. 062 ***	0. 064 ***	- 0. 014	- 0. 019	- 0. 023
	(4. 007)	(3. 360)	(3. 445)	(- 0. 759)	(- 1. 012)	(- 1. 237)
Roa	- 0. 229 ***	- 0. 254 ***	- 0. 249 ***	0. 091 ***	0. 082 ***	0. 074 ***
	(- 13. 522)	(- 15. 118)	(- 14. 657)	(5. 336)	(4. 803)	(4. 282)
Boardsize	- 0. 020	- 0. 016	- 0. 018	- 0. 002	- 0. 000	- 0. 000
	(- 1. 316)	(- 1. 086)	(- 1. 224)	(- 0. 112)	(- 0. 020)	(- 0. 025)
Mngmhld	0. 017	0. 014	0. 016	0. 013	0. 012	0. 013
	(1. 047)	(0. 904)	(1. 009)	(0. 816)	(0. 752)	(0. 783)
Top1 share	0. 026	0. 021	0. 022	- 0. 018	- 0. 020	- 0. 021
	(1. 631)	(1. 332)	(1. 397)	(- 1. 112)	(- 1. 241)	(- 1. 310)
Big4	- 0. 045 ***	- 0. 042 ***	- 0. 042 ***	0. 050 ***	0. 052 ***	0. 053 ***
	(- 2. 996)	(- 2. 800)	(- 2. 768)	(3. 283)	(3. 391)	(3. 478)
Year FE	是	是	是	是	是	是
Industry FE	是	是	是	是	是	是
N	4 662	4 662	4 662	4 662	4 662	4 662
adj. R^2	0. 135	0. 150	0. 143	0. 118	0. 121	0. 124

注：表中报告系数为标准化系数，括号中为 t 值，＊、＊＊、＊＊＊分别表示在 10% 、5% 、1% 水平上显著。模型采用 OLS 回归方法估计。

大量文献表明，相比于应计项目操纵，真实操纵活动会产生较大的实施成本，并且，由于其改变了实际经营活动，从长远来看，将对企业未来的现金流、经营业绩以及公司价值产生负面影响（王福胜等，2014）。应计项目操纵虽然对企业实际经营状况没有影响，但会提高违规概率，使企业面临较大的监管处罚成本（Graham et al.，2005；Cohen et al.，2008；刘宝华等，2016）。因此，管理层会在短期与长期业绩、各项操纵活动的成本—收益中进行平衡。本章研究结果表明，为了更好地实现当期营业收入目标，企业倾向于进行真实的销售操纵活动，并且有意推迟收入确认。显然，这些措施能够很好地保证企业在相对较短的年限之间保持收益呈现的稳定性。但这种"做"业绩配合腾挪收益的方式只能在相对较短的一段时期展开，如若循环往复，企业持续经营将难以为继。

6.4.3　业绩目标与研发投入强度

1. 多元回归分析

表 6 - 12 报告了对 H6 - 3 的检验结果。由表 6 - 12 可知，无论是采用 RDExp_ in 或者 RDExp_ ta，业绩目标完成情况变量三个指标（AchieveSales、SalesGap 与 SalesComplete）的系数均显著为负。结果表明，业绩目标的实现程度越大，企业当期的研发投入强度越低。H6 - 3a 得到支持，拒绝了相反假设 H6 - 3b。控制变量的结果显示，研发投入强度与企业的资产回报率（Roa）、销售增长率（Salesgrowth）、成长性（TobinQ）显著正相关，与财务风险（Leverage）、资产规模（Size）显著负相关。总体而言，该结果意味着，在短期绩效考核中，除了避亏动机会使经理人削减研发支出以外（Narayanan，1985；Bushee，1998），经营业绩目标压力同样会引发其短视行为，会对企业长期价值造成损害。该结果也为前景理论提供了经验支持。

表 6 - 12　　　　　　　　　　业绩目标完成与研发投入强度

变量	RDExp_ in			RDExp_ ta		
	(1)	(2)	(3)	(4)	(5)	(6)
_ cons	0. 003	0. 001	0. 011	0. 009	0. 008	0. 011
	(0. 270)	(0. 056)	(0. 983)	(1. 150)	(0. 979)	(1. 403)
AchieveSales	- 0. 085 ***			- 0. 033 *		
	(- 5. 085)			(- 1. 807)		
SalesGap		- 0. 042 **			- 0. 052 ***	
		(- 2. 354)			(- 2. 703)	

续表

变量	RDExp_ in			RDExp_ ta		
	（1）	（2）	（3）	（4）	（5）	（6）
SalesComplete			- 0. 106 ***			- 0. 042 **
			（ - 5. 492）			（ - 2. 029）
SOE	- 0. 051 ***	- 0. 055 ***	- 0. 050 ***	0. 006	0. 008	0. 007
	（ - 3. 166）	（ - 3. 413）	（ - 3. 071）	（0. 369）	（0. 442）	（0. 410）
Size	- 0. 004	- 0. 003	- 0. 003	- 0. 065 **	- 0. 062 **	- 0. 064 **
	（ - 0. 178）	（ - 0. 148）	（ - 0. 120）	（ - 2. 568）	（ - 2. 456）	（ - 2. 545）
Leverage	- 0. 175 ***	- 0. 177 ***	- 0. 176 ***	- 0. 040 *	- 0. 041 *	- 0. 041 *
	（ - 8. 776）	（ - 8. 824）	（ - 8. 834）	（ - 1. 877）	（ - 1. 894）	（ - 1. 895）
Roa	- 0. 027	- 0. 032 *	- 0. 028	0. 156 ***	0. 155 ***	0. 156 ***
	（ - 1. 410）	（ - 1. 649）	（ - 1. 453）	（7. 442）	（7. 413）	（7. 436）
PPE	0. 014	0. 021	0. 018	0. 036 *	0. 036 *	0. 037 *
	（0. 790）	（1. 169）	（0. 999）	（1. 829）	（1. 850）	（1. 904）
BTM	- 0. 051 **	- 0. 054 **	- 0. 053 **	- 0. 084 ***	- 0. 085 ***	- 0. 085 ***
	（ - 2. 181）	（ - 2. 277）	（ - 2. 263）	（ - 3. 293）	（ - 3. 357）	（ - 3. 322）
Salesgrowth	0. 041 **	0. 027	0. 073 ***	0. 042 **	0. 058 ***	0. 055 **
	（2. 345）	（1. 442）	（3. 571）	（2. 215）	（2. 813）	（2. 513）
TobinQ	0. 136 ***	0. 137 ***	0. 133 ***	0. 049 **	0. 049 **	0. 048 **
	（6. 536）	（6. 552）	（6. 376）	（2. 201）	（2. 162）	（2. 139）
Year FE	是	是	是	是	是	是
Industry FE	是	是	是	是	是	是
N	3 149	3 149	3 149	3 149	3 149	3 149
adj. R^2	0. 410	0. 406	0. 411	0. 314	0. 315	0. 315

注：表中报告系数为标准化系数，括号中为 t 值，* 、** 、*** 分别表示在 10% 、5% 、1% 水平上显著。模型采用 OLS 回归方法估计。

2. 稳健性检验

（1）增加控制变量。研发投入强度往往与公司战略、长期投资等重大决策紧密联系，因此，公司治理层面的因素可能会对其造成影响。本章在模型（6 - 8）中增加了董事会规模（Boardsize）、独立董事比例（IndepBoard）、第一大股东持股比例（Top1share）以及会计师事务所规模（Big4）等控制变量，重新进行回归。结果列示于表 6 - 13 中。由表 6 - 13 可知，无论是采用 RDExp_ in 或者 RDExp_ ta，业绩目标完成情况变量三个指标（AchieveSales、SalesGap 与 SalesComplete）的系数均显著为负，表明主检验的结果稳健。

表 6 – 13   业绩目标完成与研发投入强度（增加控制变量）

变量	RDExp_ in			RDExp_ ta		
	（1）	（2）	（3）	（4）	（5）	（6）
_ cons	0.004	0.002	0.013	0.018 **	0.016 **	0.020 **
	(0.359)	(0.180)	(1.017)	(2.096)	(1.959)	(2.320)
AchieveSales	− 0.083 ***			− 0.035 *		
	(− 4.976)			(− 1.925)		
SalesGap		− 0.039 **			− 0.051 ***	
		(− 2.166)			(− 2.656)	
SalesComplete			− 0.104 ***			− 0.042 **
			(− 5.308)			(− 1.982)
SOE	− 0.054 ***	− 0.058 ***	− 0.053 ***	0.000	0.001	0.000
	(− 3.220)	(− 3.433)	(− 3.155)	(0.003)	(0.060)	(0.022)
Size	− 0.026	− 0.023	− 0.023	− 0.112 ***	− 0.108 ***	− 0.111 ***
	(− 1.022)	(− 0.912)	(− 0.894)	(− 4.066)	(− 3.921)	(− 4.017)
Leverage	− 0.173 ***	− 0.175 ***	− 0.174 ***	− 0.032	− 0.032	− 0.032
	(− 8.593)	(− 8.651)	(− 8.629)	(− 1.462)	(− 1.470)	(− 1.475)
Roa	− 0.026	− 0.031	− 0.027	0.156 ***	0.155 ***	0.156 ***
	(− 1.344)	(− 1.570)	(− 1.385)	(7.454)	(7.418)	(7.440)
PPE	0.017	0.024	0.020	0.039 *	0.039 **	0.040 **
	(0.909)	(1.294)	(1.120)	(1.958)	(2.001)	(2.050)
BTM	− 0.050 **	− 0.052 **	− 0.052 **	− 0.079 ***	− 0.081 ***	− 0.080 ***
	(− 2.095)	(− 2.197)	(− 2.181)	(− 3.093)	(− 3.166)	(− 3.126)
Salesgrowth	0.039 **	0.024	0.069 ***	0.042 **	0.056 ***	0.054 **
	(2.203)	(1.243)	(3.377)	(2.228)	(2.754)	(2.450)
TobinQ	0.132 ***	0.133 ***	0.129 ***	0.040 *	0.040 *	0.039 *
	(6.279)	(6.315)	(6.145)	(1.795)	(1.769)	(1.746)
Boardsize	0.018	0.015	0.014	0.007	0.005	0.006
	(1.063)	(0.907)	(0.848)	(0.412)	(0.267)	(0.331)
IndepBoard	0.008	0.007	0.006	0.003	0.002	0.002
	(0.540)	(0.472)	(0.411)	(0.175)	(0.140)	(0.126)
Top1share	0.001	0.001	0.006	0.021	0.024	0.023
	(0.080)	(0.078)	(0.390)	(1.275)	(1.411)	(1.384)
Big4	0.036 **	0.033 **	0.032 **	0.085 ***	0.083 ***	0.084 ***
	(2.307)	(2.106)	(2.054)	(5.132)	(5.011)	(5.036)
Year FE	是	是	是	是	是	是
Industry FE	是	是	是	是	是	是
N	3 137	3 137	3 137	3 137	3 137	3 137
adj. R^2	0.411	0.407	0.412	0.320	0.321	0.320

注：表中报告系数为标准化系数，括号中为 t 值，* 、**、***分别表示在 10% 、5% 、1% 水平上显著。模型采用 OLS 回归方法估计。

（2）排除研发费用转移（shifting）的情形。卡那刻等（Canace et al., 2018）研究发现当企业面临短期盈利业绩的压力时，会降低研发投资水平，但同时会增加资本性支出水平，以缓解对公司长期价值的不利影响。借鉴其研究思路，本章将研发支出分为资本化支出与费用化支出，分别进行检验。短期业绩目标的压力可能促使企业降低费用化研发支出，而增加资本化研发支出。样本来源于 Wind 数据库，上市公司的相关披露并不完善，因此样本较小。表6-14 的结果显示，企业并未显示有这种转移倾向，不论是资本化支出（RDInv_ in）还是费用化支出（RDExps_ in）均与业绩目标实现情况变量（AchieveSales、SalesGap 与 SalesComplete）至少在5%水平上显著负相关。结果稳健。

表6-14　　业绩目标完成与研发支出（区分资本化支出与费用化支出）

变量	RDInv_ in			RDExps_ in		
	(1)	(2)	(3)	(4)	(5)	(6)
_ cons	-0.004	-0.007	0.001	0.025 *	0.022	0.032 **
	(-0.947)	(-1.183)	(-0.648)	(1.670)	(1.473)	(2.176)
AchieveSales	-0.098 ***			-0.073 ***		
	(-2.715)			(-2.950)		
SalesGap		-0.060 **			-0.048 **	
		(-2.147)			(-1.963)	
SalesComplete			-0.115 ***			-0.106 ***
			(-3.225)			(-3.834)
SOE	0.054	0.057	0.061	0.030	0.030	0.034
	(1.342)	(1.413)	(1.525)	(1.014)	(1.026)	(1.144)
Size	0.069	0.068	0.067	0.000	0.001	0.004
	(1.392)	(1.362)	(1.359)	(0.002)	(0.039)	(0.107)
Leverage	-0.005	-0.013	-0.008	-0.152 ***	-0.153 ***	-0.152 ***
	(-0.112)	(-0.285)	(-0.178)	(-4.769)	(-4.811)	(-4.798)
Roa	-0.121 ***	-0.120 ***	-0.115 **	-0.007	-0.009	-0.006
	(-2.641)	(-2.614)	(-2.526)	(-0.191)	(-0.263)	(-0.179)
Salesgrowth	0.049	0.039	0.080 **	-0.003	-0.007	0.036
	(1.498)	(1.123)	(2.085)	(-0.092)	(-0.198)	(1.040)
PPE	-0.040	-0.028	-0.033	0.062 **	0.073 **	0.067 **
	(-0.920)	(-0.650)	(-0.751)	(2.160)	(2.555)	(2.362)
Age	0.012	0.011	0.014	-0.121 ***	-0.123 ***	-0.121 ***
	(0.322)	(0.304)	(0.360)	(-4.054)	(-4.129)	(-4.077)

变量	RDInv_ in			RDExps_ in		
	（1）	（2）	（3）	（4）	（5）	（6）
BTM	-0.087* （-1.916）	-0.090** （-1.969）	-0.086* （-1.899）	-0.082*** （-2.784）	-0.084*** （-2.845）	-0.084*** （-2.841）
TobinQ	0.112 （1.310）	0.112 （1.296）	0.110 （1.280）	0.113*** （2.630）	0.115*** （2.654）	0.112*** （2.615）
Year FE	是	是	是	是	是	是
Industry FE	是	是	是	是	是	是
N	942	942	942	1 303	1 303	1 303
adj. R^2	0.183	0.178	0.183	0.417	0.415	0.419

注：表中报告系数为标准化系数，括号中为 t 值，*、**、***分别表示在 10%、5%、1% 水平上显著。模型采用 OLS 回归方法估计。

（3）检验下一期创新产出的结果。企业本期研发投入强度降低意味着创新投入减少，那么可预期，企业未来的创新产出必然也会减少。因此，本章检验本期业绩目标实现情况是否会对下一期创新产出造成影响，从经济后果亦可倒推出本期是否削减了研发支出。参考现有文献通常的做法，本章选取下一期的专利授予数量（FPatentgrant）与专利申请数量（FPatentapply）作为研发创新的产出指标。结果列示于表 6 - 15 中。总体而言，无论是变量 FPatentgrant 或 FPatentapply，本期业绩目标完成情况变量（AchieveSales、SalesGap 与 SalesComplete）的系数基本显著为负。该结果在一定程度上表明，业绩目标完成情况隐藏着经理人削减研发创新投入的短视行为。

表 6 - 15　　　　　　　本期业绩目标完成与下一期创新产出

变量	FPatentgrant			FPatentapply		
	（1）	（2）	（3）	（4）	（5）	（6）
_ cons	-17.749*** （-23.745）	-17.842*** （-23.830）	-17.482*** （-23.181）	-18.282*** （-22.067）	-18.393*** （-22.135）	-17.992*** （-21.530）
AchieveSales	-0.070 （-1.236）			-0.103* （-1.742）		
SalesGap		-0.249* （-1.708）			-0.270* （-1.781）	
SalesComplete			-0.391*** （-2.687）			-0.432*** （-2.865）

续表

变量	FPatentgrant			FPatentapply		
	（1）	（2）	（3）	（4）	（5）	（6）
SOE	0.112 *	0.114 *	0.119 **	0.151 **	0.151 **	0.156 **
	(1.903)	(1.929)	(2.012)	(2.467)	(2.463)	(2.551)
Size	0.794 ***	0.797 ***	0.797 ***	0.806 ***	0.808 ***	0.808 ***
	(27.044)	(27.086)	(27.135)	(26.454)	(26.481)	(26.536)
Leverage	− 0.348 **	− 0.350 **	− 0.353 **	− 0.265	− 0.269	− 0.272
	(− 2.000)	(− 2.016)	(− 2.032)	(− 1.473)	(− 1.496)	(− 1.511)
Roa	0.757	0.734	0.778	2.013 ***	1.970 ***	2.022 ***
	(1.193)	(1.159)	(1.228)	(3.051)	(2.991)	(3.071)
Salesgrowth	0.025	0.090	0.219	0.186	0.230	0.375 **
	(0.181)	(0.612)	(1.385)	(1.315)	(1.501)	(2.285)
PPE	− 0.254	− 0.250	− 0.259	− 0.359 *	− 0.345 *	− 0.355 *
	(− 1.261)	(− 1.243)	(− 1.289)	(− 1.721)	(− 1.656)	(− 1.706)
BTM	− 0.205 ***	− 0.207 ***	− 0.205 ***	− 0.227 ***	− 0.229 ***	− 0.227 ***
	(− 5.113)	(− 5.149)	(− 5.117)	(− 5.450)	(− 5.497)	(− 5.458)
Age	− 0.122 ***	− 0.121 ***	− 0.116 ***	− 0.174 ***	− 0.173 ***	− 0.167 ***
	(− 2.751)	(− 2.721)	(− 2.604)	(− 3.780)	(− 3.770)	(− 3.641)
Year FE	是	是	是	是	是	是
Industry FE	是	是	是	是	是	是
sigma_cons	1.279 ***	1.278 ***	1.277 ***	1.326 ***	1.326 ***	1.325 ***
	(72.720)	(72.719)	(72.721)	(73.040)	(73.040)	(73.042)
N	3 149	3 149	3 149	3 149	3 149	3 149
pseudo R^2	0.163	0.163	0.163	0.153	0.153	0.154

注：表中括号中为 t 值，*、**、***分别表示在 10%、5%、1% 水平上显著。模型采用 Tobit 回归方法估计。

6.5　进一步研究

6.5.1　业绩目标完成具有时间序列相关性吗？

前述研究证明，管理层针对经营业绩目标的实现情况存在断点操纵现象，且这种断点效应会保持在一定的微达标区间内；此外，业绩目标实现程度越大，企业当期越倾向于推迟销售收入的确认，向下进行应计盈余管理的程度越大。这些行为均表明管理层有隐藏努力、平滑跨期收益的倾向，而非只追求单期的业绩目标实现。

需要注意的是，推迟收入确认与提高真实销售操纵这两种行为之间并不矛盾。管理层在可预期的相对较短的任期窗口内倾向于多"做"业绩（即进行更多的销售操纵），但并不见得会在当期全部释放这些"努力"，而是作为理性经济人，在其可预见的任期内实现跨期契约收益的最大化。应计类操纵行为的本质即为在不同的会计期间腾挪收益。于是，当企业真实的销售活动发生后，管理层在业绩目标完成情况达到其预期程度时，便可能隐藏一部分努力，推迟收入确认。众多研究表明，管理层会根据经营状况与监管环境权衡应计与真实操纵行为的成本（Cohen et al.，2008；Zang，2012；刘宝华等，2016）。而管理层将这些操纵行为配合使用的最终目的在于实现跨期收益最大化。由此，我们可以推测，管理层业绩目标完成具有时间序列相关性，表现为当期业绩目标完成情况与下期目标完成的概率显著正相关。对此，本章进行了 Logistic 检验，相关结果见表 6-16。由表 6-16 可知，本期目标完成情况会显著提高下期目标完成的概率，表明业绩目标完成具有时间序列上的相关性，证实了本章推测。

表 6-16　　　当期业绩目标完成情况对下期业绩目标完成概率的影响

变量	$AchieveSales_{t+1}$		
	（1）	（2）	（3）
_cons	-1.164	-0.537	-2.359 **
	（-1.210）	（-0.559）	（-2.437）
$AchieveSales_t$	0.884 ***		
	（12.800）		
$SalesGap_t$		0.843 ***	
		（10.871）	
$SalesComplete_t$			0.858 ***
			（11.157）
SOE_t	0.080	0.087	0.092
	（1.010）	（1.096）	（1.163）
$Size_t$	0.106	0.090	0.104
	（1.205）	（1.019）	（1.181）

续表

变量	AchieveSales$_{t+1}$		
	（1）	（2）	（3）
Leverage$_t$	0.024	0.008	-0.004
	(0.277)	(0.090)	(-0.041)
Roa$_t$	0.071	0.084	0.059
	(0.897)	(1.059)	(0.737)
Boardsize$_t$	-0.053	-0.044	-0.051
	(-0.760)	(-0.629)	(-0.733)
Mngmhld$_t$	-0.021	-0.034	-0.027
	(-0.276)	(-0.448)	(-0.349)
Top1share$_t$	0.163**	0.147**	0.146**
	(2.235)	(2.032)	(2.013)
Big4$_t$	0.149**	0.173**	0.179**
	(2.135)	(2.486)	(2.574)
Year FE	是	是	是
Industry FE	是	是	是
N	4 654	4 654	4 654
pseudo R^2	0.112	0.107	0.108

注：表中报告系数为标准化系数，括号中为 t 值，**、***分别表示在 5%、1% 水平上显著。模型采用 Logit 回归方法估计。

6.5.2　一个探索性研究：微达标企业的业绩操纵行为研究

我们已证明断点效应会保持在一定的微达标区间内。那么，这部分微达标样本是否在一定程度上驱动了前述实证所观测到的业绩操纵行为呢？借鉴已有文献中关于微达标的研究方法（Lyu et al.，2018），本章构造了微达标的哑变量 JMB*。JMB* 表示企业的目标完成情况是否属于微达标（just meet or beat），出于稳健性的考虑，在 [0，0.1) 的范围选取了 6 个微幅变动的区间（具体定义见表 6-1）。达标幅度（SalesGap）小于 0.1 范围的样本占比为 23%（JMB6），占完成目标样本的比例为 50%（23%/46% = 0.5）。本章在完成业绩目标的子样本中，检验微达标对业绩操纵行为的影响。结果列示于表 6-17、表 6-18 中。

表 6 – 17   微达标对激进收入确认的影响

变量	abnRecogSales					
	(1)	(2)	(3)	(4)	(5)	(6)
_ cons	0.016	0.020	0.021	0.020	0.020	0.022
	(0.506)	(0.614)	(0.652)	(0.640)	(0.617)	(0.687)
JMB1 [0, 0.015)	−0.030*					
	(−1.685)					
JMB2 [0, 0.03)		−0.037**				
		(−2.061)				
JMB3 [0, 0.045)			−0.056***			
			(−3.114)			
JMB4 [0, 0.06)				−0.065***		
				(−3.633)		
JMB5 [0, 0.075)					−0.053***	
					(−2.930)	
JMB6 [0, 0.1)						−0.059***
						(−3.153)
SOE	0.012	0.012	0.011	0.011	0.012	0.015
	(0.535)	(0.535)	(0.515)	(0.515)	(0.554)	(0.653)
Size	0.007	0.005	0.004	0.006	0.006	0.006
	(0.292)	(0.217)	(0.164)	(0.246)	(0.249)	(0.233)
Leverage	0.037	0.036	0.034	0.031	0.032	0.031
	(1.527)	(1.492)	(1.392)	(1.278)	(1.337)	(1.300)
Roa	0.022	0.022	0.021	0.021	0.022	0.021
	(0.974)	(0.992)	(0.945)	(0.940)	(1.003)	(0.953)
Boardsize	−0.012	−0.012	−0.011	−0.011	−0.011	−0.012
	(−0.716)	(−0.723)	(−0.677)	(−0.680)	(−0.691)	(−0.718)
Mngmhld	0.033	0.032	0.031	0.031	0.032	0.034
	(1.445)	(1.391)	(1.377)	(1.383)	(1.434)	(1.488)
Top1share	0.021	0.022	0.022	0.022	0.022	0.021
	(1.029)	(1.046)	(1.065)	(1.059)	(1.064)	(1.031)
Big4	−0.026*	−0.026*	−0.026*	−0.025*	−0.026*	−0.026*
	(−1.756)	(−1.752)	(−1.720)	(−1.692)	(−1.737)	(−1.760)
Year FE	是	是	是	是	是	是
Industry FE	是	是	是	是	是	是
N	2 226	2 226	2 226	2 226	2 226	2 226
adj. R^2	0.282	0.282	0.284	0.285	0.284	0.284

注：表中报告系数为标准化系数，括号中为 t 值，*、**、***分别表示在 10%、5%、1%水平上显著。模型采用 OLS 回归方法估计。

表 6－18　　　　　　　　　　　　微达标对真实销售操纵的影响

变量	R_ cfo_ V					
	（1）	（2）	（3）	（4）	（5）	（6）
_ cons	0.034	0.033	0.031	0.032	0.032	0.030
	(0.662)	(0.655)	(0.621)	(0.632)	(0.636)	(0.600)
JMB1 [0, 0.015)	−0.001					
	(−0.042)					
JMB2 [0, 0.03)		0.027				
		(1.439)				
JMB3 [0, 0.045)			0.047**			
			(2.455)			
JMB4 [0, 0.06)				0.050**		
				(2.563)		
JMB5 [0, 0.075)					0.050**	
					(2.481)	
JMB6 [0, 0.1)						0.056***
						(2.694)
SOE	−0.037	−0.036	−0.036	−0.036	−0.037	−0.039
	(−1.411)	(−1.392)	(−1.386)	(−1.401)	(−1.419)	(−1.498)
Size	−0.018	−0.018	−0.016	−0.018	−0.018	−0.018
	(−0.646)	(−0.639)	(−0.592)	(−0.637)	(−0.644)	(−0.639)
Leverage	0.017	0.019	0.022	0.023	0.023	0.025
	(0.605)	(0.651)	(0.748)	(0.810)	(0.814)	(0.863)
Roa	0.303***	0.303***	0.304***	0.304***	0.303***	0.303***
	(11.142)	(11.174)	(11.232)	(11.216)	(11.144)	(11.197)
Boardsize	0.015	0.014	0.014	0.013	0.014	0.014
	(0.661)	(0.637)	(0.597)	(0.590)	(0.600)	(0.615)
Mngmhld	−0.083***	−0.083***	−0.082***	−0.082***	−0.083***	−0.084***
	(−3.550)	(−3.520)	(−3.497)	(−3.514)	(−3.526)	(−3.563)
Top1share	−0.005	−0.004	−0.004	−0.004	−0.004	−0.003
	(−0.208)	(−0.184)	(−0.171)	(−0.171)	(−0.171)	(−0.138)
Big4	0.060***	0.060***	0.059***	0.058***	0.059***	0.059***
	(2.961)	(2.945)	(2.910)	(2.882)	(2.918)	(2.943)
Year FE	是	是	是	是	是	是
Industry FE	是	是	是	是	是	是
N	2 156	2 156	2 156	2 156	2 156	2 156
adj. R^2	0.097	0.098	0.099	0.100	0.100	0.100

注：表中报告系数为标准化系数，括号中为 t 值，**、***分别表示在 5%、1%水平上显著。模型采用 OLS 回归方法估计。

由表 6 - 17 可知，微达标与异常收入确认行为显著相关，表现为推迟收入确认；由表 6 - 18 可知，微达标与真实销售操纵行为显著正相关。这两者都与全样本的实证结果保持了一致性，在一定程度上表明，全样本中业绩操纵行为可能是被断点区间内的微达标样本所驱动的。一方面，目标执行的正向偏差并非越大越好，理想状态应该偏差为零，才能体现事前计划的科学性与事后的强执行力；另一方面，该结果也呼应了章节 6.5.1 中的分析，经理人在业绩目标完成情况达到其预期程度时，便可能隐藏一部分努力，使绩效完成状态为微达标水平。

6.5.3 外部治理对目标完成与业绩操纵行为之间关系的影响

前面我们证明了管理层业绩目标完成情况会引发外部投资者与证券分析师的相关反应。证券分析师与机构投资者作为中国资本市场的重要参与者，除了被动对绩效完成情况作出评价，是否也参与到业绩目标实现的博弈过程中呢？

分析师究竟以何种角色影响管理层的行为至今都是文献争论的焦点。一方面，戴克等（2010）研究表明分析师可发挥告密者（whistle blowers）的作用，常常最先发现公司的欺诈行为，能够在传统的公司治理机制中发挥监督者的作用，抑制管理层的错报或其他失德行为（Karpoff et al.，2008a）。已有文献表明，分析师跟踪越多，公司的盈余管理程度越低（Yu，2008）。另一方面，分析师预测会强化管理层的短期业绩压力，没有达到分析师预测的管理层可能会遭遇降薪甚至被更换的惩罚（Matsunaga and Park，2001；Hazarika et al.，2012；Mergenthaler et al.，2012），有文献表明，分析师更可能以施压者的身份强化管理层的投机行为，从而降低公司整体的信息透明度（Jensen and Fuller，2002；Dechow et al.，2003；Grundfest and Malenko，2012）。伊拉尼和欧施（2016）研究发现，当分析师跟踪减少时，管理层在减少真实盈余操纵的同时增加了应计盈余操纵，表明分析师会改变管理层盈余管理的方式，迫使其选择监管处罚成本更小的方式。上述这些研究的不足之处在于缺乏合适的情景证明管理层业绩操纵行为的变化是由于分析师通过影响其短期业绩压力变化所带来的。

另外，关于中国资本市场上机构投资者是否主动参与公司治理也缺乏定论。李维安和李滨（2008）研究发现机构投资者能够提升上市公司治理水平、降低其代理成本，机构投资者持股比例与公司业绩、市场价值之间有显著正相关关系。谭劲松和林雨晨（2016）研究证明机构投资者具有积极治理效应，其调研行为是参与治理的方式之一。但也有众多文献表明中国的机构投资者难以抑制管理层的代理行为，例如机构投资者持股比例越高，上市公司年报可靠性越低（杨海燕等，2012），管理层盈余管理程度越高，公司股价未来崩盘风险越大（曹丰等，2015）。此外，由于中国资本市场尚不成熟，机构投资者与管理层合谋进行内幕交易的事件频发（孔东民和柯瑞豪，2007；付勇和谭松涛，2008；雷倩华等，2012），机构投资者持股比例越高，高管因业绩差而被更换的比例越低（潘越等，2011）。上述研究表明，机构投资者对管理层业绩目标完成过程既可能积极参与监督治理，也可能与管理层合谋获取私有的短期投机利益。

基于上述分析，本节将分别研究分析师跟踪与机构投资者持股是否对管理层业绩目标完成与业绩操纵行为之间的关系有所影响。如果有影响，两者究竟是强化了管理层的机会主义行为，还是发挥有效的外部监督治理作用呢？

1. 分析师跟踪的影响

表 6-19 是分析师跟踪对业绩目标完成与激进收入确认之间关系影响的检验结果。将主样本按照分析师跟踪数量分为两组分别进行回归，结果发现，两组中业绩目标完成情况三个指标（AchieveSales/SalesGap/SalesComplete）的系数均显著为负，表明分析师跟踪多寡并没有显著影响企业推迟收入确认行为。

表 6-19　分析师跟踪对业绩目标完成与激进收入确认之间关系的影响

变量	abnRecogSales					
	分析师跟踪多			分析师跟踪少		
	(1)	(2)	(3)	(4)	(5)	(6)
_ cons	0.017	0.005	0.039	−0.063	−0.086	−0.059
	(0.333)	(0.099)	(0.788)	(−1.108)	(−1.518)	(−1.025)
AchieveSales	−0.122 ***			−0.072 ***		
	(−5.552)			(−2.944)		
SalesGap		−0.103 ***			−0.104 **	
		(−3.505)			(−2.561)	
SalesComplete			−0.083 ***			−0.075 *
			(−2.626)			(−1.889)

变量	abnRecogSales					
	分析师跟踪多			分析师跟踪少		
	（1）	（2）	（3）	（4）	（5）	（6）
SOE	0.025	0.025	0.020	-0.007	-0.009	-0.009
	（1.013）	（1.006）	（0.796）	（-0.252）	（-0.292）	（-0.324）
Size	-0.020	-0.020	-0.026	0.023	0.032	0.028
	（-0.602）	（-0.612）	（-0.775）	（0.698）	（0.985）	（0.871）
Leverage	-0.003	-0.002	-0.006	0.008	0.011	0.009
	（-0.092）	（-0.065）	（-0.182）	（0.250）	（0.333）	（0.283）
Roa	-0.022	-0.024	-0.030	-0.016	-0.009	-0.014
	（-0.807）	（-0.911）	（-1.175）	（-0.641）	（-0.338）	（-0.561）
Boardsize	0.017	0.011	0.015	0.008	0.009	0.008
	（0.846）	（0.553）	（0.754）	（0.360）	（0.388）	（0.335）
Mngmhld	0.071**	0.072**	0.069**	0.055*	0.058*	0.056*
	（2.323）	（2.353）	（2.255）	（1.690）	（1.783）	（1.717）
Top1share	0.054**	0.057**	0.056**	-0.005	-0.001	-0.002
	（2.342）	（2.470）	（2.415）	（-0.196）	（-0.042）	（-0.067）
Big4	-0.005	-0.013	-0.011	-0.017	-0.015	-0.017
	（-0.270）	（-0.732）	（-0.652）	（-0.860）	（-0.763）	（-0.875）
Year FE	是	是	是	是	是	是
Industry FE	是	是	是	是	是	是
N	1 943	1 943	1 943	1 702	1 702	1 702
adj. R^2	0.237	0.234	0.231	0.158	0.163	0.159

注：表中报告系数为标准化系数，括号中为 t 值，*、**、***分别表示在 10%、5%、1% 水平上显著。模型采用 OLS 回归方法估计。

表 6-20 是分析师跟踪对业绩目标完成与真实销售操纵之间关系影响的检验结果。因为主检验结果表明，业绩目标是否完成的哑变量与真实销售操纵之间的关系并不显著，业绩目标完成程度与真实销售操纵之间关系显著，因此，在下面真实销售操纵的检验中，我们只针对业绩目标完成程度的影响进行检验。同样按照分析师跟踪数量分为两组分别进行回归。由表 6-20 的结果可知，分析师跟踪较少的分组中，业绩目标完成程度（SalesGap/SalesComplete）的系数显著为负，即出现异常低的经营净现金流，表明企业显著增加了真实销售操纵；而在分析师跟踪较多的分组中，业绩目标完成程度（SalesGap/SalesComplete）的系数不显著或显著为正，即没有出现异常低的经营净现金流，甚至提高了异常经营现金流，表明企业降低了真实销售操纵，提高了经营回款的质量。

表 6-20　分析师跟踪对业绩目标完成与真实销售操纵之间关系的影响

变量	分析师跟踪多				分析师跟踪少			
	R_cfo		R_cfo_V		R_cfo		R_cfo_V	
	(1)	(2)	(3)	(4)	(5)	(6)	(7)	(8)
_cons	-0.035 (-0.388)	-0.061 (-0.671)	-0.000 (-0.002)	-0.025 (-0.283)	0.352*** (2.602)	0.457*** (3.378)	0.322** (2.543)	0.422*** (3.336)
SalesGap	0.027 (1.244)		0.062*** (2.764)		-0.172*** (-6.413)		-0.169*** (-6.249)	
SalesComplete		0.048** (2.234)		0.050** (2.270)		-0.136*** (-5.035)		-0.152*** (-5.633)
SOE	-0.014 (-0.511)	-0.013 (-0.503)	-0.017 (-0.627)	-0.014 (-0.530)	-0.023 (-0.748)	-0.023 (-0.736)	0.012 (0.372)	0.013 (0.410)
Size	-0.004 (-0.134)	-0.002 (-0.077)	-0.025 (-0.769)	-0.023 (-0.693)	-0.103*** (-2.924)	-0.108*** (-3.037)	-0.111*** (-3.136)	-0.114*** (-3.204)
Leverage	0.006 (0.177)	0.000 (0.013)	0.021 (0.616)	0.023 (0.686)	0.009 (0.261)	0.007 (0.221)	0.030 (0.912)	0.031 (0.935)
Roa	0.327*** (12.279)	0.321*** (12.115)	0.310*** (11.342)	0.313*** (11.506)	0.109*** (3.719)	0.103*** (3.479)	0.122*** (4.141)	0.122*** (4.107)
Boardsize	-0.027 (-1.229)	-0.027 (-1.224)	-0.043* (-1.861)	-0.045** (-1.985)	0.034 (1.243)	0.031 (1.154)	0.037 (1.355)	0.034 (1.271)
Mngmhld	-0.083*** (-3.269)	-0.082*** (-3.242)	-0.092*** (-3.548)	-0.090*** (-3.483)	-0.023 (-0.816)	-0.026 (-0.911)	0.002 (0.058)	-0.001 (-0.025)
Top1share	0.009 (0.381)	0.008 (0.330)	0.012 (0.503)	0.013 (0.524)	0.028 (1.002)	0.027 (0.972)	0.041 (1.476)	0.041 (1.477)
Big4	0.044* (1.832)	0.045* (1.874)	0.047* (1.935)	0.047* (1.921)	0.020 (0.798)	0.015 (0.610)	0.027 (1.062)	0.022 (0.869)
Year FE	是	是	是	是	是	是	是	是
Industry FE	是	是	是	是	是	是	是	是
N	1 872	1 872	1 872	1 872	1 655	1 655	1 655	1 655
adj. R²	0.285	0.287	0.249	0.248	0.064	0.055	0.059	0.054

注：表中报告系数为标准化系数，括号中为 t 值，*、**、*** 分别表示在 10%、5%、1% 水平上显著。模型采用 OLS 回归方法估计。

与伊拉尼和欧施（2016）研究结果不同，本章结果表明分析师在管理层面临短期绩效考核压力时能够有效发挥监督治理作用，显著抑制真实销售操纵行为，但对企业推迟收入确认的行为不敏感。

表6-21是分析师跟踪对业绩目标完成与研发投入强度之间关系影响的检验结果。同样按照分析师跟踪数量分为两组分别进行回归。由表6-21可知，在分析师跟踪较少的分组中，业绩目标完成情况的三个指标（AchieveSales/SalesGap/SalesComplete）均与研发投入强度显著负相关；而在分析师跟踪较多的分组中没有显著关系。该结果表明，当公司的分析师跟踪较少时，管理层在面临短期目标考核压力时的短视行为更严重。换言之，分析师可以缓解短期目标考核制给管理层带来的负向激励效应，从这个意义上提升了公司治理水平。

表6-21　分析师跟踪对业绩目标完成与研发投入强度之间关系的影响

变量	RDExp_in					
	分析师跟踪多			分析师跟踪少		
	（1）	（2）	（3）	（4）	（5）	（6）
_cons	0.051*	0.051*	0.043	0.039	0.035*	0.042
	(1.803)	(1.805)	(1.472)	(1.307)	(1.959)	(1.398)
AchieveSales	−0.066			−0.099***		
	(−1.536)			(−2.979)		
SalesGap		−0.060			−0.070**	
		(−1.340)			(−1.998)	
SalesComplete			−0.061			−0.106**
			(−1.410)			(−2.329)
SOE	−0.070	−0.069	−0.068	−0.011	−0.017	−0.015
	(−1.489)	(−1.453)	(−1.425)	(−0.251)	(−0.604)	(−0.358)
Size	−0.074	−0.076	−0.076	−0.104	−0.097**	−0.091
	(−1.118)	(−1.152)	(−1.149)	(−1.513)	(−2.365)	(−1.357)
Leverage	−0.159**	−0.161**	−0.161**	−0.160***	−0.164***	−0.165***
	(−2.257)	(−2.275)	(−2.268)	(−4.638)	(−4.745)	(−4.509)
Roa	−0.070	−0.073	−0.073	−0.015	−0.019	−0.017
	(−1.154)	(−1.181)	(−1.173)	(−0.390)	(−0.582)	(−0.461)
PPE	0.032	0.039	0.038	0.018	0.021	0.021
	(0.733)	(0.893)	(0.888)	(0.466)	(0.777)	(0.543)
BTM	−0.047	−0.047	−0.048	−0.013	−0.015	−0.017
	(−0.966)	(−0.988)	(−0.994)	(−0.274)	(−0.454)	(−0.372)

续表

变量	RDExp_ in					
	分析师跟踪多			分析师跟踪少		
	（1）	（2）	（3）	（4）	（5）	（6）
Salesgrowth	0.055 *	0.062 *	0.064 *	0.000	− 0.002	0.024
	（1.864）	（1.736）	（1.762）	（0.010）	（− 0.054）	（0.524）
TobinQ	0.116 **	0.118 **	0.117 **	0.106 *	0.104 **	0.105 *
	（2.275）	（2.288）	（2.281）	（1.793）	（2.195）	（1.798）
Year FE	是	是	是	是	是	是
Industry FE	是	是	是	是	是	是
N	1 291	1 291	1 291	1 201	1 201	1 201
adj. R^2	0.506	0.505	0.505	0.414	0.410	0.413

注：表中报告系数为标准化系数，括号中为 t 值，* 、 ** 、 *** 分别表示在10% 、5% 、1% 水平上显著。模型采用 OLS 回归方法估计。

2. 机构投资者的影响

表 6 – 22 是机构投资者持股对业绩目标完成与激进收入确认之间关系影响的检验结果。将主样本按照机构投资者持股比例高低分为两组分别进行回归。由表 6 – 22 可知，SalesComplete 的系数仅在机构投资者持股比例较低的分组中显著为负，而 AchieveSales 与 SalesGap 的系数在两组之间不存在明显差异，表明机构投资者在一定程度上抑制了管理层推迟收入确认的行为。

表 6 – 22　机构投资者持股对业绩目标完成与激进收入确认之间关系的影响

变量	abnRecogSales					
	机构投资者持股比例高			机构投资者持股比例低		
	（1）	（2）	（3）	（4）	（5）	（6）
_ cons	0.043	0.030	0.049	− 0.102 ***	− 0.114 ***	− 0.092 **
	（1.013）	（0.700）	（1.126）	（− 4.025）	（− 4.523）	（− 2.176）
AchieveSales	− 0.087 ***			− 0.064 ***		
	（− 4.063）			（− 3.863）		
SalesGap		− 0.074 **			− 0.088 ***	
		（− 2.181）			（− 3.718）	
SalesComplete			− 0.049			− 0.061 ***
			（− 1.243）			（− 2.963）
SOE	0.009	0.007	0.004	0.015	0.016	0.015
	（0.472）	（0.392）	（0.253）	（0.602）	（0.655）	（0.628）
Size	− 0.020	− 0.017	− 0.020	0.035 **	0.038 ***	0.035
	（− 0.462）	（− 0.385）	（− 0.449）	（2.522）	（2.832）	（1.438）

变量	abnRecogSales					
	机构投资者持股比例高			机构投资者持股比例低		
	（1）	（2）	（3）	（4）	（5）	（6）
Leverage	− 0.010	− 0.009	− 0.013	− 0.043 **	− 0.040 *	− 0.041
	（− 0.345）	（− 0.328）	（− 0.467）	（− 2.096）	（− 1.943）	（− 1.634）
Roa	− 0.002	− 0.006	− 0.011	− 0.051 *	− 0.044 *	− 0.048 **
	（− 0.083）	（− 0.214）	（− 0.453）	（− 2.000）	（− 1.825）	（− 2.082）
Boardsize	0.005	0.003	0.006	0.036 **	0.035 **	0.035 *
	（0.230）	（0.152）	（0.262）	（2.048）	（2.065）	（1.699）
Mngmhld	0.034	0.035	0.033	0.092 ***	0.092 ***	0.092 ***
	（1.211）	（1.270）	（1.191）	（4.452）	（4.432）	（3.876）
Top1share	0.025	0.030	0.029	0.020	0.023	0.020
	（1.416）	（1.675）	（1.623）	（0.823）	（0.976）	（0.897）
Big4	− 0.012	− 0.018	− 0.017	0.002	0.004	0.003
	（− 0.786）	（− 1.025）	（− 1.018）	（0.203）	（0.310）	（0.133）
Year & Industry	是	是	是	是	是	是
N	2 358	2 358	2 358	2 384	2 384	2 384
adj. R^2	0.226	0.224	0.221	0.168	0.171	0.167

注：表中报告系数为标准化系数，括号中为 t 值，*、**、***分别表示在10%、5%、1%水平上显著。模型采用 OLS 回归方法估计。

表 6 - 23 是机构投资者持股对业绩目标完成与真实销售操纵之间关系影响的检验结果。同样按照机构投资者持股比例高低分为两组分别进行回归。由表 6 - 23 可知，业绩目标完成程度（SalesGap/SalesComplete）仅在机构投资者持股比例较低的分组中显著为负，而在机构投资者持股比例较高的分组中没有显著关系。该结果表明，机构投资者可以抑制业绩目标实现过程中管理层的真实销售操纵行为。表 6 - 24 是机构投资者持股对业绩目标完成与研发投入强度之间关系影响的检验结果。由表 6 - 24 可知，在机构投资者持股比例较低的分组中，业绩目标完成情况的三个指标（AchieveSales/SalesGap/SalesComplete）均与研发投入强度显著负相关；而在机构投资者持股比例较高的分组中没有显著关系。该结果表明，当机构投资者持股比例较低时，管理层在面临短期目标考核压力时的短视行为更严重。这种情境下，同分析师的治理效果相似，机构投资者通过缓解短期目标考核制给管理层带来的负向激励效应来提升公司治理水平。

表 6-23　机构投资者持股对业绩目标完成与真实盈余管理之间关系的影响

变量	机构投资者持股比例高				机构投资者持股比例低			
	R_cfo		R_cfo_V		R_cfo		R_cfo_V	
	(1)	(2)	(3)	(4)	(5)	(6)	(7)	(8)
_cons	0.321*** (3.469)	0.324*** (3.485)	0.265*** (3.175)	0.261*** (3.104)	0.109 (0.970)	0.182 (1.613)	0.122 (1.230)	0.197** (1.978)
SalesGap	-0.029 (-1.364)		0.008 (0.356)		-0.133*** (-5.899)		-0.136*** (-6.058)	
SalesComplete		0.001 (0.062)		0.010 (0.458)		-0.114*** (-5.049)		-0.138*** (-6.118)
SOE	-0.051** (-2.139)	-0.052** (-2.175)	-0.039 (-1.619)	-0.039 (-1.608)	0.016 (0.602)	0.017 (0.649)	0.034 (1.276)	0.037 (1.384)
Size	-0.018 (-0.639)	-0.019 (-0.703)	0.010 (0.348)	0.010 (0.351)	-0.030 (-1.132)	-0.032 (-1.225)	-0.057** (-2.150)	-0.058** (-2.215)
Leverage	0.025 (0.855)	0.020 (0.692)	0.029 (1.002)	0.029 (0.988)	-0.011 (-0.392)	-0.009 (-0.330)	-0.008 (-0.284)	-0.004 (-0.131)
Roa	0.279*** (10.895)	0.271*** (10.546)	0.288*** (11.155)	0.288*** (11.090)	0.160*** (6.389)	0.160*** (6.319)	0.172*** (6.894)	0.178*** (7.075)
Boardsize	-0.007 (-0.345)	-0.006 (-0.261)	-0.042* (-1.940)	-0.042* (-1.945)	0.012 (0.518)	0.011 (0.498)	0.029 (1.273)	0.028 (1.230)
Mngmhld	-0.018 (-0.841)	-0.019 (-0.871)	-0.003 (-0.151)	-0.003 (-0.144)	-0.024 (-0.942)	-0.024 (-0.924)	-0.016 (-0.641)	-0.016 (-0.624)
Top1share	0.032 (1.439)	0.030 (1.388)	0.042* (1.913)	0.042* (1.900)	-0.003 (-0.109)	-0.007 (-0.281)	-0.001 (-0.023)	-0.004 (-0.169)
Big4	0.051** (2.298)	0.052** (2.343)	0.036 (1.593)	0.036 (1.601)	0.005 (0.246)	0.004 (0.184)	0.018 (0.862)	0.017 (0.796)
Year FE	是	是	是	是	是	是	是	是
Industry FE	是	是	是	是	是	是	是	是
N	2 311	2 311	2 311	2 311	2 310	2 310	2 310	2 310
adj. R²	0.161	0.160	0.144	0.144	0.061	0.057	0.067	0.067

注：表中报告系数为标准化系数，括号中为 t 值，*、**、*** 分别表示在 10%、5%、1% 水平上显著。模型采用 OLS 回归方法估计。

表6-24 机构投资者持股对业绩目标完成与研发投入强度之间关系的影响

变量	RDExp_in					
	机构持股比例高			机构持股比例低		
	(1)	(2)	(3)	(4)	(5)	(6)
_cons	-0.017	-0.018	-0.013	0.008	0.003	0.019
	(-0.890)	(-0.993)	(-0.628)	(0.303)	(0.131)	(0.729)
AchieveSales	-0.040			-0.114***		
	(-1.007)			(-3.032)		
SalesGap		-0.039			-0.102**	
		(-0.646)			(-2.168)	
SalesComplete			-0.059			-0.141***
			(-0.995)			(-2.887)
SOE	-0.039	-0.040	-0.039	-0.043	-0.041	-0.038
	(-1.112)	(-1.142)	(-1.106)	(-1.332)	(-1.261)	(-1.159)
Size	-0.005	-0.005	-0.004	0.001	0.004	0.005
	(-0.111)	(-0.105)	(-0.089)	(0.015)	(0.074)	(0.087)
Leverage	-0.118***	-0.118***	-0.118***	-0.235***	-0.237***	-0.237***
	(-3.234)	(-3.246)	(-3.257)	(-5.574)	(-5.319)	(-5.311)
Roa	0.038	0.036	0.036	-0.077*	-0.074**	-0.072*
	(0.731)	(0.704)	(0.709)	(-2.010)	(-2.035)	(-1.975)
PPE	0.068	0.070	0.069	-0.029	-0.020	-0.024
	(1.644)	(1.624)	(1.602)	(-0.782)	(-0.558)	(-0.644)
BTM	-0.061	-0.062	-0.062	-0.028	-0.030	-0.031
	(-1.306)	(-1.348)	(-1.346)	(-0.742)	(-0.769)	(-0.783)
Salesgrowth	-0.012	-0.006	0.009	0.078	0.087	0.116*
	(-0.370)	(-0.123)	(0.199)	(1.468)	(1.398)	(1.766)
TobinQ	0.063*	0.061	0.061	0.188***	0.188***	0.186***
	(1.718)	(1.622)	(1.599)	(3.048)	(3.089)	(3.069)
Year FE	是	是	是	是	是	是
Industry FE	是	是	是	是	是	是
N	1 565	1 565	1 565	1 565	1 565	1 565
adj. R^2	0.429	0.429	0.430	0.415	0.411	0.416

注：表中报告系数为标准化系数，括号中为t值，*、**、***分别表示在10%、5%、1%水平上显著。模型采用OLS回归方法估计。

6.5.4　管理层权力对目标完成与业绩操纵行为之间关系的影响

前面证明了管理层与董事会之间的权力博弈会影响管理层业绩目标的动态调整行为。管理层试图干预事前契约设定的根本原因在于他们在意契约的事后执行结果，并且在目标考核从制定到执行的整个过程都会受到这种权力博弈的影响。目标考核是一种动态的、贯穿的过程。因此，本节我们继续探究这种权力博弈是否以及如何影响目标完成与业绩操纵行为之间的关系。同上述一致，借鉴管理层权力的相关研究文献（Finkelstein，1992；权小锋和吴世农，2010），本节选取了董事长总经理两职合一、外部董事比例以及高管任期三个方面进行探究。

1. 董事长总经理两职合一的影响

表 6 - 25 列示了董事长总经理两职合一对业绩目标完成与激进收入确认之间关系影响的检验结果。将主样本按照董事长总经理是否两职合一分为两组进行检验。由表 6 - 25 可知，业绩目标完成情况三个指标（AchieveSales/SalesGap/ SalesComplete）的系数在非两职合一分组中的显著性更高，表明在非两职合一分组中，企业更倾向于推迟收入确认。

表 6 - 25　　两职合一对业绩目标完成与激进收入确认之间关系的影响

变量	abnRecogSales					
	两职合一			非两职合一		
	（1）	（2）	（3）	（4）	（5）	（6）
_ cons	- 0. 066 （ - 0. 658）	- 0. 093 （ - 0. 935）	- 0. 053 （ - 0. 555）	- 0. 032 （ - 1. 102）	- 0. 038 （ - 1. 272）	- 0. 025 （ - 0. 634）
AchieveSales	- 0. 065 * （ - 1. 716）			- 0. 075 *** （ - 4. 144）		
SalesGap		- 0. 131 * （ - 1. 849）			- 0. 062 *** （ - 2. 887）	
SalesComplete			- 0. 136 * （ - 2. 010）			- 0. 033 ** （ - 2. 139）
SOE	- 0. 008 （ - 0. 155）	- 0. 005 （ - 0. 109）	- 0. 006 （ - 0. 119）	0. 009 （0. 584）	0. 008 （0. 506）	0. 006 （0. 345）
Size	0. 008 （0. 102）	0. 018 （0. 242）	0. 020 （0. 261）	0. 012 （0. 590）	0. 013 （0. 642）	0. 009 （0. 476）

变量	abnRecogSales					
	两职合一			非两职合一		
	(1)	(2)	(3)	(4)	(5)	(6)
Leverage	−0.082	−0.086	−0.079	−0.013	−0.012	−0.015
	(−1.020)	(−1.105)	(−1.024)	(−0.904)	(−0.602)	(−0.800)
Roa	−0.028	−0.013	−0.009	−0.009	−0.012	−0.018
	(−0.478)	(−0.235)	(−0.170)	(−0.426)	(−0.653)	(−1.027)
Boardsize	0.070	0.071*	0.068	0.010	0.010	0.011
	(1.600)	(1.697)	(1.631)	(0.894)	(0.682)	(0.741)
Mngmhld	0.102***	0.098***	0.102***	0.049**	0.050**	0.049***
	(3.016)	(3.052)	(3.084)	(2.692)	(2.539)	(2.974)
Top1share	−0.040	−0.038	−0.031	0.039**	0.041**	0.040**
	(−1.362)	(−1.305)	(−1.016)	(2.624)	(2.523)	(2.430)
Big4	0.028	0.022	0.022	−0.016	−0.018	−0.018
	(0.793)	(0.598)	(0.610)	(−1.352)	(−1.431)	(−1.127)
Year FE	是	是	是	是	是	是
Industry FE	是	是	是	是	是	是
N	700	700	700	4 003	4 003	4 003
adj. R^2	0.143	0.155	0.155	0.196	0.195	0.193

注：表中报告系数为标准化系数，括号中为 t 值，*、**、***分别表示在10%、5%、1%水平上显著。模型采用 OLS 回归方法。

表6–26列示了董事长总经理两职合一对业绩目标完成与真实销售操纵之间关系影响的检验结果。结果显示，业绩目标完成情况的三个指标（AchieveSales/SalesGap/SalesComplete）均与真实销售操纵显著负相关；而在两职合一的分组中，目标完成与真实销售操纵无显著相关关系。上述结果意味着，当管理层权力较大时，短期目标考核压力并不会诱导其进行操纵行为。

表6－26 两职合一对业绩目标完成与真实销售操纵之间关系的影响

变量	两职合一				非两职合一			
	R_cfo		R_cfo_V		R_cfo		R_cfo_V	
	(1)	(2)	(3)	(4)	(5)	(6)	(7)	(8)
_cons	0.332* (1.709)	0.439 (1.634)	0.242 (1.328)	0.347 (1.338)	0.094 (1.351)	0.113 (1.633)	0.097 (1.516)	0.113* (1.766)
SalesGap	-0.123 (-1.133)				-0.058*** (-3.512)		-0.033** (-1.977)	
SalesComplete		-0.100 (-1.050)	-0.133 (-1.064)	-0.116 (-1.066)		-0.032* (-1.959)		-0.037** (-2.192)
SOE	0.012 (0.270)	0.009 (0.217)	0.040 (0.874)	0.037 (0.851)	-0.039** (-2.039)	-0.040** (-2.106)	-0.034* (-1.779)	-0.034* (-1.782)
Size	-0.059 (-0.902)	-0.060 (-0.910)	-0.060 (-0.824)	-0.061 (-0.824)	-0.005 (-0.223)	-0.007 (-0.334)	-0.013 (-0.618)	-0.014 (-0.652)
Leverage	0.065 (0.964)	0.068 (0.972)	0.040 (0.628)	0.045 (0.658)	-0.003 (-0.126)	-0.005 (-0.266)	0.016 (0.787)	0.018 (0.841)
Roa	0.230*** (2.768)	0.226*** (2.683)	0.232** (2.533)	0.230** (2.482)	0.250*** (13.437)	0.244*** (13.035)	0.258*** (13.678)	0.260*** (13.697)
Boardsize	-0.039 (-1.314)	-0.041 (-1.408)	-0.027 (-0.804)	-0.029 (-0.892)	-0.004 (-0.230)	-0.002 (-0.143)	-0.018 (-1.081)	-0.018 (-1.058)
Mngmhld	-0.045 (-0.872)	-0.045 (-0.871)	-0.012 (-0.334)	-0.011 (-0.305)	-0.048*** (-2.734)	-0.048*** (-2.772)	-0.044** (-2.515)	-0.045** (-2.539)
Top1share	0.022 (0.674)	0.027 (0.825)	0.017 (0.511)	0.023 (0.687)	0.025 (1.405)	0.024 (1.340)	0.044** (2.444)	0.044** (2.452)
Big4	0.081 (1.104)	0.084 (1.099)	0.088 (1.056)	0.091 (1.051)	0.034** (2.048)	0.034** (2.059)	0.036** (2.119)	0.035** (2.088)
Year	是	是	是	是	是	是	是	是
Industry	是	是	是	是	是	是	是	是
N	666	666	666	666	3 896	3 896	3 896	3 896
adj. R^2	0.187	0.182	0.255	0.251	0.134	0.132	0.109	0.109

注：表中报告系数为标准化系数，括号中为t值，*、**、***分别表示在10%、5%、1%水平上显著。模型采用OLS回归方法。

表6-27是董事长总经理两职合一对业绩目标完成与研发投入强度之间关系影响的检验结果。由表6-27可知,在非两职合一的分组中,业绩目标完成情况的三个指标(AchieveSales/SalesGap/SalesComplete)均与研发投入强度显著负相关;而在两职合一的分组中则没有显著关系。该结果表明,当管理层权力较小时,他们在面临短期目标考核压力时的短视行为更严重。值得提醒的是,虽然管理层权力在一定程度上可以降低短期目标考核的负向激励效应,但这种降低属于"对特定坏事的不作为",是一种被动的语境,不意味着必然提升了公司治理水平。

表6-27　　两职合一对业绩目标完成与研发投入强度之间关系的影响

变量	RDExp_ in					
	两职合一			非两职合一		
	(1)	(2)	(3)	(4)	(5)	(6)
_ cons	0.022 (0.635)	0.020 (0.575)	0.022 (0.633)	-0.005 (-0.439)	-0.008 (-0.601)	0.004 (0.304)
AchieveSales	-0.046 (-1.105)			-0.088*** (-4.722)		
SalesGap		0.009 (0.201)			-0.047** (-2.355)	
SalesComplete			-0.024 (-0.476)			-0.116*** (-5.424)
SOE	-0.120** (-2.547)	-0.121** (-2.579)	-0.120** (-2.559)	-0.039** (-2.230)	-0.044** (-2.462)	-0.038** (-2.136)
Size	0.020 (0.314)	0.024 (0.378)	0.024 (0.377)	0.006 (0.221)	0.005 (0.189)	0.006 (0.221)
Leverage	-0.228*** (-4.269)	-0.232*** (-4.335)	-0.230*** (-4.305)	-0.162*** (-7.332)	-0.162*** (-7.334)	-0.164*** (-7.429)
Roa	-0.037 (-0.710)	-0.045 (-0.873)	-0.041 (-0.783)	-0.032 (-1.494)	-0.036* (-1.682)	-0.033 (-1.552)
PPE	0.027 (0.595)	0.033 (0.723)	0.030 (0.658)	0.021 (1.031)	0.028 (1.379)	0.025 (1.241)
BTM	-0.036 (-0.614)	-0.039 (-0.670)	-0.039 (-0.661)	-0.066** (-2.515)	-0.069*** (-2.607)	-0.068** (-2.569)
salesgrowth	0.015 (0.330)	-0.009 (-0.183)	0.012 (0.219)	0.041** (2.112)	0.028 (1.332)	0.078*** (3.448)
TobinQ	0.130** (2.282)	0.140** (2.440)	0.133** (2.302)	0.145*** (6.363)	0.145*** (6.324)	0.142*** (6.201)

续表

| 变量 | RDExp_ in | | | | | |
| | 两职合一 | | | 非两职合一 | | |
	（1）	（2）	（3）	（4）	（5）	（6）
Year FE	是	是	是	是	是	是
Industry FE	是	是	是	是	是	是
N	534	534	534	2 579	2 579	2 579
adj. R^2	0.385	0.384	0.384	0.410	0.406	0.411

注：表中报告系数为标准化系数，括号中为 t 值，＊、＊＊、＊＊＊分别表示在 10%、5%、1% 水平上显著。模型采用 OLS 回归方法。

2. 外部董事比例高低的影响

一般认为外部董事具有提升公司治理水平、强化监督管理层的能力。前面结果表明，出于公司治理的一种监督激励机制，在外部董事比例较高的公司中，业绩目标调整的棘轮效应及其不对称性都更加显著。那么，外部董事在目标完成过程中是依然可以发挥有效的监督作用，还是通过强化施加给管理层的短期目标考核压力，诱发其更为严重的机会主义行为呢？以下通过实证进行检验。

表 6 - 28 列示了外部董事比例对业绩目标完成与激进收入确认之间关系影响的检验结果。将主样本按照外部董事比例高低分为两组进行检验。由表 6 - 28 可知，业绩目标是否完成（AchieveSales）的系数在两组中均显著，没有明显差别；而业绩目标完成程度（SalesGap/SalesComplete）的系数只在外部董事比例较低的分组中显著。结果表明，在外部董事比例较低的分组中，管理层倾向于推迟收入确认。贝克斯等（Beekes et al.，2004）研究表明外部董事比例越高，会计稳健性越高。而本章研究却发现在短期业绩目标考核压力下，外部董事比例越低，公司反而表现出一种不合常理的会计稳健性（异常推迟收入确认），从侧面说明强化目标考核压力造成对经理人激励的扭曲。

表 6 - 28　外部董事比例对业绩目标完成与激进收入确认之间关系的影响

| 变量 | abnRecogSales | | | | | |
| | 外部董事比例高 | | | 外部董事比例低 | | |
	（1）	（2）	（3）	（4）	（5）	（6）
_ cons	- 0.071	- 0.080	- 0.068	0.009	- 0.004	0.028
	（- 1.426）	（- 1.603）	（- 1.341）	（0.278）	（- 0.116）	（0.789）
AchieveSales	- 0.055 ＊＊			- 0.103 ＊＊＊		
	（- 2.255）			（- 3.679）		

变量	abnRecogSales					
	外部董事比例高			外部董事比例低		
	(1)	(2)	(3)	(4)	(5)	(6)
SalesGap		−0.049 (−1.573)			−0.113*** (−4.113)	
SalesComplete			−0.035 (−1.011)			−0.086*** (−3.109)
SOE	0.006 (0.261)	0.004 (0.187)	0.003 (0.146)	0.022 (1.000)	0.025 (1.124)	0.022 (0.982)
Size	0.047 (1.388)	0.049 (1.407)	0.048 (1.385)	−0.028 (−1.316)	−0.024 (−1.096)	−0.031 (−1.430)
Leverage	−0.029* (−1.832)	−0.029* (−1.889)	−0.030* (−2.003)	−0.008 (−0.284)	0.001 (0.018)	−0.003 (−0.096)
Roa	−0.014 (−0.746)	−0.016 (−0.943)	−0.018 (−1.090)	−0.013 (−0.349)	−0.006 (−0.156)	−0.011 (−0.281)
Boardsize	0.013 (0.858)	0.013 (0.856)	0.013 (0.893)	0.002 (0.115)	0.001 (0.040)	0.003 (0.196)
Mngmhld	0.056*** (3.845)	0.057*** (3.961)	0.056*** (3.878)	0.088*** (3.185)	0.090*** (3.227)	0.089*** (3.157)
Top1share	0.004 (0.228)	0.006 (0.319)	0.005 (0.280)	0.057*** (2.766)	0.059*** (2.970)	0.058*** (2.842)
Big4	−0.021* (−1.839)	−0.024** (−2.053)	−0.025** (−2.191)	0.006 (0.362)	0.002 (0.120)	0.004 (0.226)
Year FE	是	是	是	是	是	是
Industry FE	是	是	是	是	是	是
N	2 608	2 608	2 608	2 199	2 199	2 199
adj. R^2	0.214	0.214	0.213	0.178	0.180	0.175

注：表中报告系数为标准化系数，括号中为t值，*、**、***分别表示在10%、5%、1%水平上显著。模型采用OLS回归方法。

表6-29列示了外部董事比例对业绩目标完成与真实销售操纵之间关系影响的检验结果。将主样本按照外部董事比例高低分为两组进行检验。由表6-29可知，在外部董事比例较高的分组中，业绩目标完成程度（SalesGap/SalesComplete）的系数均在1%水平上显著为负，表明业绩目标完成越好，异常经营净现金流则显著越低，即管理层实施了真实销售操纵。而这种关系在外部董事比例较低的分组中并不显著。综上所述，随着外部董事比例增高，施加给管理层的短期目标考核压力随之加大，反而强化了目标完成与真实销售操纵行为之间的关系；同时，随着外部董事比例增高，管理层推迟收入确认的倾向下降，反映出管理层更即时、更短视地应对绩效考核的趋势。

表 6-29　外部董事比例对业绩目标完成与真实销售操纵之间关系的影响

变量	外部董事比例高				外部董事比例低			
	R_cfo		R_cfo_V		R_cfo		R_cfo_V	
	(1)	(2)	(3)	(4)	(5)	(6)	(7)	(8)
_cons	0.031 (0.296)	0.086 (0.815)	0.080 (0.760)	0.130 (1.241)	0.105 (1.052)	0.100 (0.998)	0.023 (0.307)	0.014 (0.181)
SalesGap	-0.115*** (-5.586)		-0.096*** (-4.619)		-0.023 (-0.984)		0.003 (0.125)	
SalesComplete		-0.102*** (-4.925)		-0.102*** (-4.841)		0.022 (0.951)		0.026 (1.121)
SOE	0.018 (0.712)	0.017 (0.672)	0.020 (0.790)	0.020 (0.774)	-0.068*** (-2.621)	-0.071*** (-2.739)	-0.042* (-1.672)	-0.044* (-1.731)
Size	-0.004 (-0.153)	-0.004 (-0.156)	-0.031 (-1.109)	-0.030 (-1.080)	-0.027 (-0.962)	-0.029 (-1.032)	-0.008 (-0.307)	-0.008 (-0.308)
Leverage	-0.015 (-0.565)	-0.014 (-0.530)	0.001 (0.045)	0.003 (0.132)	0.026 (0.900)	0.018 (0.620)	0.035 (1.257)	0.031 (1.100)
Roa	0.194*** (8.354)	0.193*** (8.287)	0.183*** (7.753)	0.186*** (7.861)	0.241*** (9.079)	0.226*** (8.390)	0.302*** (11.646)	0.294*** (11.172)
Boardsize	0.016 (0.749)	0.017 (0.779)	0.003 (0.146)	0.003 (0.154)	-0.034 (-1.452)	-0.034 (-1.460)	-0.029 (-1.272)	-0.030 (-1.294)
Mngmhld	-0.007 (-0.314)	-0.008 (-0.364)	-0.006 (-0.245)	-0.007 (-0.295)	-0.079*** (-3.318)	-0.081*** (-3.397)	-0.081*** (-3.492)	-0.083*** (-3.537)
Top1share	0.018 (0.804)	0.018 (0.805)	0.035 (1.569)	0.036 (1.608)	0.020 (0.830)	0.019 (0.771)	0.023 (0.980)	0.023 (0.949)
Big4	0.026 (1.214)	0.023 (1.086)	0.038* (1.761)	0.036* (1.646)	0.050** (2.151)	0.053** (2.275)	0.040* (1.777)	0.042* (1.842)
Year FE	是	是	是	是	是	是	是	是
Industry FE	是	是	是	是	是	是	是	是
N	2 539	2 539	2 539	2 539	2 123	2 123	2 123	2 123
adj. R^2	0.095	0.093	0.068	0.069	0.105	0.105	0.144	0.145

注：表中报告系数为标准化系数，括号中为 t 值，*、**、***分别表示在 10%、5%、1% 水平上显著。模型采用 OLS 回归方法。

表 6-30 列示了外部董事比例对业绩目标完成与研发投入强度之间关系影响的检验结果。可以看到，在外部董事比例较高的分组中，目标完成情况（AchieveSales/SalesGap/SalesComplete）与研发投入强度之间为显著负相关关系。该结果意味着，外部董事通过强化施加给管理层的短期目标考核压力，加重了其短视行为。该结果与表 6-26、表 6-27 中收入操纵所反映出的管理层短视行为强化结果相互印证。以外部董事为主的董事会更容易更换 CEO（Weisbach，1988），出于职业生涯风险的考虑，管理层在可预期的任期内尽可能将其努力用于达成短期经营目标，而弱化了对公司长期价值及战略的考虑。

表 6-30 外部董事比例对业绩目标完成与研发投入强度之间关系的影响

| 变量 | RDExp_ in | | | | | |
| | 外部董事比例高 | | | 外部董事比例低 | | |
	(1)	(2)	(3)	(4)	(5)	(6)
_ cons	0.009	0.005	0.020	0.001	0.001	0.005
	(0.544)	(0.304)	(1.197)	(0.036)	(0.048)	(0.231)
AchieveSales	-0.094 ***			-0.057		
	(-4.070)			(-1.432)		
SalesGap		-0.066 ***			-0.002	
		(-2.918)			(-0.050)	
SalesComplete			-0.137 ***			-0.049
			(-5.077)			(-1.233)
SOE	-0.014	-0.018	-0.010	-0.096 **	-0.100 **	-0.097 **
	(-0.385)	(-0.481)	(-0.270)	(-2.606)	(-2.533)	(-2.452)
Size	0.004	0.010	0.006	-0.017	-0.020	-0.017
	(0.105)	(0.239)	(0.150)	(-0.311)	(-0.412)	(-0.356)
Leverage	-0.195 ***	-0.198 ***	-0.196 ***	-0.146 ***	-0.145 ***	-0.146 ***
	(-5.234)	(-5.275)	(-5.280)	(-2.749)	(-2.701)	(-2.725)
Roa	-0.031	-0.037	-0.031	-0.001	-0.004	-0.002
	(-0.891)	(-1.040)	(-0.891)	(-0.009)	(-0.092)	(-0.047)
PPE	0.010	0.017	0.014	0.030	0.037	0.034
	(0.321)	(0.538)	(0.439)	(0.667)	(1.030)	(0.944)
BTM	-0.064 *	-0.070 **	-0.067 **	-0.047	-0.047	-0.048
	(-1.882)	(-2.069)	(-1.970)	(-1.097)	(-1.101)	(-1.113)
Salesgrowth	0.041 *	0.037	0.089 ***	0.012	-0.013	0.018
	(1.774)	(1.399)	(3.087)	(0.322)	(-0.321)	(0.415)

续表

变量	RDExp_ in					
	外部董事比例高			外部董事比例低		
	（1）	（2）	（3）	（4）	（5）	（6）
TobinQ	0. 132 ***	0. 131 ***	0. 123 **	0. 139 **	0. 141 ***	0. 140 ***
	（2. 737）	（2. 688）	（2. 576）	（2. 288）	（2. 753）	（2. 726）
Year FE	是	是	是	是	是	是
Industry FE	是	是	是	是	是	是
N	1 804	1 804	1 804	1 333	1 333	1 333
adj. R²	0. 447	0. 443	0. 450	0. 342	0. 339	0. 341

注：表中报告系数为标准化系数，括号中为 t 值，＊、＊＊、＊＊＊分别表示在10%、5%、1%水平上显著。模型采用 OLS 回归方法。

3. 高管任期的影响

表 6 - 31 列示了 CEO 任期对业绩目标完成与激进收入确认之间关系影响的检验结果。将主样本按照 CEO 任期长短分为两组进行检验。由表 6 - 31 可知，业绩目标完成情况三个指标（AchieveSales/SalesGap/SalesComplete）的系数在 CEO 任期较长的分组中更为显著，表明 CEO 任期越长，越倾向于推迟收入确认，我们认为 CEO 任期越长，越需要在较长期间考虑降低收益的波动性。此时，在当目标实现程度较大且被 CEO 优先获取信息的情况下，CEO 会在一定范围内更大程度推迟收入确认，通过发挥应计制带来的"蓄水池"功能，实现其相对较长任期内私人收益最大化。

表 6 - 31　　CEO 任期对业绩目标完成与激进收入确认之间关系的影响

变量	abnRecogSales					
	CEO 任期较长			CEO 任期较短		
	（1）	（2）	（3）	（4）	（5）	（6）
_ cons	－ 0. 061	－ 0. 070 *	－ 0. 042	－ 0. 027	－ 0. 036	－ 0. 026
	（ － 1. 479）	（ － 1. 732）	（ － 1. 008）	（ － 0. 686）	（ － 0. 931）	（ － 0. 636）
AchieveSales	－ 0. 092 ***			－ 0. 055 **		
	（ － 4. 909）			（ － 2. 485）		
SalesGap		－ 0. 097 ***			－ 0. 058 *	
		（ － 3. 800）			（ － 1. 703）	
SalesComplete			－ 0. 081 ***			－ 0. 025
			（ － 2. 996）			（ － 0. 745）
SOE	－ 0. 017	－ 0. 016	－ 0. 020	0. 034	0. 034	0. 033
	（ － 0. 804）	（ － 0. 778）	（ － 0. 968）	（1. 391）	（1. 376）	（1. 351）

续表

| 变量 | abnRecogSales | | | | | |
| | CEO 任期较长 | | | CEO 任期较短 | | |
	(1)	(2)	(3)	(4)	(5)	(6)
Size	0.004	0.006	0.003	0.016	0.019	0.015
	(0.145)	(0.218)	(0.117)	(0.597)	(0.722)	(0.581)
Leverage	−0.009	−0.004	−0.005	−0.041	−0.040	−0.043 *
	(−0.316)	(−0.145)	(−0.182)	(−1.566)	(−1.538)	(−1.649)
Roa	0.010	0.011	0.011	−0.045 *	−0.043 *	−0.051 **
	(0.441)	(0.479)	(0.467)	(−1.908)	(−1.861)	(−2.180)
Boardsize	0.027	0.024	0.027	0.019	0.018	0.019
	(1.534)	(1.373)	(1.516)	(0.922)	(0.895)	(0.952)
Mngmhld	0.061 **	0.063 **	0.062 **	0.081 ***	0.082 ***	0.082 ***
	(2.297)	(2.399)	(2.322)	(3.158)	(3.180)	(3.190)
Top1share	0.020	0.022	0.021	0.039	0.041 *	0.039
	(1.002)	(1.105)	(1.059)	(1.582)	(1.682)	(1.597)
Big4	−0.013	−0.016	−0.016	−0.004	−0.007	−0.006
	(−0.789)	(−1.009)	(−1.040)	(−0.291)	(−0.442)	(−0.382)
Year FE	是	是	是	是	是	是
Industry FE	是	是	是	是	是	是
N	2 580	2 580	2 580	2 035	2 035	2 035
adj. R^2	0.193	0.194	0.192	0.185	0.186	0.183

注：表中报告系数为标准化系数，括号中为 t 值，*、**、***分别表示在10%、5%、1%水平上显著。模型采用 OLS 回归方法。

表6-32列示了 CEO 任期对业绩目标完成与真实销售操纵之间关系影响的检验结果。将主样本按照 CEO 任期长短分为两组进行检验。由表6-32可知，在 CEO 任期较短的分组中，业绩目标完成程度（SalesGap/SalesComplete）与异常经营净现金流之间显著负相关，表明业绩目标完成程度越高，当期管理层进行真实销售操纵的程度越大。而在 CEO 任期较长的分组中，两者关系则几乎不显著。CEO 任期越长，管理层视野越开阔，越注重企业的长远发展。鉴于真实操纵活动会损害企业长期价值，CEO 任期越长，这种短视行为倾向就越低。因此，业绩目标完成程度与真实销售操纵之间的正相关关系仅存在于 CEO 任期较短的分组中。上述结果表明，管理层权力较大会降低短期目标考核的负向激励效应。而任期较短的 CEO 权力较小、职业不确定性较大，面对较大的短期目标考核压力时更容易发生销售操纵行为。

表6-32 CEO任期对业绩目标完成与真实销售操纵之间关系的影响

变量	CEO任期较长				CEO任期较短			
	R_cfo		R_cfo_V		R_cfo		R_cfo_V	
	(1)	(2)	(3)	(4)	(5)	(6)	(7)	(8)
_cons	0.070 (0.754)	0.092 (0.976)	0.112 (1.310)	0.128 (1.490)	-0.001 (-0.010)	0.058 (0.567)	-0.012 (-0.130)	0.048 (0.504)
SalesGap	-0.055* (-1.834)		-0.037 (-1.110)		-0.118*** (-4.903)		-0.109*** (-4.485)	
SalesComplete		-0.038 (-1.369)		-0.038 (-1.109)		-0.088*** (-3.634)		-0.104*** (-4.317)
SOE	-0.068** (-2.274)	-0.070** (-2.358)	-0.048 (-1.634)	-0.048* (-1.656)	0.011 (0.406)	0.012 (0.431)	0.005 (0.189)	0.007 (0.256)
Size	0.007 (0.206)	0.006 (0.154)	-0.022 (-0.527)	-0.023 (-0.548)	-0.031 (-0.996)	-0.036 (-1.154)	-0.021 (-0.671)	-0.024 (-0.763)
Leverage	0.046 (1.193)	0.044 (1.155)	0.061 (1.325)	0.061 (1.353)	-0.030 (-1.040)	-0.032 (-1.111)	-0.018 (-0.621)	-0.017 (-0.596)
Roa	0.273*** (8.482)	0.270*** (8.447)	0.305*** (7.499)	0.307*** (7.562)	0.164*** (6.220)	0.158*** (5.951)	0.178*** (6.733)	0.179*** (6.741)
Boardsize	-0.034 (-1.506)	-0.033 (-1.445)	-0.054** (-2.003)	-0.053* (-1.975)	0.034 (1.418)	0.034 (1.430)	0.030 (1.231)	0.029 (1.193)
Mngmhld	-0.064** (-2.570)	-0.065*** (-2.629)	-0.067*** (-2.674)	-0.067*** (-2.683)	-0.025 (-0.974)	-0.026 (-1.031)	-0.019 (-0.744)	-0.021 (-0.819)
Top1share	0.018 (0.757)	0.017 (0.728)	0.040 (1.540)	0.040 (1.537)	0.009 (0.340)	0.007 (0.258)	0.013 (0.521)	0.013 (0.494)
Big4	0.032 (1.567)	0.032 (1.544)	0.046* (1.940)	0.045* (1.914)	0.037 (1.542)	0.037 (1.534)	0.031 (1.294)	0.031 (1.255)
Year FE	是	是	是	是	是	是	是	是
Industry FE	是	是	是	是	是	是	是	是
N	2 524	2 524	2 524	2 524	1 955	1 955	1 955	1 955
adj. R²	0.112	0.111	0.105	0.105	0.068	0.063	0.062	0.061

注：表中报告系数为标准化系数，括号中为t值，*、**、***分别表示在10%、5%、1%水平上显著。模型采用OLS回归方法。

表6-33 是 CEO 任期对业绩目标完成与研发投入强度之间关系影响的检验结果。可以看到，在 CEO 任期较短的分组中，目标完成情况（AchieveSales/SalesGap/SalesComplete）与研发投入强度之间为显著负相关关系。该结果意味着，任期较短、权力较小的 CEO 面对短期目标考核压力时，更容易产生短视行为。

表6-33   CEO 任期对业绩目标完成与研发投入强度之间关系的影响

| 变量 | RDExp_in | | | | | |
| | CEO 任期较长 | | | CEO 任期较短 | | |
	(1)	(2)	(3)	(4)	(5)	(6)
_cons	-0.016	-0.017	-0.012	0.021	0.015	0.030
	(-0.612)	(-0.916)	(-0.664)	(1.086)	(0.787)	(1.546)
AchieveSales	-0.045			-0.120***		
	(-1.552)			(-3.920)		
SalesGap		-0.017			-0.128***	
		(-0.471)			(-3.548)	
SalesComplete			-0.041			-0.156***
			(-1.354)			(-4.248)
SOE	-0.060**	-0.063*	-0.061	-0.030	-0.025	-0.024
	(-2.102)	(-1.655)	(-1.613)	(-0.747)	(-0.630)	(-0.611)
Size	0.016	0.014	0.015	-0.039	-0.034	-0.034
	(0.258)	(0.335)	(0.358)	(-0.841)	(-0.724)	(-0.727)
Leverage	-0.170***	-0.171***	-0.170***	-0.182***	-0.186***	-0.186***
	(-4.268)	(-3.898)	(-3.888)	(-4.298)	(-4.343)	(-4.366)
Roa	0.002	0.000	0.002	-0.062*	-0.067*	-0.066*
	(0.032)	(0.004)	(0.043)	(-1.807)	(-1.919)	(-1.900)
PPE	0.030	0.034	0.033	0.011	0.019	0.016
	(0.847)	(1.083)	(1.059)	(0.284)	(0.505)	(0.420)
BTM	-0.089**	-0.090**	-0.089**	0.006	-0.001	-0.003
	(-2.048)	(-2.427)	(-2.410)	(0.163)	(-0.028)	(-0.087)
Salesgrowth	0.027	0.016	0.033	0.050	0.077**	0.099***
	(0.682)	(0.461)	(0.979)	(1.601)	(2.110)	(2.624)
TobinQ	0.112*	0.111*	0.111*	0.153***	0.152***	0.148***
	(1.907)	(1.888)	(1.881)	(3.575)	(3.534)	(3.471)
Year FE	是	是	是	是	是	是
Industry FE	是	是	是	是	是	是
N	1 696	1 696	1 696	1 348	1 348	1 348
adj. R^2	0.422	0.421	0.421	0.407	0.406	0.410

注：表中报告系数为标准化系数，括号中为 t 值，*、**、***分别表示在10%、5%、1%水平上显著。模型采用 OLS 回归方法。

综上可得，当管理层与董事会在权力博弈中占优时，可以在一定程度上缓解短期目标考核压力引致的负向激励效应；而当外部董事比例较高时，短期业绩目标考核压力越大，反而诱发管理层进行更多的业绩操纵行为与损害公司长期价值的短视行为。需要注意的是，管理层权力对于负向激励的降低作用仅仅是出于"对特定坏事的不作为"，是一种被动的语境，不意味着必然提升了公司治理水平。事实上，在以上实证结果中，我们也并未发现其降低了操纵行为或提升了有利于公司长远价值的研发投入强度。

6.6　机制检验

国资委在 2003～2012 年设定的高管任期考核目标都有主营业务收入增长率，而从 2013 年开始，将任期考核的重点由主营业务收入增长率转为总资产周转率，摒弃之前盲目追求扩张企业规模的政策，转而追求企业经济效益和效率的协同增长。该制度背景为我们提供了一个绝佳的检验业绩目标考核压力与经理人机会主义行为之间因果关系的情境，由此可以探究短期目标考核压力究竟遵从"压力假说"还是"激励假说"，是否如前述所证明的那样，加重了"管理层短视"问题。因此，本章将利用国资委对国企负责人的任期考核目标政策变更作为准自然实验，考察在业绩目标考核政策变更前后，业绩目标完成与经理人特定干预行为之间的关系有何变化，以此作为机制检验，强化本书的结论。

具体而言，我们研究两个问题：（1）考核政策变更对收入目标完成与高管变更之间的关系有何影响；（2）考核政策变更对收入目标完成与激进收入确认之间的关系有何影响，对收入目标完成与异常销售操纵之间的关系有何影响。

具体的实证处理为：将国企作为实验组，将民营企业作为对照组；在时间跨度上采取通用做法，选取目标考核政策变更前后三年；然后用 DID（difference in difference）的方法进行检验。检验的样本为非平衡面板数据。

表 6-34 列示了考核政策变更对收入目标完成与高管变更之间关系的影响，即对业绩目标任免效应的影响。由表 6-34 可知，在对总体高管变更概率（Turnover$_{t+1}$）与董事长变更概率（ChairTurnover$_{t+1}$）的回归检验中，AchieveSales × Post × SOE、SalesGap × Post × SOE 与 SalesComplete × Post × SOE

表 6-34

考核政策变更对业绩目标任免效应的影响

变量	Turnover$_{t+1}$			CEOTurnover$_{t+1}$			ChairTurnover$_{t+1}$		
	(1)	(2)	(3)	(4)	(5)	(6)	(7)	(8)	(9)
_cons	-0.565 (-0.495)	-0.444 (-0.384)	-0.381 (-0.321)	-0.882 (-0.705)	-0.987 (-0.782)	-0.473 (-0.343)	-1.583 (-1.123)	-1.232 (-0.873)	-1.410 (-0.939)
AchieveSales	0.118 (0.580)			-0.177 (-0.619)			0.675 (1.519)		
AchieveSales × Post × SOE	0.712*** (2.968)			0.382 (1.338)			1.768*** (3.976)		
AchieveSales × Post	-0.486** (-2.098)			-0.205 (-0.701)			-1.422*** (-2.841)		
AchieveSales × SOE	-0.566*** (-2.621)			-0.308 (-1.070)			-1.313*** (-3.106)		
SalesGap		0.014 (0.062)			-0.306 (-0.996)			0.190 (0.405)	
SalesGap × Post × SOE		0.387** (1.971)			0.142 (0.574)			0.857** (2.475)	
SalesGap × Post		-0.273 (-1.191)			-0.067 (-0.231)			-0.629 (-1.555)	
SalesGap × SOE		-0.317 (-1.600)			-0.006 (-0.023)			-0.756* (-1.923)	
SalesComplete			-0.044 (-0.190)			-0.267 (-0.810)			-0.015 (-0.043)
SalesComplete × Post × SOE			1.531* (1.901)			0.462 (0.470)			4.285*** (3.286)
SalesComplete × Post			-0.689 (-0.928)			-0.023 (-0.025)			-2.452** (-2.070)
SalesComplete × SOE			-0.964 (-1.607)			-0.165 (-0.202)			-2.323** (-2.331)

续表

变量	Turnover$_{t+1}$			CEOTurnover$_{t+1}$			ChairTurnover$_{t+1}$		
	(1)	(2)	(3)	(4)	(5)	(6)	(7)	(8)	(9)
Post×SOE	-0.355 (-1.641)	0.111 (0.640)	-1.419* (-1.808)	-0.096 (-0.351)	0.166 (0.765)	-0.314 (-0.323)	-1.416*** (-3.538)	-0.308 (-0.914)	-4.471*** (-3.622)
SOE	0.858*** (3.912)	0.551*** (3.363)	1.456*** (2.369)	0.530** (2.037)	0.370** (1.994)	0.516 (0.634)	2.025*** (4.934)	1.297*** (3.732)	3.465*** (3.628)
Post	0.369* (1.730)	0.096 (0.516)	0.796 (1.128)	0.250 (0.903)	0.132 (0.537)	0.179 (0.197)	1.613*** (3.807)	0.841** (2.441)	3.193*** (2.894)
Size	-0.127 (-0.924)	-0.135 (-0.970)	-0.136 (-0.990)	-0.135 (-0.830)	-0.130 (-0.786)	-0.141 (-0.861)	-0.216 (-0.998)	-0.228 (-1.051)	-0.208 (-0.956)
Leverage	0.235** (2.058)	0.247** (2.158)	0.254** (2.213)	0.300** (2.036)	0.306** (2.078)	0.311** (2.108)	0.314* (1.705)	0.337* (1.822)	0.349* (1.880)
Profit	-0.217* (-1.656)	-0.225* (-1.698)	-0.219* (-1.654)	-0.245 (-1.472)	-0.269 (-1.598)	-0.261 (-1.553)	-0.131 (-0.736)	-0.124 (-0.682)	-0.115 (-0.635)
Boardsize	-0.159 (-1.610)	-0.161* (-1.653)	-0.160 (-1.641)	-0.183 (-1.478)	-0.183 (-1.479)	-0.182 (-1.468)	-0.152 (-1.094)	-0.163 (-1.178)	-0.162 (-1.167)
Mngmhld	-0.179 (-1.554)	-0.174 (-1.521)	-0.175 (-1.523)	0.023 (0.168)	0.033 (0.244)	0.023 (0.170)	-0.865*** (-3.055)	-0.849*** (-3.043)	-0.834*** (-2.951)
Top1share	0.013 (0.131)	0.014 (0.135)	0.018 (0.170)	0.041 (0.319)	0.043 (0.335)	0.042 (0.327)	0.050 (0.306)	0.059 (0.359)	0.075 (0.454)
Big4	0.121 (1.309)	0.115 (1.225)	0.111 (1.195)	0.220* (1.781)	0.215* (1.729)	0.210* (1.704)	-0.095 (-0.583)	-0.108 (-0.657)	-0.115 (-0.695)
Year FE	是	是	是	是	是	是	是	是	是
Industry FE	是	是	是	是	是	是	是	是	是
N	3 410	3 410	3 410	3 410	3 410	3 410	3 390	3 390	3 390
pseudo R^2	0.046	0.045	0.046	0.036	0.035	0.035	0.069	0.067	0.071

注：表中报告系数为标准化系数，括号中为 t 值，*、**、***分别表示在 10%、5%、1%水平上显著。模型采用 OLS 回归方法估计。

的系数均显著为正，表明政策变更减弱了收入目标完成与高管变更概率之间的负相关关系，由此降低了收入目标对高管的约束激励效应。该结果意味着国企经理人短期收入目标考核的压力有所减轻。

那么，这种目标考核压力减轻会缓解经理人特定的机会主义行为吗？进一步探究的结果表明，答案是肯定的。表 6-35 与表 6-36 分别列示了考核政策变更对目标完成与激进收入确认之间关系的影响、考核政策变更对目标完成与销售操纵之间关系的影响。表 6-35 中，SalesGap × Post × SOE 与 SalesComplete × Post × SOE 的系数显著为正，表明由收入目标考核压力所引发的异常"推迟收入确认"得到缓解；表 6-36 中，SalesGap × Post × SOE 与 SalesComplete × Post × SOE 的系数均在 1% 水平上显著为正，表明考核政策变更显著提高了异常低的经营净现金流，意味着收入目标考核压力所引发的销售操纵活动得到缓解。

表 6-35　　考核政策变更对目标完成与激进收入确认之间关系的影响

变量	abnRecogSales		
	(1)	(2)	(3)
_ cons	- 0. 083 ***	- 0. 087 ***	- 0. 071 **
	(- 3. 032)	(- 3. 199)	(- 2. 407)
AchieveSales	- 0. 075 *		
	(- 1. 854)		
AchieveSales × Post × SOE	- 0. 029		
	(- 0. 626)		
AchieveSales × Post	0. 039		
	(0. 891)		
AchieveSales × SOE	- 0. 028		
	(- 0. 599)		
Post × SOE	0. 098 **	0. 097 ***	- 0. 109
	(2. 296)	(3. 019)	(- 0. 885)
SalesGap		- 0. 062	
		(- 1. 478)	
SalesGap × Post × SOE		0. 069 *	
		(1. 710)	
SalesGap × Post		- 0. 021	
		(- 0. 505)	
SalesGap × SOE		- 0. 015	
		(- 0. 362)	

续表

变量	abnRecogSales		
	(1)	(2)	(3)
SalesComplete			− 0. 062
			(− 1. 478)
SalesComplete × Post × SOE			0. 212 *
			(1. 710)
SalesComplete × Post			− 0. 054
			(− 0. 505)
SalesComplete × SOE			− 0. 037
			(− 0. 362)
SOE	− 0. 016	− 0. 033	0. 001
	(− 0. 422)	(− 1. 232)	(0. 005)
Post	− 0. 117 ***	− 0. 100 ***	− 0. 048
	(− 3. 373)	(− 3. 684)	(− 0. 464)
Size	0. 003	0. 001	0. 001
	(0. 127)	(0. 050)	(0. 050)
Leverage	0. 020	0. 021	0. 021
	(0. 911)	(0. 938)	(0. 938)
Roa	− 0. 017	− 0. 024	− 0. 024
	(− 0. 868)	(− 1. 218)	(− 1. 218)
Boardsize	0. 057 ***	0. 058 ***	0. 058 ***
	(3. 203)	(3. 260)	(3. 260)
Mngmhld	0. 057 ***	0. 058 ***	0. 058 ***
	(2. 969)	(3. 037)	(3. 037)
Top1share	0. 051 ***	0. 051 ***	0. 051 ***
	(2. 864)	(2. 858)	(2. 858)
Big4	0. 011	0. 008	0. 008
	(0. 638)	(0. 427)	(0. 427)
Year FE	是	是	是
Industry FE	是	是	是
N	3 561	3 561	3 561
adj. R^2	0. 037	0. 034	0. 034

注：表中报告系数为标准化系数，括号中为 t 值，＊、＊＊、＊＊＊分别表示在 10%、5%、1%水平上显著。模型采用 OLS 回归方法估计。

表 6 – 36　　　　考核政策变更对目标完成与销售操纵之间关系的影响

变量	R_cfo		R_cfo_V	
	(1)	(2)	(3)	(4)
_cons	0.077	0.126*	0.034	0.089
	(1.092)	(1.698)	(0.555)	(1.374)
SalesGap	−0.124***		−0.117***	
	(−2.912)		(−2.763)	
SalesGap × Post × SOE	0.102***		0.099***	
	(2.812)		(2.751)	
SalesGap × Post	−0.138***		−0.165***	
	(−3.590)		(−4.309)	
SalesGap × SOE	0.038		0.062	
	(0.944)		(1.561)	
SalesComplete		−0.081*		−0.108***
		(−1.936)		(−2.580)
SalesComplete × Post × SOE		0.467***		0.396***
		(3.507)		(2.995)
SalesComplete × Post		−0.438***		−0.452***
		(−3.825)		(−3.971)
SalesComplete × SOE		0.019		0.135
		(0.171)		(1.228)
Post × SOE	0.053*	−0.409***	0.025	−0.368***
	(1.652)	(−3.068)	(0.786)	(−2.779)
SOE	−0.043	−0.062	−0.004	−0.130
	(−1.528)	(−0.578)	(−0.128)	(−1.217)
Post	−0.068*	0.405***	−0.009	0.471***
	(−1.806)	(3.464)	(−0.252)	(4.047)
Size	−0.020	−0.025	−0.003	−0.007
	(−0.912)	(−1.105)	(−0.149)	(−0.320)
Leverage	0.010	0.013	0.013	0.018
	(0.436)	(0.561)	(0.596)	(0.801)
Roa	0.206***	0.209***	0.229***	0.237***
	(10.252)	(10.359)	(11.458)	(11.769)
Boardsize	−0.015	−0.012	−0.032*	−0.029
	(−0.811)	(−0.640)	(−1.758)	(−1.617)
Mngmhld	−0.030	−0.033*	−0.023	−0.026
	(−1.586)	(−1.716)	(−1.221)	(−1.374)
Top1share	0.022	0.024	0.035*	0.039**
	(1.167)	(1.305)	(1.917)	(2.082)

变量	R_cfo		R_cfo_V	
	(1)	(2)	(3)	(4)
Big4	0.044 **	0.043 **	0.039 **	0.038 **
	(2.464)	(2.377)	(2.184)	(2.107)
Year FE	是	是	是	是
Industry FE	是	是	是	是
N	3 480	3 480	3 480	3 480
adj. R^2	0.108	0.104	0.116	0.113

注：表中报告系数为标准化系数，括号中为 t 值，* 、** 、***分别表示在 10%、5%、1% 水平上显著。模型采用 OLS 回归方法估计。

以上结果表明，当短期业绩目标考核压力减轻之后，经理人特定的业绩操纵活动也会随之缓解，支持了目标契约考核的"压力假说"。

6.7　本章研究结论

本章考察业绩目标完成是否隐藏着管理层的机会主义行为。具体而言，首先，检验业绩目标实现是否存在断点效应，给出管理层针对业绩目标实施业绩操纵行为的直接证据；其次，从收入操纵活动（包括激进收入确认与真实销售操纵）和研发投入强度两个角度，分别考察管理层迫于短期目标考核压力而采取的影响公司短期绩效与长期价值的行为活动。在此基础上，进一步探讨了业绩目标完成是否具有时间序列相关性，以及董事会与管理层之间的权力博弈特征如何影响目标完成与业绩操纵行为之间的关系。

本章的主要结论包括：第一，业绩目标完成情况的密度函数在目标阈值处以及目标右侧一定范围的微利区间并不连续，即业绩目标完成情况存在断点操纵的现象。第二，业绩目标实现程度越大，企业当期异常推迟收入确认的程度越大。第三，业绩目标实现情况与真实销售操纵显著正相关。第四，业绩目标的实现程度越大，企业当期的研发投入强度越低。

进一步研究表明：（1）本期目标完成情况会显著提高下期目标完成的概率，表明业绩目标完成具有时间序列上的相关性。（2）在完成目标的子样本中，微达标与异常收入确认以及真实销售操纵行为显著正相关，这在一定程度上表明，全样本中观测到的业绩操纵行为可能是被断点区间内的微达标样本所驱动的。（3）分析师和机构投资者在管理层面临短期绩效考核压力时能够有效发挥监督治理作用，在一定程度上抑制管理层的收入操纵行为与影响企业长期价值的短视行为。（4）当管理层与董事会在权力博弈中占优时，可以在一定程度上缓解短期目标考核压力引致的负向激励效应；而较高的外部董事比例会强化管理层的短期目标考核压力，反而诱发管理层更多的业绩操纵行为与损害公司长期价值的短视行为。

最后，本章利用目标考核政策变更情境进行机制研究，结果表明：（1）政策变更减弱了收入目标完成与高管变更概率之间的负相关关系，经理人短期收入目标考核的压力有所减轻；（2）政策变更降低了由收入目标考核压力所引发的异常"推迟收入确认"的程度，还缓解了收入目标考核压力所引发的销售操纵活动。该结果意味着，当短期业绩目标考核压力减轻之后，经理人特定的业绩操纵活动也会随之缓解，支持了目标契约考核的"压力假说"。

正如格拉汉姆等（2005）调查研究所言，绝大部分 CEO 承认其存在一些通过牺牲长期价值来平滑业绩的行为。对此，本章研究给出了更加直接与干净的证据，强调在短期经营目标考核的压力下，管理层有平滑跨期收益的倾向，而非只追求单期的业绩目标实现。更重要的是，董事会设置经营目标考核的初衷是促使管理层投入更多的努力以实现股东价值最大化，但本章研究发现，这种利用短期目标考核的施压行为很可能矫枉过正，诱发管理层的业绩操纵及短视行为，不惜牺牲公司长期价值来实现其跨任期收益最大化；而当短期考核压力减轻后，特定的业绩操纵活动也得以缓解。

第7章　研究结论与启示

本章将总结全书的研究结论，并从管理层经营业绩目标的契约设计、国企目标责任制考核的完善、资本市场信号传递与监管机构等方面提出相应的政策建议。最后，本章将分析本书局限性，并进一步指明未来研究的方向。

7.1　研究结论

本书主要探究管理层业绩目标考核对经理人行为的影响机制，以此验证这项显性的契约安排是否有助于缓解代理问题。具体涵盖了以下三部分的实证研究：第一，从董事会内部的激励考评机制探究管理层业绩目标所发挥的激励约束功能，分别从治理层面对高管的激励约束功能与运营管理中目标动态调整的决策两个方面探讨管理层业绩目标的契约考核作用；第二，考察外部资本市场对业绩目标完成的相应评价，分别从分析师与机构投资者的相应评价探究外部治理是否强化了董事会目标激励考评机制；第三，业绩目标完成情况与经理人干预行为，分别从断点效应、业绩操纵行为以及研发投入强度进行检验，通过对经理人机会主义行为的检验，考察业绩目标契约治理的有效性。主要研究结论如下。

1. 董事会对管理层业绩目标考核的内部激励机制研究

实证结果发现：第一，业绩目标完成情况良好的公司，其高管被换掉的可能性更小。业绩目标是否完成的定性区别对 CEO 变更概率的影响更大，而业绩目标完成的定量程度对董事长变更概率的影响更大。总体而言，结果表明业绩目标考核具有任免功能，支持了契约中目标设定的约束效应。第二，业绩目标完成情况与高管货币薪酬水平以及薪酬增长率均显著正相关，表明包含业绩目标的非线性契约具有激励效应。第三，当期业绩目标完成情况会影响下一期业绩目标动态调整，证明了经营业绩目标设定中存在棘轮效应及其不对称性。

进一步研究表明：（1）不同产权性质对管理层业绩目标的治理效果存在差异：业绩目标考核对国有企业的董事长、民营企业的总经理具有更强的任免效应；经营目标责任制在国企高管薪酬契约中实施效果较好，经营业绩目标发挥了重要的绩效考核功能，具有契约安排的激励效应，但在民营企业中，经营业绩目标的绩效考核功能并不显著。（2）不同产权性质对业绩目标调整的影响存在差异：相较于民营企业，国有企业的目标棘轮效应及其不对称性显著更小；相较于地方国企，央企的目标棘轮效应不对称性更大，棘轮效应无显著差别。（3）董事会与管理层之间的权力博弈特征会影响目标动态调整，表现为：（1）董事长总经理两职合一会显著增加目标棘轮效应及其不对称性；（2）外部董事比例较高会显著增加目标棘轮效应及其不对称性；（3）高管任期对目标动态调整的影响因产权性质而有所差异。在国有企业中，高管任期（CEO任期及董事长任期）越长，企业经营目标动态调整的棘轮效应及其不对称性均显著降低。在民营企业中，CEO任期越长，棘轮效应及其不对称性都显著增加，而董事长任期与目标动态调整之间没有发现显著相关关系。上述结果意味着目标棘轮效应及其不对称性可能出于公司治理的一种监督激励机制。综上结果表明年报披露的业绩目标完成情况会显著影响董事会对公司治理层面与运营管理层面的决策。这就为业绩目标发挥契约考核功能提供了明确的证据，同时也为经理人可能围绕业绩目标完成采取一定行动提供了来自内部公司治理压力的证据。

2. 外部资本市场对管理层业绩目标完成评价的研究

实证结果发现：第一，业绩目标完成程度显著提高了分析师跟踪数量。第二，业绩目标完成程度显著提高了本期及下一期分析师预测的准确性，体现在分析师预测准确度提高、分析师预测乐观偏差降低以及分析师的投资标准化评级分数提高、评级修正分数提高。第三，业绩目标完成程度显著提高了机构投资者的加仓行为，体现在下一期的机构投资者持股比例以及增持概率上升。

进一步研究表明：（1）业绩目标完成程度与高管变更概率的负相关关系

仅在分析师跟踪数量较多、机构投资者持股比例较高的分组中显著。（2）更多的分析师跟踪抑制了业绩目标完成程度对高管薪酬的激励效应；而当机构投资者持股比例较高时，业绩目标完成与高管薪酬激励之间的关系不显著，只有当机构投资者持股比例较低时，这种激励关系才显著。这两者均表现出强化目标约束、减弱目标激励的效果。（3）分析师跟踪提高以及机构投资者持股比例提高均显著提高了目标调整的棘轮效应及其不对称性，极大地强化了管理层短期目标考核的压力。上述结果均表明外部治理强化了董事会对业绩目标进行考核的内部激励机制。综上结果表明资本市场上的中介机构以及外部投资者会关注管理层的业绩目标完成情况，并针对该绩效考核结果进行相应评价。换言之，业绩目标完成情况会显著影响外部资本市场的评价行为，表明"业绩目标完成"这件事本身被外部市场当作经理人管理水平的信号，直接影响其在经理人市场的声誉。同时，外部市场评价还可以向董事会施压，强化其内部目标激励考评机制，从而间接影响经理人短期目标考核的压力。这就为经理人可能围绕业绩目标完成采取一定行动提供了来自外部资本市场压力的证据。

3. 管理层业绩目标完成与经理人干预行为研究

本书实证结果发现：第一，业绩完成情况的密度函数在目标阈值处以及目标右侧一定范围的微利区间并不连续，即业绩目标完成情况存在断点操纵的现象。第二，业绩目标实现程度越大，企业当期异常推迟收入确认的程度越大。第三，业绩目标实现情况与真实销售操纵显著正相关。第四，业绩目标的实现程度越大，企业当期的研发投入强度越低。

进一步研究表明：（1）较好的本期目标完成情况会显著提高下期目标完成的概率，表明业绩目标完成具有时间序列上的相关性。（2）在完成目标的子样本中，微达标与异常收入确认以及真实销售操纵行为显著正相关，在一定程度上表明，全样本中观测到的业绩操纵行为可能是被断点区间内的微达标样本所驱动的。（3）分析师和机构投资者在管理层面临短期绩效考核压力中能够有效发挥监督治理作用，在一定程度上抑制管理层的业绩操纵行为与影响企业长期价值短视行为。（4）当管理层与董事会在权力博弈中占优时，可以在一定程度上缓解短期目标考核压力引致的负向激励效应；而较高的外部董事比例会强化管理层的短期目标考核压力，反而诱发管理层更多的业绩操纵行为与损害公司长期价值的短视行为。

最后，本章利用目标考核政策变更场景进行机制研究，结果表明：（1）政策变更减弱了收入目标完成与高管变更概率之间的负相关关系，经理人短期收入目标考核的压力有所减轻。（2）政策变更降低了由收入目标考核压力所引发的异常"推迟收入确认"的程度；还缓解了收入目标考核压力所引发的销售操纵活动。该结果意味着，当短期业绩目标考核压力减轻之后，经理人特定的业绩操纵活动也会随之缓解，支持了目标契约考核的"压力假说"。上述结果强调在短期业绩目标考核的压力下，管理层有平滑跨期收益的倾向，而非只追求单期的业绩目标实现。更重要的是，董事会设置经营目标考核的初衷是促使管理层投入更多的努力以实现股东价值最大化，但本书研究发现，这种利用短期目标考核的施压行为很可能矫枉过正，诱发管理层的业绩操纵及短视行为，不惜牺牲企业长期价值来实现其跨任期收益最大化。

7.2 政策启示

（1）厘清经营业绩目标契约设定的功能。在制定管理层经营业绩目标时，企业应更多地考虑其计划、引导、协调资源分配、控制与反馈等功能，弱化绩效考核功能，或者配套相应的长期激励机制，并允许对经理人更高程度的放权。

（2）优化业绩目标契约设定的指标体系。企业应该尽量避免只设置单个具体的业绩目标，这种情形更可能扭曲激励与努力之间的关系。企业可以充分考虑会计报表不同指标之间的平衡勾稽关系，选择在多个维度设置管理层业绩目标。例如销售活动虽带来销售收入增长，但同时也导致销售费用随之上涨，因此当业绩目标设置考虑两者的对应牵制关系时（如将销售费用率作为目标之一），有助于缓解管理层一味地操纵销售活动。此外，如果企业出于战略考虑，需要有优先指标获取竞争优势，还可以在年度经营业绩目标中赋予不同的权重。总之，设置多维度矩阵式的业绩目标考核契约有助于缓解激励契约函数的扭曲关系。需要慎重的是，设定与考核业绩目标所产生的治理与监督成本应该与缓解激励契约扭曲所产生的收益进行权衡，考虑对企业整体业绩造成的影响，在内部资源配置中寻找帕累托改进式路径，而非矫枉过正。

（3）完善国有企业的目标责任制考核。国有企业内部人控制的问题依然比较严重，管理层业绩目标考核总体呈现出弱约束、强激励的特点。在公司治理方面，需要强化董事会在公司治理结构中的核心地位。此外，《中国共产党章程》第三十三条明确，国有企业党委（党组）发挥领导作用，把方向、管大局、保落实，依照规定讨论和决定企业重大事项。党委书记、董事长、总经理需要在目标决策上构建好协调沟通机制，形成权力"三足鼎立"、相互制约的机制。上级国资委需要进一步完善年度经营业绩目标审核与考核机制，建立市场化的经理人选派制度，建立和完善长期激励机制。

（4）建立和健全经理人劳动力市场，引入多重竞争机制，将相对业绩评价引入管理层业绩目标门槛。既要发挥业绩目标的遴选机制，也要防范业绩目标刚性考核可能诱发的操纵行为及短视行为。加强对业绩目标完成情况的监管与信息披露，完善经理人市场的声誉机制。

（5）监管方需要进一步完善年报中"管理层分析与讨论"或"董事会报告"部分对企业年度经营业绩目标披露的内容体系，尤其是对于定量内容的规定及审查，完善其相关的审计或鉴证制度。帮助资本市场的利益相关者科学、准确、客观地分析上市公司进行经营业绩目标考核时发生的各项契约的"成本—收益"分布，提高资本市场的信息传递效率，提高投资效率与资源配置效率，更好地促进证券市场朝着理性、繁荣与健康的方向发展。

7.3　研究局限性及未来研究方向

（1）首先，本书研究隐含的假设是经营业绩目标一定与高管年度薪酬契约相联系，尽管对已公开披露的高级管理人员薪酬管理办法进行了文本分析和调研，用相对"干净"的小样本研究通过了稳健性检验，以及结合已有的研究基础，保证了这一假设在大概率上的正确性，但限于数据可得性，没有直接使用高管年度薪酬契约中的经营目标进行研究，使得本文样本依然存在一定程度的噪声。其次，尽管在已披露的高管薪酬考核办法中，营业收入目标与净利润目标都是与绩效薪酬相挂钩的最重要的指标，并且对净利润目标的使用更普遍。但是在我们搜集年报公布的业绩目标中，企业大部分给出的是营业收入目标，受限于此，本书主要回归样本使用营业收入目标作为经营业绩目标的代理指标，只在稳健性检验中将其替换为净利润目标。随着证券市场披露规范的完善，今后可以继续收集和整理更精确的样本强化分析。

（2）关于显性契约与隐性契约的假定。布须曼和史密斯（Bushman and Smith, 2001）将管理层薪酬契约研究范式分为两类：基于显性合约与基于隐性合约。在显性合约中，研究者了解实际使用的业绩衡量和其他潜在的合约条款；而在隐性合约中，研究者不知道契约的细节，而是自己确定业绩度量，再用回归的方法估计业绩—薪酬的敏感度。前者缺乏大样本实证研究；而后者直接使用线性回归则引入了潜在的模型设定错误，因为大量的理论模型研究、案例访谈以及基于调查问卷的实证研究表明薪酬计划呈现出显著的非线性函数特征，如年度奖金计划经常包含起薪的门槛和薪酬的上限（e. g., Healy, 1985；Holthausen et al. , 1995；Murphy, 1999）。本书研究虽然假定是显性契约安排，但实际上也非完全对应真实的合约，只是基于一些实际的合约证据，在以往隐性契约的基础上引入一个相对公允且重要的标杆——经营业绩目标。虽然实证证据表明，对应不同的模型设定和分类样本（营业收入目标样本、净利润目标样本）结果均比较稳健，但尚不能确定是否完全解决了隐性契约研究潜在的契约形态问题。今后可以将隐性契约样本与显性契约样本对比进行研究，改进模型设定，尝试对激励契约形态做更多的探索性研究。

（3）针对经理人激励效应的提升，本书仅对包括基薪、绩效契约等货币薪酬契约的薪酬业绩敏感性做研究失之偏颇。原因在于，现实生活中存在数不清的激励形式，薪酬价值体系包括来自其他方面的货币激励（股权激励、期权的激励、劳动力市场和接管市场等）和非货币激励（满足、困境、价值实现、文化认同等）。例如，国资委考核央企年度经营业绩时，每一年都会评出 A 级企业并光荣上榜，而跌出 A 级榜单的企业也会被各家媒体争相挂出，这种"尊重"和"自我实现"维度的声誉激励对于管理层而言也许远远大于货币激励，需要未来进一步研究。

（4）本书第 5 章实证主要证明外部资本市场重要利益相关者对业绩目标完成情况的评价反应，由于业绩目标数据出现在年报中，存在较大噪声。虽然，本书旨在定性地证明披露业绩目标会引起资本市场中介机构的反应，不需要定量刻画其反应的具体程度，但依然需要强化实证研究设计，尤其在时间窗口的选择与样本的匹配性方面、目标完成与评价反应的因果关系方面需要做更多改进。

（5）就目标设定与动态调整的角度而言，本书强调历史业绩目标的完成情况作为设定标准。虽然历史业绩的信息决策成本最低，但企业在实践中还可能综合使用不同的设定标准，并且各个标准之间相对使用权重也不尽相同。另外，鲜有文献讨论业绩目标难度的决定因素，涉及目标调整的"度"的问题，必然对经理人行为激励产生影响。后续研究需要更多关注上述问题。

（6）本书重点讨论了产权性质、管理层和董事会之间权力博弈的因素会影响业绩目标设定与考核，以及经理人行为激励之间的关系。除此之外，还有很多重要的内外因素会影响契约形态以及契约有效性。例如管理层的能力、管理层过度自信、产品市场竞争、宏观经济政策等，这些研究情境值得充分讨论。

附表

2007～2016年我国十家上市公司高管薪酬管理办法（示例）

公司	年份	年度经营业绩考核办法	高管薪酬激励设计	资料来源
四川广安爱众股份有限公司（600979）	2016	1. 为建立健全符合现代企业制度要求的激励约束机制，规范公司高级管理人员的绩效薪酬分配管理，激励公司高级管理人员围绕公司发展战略努力完成年度经营计划和任期利益最大化，促进公司价值及股东利益增长，根据有关法律、法规和《公司章程》的规定，结合公司实际，制定本办法。 2. 年度绩效考核定量指标的目标值均来源于经理股东大会、董事会审议通过的目标经营方案确定的主营业务收入、财务预算方案确定的净资产收益率。 3. 年度绩效考核定性指标由董事会年初根据公司战略发展和管理需要确定并公布	高管团队年度业绩考核得分具体计算公式为：$M = 0.6M1 + 0.4M2$ 其中：M1 为考核年度绩效考核得分，计算公式为：$M1 = 50R1 + 30R2 + 20R3$，R1、R2、R3 分别表示考核年度实现的经审计的净利润、主营业务收入、净资产收益率占当年考核目标值的百分比	《四川广安爱众股份有限公司高级管理人员绩效考核与薪酬管理办法》
启迪桑德环境资源股份有限公司（000826）	2016	1. 公司高管人员的分配与考核以企业经济效益为出发点，根据公司年度经营计划和年度工作目标，进行综合考核，进行综合考核结果来确定高管人员的年度薪酬分配。 2. 公司高管人员薪酬的确定遵循以下原则：收入水平与公司效益及工作目标挂钩；薪酬与公司长远利益相结合的原则。 3. 公司绩效考核体系由董事会、董事会薪酬与考核委员会（以下简称薪酬委员会）、总经理会，其中董事会考核体系中的职能为：审批或修改公司高管人员薪酬制度，制定公司的年度经营目标；审议股权激励计划草案，在通过草案并满足法律法规要求后提交股东大会审议	1. 年薪构成：年薪 = 基础年薪 + 绩效年薪 + 奖金。 2. 其中，绩效年薪为以公司年度经营目标为考核基础，根据目标完成情况及高管人员工作完成情况或当年度高管工作完成情况核定；奖金是指超额完成年度经营目标或经营工作作出特殊贡献时给予高级管理人员的奖励	《启迪桑德环境资源股份有限公司高级管理人员考核与薪酬管理办法》

续表

公司	年份	年度经营业绩考核办法	高管薪酬激励设计	资料来源
湖南发展集团股份有限公司（000722）	2011	薪酬构成为：基本工资＋绩效工资。其中，绩效工资变动收入，根据公司资本保值增值率、净利润达成率和营业收入达成率的完成情况确定公司每年的绩效工资系数	1. 绩效工资系数＝上年度绩效工资系数×[0.3×资本保值增值率＋0.4×净利润达成率＋0.3×营业收入达成率]。 2. 营业收入达成率：是指经核定的企业合并报表营业收入除以目标值的期初合并报表营业收入除以目标值的百分比率。达成率越高，表示经营绩效越高；达成率越低，表示经营绩效越低	《湖南发展集团股份有限公司高级管理人员薪酬管理办法（试行）》
湖北台基半导体股份有限公司（300046）	2011	年度绩效工资基数与公司整体目标设定情况挂钩，个人绩效工资基数为个人年度岗位绩效工资，并根据公司年度经济目标完成情况对其进行调整	修正系数K计算如下： K＝（公司年度销售收入增长率÷30%）×50%＋（公司年度净利润增长率÷30%）×50%	《湖北台基半导体股份有限公司高管薪酬考核及评办法》
陕西烽火电子股份有限公司（000561）	2011	1. 高管人员薪酬的构成包括基本薪酬、绩效薪酬、岗位津贴、单项工作为考核奖励和长期激励。 2. 绩效薪酬主要依据公司年初下达的销售收入及利润总额完成情况确定。 3. 经营年度开始之前，公司董事会根据上年度公司经营指标完成情况，以及同行业公司经营水平，确定公司年度经营计划；高管人员应根据公司的总体经营目标制订工作计划，分别签署目标责任书	1. 销售收入完成率＝公司当年实现计划销售收入占本年度计划销售收入的百分比；利润总额完成率＝公司当年实现利润总额占本年度计划利润总额的百分比。 2. 董事长的年度绩效薪酬＝基本薪酬标准×1.5×（0.5×K1＋0.5×K2），其中，K1指公司销售收入完成率	《陕西烽火电子股份有限公司高管人员绩效考核管理办法（试行）》
广东九州阳光传媒股份有限公司（002181）	2010	1. 绩效年薪是年度经营效益的体现，根据公司年度实际完成的指标情况进行计算并发放。绩效年薪必须在公司年度经营目标完成到或超过年度目标时，才能依据本办法发放。 2. 年度经营目标包括定性指标和定量指标	定量指标包括净资产收益率和净资产周转率；其中，净资产收益率＝合并净利润÷[（期初净资产＋期末净资产）÷2]，其权数为80%；净资产周转率＝销售收入÷[（期初净资产总额＋期末净资产总额）÷2]，其权数为20%	《2010年广东九州阳光传媒股份有限公司高级管理人员薪酬管理办法》

续表

公司	年份	年度经营业绩考核办法	高管薪酬激励设计	资料来源
陕西兴化化学股份有限公司（002109）	2009	1. 高管人员的年薪 = 基本薪酬 + 绩效薪酬 + 单项工作考核奖。 2. 绩效薪酬依据公司当年下达的销售收入及净利润增长情况来确定。 3. 在经营年度开始之前，高管人员应根据公司的总体经营目标制订工作计划和目标，分别签订的目标责任书；高管人员目标责任书将作为高管人员年度薪酬考核的主要依据	绩效薪酬考核办法为：董事长绩效薪酬 = 上年度董事长绩效薪酬 × [0.4 × (1 + 销售收入增长率) + 0.4 × (1 + 职工人均收入增长率) + 0.2 × (1 + 净利润增长率)]，其中，销售收入增长率指公司当年实现销售收入占本年度计划销售收入的百分比；净利润增长率指公司当年实现净利润占本年度计划净利润的百分比	《陕西兴化化学股份有限公司高管人员薪酬管理考核办法》
中冶美利纸业股份有限公司（000815）	2009	1. 绩效考核以企业效益、安全、生产、发展三大业绩为出发点，经营计划和本人分管工作的工作年度完成情况，进行综合考核。 2. 董事、监事、高管人员薪酬由基本薪酬、绩效薪酬三部分组成。其中，年度薪酬 = 基本薪酬 + 绩效薪酬 + 保险和福利。绩效薪酬为根据公司效益、安全、发展三大业绩实现情况，及高管人员年度工作目标完成情况，由薪酬与考核委员会进行综合考核得到的奖励薪酬	绩效考核目标包含效益、安全、发展目标，效益、安全、发展目标均设基本分为100分。其中，效益目标权重为40%，安全目标权重为30%，发展目标权重为30%。考核总分按照各类绩效目标得分乘以所占权重计算生产。效益目标包含生产经营能力、盈利能力指标。生产经营能力包括销售收入、货款回收率等；盈利能力包括利润总额等指标	《中冶美利纸业股份有限公司董事、监事、高级管理人员绩效考核与薪酬激励管理办法》
大连华锐重工铸钢股份有限公司（002204）	2008	1. 公司薪酬与考核委员会对总经理重点考核主营业务收入、净利润和董事会确定的公司年度经营重点工作的完成情况；对副总经理重点职责履行和公司年度经营计划分解项目的完成情况。 2. 年度经营业绩主要考核指标为：主营业务收入、净利润。 3. 总经理年度绩效薪酬 = 年度基本薪酬 × R（R 为绩效考核系数，R≤1.5）	计算公式为：R = 0.6Rx + 0.4Ry（Rx 为考核年度经营业绩主要考核指标完成情况计算的绩效考核系数；Ry 为按考核年度重点工作任务实际完成项数计算的重点工作任务的考核系数。Rx = 0.6R1 + 0.4R², R1 = 年度实现的净利润/年度净利润目标值 × 100%，R2 = 考核年度实现的主营业务收入/考核年度主营业务收入目标值 × 100%	《大连华锐重工铸钢股份有限公司高级管理人员薪酬管理暂行办法》

续表

公司	年份	年度经营业绩考核办法	高管薪酬激励设计	资料来源
晋亿实业股份有限公司（601002）	2007	1. 公司高管人员的分配与考核以企业经济效益及工作目标为出发点，根据公司年度经营工作目标，进行综合考核，根据考核结果确定高管人员的年度薪酬。 2. 高管人员薪酬由基本薪酬和绩效薪酬组成，具体金额由董事会确定。 3. 绩效薪酬是根据公司经营计划目标及高管分管工作目标的完成情况，由薪酬总额的20%~50%，具体根据公司经营计划指标，则足额发放，如果完成经营业绩指标，相应减少绩效薪酬发放，如果超额完成，相应增加绩效薪酬。绩效薪酬与考核计划进行综合经营审计后的经营业绩情况，如果未能完成经营业绩指标，则按未能完成的经营业绩指标，则按未能完成的幅度进行相应幅度的奖励。 4. 绩效薪酬考核指标的权重为50%，包含主营业务增长情况，主营业务利润、净利润和应收账款等	根据各高管人员的岗位职责，结合公司经营目标的完成情况，经绩效考核与考薪酬；核委员会考核，综合得分在80分以上，全额兑现基本薪酬和绩效薪酬；得分在80分以下的高管，需要相应地减少基本薪酬和绩效薪酬	《晋亿实业股份有限公司高级管理人员薪酬考核制度》

资料来源：笔者根据巨潮资讯网上公开披露的上市公司高管薪酬管理办法整理得到。

参考文献

［1］白晓宇．上市公司信息披露政策对分析师预测的多重影响研究［J］．金融研究，2009（4）：92 – 112.

［2］白重恩，刘俏，陆洲，等．中国上市公司治理结构的实证研究［J］．经济研究，2005，2（5）：81 – 91.

［3］薄仙慧，吴联生．国有控股与机构投资者的治理效应：盈余管理视角［J］．经济研究，2009，2（8）：81 – 91.

［4］蔡春，李明，和辉．约束条件，IPO 盈余管理方式与公司业绩［J］．会计研究，2013（10）：35 – 42.

［5］蔡卫星，曾诚．公司多元化对证券分析师关注度的影响——基于证券分析师决策行为视角的经验分析［J］．南开管理评论，2010（4）：125 – 133.

［6］曹丰，鲁冰，李争光，等．机构投资者降低了股价崩盘风险吗？［J］．会计研究，2015（11）：55 – 61.

［7］曹胜，朱红军．王婆贩瓜：券商自营业务与分析师乐观性［J］．管理世界，2011（7）：20 – 30.

［8］陈冬华，相加凤．独立董事只能连任 6 年合理吗？——基于我国 A股上市公司的实证研究［J］．管理世界，2017（5）：144 – 157.

［9］陈磊，魏春燕，周安儿．非线性契约与高管薪酬［D］．北大光华，2015.

［10］陈丽蓉，韩彬，杨兴龙．企业社会责任与高管变更交互影响研究——基于 A 股上市公司的经验证据［J］．会计研究，2015（8）：57 – 64.

［11］陈仕华，卢昌崇，姜广省，等．国企高管政治晋升对企业并购行为的影响［J］．管理世界，2015（9）：125 – 136.

［12］陈卓思，高峰，祁斌．机构投资者交易行为特征研究［J］．金融研究，2008（4）：122－130.

［13］程书强．机构投资者持股与上市公司会计盈余信息关系实证研究［J］．管理世界，2006（9）：129－136.

［14］程新生，刘建梅，程悦．相得益彰抑或掩人耳目：盈余操纵与MD&A中非财务信息披露［J］．会计研究，2015（8）：11－18.

［15］程新生，谭有超，刘建梅．非财务信息，外部融资与投资效率——基于外部制度约束的研究［J］．管理世界，2012（7）：137－150.

［16］戴璐，宋迪．高管股权激励合约业绩目标的强制设计对公司管理绩效的影响［J］．中国工业经济，2018（4）：117－136.

［17］丁烈云，刘荣英．制度环境，股权性质与高管变更研究［J］．管理科学，2008，21（6）：47－56.

［18］董望，陈俊，陈汉文．内部控制质量影响了分析师行为吗？——来自中国证券市场的经验证据［J］．金融研究，2017（12）：191－206.

［19］方军雄．高管超额薪酬与公司治理决策［J］．管理世界，2012（11）：144－155.

［20］方军雄．我国上市公司高管的薪酬存在粘性吗？［J］．经济研究，2009（3）：110－124.

［21］傅勇，谭松涛．股权分置改革中的机构合谋与内幕交易［J］．金融研究，2008（3）：88－102.

［22］高敬忠，周晓苏，王英允．机构投资者持股对信息披露的治理作用研究——以管理层盈余预告为例［J］．南开管理评论，2011（5）：129－140.

［23］葛家澍．关于我国会计制度和会计准则的制定问题［J］．会计研究，2001（1）：4－8.

［24］洪剑峭，王瑞，陈长松．分析师盈余预测准确性与投资评级的效率——基于中国证券市场的实证分析［J］．投资研究，2012，31（8）：30－44.

［25］胡玉明．企业激励薪酬契约研究：问题与出路［J］．财会通讯，2013（7）．

［26］姜国华．关于证券分析师对中国上市公司会计收益预测的实证研究［J］．经济科学，2004（6）：72－79.

［27］孔东民，柯瑞豪．谁驱动了中国股市的 PEAD？［J］．金融研究，2007（10A）：82－99．

［28］孔东民，孔高文，刘莎莎．机构投资者，流动性与信息效率［J］．管理科学学报，2015，18（3）．

［29］雷倩华，柳建华，龚武明．机构投资者持股与流动性成本——来自中国上市公司的经验证据［J］．金融研究，2012（7）：182－195．

［30］黎文靖，路晓燕．机构投资者关注企业的环境绩效吗？——来自我国重污染行业上市公司的经验证据［J］．金融研究，2015（12）：97－112．

［31］李维安，李滨．机构投资者介入公司治理效果的实证研究——基于 CCGI（NK）的经验研究［J］．南开管理评论，2008（1）：4－14．

［32］李晓溪，刘静，王克敏．公开增发公司分类转移与核心盈余异象研究［J］．会计研究，2015（7）：26－33．

［33］刘宝华，罗宏，周微．股权激励行权限制与盈余管理优序选择［J］．管理世界，2016（11）：141－155．

［34］刘浩，许楠，时淑慧．内部控制的"双刃剑"作用——基于预算执行与预算松弛的研究［J］．管理世界，2015（12）：130－145．

［35］刘启亮，何威风，罗乐．IFRS 的强制采用，新法律实施与应计及真实盈余管理［J］中国会计与财务研究，2011，13（1）：57－121．

［36］刘青松，肖星．败也业绩，成也业绩？［J］．管理世界，2015（3）：151－163．

［37］刘星，代彬，郝颖．高管权力与公司治理效率——基于国有上市公司高管变更的视角［J］．管理工程学报，2012（1）：1－12．

［38］刘运国，刘梦宁．雾霾影响了重污染企业的盈余管理吗？——基于政治成本假说的考察［J］．会计研究，2015（3）：26－33．

［39］刘运国，刘雯．我国上市公司的高管任期与 R&D 支出［J］．管理世界，2007（1）：128－136．

［40］刘志远，花贵如．政府控制，机构投资者持股与投资者权益保护［J］．财经研究，2009，35（4）：119－130．

［41］卢锐，魏明海，黎文靖．管理层权力，在职消费与产权效率——来自中国上市公司的证据［J］．南开管理评论，2008（5）：85－92．

［42］卢馨，张乐乐，李慧敏，等．高管团队背景特征与投资效率——基于高管激励的调节效应研究［J］．审计与经济研究，2017，32（2）：66－77.

［43］鲁桐，党印．公司治理与技术创新：分行业比较［J］．经济研究，2014（6）：115－128.

［44］孟庆斌，杨俊华，鲁冰．管理层讨论与分析披露的信息含量与股价崩盘风险——基于文本向量化方法的研究［J］．中国工业经济，2017（12）：132－150.

［45］潘飞，程明，汪婧．上市公司预算松弛的影响因素及其对公司业绩的影响［J］．中国管理科学，2008，16（4）：111－119.

［46］潘飞，石美娟，童卫华．高级管理人员激励契约研究［J］．中国工业经济，2006（3）：68－74.

［47］潘越，戴亦一，魏诗琪．机构投资者与上市公司"合谋"了吗——基于高管非自愿变更与继任选择事件的分析［J］．南开管理评论，2011（2）：69－81.

［48］权小锋，吴世农，文芳．管理层权力，私有收益与薪酬操纵［J］．经济研究，2010，11（10）：1.

［49］权小锋，吴世农．CEO权力强度，信息披露质量与公司业绩的波动性——基于深交所上市公司的实证研究［J］．南开管理评论，2010（4）：142－153.

［50］全怡，陈冬华，李真．独立董事身份提高了分析师的预测质量吗？［J］．财经研究，2014（11）：97－107.

［51］饶品贵，徐子慧．经济政策不确定性影响了企业高管变更吗？［J］．管理世界，2017（1）：145－157.

［52］宋德舜，宋逢明．国有控股，经营者变更和公司绩效［J］．南开管理评论，2005，8（1）：10－15.

［53］苏冬蔚，林大庞．股权激励，盈余管理与公司治理［J］．经济研究，2010（11）：88－100.

［54］谭劲松，林雨晨．机构投资者对信息披露的治理效应——基于机构调研行为的证据［J］．南开管理评论，2016（5）：115－126，138.

［55］唐跃军，宋渊洋．价值选择VS.价值创造-来自中国市场机构投

资者的证据［J］．经济学季刊，2010，9（2）：609 - 632．

［56］田澍，林树，俞乔．新兴市场环境下机构投资者投资行为——基于中国大陆资本市场的研究［J］．金融研究，2012（8）：139 - 151．

［57］田轩，孟清扬．股权激励计划能促进企业创新吗［J］．南开管理评论，2018，21（3）：176 - 190．

［58］王福胜，程富．管理防御视角下的 CFO 背景特征与会计政策选择［J］．会计研究，2014（12）：32 - 38．

［59］王雪．上市公司自愿性披露行为研究［D］．西南财经大学，2007．

［60］王玉涛，王彦超．业绩预告信息对分析师预测行为有影响吗［J］．金融研究，2012（6）：193 - 206．

［61］王征，张峥，刘力．分析师的建议是否有投资价值——来自中国市场的经验数据［J］．财经问题研究，2006（7）：36 - 44．

［62］魏明海，陶晓慧．会计稳健性的债务契约解释——来自中国上市公司的经验证据［J］．中国会计与财务研究，2007（4）．

［63］魏明海．管理激励和业绩评价的会计研究［M］．北京：中国财政经济出版社，2006．

［64］肖淑芳，刘颖，刘洋．股票期权实施中经理人盈余管理行为研究——行权业绩考核指标设置角度［J］．会计研究，2013（12）：40 - 46．

［65］肖淑芳，张超．上市公司股权激励，行权价操纵与送转股［J］．管理科学，2009（6）：84 - 94．

［66］谢德仁．经理人激励的业绩基础选择 - 理论分析与经验证据［J］．会计研究，2004（7）：55 - 60．

［67］许年行，江轩宇，伊志宏，等．分析师利益冲突，乐观偏差与股价崩盘风险［J］．经济研究，2012（7）：127 - 140．

［68］杨海燕，韦德洪，孙健．机构投资者持股能提高上市公司会计信息质量吗？——兼论不同类型机构投资者的差异［J］．会计研究，2012（9）：16 - 23．

［69］杨墨竹．证券市场机构投资者投资行为分析［J］．金融研究，2008

（8）：133－144.

[70] 姚颐，刘志远．机构投资者具有监督作用吗？[J]．金融研究，2009（6）：128－143.

[71] 叶陈刚，刘桂春，洪峰．股权激励如何驱动企业研发支出？——基于股权激励异质性的视角 [J]．审计与经济研究，2015（3）：12－20.

[72] 叶建芳，何开刚，沈宇星．预算考评，企业性质与 CEO 变更——基于我国 A 股市场的实证研究 [J]．会计研究，2014（8）：45－51.

[73] 叶青，李增泉，李光青．富豪榜会影响企业会计信息质量吗？[J]．管理世界，2012（1）：104－120.

[74] 于忠泊，田高良，齐保垒，等．媒体关注的公司治理机制 [J]．管理世界，2011（9）：127－140.

[75] 岳衡，林小驰．证券分析师 VS 统计模型：证券分析师盈余预测的相对准确性及其决定因素 [J]．会计研究，2008，8（40）：4.

[76] 翟胜宝，张雯，曹源，等．分析师跟踪与审计意见购买 [J]．会计研究，2016（6）：86－93.

[77] 张兵，范致镇，潘军昌．信息透明度与公司绩效——基于内生性视角的研究 [J]．金融研究，2009（2）：169－184.

[78] 张纯，吕伟．信息披露、信息中介与企业过度投资 [J]．会计研究，2009（1）：60－65.

[79] 张然，汪荣飞，王胜华．分析师修正信息，基本面分析与未来股票收益 [J]．金融研究，2017（7）：156－174.

[80] 张子余，张天西．"真实销售行为"的动态选择与经济后果 [J]．南开管理评论，2011（6）：128－136.

[81] 张宗新，杨万成．声誉模式抑或信息模式：中国证券分析师如何影响市场 [J]．经济研究，2016（9）：104－117.

[82] 赵震宇，杨之曙，白重恩．影响中国上市公司高管层变更的因素分析与实证检验 [J]．金融研究，2007（08A）：76－89.

[83] 朱红军，喻立勇，汪辉．"泛家族化"，还是"家长制"？——基于雅戈尔和茉织华案例的中国民营企业管理模式选择与经济后果分析 [J]．管

理世界, 2007 (2): 107 - 119.

[84] Abernethy Margaret A, Kuang Y F, Qin Bo. The Influence of CEO Power on Compensation Contract Design [J]. The Accounting Review: 2015, 90 (4): 1265 - 1306.

[85] Aggarwal R K, Samwick A A. Empire-builders and shirkers: Investment, firm performance, and managerial incentives [J]. Journal of Corporate Finance, 2006, 12 (3): 489 - 515.

[86] Ajinkya B B, Gift M J. Corporate managers' earnings forecasts and symmetrical adjustments of market expectations [J]. Journal of Accounting Research, 1984: 425 - 444.

[87] Akerlof, G A. The Market for "Lemons": Quality Uncertainty and the Market Mechanism, The Quarterly Journal of Economics, 1970, 84 (3): 488 - 500.

[88] Almazan A, Hartzell J C, Starks L T. Active institutional shareholders and costs of monitoring: Evidence from executive compensation [J]. Financial Management, 2005, 34 (4): 5 - 34.

[89] Amiram D, Owens E, Rozenbaum O. Do information releases increase or decrease information asymmetry? New evidence from analyst forecast announcements [J]. Journal of Accounting and Economics, 2016, 62 (1): 121 - 138.

[90] Anderson S W, Dekker H C, Sedatole K L. An empirical examination of goals and performance-to-goal following the introduction of an incentive bonus plan with participative goal setting [J]. Management Science, 2010, 56 (1): 90 - 109.

[91] Aranda C, Arellano J, Davila A. Ratcheting and the role of relative target setting [J]. The Accounting Review, 2014, 89 (4): 1197 - 1226.

[92] Arce P C, Holzhacker M, Mahlendorf M D, et al. Relative performance evaluation and the ratchet effect [J]. Contemporary Accounting Research, 2017.

[93] Armstrong C S, Guay W R, Weber J P. The role of information and financial reporting in corporate governance and debt contracting [J]. Journal of Accounting and Economics, 2010, 50 (2 - 3): 179 - 234.

[94] Armstrong C S, Larcker D F, Ormazabal G, et al. The relation between

equity incentives and misreporting: The role of risk-taking incentives [J]. Journal of Financial Economics, 2013, 109 (2): 327 – 350.

[95] Arya A, Mittendorf B. The interaction among disclosure, competition between firms, and analyst following [J]. Journal of Accounting and Economics, 2007, 43 (2 – 3): 321 – 339.

[96] Athanasakou V, Hussainey K. Forward-looking performance disclosure and earnings quality. London School of Economics and University of Stifling. 2010. Working Paper.

[97] Baldwin B A. Segment earnings disclosure and the ability of security analysts to forecast earnings per share [J]. The Accounting Review, 1984: 376 – 389.

[98] Barber B M, Loeffler D. The "Dartboard" column: Second-hand information and price pressure [J]. Journal of Financial and Quantitative Analysis, 1993, 28 (2): 273 – 284.

[99] Barber B M, Odean T. Boys will be boys: Gender, overconfidence, and common stock investment [J]. The Quarterly Journal of Economics, 2001, 116 (1): 261 – 292.

[100] Barron O E, Kile C O, O'KEEFE T B. MD&A quality as measured by the SEC and analysts' earnings forecasts [J]. Contemporary Accounting Research, 1999, 16 (1): 75 – 109.

[101] Barth M E, Hutton A P. Analyst earnings forecast revisions and the pricing of accruals [J]. Review of accounting studies, 2004, 9 (1): 59 – 96.

[102] Barton J, Waymire G. Investor protection under unregulated financial reporting [J]. Journal of Accounting and Economics, 2004, 38: 65 – 116.

[103] Bartov E, Givoly D, Hayn C. The rewards to meeting or beating earnings expectations [J]. Journal of Accounting and Economics, 2002, 33 (2): 173 – 204.

[104] Bebchuk L A, Fried J M. Executive compensation as an agency problem [J]. Journal of Economic Perspectives, 2003, 17 (3): 71 – 92.

[105] Beekes W, Pope P, Young S. The link between earnings timeliness,

earnings conservatism and board composition: evidence from the UK [J]. Corporate Governance: An International Review, 2004, 12 (1): 47 – 59.

[106] Bennett B, Bettis J C, Gopalan R, et al. Compensation goals and firm performance [J]. Journal of Financial Economics, 2017, 124 (2): 307 – 330.

[107] Bergstresser D, Philippon T. CEO incentives and earnings management [J]. Journal of financial economics, 2006, 80 (3): 511 – 529.

[108] Berle A A, Means G G C. The modern corporation and private property [M]. Transaction Publishers, 1932.

[109] Berliner J S. Factory and Manager in the USSR [M]. Harvard University Press, 1957.

[110] Bernard V L, Skinner D J. What motivates managers' choice of discretionaryaccruals? [J]. Journal of Accounting and Economics, 1996, 22 (1 – 3): 313 – 325.

[111] Bertalanffy L. General system theory: Foundations, development, applications [M]. New York: George Braziller Inc. 1969.

[112] Bertrand M, Mullainathan S. Are CEOs rewarded for luck? The ones without principals are [J]. The Quarterly Journal of Economics, 2001, 116 (3): 901 – 932.

[113] Bettis J C, Bizjak J, Coles J, et al. Performance-vesting provisions in executive compensation [J]. Journal of Accounting and Economics, 2018.

[114] Bharath S T, Sunder J, Sunder S V. Accounting quality and debt contracting [J]. The Accounting Review, 2008, 83 (1): 1 – 28.

[115] Bloomfeld, R, Wilks, T. Disclose Effects in the Laboratory: Liquidity, Depth, and the Cost of Capital [J]. The Accounting Review, 2000, (75): 13 – 41.

[116] Bol J C, Keune T M, Matsumura E M, et al. Supervisor discretion in target setting: An empirical investigation [J]. The Accounting Review, 2010, 85 (6): 1861 – 1886.

[117] Bol J C, Lill J B. Performance target revisions in incentive contracts: Do information and trust reduce ratcheting and the ratchet effect? [J]. The Ac-

counting Review, 2015, 90 (5): 1755 – 1778.

[118] Bonner S E, Sprinkle G B. The effects of monetary incentives on effort and task performance: theories, evidence, and a framework for research [J]. Accounting, Organizations and Society, 2002, 27 (4 – 5): 303 – 345.

[119] Bouwens J, Kroos P. Target ratcheting and effort reduction [J]. Journal of Accounting and Economics, 2011, 51 (1 – 2): 171 – 185.

[120] Bowen R, Chen X. and Q. Cheng. Analyst Coverage and the Cost of Raising Equity Capital: Evidence from Underpricing of Seasoned Equity Offerings [R]. Working Paper, 2004.

[121] Bradley D, Gokkaya S, Liu X. Before an analyst becomes an analyst: Does industry experience matter? [J]. The Journal of Finance, 2017, 72 (2): 751 – 792.

[122] Brav A, Jiang W, Kim H. The real effects of hedge fund activism: Productivity, asset allocation, and labor outcomes [J]. The Review of Financial Studies, 2015, 28 (10): 2723 – 2769.

[123] Brav A, Jiang W, Ma S, et al. How does hedge fund activism reshape corporate innovation? [J]. Journal of Financial Economics, 2018, 130 (2): 237 – 264.

[124] Brav A, Jiang W, Partnoy F, et al. Hedge fund activism, corporate governance, and firm performance [J]. The Journal of Finance, 2008, 63 (4): 1729 – 1775.

[125] Brennan M J, Jegadeesh N, Swaminathan B. Investment analysis and the adjustment of stock prices to common information [J]. The Review of Financial Studies, 1993, 6 (4): 799 – 824.

[126] Brous P A, Kini O. The valuation effects of equity issues and the level of institutional ownership: Evidence from analysts' earnings forecasts [J]. Financial Management, 1994: 33 – 46.

[127] Brown L D, Richardson G D, Schwager S J. An information interpretation of financial analyst superiority in forecasting earnings [J]. Journal of Account-

ing Research, 1987: 49 – 67.

[128] Brown L D, Rozeff M S. The superiority of analyst forecasts as meas-ures of expectations: Evidence from earnings [J]. The Journal of Finance, 1978, 33 (1): 1 – 16.

[129] Brown, P. Capital Markets-Based Research in Accounting: An Intro-duction [M], Melbourne, Australia: Coopers and Lybrand, 1994.

[130] Burgstahler D, Dichev I. Earnings management to avoid earnings de-creases and losses [J]. Journal of Accounting and Economics, 1997, 24 (1): 99 – 126.

[131] Burns N, Kedia S. The impact of performance-based compensation on misreporting [J]. Journal of financial economics, 2006, 79 (1): 35 – 67.

[132] Bushee B J. The influence of institutional investors on myopic R&D in-vestment behavior [J]. Accounting review, 1998: 305 – 333.

[133] Bushman R M, Indjejikian R J. Accounting income, stock price, and managerial compensation [J]. Journal of Accounting and Economics, 1993, 16 (1 – 3): 3 – 23.

[134] Bushman R M, Piotroski J D, Smith A J. What determines corporate transparency? [J]. Journal of accounting research, 2004, 42 (2): 207 – 252.

[135] Bushman R M, Smith A J. Financial accounting information and corpo-rate governance [J]. Journal of accounting and Economics, 2001, 32 (1 – 3): 237 – 333.

[136] Canace T G, Jackson S B, Ma T. R&D investments, capital expendi-tures, and earnings thresholds [J]. Review of Accounting Studies, 2018, 23 (1): 265 – 295.

[137] Chan L H, Chen K C W, Chen T Y, et al. Substitution between real and accruals-based earnings management after voluntary adoption of compensation clawback provisions [J]. The Accounting Review, 2015, 90 (1): 147 – 174.

[138] Chan L K C, Jegadeesh N, Lakonishok J. Momentum strategies [J]. The Journal of Finance, 1996, 51 (5): 1681 – 1713.

［139］ Chang E C, Wong S M L. Governance with multiple objectives: Evidence from top executive turnover in China ［J］. Journal of Corporate Finance, 2009, 15 (2): 230 – 244.

［140］ Chen Lei, Wei C. Y.. Young M. S. Internal Information Quality and Target Ratcheting: Evidence from China. Peking University, Guanghua School of Management, Working Paper, 2014.

［141］ Chen S, Matsumoto D A. Favorable versus unfavorable recommendations: The impact on analyst access to management provided information ［J］. Journal of Accounting Research, 2006, 44 (4): 657 – 689.

［142］ Chen X, Harford J, Li K. Monitoring: Which institutionsmatter? ［J］. Journal of financial Economics, 2007, 86 (2): 279 – 305.

［143］ Cheng Q, Farber D B. Earnings restatements, changes in CEO compensation, and firm performance ［J］. The Accounting Review, 2008, 83 (5): 1217 – 1250.

［144］ Cheng Q, Luo T, Yue H. Managerial incentives and management forecast precision ［J］. The Accounting Review, 2013, 88 (5): 1575 – 1602.

［145］ Cheng Q, Warfield T D. Equity incentives and earnings management ［J］. The Accounting Review, 2005, 80 (2): 441 – 476.

［146］ Cheng Y, Harford J, Zhang TT. Bonus-driven repurchases ［J］. Journal of Financial and Quantitative Analysis, 2015, 50 (3): 447 – 475.

［147］ Chenhall R H. Management control systems design within its organizational context: findings from contingency-based research and directions for the future ［J］. Accounting, Organizations and Society, 2003, 28 (2 – 3): 127 – 168.

［148］ Choi H, Varian H. Predicting the present with Google Trends ［J］. Economic Record, 2012, 88: 2 – 9.

［149］ Choi J J, Park S W, and Yoo S S. The Value of Outside Directors: Evidence from Corporate Governance Reform in Korea ［J］. Journal of Financial and Quantitative Analysis, 2007, 42 (4): 941 – 962.

［150］ Chow C W, Cooper J C, Haddad K. The effects of pay schemes and ratchets on budgetary slack and performance: A multiperiod experiment [J]. Accounting, Organizations and Society, 1991, 16 (1): 47 – 60.

[151] Chow C W, Cooper J C, Waller W S. Participative budgeting: Effects of a truth-inducing pay scheme and information asymmetry on slack and performance [J]. The Accounting Review, 1988: 111 – 122.

[152] Chrisman J J, Chua J H, Kellermanns F W, et al. Are family managers agents or stewards? An exploratory study in privately held family firms [J]. Journal of Business research, 2007, 60 (10): 1030 – 1038.

[153] Chung K H, Jo H. The impact of security analysts' monitoring and marketing functions on the market value of firms [J]. Journal of Financial and Quantitative analysis, 1996, 31 (4): 493 – 512.

[154] Clubb, C. Discussion of 'Do Better-Governed Firms Make More Informative Disclosures? [J]. Journal of Business Finance and Accounting, 2006, 33 (3 – 4): 451 – 458.

[155] Cohen D A, Zarowin P. Accrual-based and real earnings management activities around seasoned equity offerings [J]. Journal of Accounting and Economics, 2010, 50 (1): 2 – 19.

[156] Cohen D, Zarowin P. Economic consequences of real and accrual-based earnings management activities [J]. The Accounting Review, 2008, 83: 758 – 787.

[157] Core J E, Guay W R, Verrecchia R E. Price versus non-price performance measures in optimal CEO compensation contracts [J]. The Accounting Review, 2003, 78 (4): 957 – 981.

[158] Cormier D, Martinez I. The association between management earnings forecasts, earnings management, and stock market valuation: Evidence from French IPOs [J]. The International Journal of Accounting, 2006, 41 (3): 209 – 236.

[159] Cornett M M, Marcus A J, Tehranian H. Corporate governance and pay-for-performance: The impact of earnings management [J]. Journal of financial economics, 2008, 87 (2): 357 – 373.

［160］Cotter J, Tuna I, Wysocki P D. Expectations management and beatable targets: How do analysts react to explicit earningsguidance? ［J］. Contemporary Accounting Research, 2006, 23 (3): 593 – 624.

［161］Crocker K J, Slemrod J. The economics of earnings manipulation and managerial compensation ［J］. The RAND Journal of Economics, 2007, 38 (3): 698 – 713.

［162］Dahlquist M, Robertsson G. Direct foreign ownership, institutional investors, and firm characteristics ［J］. Journal of Financial Economics, 2001, 59 (3): 413 – 440.

［163］Davis A K, Tama-Sweet I. Managers' use of language across alternative disclosure outlets: Earnings press releases versus MD&A ［J］. Contemporary Accounting Research, 2012, 29 (3): 804 – 837.

［164］DeAngelo H, DeAngelo L, Skinner D J. Accounting choice in troubled companies ［J］. Journal ofAccounting and Economics, 1994, 17 (1 – 2): 113 – 143.

［165］Dechow P M, Kothari S P, Watts R L. The relation between earnings and cash flows ［J］. Journal of accounting and Economics, 1998, 25 (2): 133 – 168.

［166］Dechow P M, Richardson S A, Tuna I. Why are earnings kinky? An examination of the earnings management explanation ［J］. Review of Accounting Studies, 2003, 8 (2 – 3): 355 – 384.

［167］Dechow P M, Schrand C M. Earnings quality ［M］. CFA Institute, 2004.

［168］Dechow P M, Skinner D J. Earnings management: Reconciling the views of accounting academics, practitioners, and regulators ［J］. Accounting Horizons, 2000, 14 (2): 235 – 250.

［169］Dechow P M, Sloan R G, Sweeney A P. Detecting earnings management ［J］. The Accounting Review, 1995: 193 – 225.

［170］Dekker H C, Groot T, Schoute M. Determining performance targets ［J］. Behavioral Research in Accounting, 2012, 24 (2): 21 – 46.

［171］Derrien F, Kecskés A. The real effects of financial shocks: Evidence from exogenous changes in analyst coverage [J]. The Journal of Finance, 2013, 68 (4): 1407 –1440.

[172] Dhaliwal D S, Li O Z, Tsang A, et al. Voluntary nonfinancial disclosure and the cost of equity capital: The initiation of corporate social responsibility reporting [J]. The Accounting Review, 2011, 86 (1): 59 –100.

[173] Dunk A S, Nouri H. Antecedents of budgetary slack: A literature review and synthesis [J]. Journal of Accounting Literature, 1998, 17: 72.

[174] Durtschi C, Easton P. Earnings management? The shapes of the frequency distributions of earnings metrics are not evidence ipso facto [J]. Journal of Accounting Research, 2005, 43 (4): 557 –592.

[175] Durtschi C, Easton P. Earnings management? The shapes of the frequency distributions of earnings metrics are not evidence ipso facto [J]. Journal of Accounting Research, 2005, 43 (4): 557 –592.

[176] Dyck A, Morse A, Zingales L. Who blows the whistle on corporate-fraud? [J]. The Journal of Finance, 2010, 65 (6): 2213 –2253.

[177] Dye R A. Earnings management in an overlapping generations model [J]. Journal of Accounting Research, 1988: 195 –235.

[178] Easterwood J C, Nutt S R. Inefficiency in analysts' earnings forecasts: Systematic misreaction or systematic optimism? [J]. The Journal of Finance, 1999, 54 (5): 1777 –1797.

[179] Edmans A, Gabaix X. Is CEO pay really inefficient? A survey of new optimal contracting theories [J]. European Financial Management, 2009, 15 (3): 486 –496.

[180] Efendi J, Srivastava A, Swanson E P. Why do corporate managers misstate financial statements? The role of option compensation and other factors [J]. Journal of financial economics, 2007, 85 (3): 667 –708.

[181] Eisenhardt K M. Agency theory: An assessment and review [J]. Academy of Management Review, 1989, 14 (1): 57 –74.

[182] Erickson M, Hanlon M, Maydew E L. Is there a link between executive

equity incentives and accountingfraud? [J]. Journal of Accounting Research, 2006, 44 (1): 113 – 143.

[183] Fahlenbrach R, Low A, Stulz R M. Why do firms appoint CEOs as outside directors? [J]. Journal of Financial Economics, 2010, 97 (1): 12 – 32.

[184] Falkenstein E G. Preferences for stock characteristics as revealed by mutual fund portfolio holdings [J]. The Journal of Finance, 1996, 51 (1): 111 – 135.

[185] Fama E F, Jensen M C. Agency problems and residual claims [J]. The Journal of Law and Economics, 1983, 26 (2): 327 – 349.

[186] Fatseas V A, Hirst M K. Incentive effects of assigned goals and compensation schemes on budgetary performance [J]. Accounting and Business Research, 1992, 22 (88): 347 – 355.

[187] Fehr E. On the economics and biology of trust [J]. Journal of the European Economic Association, 2009, 7 (2 – 3): 235 – 266.

[188] Feroz E H, Park K, Pastena V S. The financial and market effects of the SEC's accounting and auditing enforcement releases [J]. Journal of Accounting Research, 1991: 107 – 142.

[189] Finkelstein S. Power in top management teams: Dimensions, measurement, and validation [J]. Academy of Management Journal, 1992, 35 (3): 505 – 538.

[190] Francis J, Philbrick D. Analysts' decisions as products of a multi-task environment [J]. Journal of Accounting Research, 1993: 216 – 230.

[191] Frederickson J R. Relative performance information: The effects of common uncertainty and contract type on agent effort [J]. The Accounting Review, 1992: 647 – 669.

[192] Garvey G T, Milbourn T T. Asymmetric benchmarking in compensation: Executives are rewarded for good luck but not penalized for bad [J]. Journal of Financial Economics, 2006, 82 (1): 197 – 225.

[193] Geletkanycz M A, Boyd B K. CEO outside directorships and firm per-

formance: A reconciliation of agency and embeddedness views [J]. Academy of Management Journal, 2011, 54 (2): 335 – 352.

[194] Gerakos J, Goodman T H, Ittner C D, et al. Compensation objectives and non-cash pay: An investigation of benefits and broad-based equity grants [J]. Available at SSRN 1316434, 2007.

[195] Gerhart B, Rynes S. Compensation: Theory, evidence, and strategic implications [M]. SAGE publications, 2003.

[196] Gibbons R, Murphy K J. Relative performance evaluation for chief executive officers [J]. ILR Review, 1990, 43 (3): 30-S-51-S.

[197] Givoly D, Palmon D. Timeliness of annual earnings announcements: Some empirical evidence [J]. The Accounting review, 1982: 486 – 508.

[198] Gleason C A, Lee C M C. Analyst forecast revisions and market price discovery [J]. The Accounting Review, 2003, 78 (1): 193 – 225.

[199] Gompers P A, Metrick A. Institutional investors and equity prices [J]. The Quarterly Journal of Economics, 2001, 116 (1): 229 – 259.

[200] Govindarajan V. Appropriateness of accounting data in performance evaluation: an empirical examination of environmental uncertainty as an intervening variable [J]. Accounting, Organizations and Society, 1984, 9 (2): 125 – 135.

[201] Graham J R, Harvey C R, Rajgopal S. The economic implications of corporate financial reporting [J]. Journal of Accounting and Economics, 2005, 40 (1 – 3): 3 – 73.

[202] Graham J R, Li S, Qiu J. Corporate misreporting and bank loan contracting [J]. Journal of Financial Economics, 2008, 89 (1): 44 – 61.

[203] Graves S B, Waddock S A. Institutional ownership and control: Implications for long-term corporate strategy [J]. Academy of Management Perspectives, 1990, 4 (1): 75 – 83.

[204] Greve H R. A behavioral theory of firm growth: Sequential attention to size and performance goals [J]. Academy of Management Journal, 2008, 51 (3): 476 – 494.

[205] Grinstein Y, Michaely R. Institutional holdings and payout policy [J]. The Journal of Finance, 2005, 60 (3): 1389 – 1426.

[206] Grossman S J, Hart O D. The costs and benefits of ownership: A theory of vertical and lateral integration [J]. Journal of Political Economy, 1986, 94 (4): 691 – 719.

[207] Grundfest, J, Malenko, N. Quadrophobia: Strategic Rounding of EPS Data. Stanford University. 2012. Working Paper.

[208] Guttman I, Kadan O, Kandel E. A rational expectations theory of kinks in financial reporting [J]. The Accounting Review, 2006, 81 (4): 811 – 848.

[209] Hansen S C, Otley D T, Van der Stede W A. Practice developments in budgeting: an overview and research perspective [J]. Journal of management accounting research, 2003, 15 (1): 95 – 116.

[210] Hart O D. The market mechanism as an incentive scheme [J]. The Bell Journal of Economics, 1983: 366 – 382.

[211] Hart O, Moore J. Contracts as reference points [J]. The Quarterly Journal of Economics, 2008, 123 (1): 1 – 48.

[212] Hart O, Moore J. Property Rights and the Nature of the Firm [J]. Journal of Political Economy, 1990, 98 (6): 1119 – 1158.

[213] Hartmann F G H, Maas V S. Why business unit controllers create budget slack: involvement in management, social pressure, and machiavellianism [J]. Behavioral Research in Accounting, 2010, 22 (2): 27 – 49.

[214] Hazarika S, Karpoff J M, Nahata R. Internal corporate governance, CEO turnover, and earnings management [J]. Journal of Financial Economics, 2012, 104 (1): 44 – 69.

[215] He J J, Tian X. The dark side of analyst coverage: The case of innovation [J]. Journal of Financial Economics, 2013, 109 (3): 856 – 878.

[216] Healy P M, Hutton A P, Palepu K G. Stock performance and intermediation changes surrounding sustained increases in disclosure [J]. Contemporary accounting research, 1999, 16 (3): 485 – 520.

[217] Healy P M, Palepu K G. Information asymmetry, corporate disclosure, and the capital markets: A review of the empirical disclosure literature [J]. Journal of Accounting and Economics, 2001, 31 (1-3): 405-440.

[218] Healy P M, Palepu K G. The challenges of investor communication-The case of CUC International, Inc [J]. Journal of Financial Economics, 1995, 38 (2): 111-140.

[219] Healy P M, Palepu K G. The effect of firms' financial disclosure strategies on stock prices [J]. Accounting Horizons, 1993, 7 (1): 1.

[220] Healy P M, Wahlen J M. A review of the earnings management literature and its implications for standard setting [J]. Accounting Horizons, 1999, 13 (4): 365-383.

[221] Healy P M. The effect of bonus schemes on accounting decisions [J]. Journal of accounting and economics, 1985, 7 (1-3): 85-107.

[222] Hodder L, Hopkins P E, Wood D A. The effects of financial statement and informational complexity on analysts' cash flow forecasts [J]. The Accounting Review, 2008, 83 (4): 915-956.

[223] Hofstede, Geert H. The Game of Budget Control. Assen: Van Gorcum, 1967.

[224] Holmstrom B, Milgrom P. Aggregation and linearity in the provision of intertemporal incentives [J]. Econometrica: Journal of the Econometric Society, 1987: 303-328.

[225] Holmström B. Managerial incentive problems: A dynamic perspective [J]. The Review of Economic Studies, 1999, 66 (1): 169-182.

[226] Hölmstrom B. Moral hazard and observability [J]. The Bell Journal of Economics, 1979: 74-91.

[227] Holmstrom B. Moral hazard in teams [J]. The Bell Journal of Economics, 1982: 324-340.

[228] Holthausen R W, Larcker D F, Sloan R G. Annual bonus schemes and the manipulation of earnings [J]. Journal of Accounting and Economics, 1995, 19

(1): 29 – 74.

[229] Hong H, Lim T, Stein J C. Bad news travels slowly: Size, analyst coverage, and the profitability of momentum strategies [J]. The Journal of Finance, 2000, 55 (1): 265 – 295.

[230] Hoskisson R E, Hitt M A, Hill C W L. Managerial incentives and investment in R&D in large multiproduct firms [J]. Organization Science, 1993, 4 (2): 325 – 341.

[231] Huang Y, Li N, and Ng J. Relative compensation usefulness of accounting performance measures. University of Texas at Austin. 2015. Working paper.

[232] Indjejikian R J, Matějka M, Merchant K A, et al. Earnings targets and annual bonus incentives [J]. The Accounting Review, 2014a, 89 (4): 1227 – 1258.

[233] Indjejikian R J, Matějka M, Schloetzer J D. Target ratcheting and incentives: Theory, evidence, and new opportunities [J]. The Accounting Review, 2014b, 89 (4): 1259 – 1267.

[234] Indjejikian R J, Nanda D. Executive target bonuses and what they imply about performance standards [J]. The Accounting Review, 2002, 77 (4): 793 – 819.

[235] Indjejikian R, Nanda D. Dynamic incentives and responsibility accounting [J]. Journal of Accounting and Economics, 1999, 27 (2): 177 – 201.

[236] Irani R M, Oesch D. Analyst coverage and real earnings management: Quasi-experimental evidence [J]. Journal of Financial and Quantitative Analysis, 2016, 51 (2): 589 – 627.

[237] Ittner C D, Larcker D F, Rajan M V. The choice of performance measures in annual bonus contracts [J]. The Accounting Review, 1997: 231 – 255.

[238] Ittner C D, Larcker D F. Assessing empirical research in managerial accounting: a value-based management perspective [J]. Journal of Accounting and Economics, 2001, 32 (1 – 3): 349 – 410.

[239] Jayaraman S, Milbourn T T, Peters F S, et al. Product market peers

and relative performance evaluation [R]. Simon Business School, 2017. Working Paper.

[240] Jegadeesh N, Kim J, Krische S D, et al. Analyzing the analysts: When do recommendations add value? [J]. The Journal of Finance, 2004, 59 (3): 1083 – 1124.

[241] Jensen M C, Meckling W H. Theory of the firm: Managerial behavior, agency costs and ownership structure [J]. Journal of Financial Economics, 1976, 3 (4): 305 – 360.

[242] Jensen M C, Murphy K J. Performance pay and top-management incentives [J]. Journal of Political Economy, 1990, 98 (2): 225 – 264.

[243] Jensen M C. Agency costs of free cash flow, corporate finance, and takeovers [J]. The American Economic Review, 1986, 76 (2): 323 – 329.

[244] Jensen M, Fuller J. Just say no to wall street [J]. Journal of Applied Corporate Finance, 2002, 14 (4): 41 – 46.

[245] Jensen M, Murphy K, Wruck E. Remuneration: Where we've been, how we got to here, what are the problems, and how to fix them [J]. 2004.

[246] Jiraporn P, Chintrakarn P, Liu Y. Capital structure, CEO dominance, and corporate performance [J]. Journal of Financial Services Research, 2012, 42 (3): 139 – 158.

[247] Jones J J. Earnings management during import relief investigations [J]. Journal of accounting research, 1991: 193 – 228.

[248] Jorgensen B N, Lee Y G, Rock S. The shapes of scaled earnings histograms are not due to scaling and sample selection: Evidence from distributions of reported earnings per share [J]. Contemporary Accounting Research, 2014, 31 (2): 498 – 521.

[249] Kang J K, Stulz R M. Is bank-centered corporate governance worth it? A cross-sectional analysis of the performance of Japanese firms during the asset price deflation [R]. National Bureau of Economic Research, 1997.

[250] Karpoff J M, Lee D S, Martin G S. The consequences to managers for

financial misrepresentation [J]. Journal of Financial Economics, 2008, 88 (2): 193 – 215.

[251] K G Palepu, P M Healy, V L Bernard. Business Analysis and Valuation. Using Financial Statements [M]. Boston: South-Western College Pub, 2000.

[252] Kim O, Verrecchia R E. Market liquidity and volume around earnings announcements [J]. Journal of Accounting and Economics, 1994, 17 (1 – 2): 41 – 67.

[253] Kim S, Shin J Y. Executive bonus target ratcheting: Evidence from the new executive compensation disclosure rules [J]. Contemporary Accounting Research, 2017, 34 (4): 1843 – 1879.

[254] Kim, D. , and J. Yang. Behind the scenes: Performance target setting of annual incentive plans [R]. Indiana University. 2012. Working paper.

[255] Kirby A J, Reichelstein S, Sen P K, et al. Participation, slack, and budget-based performance evaluation [J]. Journal of Accounting Research, 1991: 109 – 128.

[256] Klein A, Zur E. Entrepreneurial shareholder activism: Hedge funds and other private investors [J]. The Journal of Finance, 2009, 64 (1): 187 – 229.

[257] Knutson P. Financial reporting in the 1990s and beyond: A position paper of the Association for Investment Management and Research [J]. Association for Investment Management and Research, 1992.

[258] Königsgruber R, Windisch D. Does European Union policy making explain accounting choices? An empirical analysis of the effects of investigations by the Directorate General for Competition on accounting choices [J]. Journal of Management & Governance, 2014, 18 (3): 717 – 731.

[259] Kren L. Performance in a budget-based control system: an extended expectancy theory model approach [J]. Journal of Management Accounting Research, 1990, 2: 100 – 112.

[260] Kuhnen C M, Zwiebel J. Executive pay, hidden compensation and managerial entrenchment. University of North Carolina Kenan-Flagler Business

School. 2008. Working Paper.

[261] La Porta R, Lopez-de-Silanes F, Shleifer A, et al. Legal determinants of external finance [J]. TheJournal of Finance, 1997, 52 (3): 1131 – 1150.

[262] La Porta R, Lopez-de-Silanes F, Shleifer A. Corporate ownership around the world [J]. The Journal of Finance, 1999, 54 (2): 471 – 517.

[263] Laffont J J, Tirole J. A theory of incentives in procurement and regulation [M]. MIT press, 1993.

[264] Lahiri K, Sheng X. Measuring forecast uncertainty by disagreement: The missing link [J]. Journal of Applied Econometrics, 2010, 25 (4): 514 – 538.

[265] Lambert R A. Contracting theory and accounting [J]. Journal of accounting and economics, 2001, 32 (1 – 3): 3 – 87.

[266] Lambert R A. Executive effort and selection of risky projects [J]. The Rand Journal of Economics, 1986: 77 – 88.

[267] Lang M H, Lins K V, Miller D P. Concentrated control, analyst following, and valuation: Do analysts matter most when investors are protected least? [J]. Journal of Accounting Research, 2004, 42 (3): 589 – 623.

[268] Lang M H, Lundholm R J. Corporate disclosure policy and analyst behavior [J]. The Accounting Review, 1996: 467 – 492.

[269] Lazear E P. Output-based pay: Incentives, retention orsorting? [M]. Accounting for worker well-being. Emerald Group Publishing Limited, 2004: 1 – 25.

[270] Lee C M C. Market efficiency and accounting research: a discussion of "capital market research inaccounting" by SP Kothari [J]. Journal of Accounting and Economics, 2001, 31 (1 – 3): 233 – 253.

[271] Leone A J, Rock S. Empirical tests of budget ratcheting and its effect on managers' discretionary accrual choices [J]. Journal of Accounting and Economics, 2002, 33 (1): 43 – 67.

[272] Lev B, Sougiannis T. The capitalization, amortization, and value-relevance of R&D [J]. Journal of Accounting and Economics, 1996, 21 (1): 107 – 138.

[273] Li F. Annual report readability, current earnings, and earnings persistence [J]. Journal of Accounting and economics, 2008, 45 (2 –3): 221 –247.

[274] Li K K, You H. What is the value of sell-side analysts? Evidence from coverage initiations and terminations [J]. Journal of Accounting and Economics, 2015, 60 (2 –3): 141 –160.

[275] Lin W T, Tsai S C, Lung P Y. Investors' Herd Behavior: Rational orIrrational? [J]. Asia-Pacific Journal of Financial Studies, 2013, 42 (5): 755 –776.

[276] Liu L Y, Peng E Y. Institutional ownership composition and accruals quality. California State University. 2006. Working paper.

[277] Lock, E A, Latham, G. P. Goal setting theory: Theory building by induction [M]. In K. Smith & M. Hitt (Eds), Great minds in management. 2005. New York: Oxford University Press.

[278] Locke E A, Latham G P, Erez M. The determinants of goal commitment [J]. Academy of Management Review, 1988, 13 (1): 23 –39.

[279] Locke E A, Latham G P. A theory of goal setting & task performance [M]. Prentice-Hall, Inc, 1990.

[280] Locke E A, Latham G P. Building a practically useful theory of goal setting and task motivation: A 35-year odyssey [J]. American Psychologist, 2002, 57 (9): 705.

[281] Locke E A, Latham G P. New directions in goal-setting theory [J]. Current Directions in Psychological Science, 2006, 15 (5): 265 –268.

[282] Locke E A, Latham G P. Work motivation: The high performance cycle [M]. Series in applied psychology. Work motivation (pp. 3 –25). Hillsdale, NJ, US: Lawrence Erlbaum Associates, Inc. 1990.

[283] Lukka K. Budgetary biasing in organizations: theoretical framework and empirical evidence [J]. Accounting, Organizations and Society, 1988, 13 (3): 281 –301.

[284] Lyu C, Wang K, Zhang F, et al. GDP management to meet or beat growth targets [J]. Journal of Accounting and Economics, 2018, 66 (1): 318 –338.

［285］ Madhavan A, Dallas G S. Security Prices and Market Transparency. Journal of Financial Intermediation, 2002 (5): 255 – 283.

［286］ Maggi G, Rodriguez-Clare A. Costly distortion of information in agency problems ［J］. The RAND Journal of Economics, 1995: 675 – 689.

［287］ Malenko N, Grundfest J. Quadrophobia: Strategic rounding of EPS data. 2014. Working paper.

［288］ Matějka M, Ray K. Balancing difficulty of performance targets: theory and evidence ［J］. Review of Accounting Studies, 2017, 22 (4): 1666 – 1697.

［289］ Matejka M. CFO Compensation Survey: Incentives and Target-Setting in Times of Crises ［J］. University of Michigan and AICPA Research Report, 2009.

［290］ Matsumura E M, Shin J Y. An empirical analysis of an incentive plan with relative performance measures: Evidence from a postal service ［J］. The Accounting Review, 2006, 81 (3): 533 – 566.

［291］ Matsunaga S R, Park C W. The effect of missing a quarterly earnings benchmark on the CEO's annual bonus ［J］. The Accounting Review, 2001, 76 (3): 313 – 332.

［292］ McCrary J. Manipulation of the running variable in the regression discontinuity design: A density test ［J］. Journal of Econometrics, 2008, 142 (2): 698 – 714.

［293］ McNichols M F. Research design issues in earnings management studies ［J］. Journal of Accounting and Public Policy, 2000, 19 (4 – 5): 313 – 345.

［294］ McNichols M, Wilson G P. Evidence of earnings management from the provision for bad debts ［J］. Journal of Accounting Research, 1988: 1 – 31.

［295］ Merchant and Van der Stede, Management control systems: Performance measurement, evaluation and incentives (3rd ed.), 2012, Prentice Hall, London, UK.

［296］ Merchant K A, Manzoni J F. The achievability of budget targets in profit centers: A field study ［M］ //Readings in Accounting for Management Control. Springer, Boston, MA, 1989: 496 – 520.

[297] Merchant K A, Van derStede W A. Management control systems: performance measurement, evaluation and incentives [M]. Pearson Education, 2007.

[298] Merchant K A. Rewarding results: Motivating profit center managers [M]. Harvard Business School Press, 1989.

[299] Mergenthaler R, Rajgopal S, Srinivasan S. CEO and CFO career penalties to missing quarterly analysts forecasts. The University of Arizona. 2012. Working Paper.

[300] Merton R C. A simple model of capital market equilibrium withincomplete information [J]. The Journal of Finance, 1987, 42 (3): 483 – 510.

[301] Meyer M, Milgrom P, Roberts J. Organizational prospects, influence costs, and ownership changes [J]. Journal of Economics & Management Strategy, 1992, 1 (1): 9 – 35.

[302] Milgrom P R, Roberts J, Roberts J. Economics, organization and management [M]. Englewood Cliffs, NJ: Prentice-hall, 1992.

[303] Miyazaki A D, Grewal D, Goodstein R C. The effect of multiple extrinsic cues on quality perceptions: A matter of consistency [J]. Journal of Consumer Research, 2005, 32 (1): 146 – 153.

[304] Mola S, Guidolin M. Affiliated mutual funds and analyst optimism [J]. Journal of Financial Economics, 2009, 93 (1): 108 – 137.

[305] Morck R, Shleifer A, Vishny R W. Management ownership and market valuation: An empirical analysis [J]. Journal of Financial Economics, 1988, 20: 293 – 315.

[306] Morse A, Nanda V, Seru A. Are incentive contracts rigged by powerful CEOs? [J]. The Journal of Finance, 2011, 66 (5): 1779 – 1821.

[307] Moyer R C, Chatfield R E, Sisneros P M. Security analyst monitoring activity: Agency costs and information demands [J]. Journal of Financial and Quantitative Analysis, 1989, 24 (4): 503 – 512.

[308] Murphy K J. Executive compensation [J]. Handbook of Labor Economics, 1999, 3: 2485 – 2563.

［309］ Murphy K J. Performance standards in incentive contracts ［J］. Journal of Accounting and Economics, 2001, 30 (3): 245 – 278.

［310］ Myers S C, Majluf N S. Corporate financing and investment decisions when firms have information that investors do not have ［J］. Journal of Financial Economics, 1984, 13 (2): 187 – 221.

［311］ Narayanan M P. Managerial incentives for short term results ［J］. The Journal of Finance, 1985, 40 (5): 1469 – 1484.

［312］ Otley D. 13 Trends in budgetary control and responsibility accounting ［J］. Contemporary Issues in Management Accounting, 2006: 291.

［313］ Oyer P. Why do firms use incentives that have no incentive effects? ［J］. The Journal of Finance, 2004, 59 (4): 1619 – 1650.

［314］ Parrino R, Sias R W, Starks L T. Voting with their feet: Institutional ownership changes around forced CEO turnover ［J］. Journal of Financial Economics, 2003, 68 (1): 3 – 46.

［315］ Pfeffer J. Six dangerous myths about pay ［J］. Harvard business review, 1998, 76: 108 – 120.

［316］ Plumlee M, Brown D, Hayes R M, et al. Voluntary environmental disclosure quality and firm value: Further evidence ［J］. Journal of Accounting and Public Policy, 2015, 34 (4): 336 – 361.

［317］ Porter M E. Capital disadvantage: America's failing capital investment system ［J］. Harvard Business Review, 1992, 70 (5): 65 – 82.

［318］ Prowse S D. Institutional investment patterns and corporate financial behavior in the United States and Japan ［J］. Journal of Financial Economics, 1990, 27 (1): 43 – 66.

［319］ Ramanna K, Roychowdhury S. Elections and discretionary accruals: Evidence from 2004 ［J］. Journal of Accounting Research, 2010, 48 (2): 445 – 475.

［320］ Rockness H O. Expectancy theory in a budgetary setting: an experimental examination ［J］. The Accounting Review, 1977: 893 – 903.

［321］ Ronen J, Livingstone J L. An expectancy theory approach to the motivational impacts of budgets [J]. The Accounting Review, 1975, 50 (4): 671 – 685.

[322] Roychowdhury S. Earnings management through real activities manipulation [J]. Journal of Accounting and Economics, 2006, 42 (3): 335 – 370.

[323] Schipper K. Analysts' forecasts [J]. Accounting Horizons, 1991, 5 (4): 105.

[324] Schroeder N, Gibson C. Readability of management's discussion and analysis [J]. Accounting Horizons, 1990, 4 (4): 78 – 87.

[325] Schweitzer M E, Ordóñez L, Douma B. Goal setting as a motivator of unethical behavior [J]. Academy of Management Journal, 2004, 47 (3): 422 – 432.

[326] Shields M D, Deng F J, Kato Y. The design and effects of control systems: tests of direct-and indirect-effects models [J]. Accounting, Organizations and Society, 2000, 25 (2): 185 – 202.

[327] Shleifer A, Vishny R W. Large shareholders and corporate control [J]. Journal of Political Economy, 1986, 94 (3, Part 1): 461 – 488.

[328] Simons R. Analysis of the organizational characteristics related to tight budget goals [J]. Contemporary Accounting Research, 1988, 5 (1): 267 – 283.

[329] Sloan R G. Accounting earnings and top executive compensation [J]. Journal of Accounting and Economics, 1993, 16 (1 – 3): 55 – 100.

[330] Sloan R G. Do stock prices fully reflect information in accruals and cash flows about future earnings? [J]. The Accounting review, 1996: 289 – 315.

[331] Slovic P. Cue-consistency and cue-utilization in judgment [J]. The American Journal of Psychology, 1966, 79 (3): 427 – 434.

[332] Stickel S E. Common stock returns surrounding earnings forecast revisions: More puzzling evidence [J]. The Accounting Review, 1991: 402 – 416.

[333] Stubben S R. Discretionary revenues as a measure of earnings management [J]. The Accounting Review, 2010, 85 (2): 695 – 717.

[334] Sweeney A P. Debt-covenant violations and managers' accounting responses [J]. Journal of Accounting and Economics, 1994, 17 (3): 281 – 308.

［335］ Tian Y S. Too much of a good incentive? The case of executive stock options ［J］. Journal of Banking & Finance, 2004, 28 (6): 1225 – 1245.

［336］ Trueman B. Why do managers voluntarily release earnings forecasts? ［J］. Journal of Accounting and Economics, 1986, 8 (1): 53 – 71.

［337］ Turner L, Dietrich J R, Anderson K, et al. Accounting restatements ［J］. Unpublished working paper, SEC, 2001.

［338］ Tversky A, Kahneman D. Advances in prospect theory: Cumulative representation of uncertainty ［J］. Journal of Risk and Uncertainty, 1992, 5 (4): 297 – 323.

［339］ Van der Stede W A. The relationship between two consequences of budgetary controls: budgetary slack creation and managerial short-term orientation ［J］. Accounting, Organizations and Society, 2000, 25 (6): 609 – 622.

［340］ Van Essen M, Otten J, Carberry E J. Assessing managerial power theory: A meta-analytic approach to understanding the determinants of CEO compensation ［J］. Journal of Management, 2015, 41 (1): 164 – 202.

［341］ Verrecchia R E. Managerial discretion in the choice among financial reporting alternatives ［J］. Journal of Accounting and Economics, 1986, 8 (3): 175 – 195.

［342］ Watts R L, Zimmerman J L. Positive accounting theory: a ten year perspective ［J］. The Accounting Review, 1990: 131 – 156.

［343］ Watts R, Zimmerman J. Positive accounting theory ［M］. Adaptation of: Englewood Cliffs. N. J. : Prentice-Hall. 1986.

［344］ Webb R A, Williamson M G, Zhang Y M. Productivity-target difficulty, target-based pay, and outside-the-box thinking ［J］. The Accounting Review, 2013, 88 (4): 1433 – 1457.

［345］ Weisbach M S. Outside directors and CEO turnover ［J］. Journal of Financial Economics, 1988, 20: 431 – 460.

［346］ Weitzman M L. The "ratchet principle" and performance incentives ［J］. The Bell Journal of Economics, 1980: 302 – 308.

［347］Williamson O E. Assessing contract ［J］. Journal of Law, Economics, & Organization, 1985, 1 (1): 177 – 208.

［348］Wiseman R M, Gomez-Mejia L R. A behavioral agency model of managerial risk taking ［J］. Academy of Management Review, 1998, 23 (1): 133 – 153.

［349］Williamson O E. Markets and Hierarchies ［J］. New York, 1975, 2630.

［350］Yermack D. Good timing: CEO stock option awards and company news announcements ［J］. The Journal of Finance, 1997, 52 (2): 449 – 476.

［351］Young H P. Producer incentives in cost allocation ［J］. Econometrica: Journal of the Econometric Society, 1985: 757 – 765.

［352］Yu F F. Analyst coverage and earnings management ［J］. Journal of Financial Economics, 2008, 88 (2): 245 – 271.

［353］Zang A Y. Evidence on the trade-off between real activities manipulation and accrual-based earnings management ［J］. The Accounting Review, 2011, 87 (2): 675 – 703.